Thomas Mann Jahrbuch Band 32

THOMAS MANN
Jahrbuch

Band 32 2019

Begründet von
Eckhard Heftrich und Hans Wysling

Herausgegeben von
Katrin Bedenig und Hans Wißkirchen

KLOSTERMANN

Herausgegeben in Verbindung mit der Deutschen Thomas Mann-Gesellschaft, Sitz Lübeck e.V. und der Thomas Mann Gesellschaft Zürich

Redaktion und Register: Daniela Martin

© Vittorio Klostermann GmbH Frankfurt am Main 2019

Gedruckt auf EOS Werkdruck von Salzer,
alterungsbeständig ⊗ISO 9706 und PEFC-zertifiziert
Satz: post scriptum, Vogtsburg-Burkheim
Druck: Hubert & Co., Göttingen
Printed in Germany
ISSN 0935-6983
ISBN 978-3-465-01068-5

Inhalt

Zweite Thomas Mann Lecture der ETH Zürich
vom 21. November 2018

Abhandlungen

Anhang

Vorwort

Dieses Jahrbuch umfasst Beiträge aus drei literarischen Gesellschaften.

Bei der gemeinsamen Tagung der Deutschen Thomas Mann-Gesellschaft und der Heinrich Mann-Gesellschaft »Die Brüder Mann und die Revolution 1918« wurden die gegensätzlichen Haltungen von Thomas und Heinrich Mann von den Jahren von 1918 an hinterfragt. Die kritische Auseinandersetzung der Brüder mit dem literarischen Werk des anderen sowie den politischen Positionen – Kaiserreich oder Republik – wurden vor dem Hintergrund unterschiedlicher Kontexte und interessiert an vielfältigen Aspekten betrachtet, der ›Bruderzwist‹ neu beleuchtet. Ein erster Beitrag vergegenwärtigt den »langen November der Revolution« aus historischer Perspektive, ein weiterer ist dem Revolutionsbegriff der beiden Brüder mit Blick auf Max Weber gewidmet, ein dritter befasst sich mit einer Konstellation zwischen den Brüdern, die 1918 durch Arthur Schnitzler zwischen Heinrich und Thomas Mann gegeben ist. Es folgen Überlegungen zum Zusammenhang zwischen Rhetorik und Repräsentation in der Essayistik der Brüder in den Jahren ab 1918, zur Inszenierung der beiden Autoren als Brüderpaar im populären Diskurs der Weimarer Republik, zum Demokratie-Begriff bei Heinrich und Thomas Mann um 1918, zur Rolle der Brüder als Intellektuelle in der als »Vorhof der Katastrophe« betrachteten Weimarer Republik sowie schließlich Gegenlektüren der Romane *Königliche Hoheit* von Thomas Mann und *Der Untertan* von Heinrich Mann, die nach Adelskritik und Adelskult fragen. Alle Vorträge der Tagung sind in diesem Band versammelt.

Die Jahrestagung der Thomas Mann Gesellschaft Zürich widmete sich »Thomas Mann und Weimar«. Ausgehend von Thomas Manns Besuch in Nachkriegsdeutschland 1949 wurde zum einen die anschließende Rezeption in der DDR untersucht. Zum andern lieferte die Analyse der DEFA-Verfilmung von »Lotte in Weimar« einen Beitrag sowohl zur Filmrezeption als auch zur Systemanalyse.

Bereits zum zweiten Mal ist die Thomas Mann Lecture der ETH Zürich als eigenständiger Beitrag in diesem Band vertreten. Stanley Corngold betrachtet darin Manns Zeit in Princeton, Teil seines amerikanischen Exils, unter politischen, künstlerischen und lebenspraktischen Fragen.

Zwei Abhandlungen setzen Thomas Mann ins Verhältnis zu anderen Künstlern. Der Beitrag zum russischen Exil-Autor Iwan Bunin gibt Einblicke in diese wenig beachtete zeitgenössische Verbindung. Manns bekannte Beziehung zu Gustav Mahler kann in dem anderen Beitrag durch einen neu entdeckten Brief noch differenzierter beschrieben werden.

Eröffnet wird dieses Jahrbuch mit einer Würdigung. Sie gratuliert Eckhard Heftrich, Ehrenpräsident der Deutschen Thomas Mann-Gesellschaft, zum 90. Geburtstag. Der Jubilar hat über Jahrzehnte die Forschung zu Thomas Mann und gleichzeitig die Vermittlung an die interessierte Leserschaft auf höchstem Niveau mitgeprägt.

In gewohnter Weise abgerundet wird der Band durch die Auswahlbibliografie 2017–2018 sowie die Mitteilungen der beiden Thomas Mann-Gesellschaften für das Jahr 2019.

Katrin Bedenig (Präsidentin der Thomas Mann Gesellschaft Zürich)
Ariane Martin (Präsidentin der Heinrich Mann-Gesellschaft)
Hans Wißkirchen (Präsident der Deutschen Thomas Mann-Gesellschaft)

Hans Wißkirchen

Eckhard Heftrich zum 90. Geburtstag

Der Ehrenpräsident der Deutschen Thomas Mann-Gesellschaft, Eckhard Heftrich, hat am 8. Dezember 2018 seinen 90. Geburtstag gefeiert. Aus diesem Anlass möchte ich nachfolgend eine Würdigung aus zweifacher Perspektive geben: zum einen als sein aktueller Nachfolger im Amte, eben als Präsident der Deutschen Thomas Mann-Gesellschaft, zum anderen aus einer persönlicheren Perspektive, die sich aus der gemeinsamen Arbeit bei der Gründung des Buddenbrookhauses als Forschungs- und Gedenkstätte im Jahre 1993 ergeben hat.

Wer über Eckhard Heftrich schreibt, der tut gut daran, mit einem Blick auf Thomas Mann zu beginnen. Über Thomas Mann als großer Schriftsteller der Deutschen ist immer noch ein Missverständnis im Umlauf. Er wird vorrangig als konservativer und zutiefst bürgerlicher Autor gesehen, der im Leben und im Schreiben immer auf Würde und Anstand, Behaglichkeit und Sicherheit geachtet hat. Zugespitzt findet sich diese Sicht in Äußerungen seiner großen Feinde aus der literarischen Zunft. »Thomas Mann treffe ich höchstens zufällig und dann schauen 3000 Jahre auf mich herab«,[1] schreibt etwa Bertolt Brecht im kalifornischen Exil an Karl Korsch. Alfred Döblin urteilt anlässlich des Todes Thomas Manns, dieser habe »die Bügelfalte zum Kunstprinzip«[2] erhoben. Und zu seinem 100. Geburtstag 1975 äußern sich viele wichtige deutsche Schriftsteller sehr negativ über Thomas Mann und sprechen ihm jede Bedeutung für das literarische Leben der Gegenwart ab. Hanjo Kestings *Spiegel*-Artikel »Thomas Mann oder Der Selbsterwählte. Zehn polemische Thesen über einen Klassiker« ist der Kulminationspunkt dieser Ablehnung.

Aus heutiger Sicht muss man fragen: Wie erklärt sich die Tatsache, dass Thomas Mann fast fünfzig Jahre später immer mehr gelesen wird? Wie erklärt man die vielen Seminare an den Universitäten und die vielen Dissertationen und Habilitationen, die jährlich in Europa über ihn erscheinen? Wenn stimmen würde, was Brecht und Döblin und viele andere gesagt haben, dann dürfte Thomas Mann in einer Gegenwart, die nichts mehr gemein hat mit der Gegenwart um 1900, als *Buddenbrooks* erschien, oder mit der Gegenwart von 1925, als *Der Zauberberg* seine Erfolge feierte, und mit der Gegenwart von 1950, als

---

[1] Bertolt Brecht: Werke. Große kommentierte Berliner und Frankfurter Ausgabe, Band 29, Briefe 2: 1937–1949, Berlin, Weimar, Frankfurt/Main: Aufbau, Suhrkamp 1998, S. 211.

[2] Alfred Döblin: Ausgewählte Werke in Einzelbänden. Autobiographische Schriften und letzte Aufzeichnungen, Olten, Freiburg: Walter 1980, S. 575.

Doktor Faustus die Debatten um die innere Emigration befeuerte, auch nicht mehr gelesen werden.

Das Gegenteil ist der Fall und das hat einen einfachen Grund: Thomas Mann war *mehr*! Die bürgerliche Außenseite entpuppt sich bei genauem Hinsehen als ein Schutzpanzer, der mehr verbirgt als zeigt. Den richtigen Weg hat meines Erachtens Daniel Kehlmann in seiner Dankesrede zum Erhalt des Thomas-Mann-Preises 2008 aufgezeigt. Er erzählte damals die rührend-komische Geschichte von der Begegnung der fünfzehnjährigen Susan Sontag mit dem fast achtzigjährigen Thomas Mann in Pacific Palisades. Der Schriftsteller fragte nach den Studien des jungen Mädchens, das daraufhin darüber nachdachte, was Thomas Mann als »ältlicher Würdenträger« wohl zu den ihm völlig fremden und unbekannten Wirklichkeiten einer amerikanischen Highschool in den frühen Fünfzigerjahren des 20. Jahrhunderts gesagt hätte: den Drogen, den Waffen und den Kondomen, die damals den Schulalltag bestimmten.

Die Antwort gibt Daniel Kehlmann am Ende seiner Rede:

Wäre Thomas Mann nun also schockiert gewesen über all das, was sie ihm nicht sagen wollte [...]? Ja und nein; als ältlicher Würdenträger sicherlich, als Künstler wohl kaum, denn noch der zahmste Teil seines Werks enthält mehr Chaos und Brutalität als all diese Schreckensbilder vom kalifornischen Schulhof. Es ist ein Werk von unvergleichlicher Perfektion, voll Witz und voller Dämonen, voll Schönheit und dunkler Winkel, denen man sich nur unter Aufbietung seines ganzen Mutes nähern kann. Erzengel treten in ihm auf und der Teufel und eine Menge zivilisierter Leute aus dem Zwischenreich; sie alle versuchen ordentlich zu sein und respektabel, aber es will ihnen nicht gelingen.[3]

Ich bin sicher, dass Eckhard Heftrich hier zustimmen würde. Immer stand bei ihm das Werk Thomas Manns im Zentrum und er wusste, dass damit alles andere – das Leben, die Wirklichkeit, die Politik, die Zeitgenossenschaft – mit umfasst war.

Diese Differenz von Werk und Leben, von philologischer Phantasie und konservativer Außenseite, das gab es auch bei Eckhard Heftrich. Bei einem Mann von seinem Format ist der Vergleich mit Thomas Mann nicht zu hoch gegriffen und so darf man sagen, dass er hier in den Spuren »seines« Autors wandelte. Nur auf der Außenseite war er der gediegene, konservative und respekteinflößende Professor, als der er von denjenigen wahrgenommen wurde, die auf den ersten Blick vertraut haben. Recht eigentlich war er, wie Thomas Mann, auch ein anderer.

Das zeigt schon ein kurzer Blick auf sein Leben, das so ganz und gar nicht der klassischen Universitätskarriere entsprach. So unterbrach er etwa sein Studium in Freiburg, um für Bernhard Guttmann zu arbeiten, »diesem bedeu-

---

[3] Daniel Kehlmann: Dionysos und der Buchhalter, in: TM Jb 23, 2010, 133.

tendsten Kopf in der Führungselite der alten Frankfurter Zeitung, dem von
Theodor Heuss bis Dolf Sternberger und Benno Reifenberg verehrten großen
Schriftsteller, der, ein halbes Wunder, in Deutschland überlebt hatte [...].«[4] So
formulierte es Eckhard Heftrich in seiner Vorstellungsrede anlässlich der Auf-
nahme in die Deutsche Akademie für Sprache und Dichtung, die auf sinnfällige
Weise 1992 bei der Tagung in Lübeck stattfand. Dort heißt es abschließend über
diese Lebensepisode in durchaus paradigmatischem Sinne: »Solche Lehrjahre
hätte die Universität trotz einiger bemerkenswerter Professoren nicht bieten
können.«[5]

Und solche Lehrjahre außerhalb der Universität schlossen sich dem Studium
an. Eckhard Heftrich arbeitete für den Rundfunk und als freier Autor. Er
gründete eine Familie, die stetig wuchs. Und er schrieb gleichzeitig sehr kluge
Bücher, die seinem eigenen Programm folgten, das vor allem auf der Nähe
zum Text und der philologischen Genauigkeit und nicht auf dem theoretischen
Mainstream der sechziger Jahre basierte. Mit seinem Buch *Nietzsches Philosophie, Identität von Welt und Nichts*[6] legte er 1962 den geistigen Nukleus, der
in den folgenden Jahren nach vorne und hinten weitergedacht wurde. So kann
man das 1969 erschienene Buch *Novalis. Vom Logos der Poesie*[7] als eine Art
Vorgeschichte von Nietzsches Denkens verstehen und sein 1968 erschienenes
Werk über *Stefan George*[8] als eine sehr spezielle Nachgeschichte. Walter Hinck
ermöglichte 1970 die Habilitation in Köln. Erst dann begann die eigentliche
Universitätskarriere, die ihn zunächst für vier Jahre nach München und ab 1974
an die Universität Münster führte.

Das verbeamtete Kümmern um die Literatur hat er auf der Basis dieser Lebensgeschichte immer mit einem Rest von Skepsis betrachtet. Die Freiheit, das
zu tun, was sein unbestechlicher Sinn für Qualität ihm abverlangte, hat er sich
immer erhalten. Die vielen Jahre als Literaturkritiker für die *FAZ* zeugen von
diesem Grundsatz. Ganz im Sinne Thomas Manns hat er danach gestrebt, die
Literatur und das Leben auf höchstem Niveau zusammenzubringen. Sein frü-
hes und ihn bis heute prägendes Ideal hat er in dem so bündigen wie schwierig
zu verwirklichenden Vorsatz zusammengefasst, »über Literatur auch in der
Sprache der Literatur zu schreiben.«[9]

---

[4] Eckhard Heftrich: Vorstellungen neuer Mitglieder, in: Deutsche Akademie für Sprache und
Dichtung. Jahrbuch 1993, Göttingen: Wallstein 1994, S. 74.
[5] Ebd.
[6] Eckhard Heftrich: Nietzsches Philosophie. Identität von Welt und Nichts, Frankfurt/Main:
Klostermann 1962.
[7] Eckhard Heftrich: Novalis. Vom Logos der Poesie, Frankfurt/Main: Klostermann 1969.
[8] Eckhard Heftrich: Stefan George, Frankfurt/Main: Klostermann 1968.
[9] Heftrich: Neue Mitglieder (Anm. 4), S. 75.

Wem so daran gelegen war, einzig dem inneren Kompass zu folgen und nicht den kommenden und gehenden intellektuellen Moden; wem so daran gelegen war, in einer qualitätsvollen aber niemals einem hermetischen akademischen Duktus verfallenden Sprache zu schreiben, der musste als Literaturwissenschaftler bei Thomas Mann angelangen. Und zwar genau zu der Zeit, als die allgemeine Meinung ihn als einen bürgerlichen Langweiler ins Abseits schieben wollte. Wenn man Eckhard Heftrichs Hinwendung zu Thomas Mann, die eng mit der Studentenrevolte von 1968 zusammenfällt, von heute aus in den Blick nimmt, dann muss man in aller Deutlichkeit konstatieren: Hier wandte sich einer im akademischen Betrieb einem Autor zu, der keine Konjunktur hatte. Und dass Thomas Mann heute bei Lesern und Wissenschaftlern als unumstößliche Größe dasteht, das hat Eckhard Heftrich mit seiner unzeitgemäßen Hinwendung damals entscheidend mitbefördert. Als Wissenschaftler, als Präsident der Deutschen Thomas Mann-Gesellschaft von 1985 bis 1994 und als einer der Gründerväter des Buddenbrookhauses im Jahre 1993.

Den Auftakt von Eckhard Heftrichs wissenschaftlicher Beschäftigung mit Thomas Mann bildete die im Jahr 1975 erschienene *Zauberbergmusik*, der 1982 *Vom Verfall zur Apokalypse* und 1993 *Geträumte Taten. Joseph und seine Brüder* folgten.[10] Neben einer Vielzahl von Vorträgen und Aufsätzen ist die Herausgabe von *Buddenbrooks* im Rahmen der »Großen kommentierten Frankfurter Ausgabe« (GKFA) der Werke von Thomas Mann als eine zentrale Leistung Eckhard Heftrichs hervorzuheben. Es war im Jahr 2001 der erste Band dieser für die Wissenschaft heute das Maß aller Dinge darstellenden Ausgabe. In dieser Arbeit fielen die beiden großen Lieben Eckhard Heftrichs symbolisch zusammen: Die Liebe zu Thomas Mann und die Liebe zu Lübeck. Als weitere Großtat im Bereich der Thomas Mann-Forschung ist zudem die 1988 gemeinsam mit dem damaligen Leiter des Thomas-Mann-Archivs, Hans Wysling, verantwortete Gründung des *Thomas Mann Jahrbuchs* zu nennen. Das Jahrbuch erscheint bis heute im Klostermann Verlag und hat sich zu einem zentralen Organ der Forschung entwickelt.

Alle wissenschaftlichen Bemühungen Eckhard Heftrichs um Thomas Mann werden von seiner ganz besonderen Form des Lesens bestimmt, die mit dem, was man in der Germanistik gemeinhin Methode nennt, wenig gemein hat. Näher ausgeführt hat er sein Verfahren, das er in den darauffolgenden vierzig Forscherjahren nie ändern, sondern höchstens in geringem Maße nachjustieren musste, in der Vorbemerkung zu seinem ersten Thomas-Mann-Buch im

---

[10] Eckhard Heftrich: Über Thomas Mann: Zauberbergmusik, Bd. 1, Frankfurt/Main: Klostermann 1975; Ders.: Über Thomas Mann: Vom Verfall zur Apokalypse, Bd. 2, Frankfurt/Main: Klostermann 1982; Ders.: Über Thomas Mann: Geträumte Taten. Joseph und seine Brüder, Bd. 3, Frankfurt/Main: Klostermann 1993.

Jahre 1975. Dort wird Thomas Mann als »ein Alexandriner von hohen Gra-
den«[11] bezeichnet. Also als jemand, der auf eine ganz besonders virtuose Weise
das »Spiel mit der überlieferten Literatur«[12] betreibt. Für Eckhard Heftrich
ging es immer darum, die Texte Thomas Manns unter dieser Prämisse neu
zu lesen. Dabei wusste er um die Gefahren. Das Anhäufen von Beleg- und
Quellenstellen im Sinne von Bildungshuberei vermied er. Er wollte vielmehr
dem Werk Thomas Manns, das er von Beginn an als »eine musikanaloge
Wortkomposition mit reichstem Bildungsmaterial«[13] verstanden hat, gerecht
werden. Damit war ein Grund gelegt für die Skepsis gegenüber aller Theorie,
die seiner Meinung nach dazu neigte, das Werk allzu schnell aus dem Blick
zu verlieren, es auf Material für eine zu begründende Lesart zu reduzieren.
Sein Credo lautete:

Will man mit Fragen hinter das Werk kommen, verliert man dieses rasch aus den Augen.
Es gilt zu fragen, was das Werk sei, nicht, was hinter ihm sein könnte. Zu zeigen, wie
es gemacht ist, heißt deshalb schon, es zu deuten, weil die Machart nicht zu trennen
ist von der Bedeutung der großen und kleinen Teile, die sich wiederum von der Kom-
position im Ganzen her erschließt.[14]

»Zu zeigen, wie es gemacht ist …« – das ist, was Eckhard Heftrich all die Jahre
gemacht hat. Das klingt nach wenig und ist doch so viel und einzigartig! Es ist
ein Lesen und Interpretieren, das jenseits der Moden und wechselnden theoretischen Paradigmen einen Blick auf das Werk festschreibt, der nicht der Gefahr
des Veraltens anheimfällt. Wer sich heute die Zeit nimmt, die großen Thomas
Mann-Bücher Eckhard Heftrichs zu lesen, der entdeckt, gerade wenn er die
Fortschritte der Forschung kennt, vor allem eines: ihre geheime Aktualität, die
darauf gründet, dass hier die Mechanismen eines Werkes gültig beschrieben
werden und es damit auf eine Art und Weise vor die Augen des Lesers tritt,
die einzigartig ist.
    Nun wäre es falsch, Eckhard Heftrichs Beschäftigung mit Thomas Mann
auf seine philologische Arbeit zu reduzieren. Es ist von der Thomas Mann-
Gesellschaft und dem Buddenbrookhaus zu reden. Vier Präsidenten hat die
1965 gegründete Gesellschaft bislang gehabt und ich glaube, dass ich keinem
meiner Vorgänger zu nahe trete, wenn ich sage, dass Eckhard Heftrich als der
zweite Präsident in seiner Amtszeit die Grundlagen für den heutigen Rang
dieser Gesellschaft ebenso wie für die Entwicklung Lübecks zu einer Thomas-
Mann-Stadt in den späten Achtzigerjahren gelegt hat.

---

[11] Heftrich: Zauberbergmusik (Anm. 10), S. VIII.
[12] Ebd.
[13] Ebd., S. VIII f.
[14] Ebd., S. IX.

Denn die Idee, das Buddenbrookhaus von einem schnöden Bank-Ort zu einem literarischen Ort zu machen, sie stammt nicht alleine, aber zu einem nicht unwesentlichen Teil von ihm.

Ich hatte das Vergnügen und die Ehre von 1991 an, als es galt, aus dem Buddenbrookhaus mit einer ersten Ausstellung einen literarischen Ort zu machen, immer wieder mit Eckhard Heftrich zusammenarbeiten zu dürfen. Ich will als persönliches Bekenntnis verraten, was ich dabei von ihm gelernt habe.

Niemals habe ich bis heute einen Menschen kennengelernt, der zwei Dinge so meisterhaft zusammengebracht hat wie er. Da ist auf der einen Seite eine philologische Genauigkeit, eine Kunst des Lesens, die freilich mit einer großen Eleganz und einer der Philosophie entnommenen Tiefendimension daherkommt. Jenseits aller Moden, Schulen und Paradigmenwechsel der Literaturwissenschaft hat Eckhard Heftrich den Text auf eine Weise ernst genommen, wie man das ganz selten erlebt. Wer ihn in Gesprächen und Diskussionen erlebt hat, wie er mit seiner stupenden Textkenntnis Thomas Manns so manches groß daherkommende theoretische Konstrukt mit einigen wenigen Fragen zum krachenden Einsturz brachte, der weiß, wovon ich rede. Er hat immer auf dem Primat der Kunst bestanden und sich gegen alle Ablenkungen, gegen alles Sekundäre gewehrt.

Ein elitärer Literaturwissenschaftler, der es mit den Wenigen gehalten hat und die Vielen aus dem Blick verloren hat? So mag man das verstehen. Man ginge dann jedoch gründlich fehl, das war und ist er eben nicht! Denn da ist auch noch die andere Seite – und das ist für mich das ganz Besondere an Eckhard Heftrich: Dass er über sein Niveau nie den Kontakt zur Wirklichkeit verloren hat; dass er mit seinem extrem hohen Qualitätsanspruch, der sich nie den Kompromissen beugte, weil Qualität nun einmal nicht demokratisch bestimmbar ist, die Welt der Fakten nie aus dem Auge verloren hat. So habe ich von ihm in den schwierigen Verhandlungen über die Etablierung des Buddenbrookhauses in Lübeck, für die er sich nie zu schade war, ebenfalls vieles gelernt. Vor allem aber, dass man in die Wirklichkeit auch das Anspruchsvolle und Herausragende übertragen kann. Dass man, mit einem Wort, auch Erfolg mit dem nicht jedermann auf Anhieb Zugänglichen haben kann. Anders formuliert: Von Eckhard Heftrich konnte und kann man lernen, dass die ästhetische Qualität die unverzichtbare Basis ist, die freilich ohne eine *lebenspraktische Klugheit*, die ihr zur Seite geht, gar nichts ist.

Ich hege den Verdacht, dass es diese Mischung ist, die ihn den *Joseph*-Roman von Thomas Mann als sein Lieblingsbuch bezeichnen ließ. Aber vielleicht irre ich mich und es ist umgekehrt: vielleicht ist es der Roman, der ihn das gelehrt hat. Fakt ist, dass Joseph eine Figur ist, deren lebenspraktische Klugheit ein wesentliches Element von Thomas Manns Opus Magnum *Joseph und seine Brüder* ist. Für Joseph gilt: Der schöne Geist alleine hat keine Macht, er hat sie nur, wenn er sich der Wirklichkeit zuwendet, auch in ihr nach dem Erfolg und der Verwirklichung strebt. Wer das Gute und Sinnvolle nicht vernünftig organisiert, der darf sich hinterher nicht beklagen, dass er seine Ziele nicht verwirklichen konnte.

Das, so will es mir scheinen, ist eine der geheimen Lebensmaximen von Eckhard Heftrich.

Dass es vor allem das Werk Thomas und Heinrich Manns ist, das trotz allen Ruhms in den Medien und der großen Öffentlichkeit der nicht zu tangierende Grund für ein Haus wie das Buddenbrookhaus bleibt, hat er in einer eindrucksvollen Rede unter dem Titel »Der lange Marsch zum Heinrich-und-Thomas-Mann-Zentrum« gezeigt. Man übertreibt nicht, wenn man die dort geäußerten Gedanken als sein Vermächtnis für Lübeck, für das Buddenbrookhaus bezeichnet. Der für mich – und wie ich hoffe auch für alle künftig Verantwortlichen – entscheidende Hinweis ist in der Mahnung enthalten, in Zukunft dafür Sorge zu tragen, dass »die gleichsam naturgegebene Spannung zwischen Literatur und Installations-Events in ein neues, produktives Verhältnis gebracht«[15] wird. »Denn nur so«, fährt Eckhard Heftrich fort, »kann dem Mann-Zentrum die Regenerationsfähigkeit erhalten bleiben, auch noch über den Zeitpunkt hinaus, an dem das nun seit Jahren immer hektischer von Fernsehen, Verlagen, Ausstellungsmachern und weiß Gott wem sonst noch betriebene Mann-Spektakel ein Massenpublikum nicht mehr anzuziehen und keine Quote mehr zu schaffen vermag.«[16]

Die Verantwortlichen für die neue Dauerausstellung im Buddenbrookhaus, die ab 2022 ein neues Bild der Familie Mann präsentieren wird, haben sich diese Mahnung zu Herzen genommen. Als ein zentrales Diktum der gesamten Planung gilt die unaufbrüchliche Trias von *Biografie*, *Zeitgeschichte* und *Literatur*. Und darüber hinaus gilt allen Beteiligten, dass der äußere Erfolg, die Wirkung beim breiten Publikum zwar wichtig ist, aber dass die Basis des Erfolges in der inneren Verfasstheit des Werkes von Thomas und Heinrich Mann liegt. Darauf basieren dann auch der Rang und die Bedeutung des Buddenbrookhauses.

Ganz im Sinne von Eckhard Heftrich müssen daher auch künftig in diesem Haus das Wissen, die Forschung und die Auseinandersetzung mit dieser Literatur auf höchstem Niveau angesiedelt sein. Darauf gründet alles Weitere.

[15] Eckhard Heftrich: Der lange Marsch zum Heinrich-und-Thomas-Mann-Zentrum, in: TM Jb 21, 2008, 15.
[16] Ebd.

Andreas Blödorn

Imitatio und Inszenierung Goethes in Egon Günthers DEFA-Verfilmung LOTTE IN WEIMAR

1. »Jupiter tritt auf«.
Thomas Manns ›Goethe‹ als Goethe der DDR?

Am 6. Juni 1975, Thomas Manns 100. Geburtstag, feierte die DEFA-Verfilmung von Thomas Manns Roman *Lotte in Weimar* (1939) in der DDR ihre Uraufführung.[1] Sie war, neben Gedenkbriefmarke und Gedenkmünze, Teil der offiziellen Ehrung des 1955 verstorbenen Schriftstellers vonseiten der DDR. Zugleich war dieser Film der erste Beitrag der DDR überhaupt zu den Filmfestspielen in Cannes. Doch LOTTE IN WEIMAR sollte nicht nur das literarische Erbe des klassischen Weimar, sondern, mehr noch, Goethe als Figur für die DDR filmisch zum Leben erwecken. So bestimmte von Beginn an die Frage die Diskussion, in welchem Licht der Film Goethe präsentieren sollte – dem Kult um ihn huldigend oder eher aus kritisch-distanzierter Perspektive? Diese Frage bestimmte auch die Rezeption des Films. Entthronisiere Günthers Film den ›Dichterfürsten‹ nicht geradezu, wie Manfred Heidicke im *filmspiegel* rhetorisch fragte?[2] Der Filmkritiker Günther Rücker umriss das Wagnis, Goethe überhaupt als Filmfigur zu inszenieren, in seiner Rezension mit dem Titel »Jupiter tritt auf«:

Als Günthers größte Leistung in diesem Film sehe ich: er wagte es, den Heros der Nation, Johann Wolfgang von Goethe, auf die Leinwand zu bringen. Ein Nationalheiligtum in movie pictures. Darf man das? Geht das denn überhaupt? Ich hätte jede Wette angenommen, daß das nicht geht. Goethe geht überhaupt nicht, und Goethe von Hellberg geht auch nicht. Eins zu tausend hätte ich die Wette angenommen. Nun gut. Bevor die Exzellenz auftritt, vergehen neunzig Minuten. Warten wir's ab.[3]

Ein erster Zugang zum Film lenkt das Augenmerk zumeist genau auf diesen Aspekt der *imitatio*, des filmischen Vor-Augen-Stellens des Weimarer Dich-

---

[1] Die BRD-Premiere des Films fand hingegen erst am 31. 10. 1975 statt.

[2] Manfred Heidicke: »… in ihrer ganzen Menschlichkeit«, in: filmspiegel 11 (21. 5. 1975), Berlin (DDR), S. 4–6, hier S. 4.

[3] Günther Rücker: Jupiter tritt auf. Gedanken um einen Film Egon Günthers, zuerst in: Film und Fernsehen, Berlin/DDR, Nr. 6 (1975), S. 8–13 u. 46–47, hier zitiert nach dem Wiederabdruck in: »Ich war immer ein Spieler«: Egon Günther, hg. von Ingrid Poss/Dorett Molitor, Berlin: Neues Leben 2013, S. 118–126, hier S. 119.

terfürsten. Diese *imitatio* entspricht jener Goethe-Nachfolge, in die Thomas Mann sich 1939 aus dem amerikanischen Exil heraus mit seinem Goethe-Roman eingeschrieben hatte.[4] Tatsächlich bedient sich Günthers Verfilmung einer prinzipiell vergleichbaren dramaturgischen Strategie wie Thomas Manns Roman, wenn der finale Auftritt Goethes immer wieder sichtbar aufgeschoben wird, bis Goethe am Ende schließlich doch erscheint. Die Enttäuschung Lottes – am in Großaufnahme gezeigten Mienenspiel Lilli Palmers, dem West-Import im Schauspielerensemble, deutlich ablesbar – stellt im Film den größtmöglichen Kontrast dar zu den schwelgerischen Erinnerungsbildern an den jungen Goethe, die zuvor in den rückblickenden Tagträumen Lottes zu sehen waren. Und viel mehr erzählen weder Thomas Manns Roman noch Günthers Verfilmung auf der Ebene ihres äußeren Handlungsgerüsts: Charlotte Kestner, geborene Buff, verwitwete Hofrätin und historisches Vorbild für »Lotte« in Goethes *Die Leiden des jungen Werthers*, reist 1816 als alte Frau mit ihrer Tochter Lotte nach Weimar (ein historisch verbürgtes Ereignis). Sie will dort ihre Schwester, die Kammerrätin Ridel, besuchen – eigentlich aber ihren Jugendschwarm Goethe nach 44 Jahren wiedersehen. Dieser hält sie jedoch auf Abstand. Er lässt schließlich einen Anstandsbesuch zu – jedoch nur im Rahmen einer größeren Mittagsgesellschaft; zu einer intimeren Begegnung der beiden kommt es nicht. Charlottes Enttäuschung darüber ist so groß wie diejenige über die inzwischen so unattraktive äußere Gestalt Goethes (und sein förmlich steifes Benehmen).

Thomas Mann stellt nun die auf allgemeinmenschliche Fragen zielende Diskursivierung der Handlung in den Mittelpunkt seines Romans, indem er einen perspektivischen Abgleich von Jugend und Alter, von Vergangenheit und Gegenwart, von Lebensoffenheit und Lebensmöglichkeiten (der Jugend) mit ihrem Ende, mit Abgeschlossenheit und verpassten Gelegenheiten (aus dem Altersrückblick) sowie mit der Konstellation des bewunderten großen Genies und seinen jämmerlichen ›Hofschranzen‹ vornimmt, die sich peinlich selbst entblößen. Der »Riesen-Essay«[5] *Lotte in Weimar* ist in dieser Hinsicht »besonders ungeeignet als Filmvorlage«: ein Reflexions- und Erinnerungsroman, der mit seiner äußeren Handlungsarmut für jede Verfilmung naturgemäß eine

---

[4] Von einer »imitatio Goethe's« spricht Thomas Mann selbst wiederholt, u. a. 1936 im Zusammenhang mit dem Konzept einer »mythischen Identifikation« mit »Vaterersatzbilder[n]« als einer Form des »In-Spuren-Gehens« (in: Freud und die Zukunft, IX, 498 f.). Vgl. dazu auch Günter Schandera: Klassik im Film. Am Beispiel von »Lotte in Weimar«, in: Weimarer Klassik in der Ära Honecker, hg. von Lothar Ehrlich / Gunther Mai, Köln / Weimar / Wien: Böhlau 2001, S. 181–191, hier S. 182 f.

[5] So Hildburg Herbst in: Goethe, überlebensklein. Die Zerstörung eines Mythos durch das Massenmedium Film. Der Fall »Lotte in Weimar«; in: Verlorene Klassik? Ein Symposium, hg. von Wolfgang Wittkowski, Tübingen: Niemeyer 1986, S. 388–408, hier S. 390.

große Herausforderung darstellt. Denn wie lässt sich das Innenleben, wie lassen sich Erinnerungen, Träume, Gedanken und Projektionen visualisieren, d. h. auf den sichtbaren Außenraum projizieren? So stellt sich die Frage nach der Inszenierung Goethes gleich doppelt: einmal mit Blick auf die Visualisierung Goethes, und einmal mit Blick auf seine Funktionalisierung als Filmfigur und damit als Projektionsfläche für den Film insgesamt. Und dies umso mehr, als die Verfilmung von 1975 nicht nur die bis heute einzige Verfilmung von *Lotte in Weimar* ist, sondern auch die einzige DDR-Verfilmung eines Werks von Thomas Mann überhaupt.[6] Angesichts dieser Besonderheit, die die Verfilmung LOTTE IN WEIMAR für die DDR darstellt – und auch mit Blick darauf, dass Goethe in der DDR-Kulturpolitik zur Kultfigur stilisiert wurde –, möchte ich nachfolgend der Frage nach der Inszenierung und dem Bild Goethes in LOTTE IN WEIMAR nachgehen. Doch steht hier nicht die in der Forschung zur Literaturverfilmung lange Zeit verfolgte Frage nach der Adäquatheit der Romanadaption insgesamt im Mittelpunkt, sondern ganz spezifisch die Rolle und Funktion des im Film auf der Romangrundlage entworfenen Goethebilds, in dem Filmkritik und Forschung immer wieder eine »Distanzierung vom Mythos Goethe«[7], eine allzu vermenschlichende Entthronisierung[8] und Verunglimpfung des Dichterfürsten zum Zweck eigener Aussageabsichten Egon Günthers gesehen haben, indem dieser »das traditionelle Bild vom Genius eher der Lächerlichkeit, wenn nicht gar der Verachtung«[9] preisgegeben habe. Doch mit welchen Mitteln inszeniert Günthers Film Goethe als Figur – und mit welchen semantischen Implikationen für sein damit entworfenes neues Goethebild?

2. »Kühn, nicht wahr?«
Thomas Manns Roman zwischen Fakt und Fiktion

Thomas Manns Roman taucht ein in die zeitgenössische Wirklichkeit Weimars und Goethes im Jahr 1816. Gegenüber Anna Jacobson äußerte sich Mann zwei Tage nach Beginn der Niederschrift (am 11. 11. 1936) über das Vergnügen daran:

Freilich, bevor ich ihn [den vierten Band des *Joseph*] in Angriff nehme, versuche ich etwas ganz anderes: eine Erzählung, 1816 in Weimar spielend, worin ich mir die phan-

---

[6] Nach der 1958 gescheiterten gesamtdeutschen Verfilmung der *Buddenbrooks* entstanden Verfilmungen Mannscher Werke bis zu LOTTE IN WEIMAR ausschließlich in der BRD, in der eine regelrechte Serie an Mann-Verfilmungen einsetzte: KÖNIGLICHE HOHEIT (1953), FELIX KRULL (1957), BUDDENBROOKS (1959), HERR UND HUND (1963), TONIO KRÖGER (1964), WÄLSUNGENBLUT (1965), DER ZAUBERBERG (1968), GEFALLEN (1975), TRISTAN (1975).
[7] Herbst: Goethe, überlebensklein (Anm. 5), S. 389.
[8] Heidicke: »... in ihrer ganzen Menschlichkeit« (Anm. 2), S. 4.
[9] Herbst: Goethe, überlebensklein (Anm. 5), S. 390.

tastische Freude mache, Goethen einmal persönlich auf die Beine zu stellen. Kühn, nicht wahr? Aber nachdem ich's mit 40 vermieden (beim »Tod in Venedig«, der aus der eigentlich erträumten Ulrike-Geschichte wurde), will ich mir's mit 60 lustspielmäßig gönnen.[10]

Zu seiner Fiktionalisierung des historisch verbürgten Weimar-Besuchs der Hofrätin äußert sich Mann gegenüber keiner Geringeren als der Ururenkelin von Charlotte Kestner, die ebenfalls Charlotte Kestner hieß, in einem Brief vom 18. Juni 1951:

Goethe erwähnt in seinem Tagebuch am 25. September jenes Jahres sehr kurz und trocken: ›Mittags Ridels und Madame Kestner von Hannover‹. Zu dem Mittagessen waren tatsächlich nur die Verwandten Charlottes, bei denen sie am 22. September eingetroffen war, geladen. Sie wohnte bei diesen und nicht, wie ich es darstelle, im Gasthaus zum Elephanten. Auch fand das Mittagessen nur in diesem engsten Kreise statt und war kein Dinner von sechzehn Personen, wie ich es geschildert habe. Begleitet war Charlotte Kestner nicht von ihrer älteren Tochter Charlotte, sondern von einer jüngeren namens Clara. [...] Das Billet, das Charlotte aus dem Elephanten nach ihrer Ankunft an Goethe richtet, ist von mir frei erfunden.[11]

Belegt ist jedoch eine andere Briefnachricht, die Goethe am 9. Oktober 1816 an Charlotte Kestner schickt. In Thomas Manns Roman findet sie sich nahezu wörtlich zitiert:

Wenn [in Goethes überlieferter Nachricht heißt es hier: »Mögen«, A. B.] Sie sich, verehrte Freundin, heute Abend meiner Loge bedienen, so holt mein Wagen Sie ab. Es bedarf keiner Billette. Mein Bedienter zeigt den Weg durchs Parterre. Verzeihen Sie, wenn ich mich nicht selbst einfinde, auch mich bisher nicht habe sehen lassen, ob ich gleich oft in Gedanken bei Ihnen gewesen. Herzlich das Beste wünschend – Goethe. (9.1, 431)

Aus diesen denkbar knappen und wenig spektakulären historischen Notizen rund um den von Goethe distanziert und offensichtlich kühl erwiderten Besuch in Weimar entwickelt Mann nun seine Romanhandlung,[12] um den ›Meister‹ aus der Sicht seines unter seiner Größe leidenden Umfelds und im Licht des auch poetologisch reflektierten Spannungsfelds von Fakt und Fiktion auferstehen zu lassen.

---

[10] An Anna Jacobson, 13. 11. 1936; (mit erläuterndem Einschub) zit. nach 9.2, 27.

[11] Vgl. den Brief Thomas Manns an Charlotte Kestner vom 18.6.1951, in: Thomas Mann: Selbstkommentare: »Lotte in Weimar«, hg. von Hans Wysling, Frankfurt/Main: Fischer 1996, S. 113–114.

[12] Überliefert ist überdies ein (Thomas Mann vermutlich unbekannt gebliebener) brieflicher Bericht von Charlotte Kestners Tochter Clara über eine weitere Begegnung mit Goethe (an ihren Bruder August, 25. 10. 1816) sowie eine briefliche Schilderung des Eindrucks, den Charlotte Kestner auf Charlotte Schiller gemacht hat, vgl. 9.2, 755 und 761.

Thomas Manns Darstellung, sein Schreibverfahren und seine Poetik folgen dabei dem Prinzip mehrfacher Perspektivierung, nicht nur, was das Vorhandensein einer »Enzyklopädie der Erzählhaltungen«[13] betrifft und den Roman als »ein narratologisches Experiment« ausweist, das »die ganz unterschiedlichen Erzählperspektiven nebeneinander stellt oder auch verschränkt«[14], sondern auch in Bezug auf die perspektivisch gebrochene Darstellung Goethes. So bietet der Roman letztlich »eine Vielzahl divergierender Goethebilder«[15]. Dabei folgt er jedoch wesentlich »den Wahrnehmungen der Perspektivfigur Charlotte Kestner«[16], die den Blick auf Goethe und die Perspektiven seiner Lebenswelt auf ihn bündelt.[17] Lotte avanciert dabei gar zur »Repräsentantin des Erzählers«[18] und vermag sich, dadurch aufgewertet, gegenüber Goethe als Figur zu behaupten. Doch neben den Stimmen seines Umfelds und im Kontrast zur Perspektivierung Goethes aus Lottes Bewusstsein bekommt der Leser im langen 7. Kapitel des Romans auch die Innenperspektive Goethes dargeboten. Außen- und Innenperspektive erweitern dadurch komplementär und zugleich ambivalent die Sicht des Romans auf Goethe und seine Vorstellungswelt.

Eine gegenseitige Perspektivierung von Fakt und Fiktion liegt Manns Roman darüber hinaus auch mit Blick auf die Verschränkung von historischem Hintergrund (der Bekanntschaft Goethes mit Charlotte Buff alias Charlotte Kestner) und literarischem Stoff (dem *Werther* Goethes) zugrunde. Schon der Titel »Lotte in Weimar« deutet dies an, und sogleich nach Lottes Ankunft in Weimar beginnen sich in träumerischem Zustand Erinnerungsbilder Charlottes mit Imaginationen, die dem *Werther*-Roman entsprungen sind, zu vermischen. Thomas Manns der *imitatio* verpflichtete Annäherung an Goethe folgt dabei der Verschränkung von ›Dichtung und Wahrheit‹, wie sie schon Goethes eigene Poetik im *Werther* bestimmt. Da heißt es bei Thomas Mann etwa, nachdem von gemeinsamer *Ossian*-Lektüre und einem heißen Kuss die Rede war, davon, dass »unversehens ihre glühenden Wangen sich berührt hatten und die Welt ihnen hatte vergehen wollen unter den wütenden Küssen« (9.1, 34):

Da fiel ihr ein, daß sie es auch nicht erfahren hatte. Es war die große Wirklichkeit, und unterm Tüchlein brachte sie sie mit der kleinen durcheinander, in der es so stürmisch nicht zugegangen war. Der tolle Junge hatte ihr eben nur einen Kuß geraubt [...]. (ebd.)

---

[13] Michael Neumann: Thomas Mann: Romane, Berlin: Erich Schmidt 2001, S. 137.

[14] Friedhelm Marx: Lotte in Weimar (1939), in: TM Hb (2015), 65 (dort unter Verweis auf einen Aufsatz von Carl Pietzcker 2012).

[15] Ebd., S. 58.

[16] Ebd., S. 65.

[17] Auch Werner Frizen hat darauf hingewiesen, wie stark Goethe bei Thomas Mann – etwa im achten Kapitel – durch das Bewusstsein der Titelheldin gespiegelt wird; vgl. 9.2, 753.

[18] Ebd.

Perspektivierungen prägen Manns Erzählverfahren damit sowohl auf der Ebene des Abgleichs von biografischen Fakten und den Fiktionalisierungen des *Werther*-Romans als auch auf der Ebene des narrativen Fokalisierungsverfahrens, mit dem eine perspektivisch gebrochene Annäherung an Goethe erzählt wird. Egon Günthers Film hingegen ebnet dieses mehrfache Perspektivierungsverfahren Thomas Manns fast völlig ein – und wählt stattdessen eine andere Form der Inszenierung Goethes.

3. Günthers Inszenierung Goethes als doppelte Fiktionalisierung

Die Forschung hat Günthers Verfilmung kontrovers diskutiert. Pflaum sieht in LOTTE IN WEIMAR »eine biedere, konventionell brave Adaption, seriös und sorgfältig inszeniert«.[19] Zander hingegen attestiert dem Regisseur, nicht an Manns Goethebild oder am historischen Goethe interessiert zu sein, sondern – im Zusammenhang mit der in der DDR geforderten ›kritischen Aneignung‹ des Nationalen Kulturellen Erbes (NKE) –[20] Manns Roman lediglich als Ausgangspunkt zu nutzen: »Goethe wurde, soweit dies möglich war, aus dem Konzept des Mann-Romans ›herausgelöst‹ und in Günthers Bild des Klassikers integriert.«[21] Dabei ordnet Zander die Verfilmung selbst als ersten ›radikalen‹ Schritt innerhalb der Geschichte der (bis dahin recht werktreuen) Thomas-Mann-Adaptionen ein, da Günther durch aktualisierende Einschübe »bewusst auf Distanz zur literarischen Vorlage« gehe.[22] Schiller wiederum erkennt dabei in der Verfilmung gegenüber der literarischen Vorlage ein stärkeres Interesse an der Analyse der »sozialen Dispositionen und Widersprüche der Anschauungen und der Lebensweise des klassischen Weimar«[23] und an »den Ursachen des Goethekults in dieser Stadt«[24]. Rolf G. Renner schließlich rechnet LOTTE IN WEIMAR unter den Thomas-Mann-Verfilmungen zu »jene[n] werkgetreuen filmischen Umsetzungen […], die einerseits dem Anspruch des Textes gerecht zu werden versuchen, sich aber andererseits von einer eigenstän-

---

[19] Hans Günther Pflaum: Egon Günther. Bekenntnis zu Gefühlen, in: Film in der DDR, München/Wien: Hanser 1977, S. 115–134, hier S. 131.

[20] Die Forderung nach einer »kritischen Aneignung« des nationalen Kulturerbes hatte Kurt Hager auf dem 6. Plenum des Zentralkomitees der SED 1972 erhoben und damit eine Debatte um den Umgang mit dem kulturellen Erbe ausgelöst; vgl. dazu Peter Zander: Thomas Mann im Kino, Berlin: Bertz + Fischer 2005, S. 206 f.

[21] Ebd., S. 208.

[22] Ebd., S. 112.

[23] Dieter Schiller: Charlotte contra Goethekult. »Lotte in Weimar« – ein Film von Egon Günther nach dem gleichnamigen Roman von Thomas Mann, in: Ders.: Im Widerstreit geschrieben. Vermischte Texte zur Literatur 1966–2006, Berlin: Edition Schwarzdruck 2008, S. 78–86, hier S. 79.

[24] Ebd., S. 80.

digen Interpretation fernhalten«[25]. Die divergenten Urteile spiegeln Günthers ambivalentes Verfahren, mit dem er Thomas Manns Spiel mit Fakt und Fiktion in ein gegenläufiges Spiel zwischen historischer Authentizität und einer doppelt gesteigerten Fiktionalisierung überträgt. Egon Günthers Verfilmung von *Lotte in Weimar* nun ist ein auffälliges, doppeltes Fiktionalisierungsverfahren zu eigen.

Auf einer ersten Ebene greift dieses doppelte Fiktionalisierungsverfahren zunächst deutlich auf Thomas Manns Romantext zurück: Weite Teile des vom Filmerzähler (aus dem Off) und von den Figuren monologisch oder dialogisch Gesprochenen sind wortgetreue Übernahmen aus dem Roman (wenngleich durch signifikante Auslassungen geprägt). Schon der im Vorspann genannte Hinweis »Lotte in Weimar / nach dem gleichnamigen Roman von Thomas Mann« (00:02:54–00:02:59)[26] verweist zur Beglaubigung auf die Nähe zu Manns Text. Doch Günther verfährt im Folgenden insgesamt so selektiv, dass von tatsächlicher, werkgetreuer ›Nähe‹ zum Text nicht gesprochen werden kann, weil zentrale Passagen der Geschichte ebenso wie zentrale für das Erzählen wichtige Verfahren Manns entweder ausgelassen oder nur stark gerafft und gekürzt übernommen werden. Hier wäre zuallererst das 7. Romankapitel und die Innensicht Goethes zu nennen, die der Film nur kurz anzitiert und die er gerade dadurch einebnet, dass die Gedankenrede Goethes beim morgendlichen Aufwachen im Film von derselben Erzählstimme übernommen wird, die auch die Erzählerrede aus dem Off übernimmt (gesprochen von Heinz-Dieter Knaup). Goethe wird im Wortsinne seiner eigenen Stimme beraubt und einer auktorialen Erzählinstanz untergeordnet, dem Romangeschehen kommentierend eine ›höhere‹ Deutungsperspektive übergeordnet. So z.B. auch visuell im Vorspann, in dem ein Panorama des zeitgenössischen Weimars von 1974/75 gezeigt wird, bei dem Menschen, Autos, Motorräder und Radfahrer durchs Bild fahren. Dieser Gegenwartsbezug betont in erster Linie die Bedeutung Goethes (und mit ihm Thomas Manns) für die DDR der 1970er Jahre und markiert damit zugleich einen zeitlichen Fix- und Referenzpunkt des filmischen Erzählaktes. Goethe spricht hier indirekt zu uns in der historischen Gegenwart von 1974/75, wenn der Erzähler unmittelbar nach dem Vorspann das Thomas Manns Roman vorangestellte Motto aus dem *West-östlichen Divan* zitiert, während sich die eben noch gegenwärtige Szenerie vor dem sogenannten ›Fürstenhaus‹ in Weimar nunmehr (auch visuell, wie an Kostümen und Kutschen erkennbar) 159 Jahre zurückdreht in die Vergangenheit des Jahres 1816: »Durch allen Schall und Klang / Der Transoxanen / Erkühnt sich unser

---

[25] Rolf G. Renner: Verfilmungen der Werke von Thomas Mann, in: TM Hb (2005), 808.
[26] Alle Timecodes beziehen sich nachfolgend auf die hier verwendete DVD-Ausgabe: Lotte in Weimar [HD Remastered], ICESTORM Entertainment 2017.

Abb. 1: Nach Schmellers Vorbild: Goethe in seinem Arbeitszimmer (01:50:08).

Sang / Auf deine Bahnen! / Uns ist für garnichts bang, / In dir lebendig; / Dein Leben daure lang, / Dein Reich beständig!« (00:05:00–00:05:15; vgl. 9.1, 9). Mit seinem zu Anfang visuell eingeführten Gegenwartsbezug bezieht der Film das zitierte Motto über Manns Roman hinaus nun aber zugleich auf die DDR des Jahres 1975 – 15 Jahre vor ihrem Ende (»Uns ist für garnichts bang, [...] Dein Leben daure lang, / Dein Reich beständig!«).[27]

Eine zweite Ebene der Fiktionalisierung zeigt sich innerhalb des von Günther gewählten Visualisierungsverfahrens. Das für Manns Roman zentrale Spannungsfeld von Fakt und Fiktion wird im Film primär mit Blick auf die Detailgenauigkeit von Goethes äußerer Erscheinung relevant. Dabei ist auffällig, dass Günther vielfach Gemälde als Garanten äußerer Detailgenauigkeit heranzieht, nach denen Gestalt und Auftreten im Rahmen intertextueller Zitatverfahren modelliert werden, um Authentizität und historische ›Wahrheit‹ in der Erscheinung zu verbürgen – etwa mit Blick auf die Gemälde »Goethe diktiert in seinem Arbeitszimmer dem Schreiber John« von Johann Joseph Schmeller (1834; Abb. 1), das ordensgeschmückte Goethe-Portrait von Heinrich Christian Kolbe (1822) oder auch das bekannte Portrait Goethes von Joseph Karl

---

[27] Zu weiteren Anachronismen, die Günther verfremdend und subversiv in seine Verfilmung einfließen lässt, vgl. u. a. Herbst: Goethe, überlebensklein (Anm. 5), S. 391 f. und 399 f.; sowie Schandera: Klassik im Film (Anm. 4), S. 181.

Stieler (1828). Diese Gemälde-Referenzen führt der Film signifikanterweise bei Goethes erstem direkten und unverstellten Auftreten im Film ein (in seinem Arbeitszimmer, die Nachricht von Lottes Ankunft entgegennehmend, Schmeller zitierend) sowie später bei seiner ersten direkten Wiederbegegnung mit Lotte anlässlich des Mittagsempfangs (Kolbe und Stieler zitierend). Auch Lottes Erscheinungsbild ist darüber hinaus deutlich am historischen Portrait »Charlotte Kestner mit blauer Haube« (Christian Ahrbeck nach Johann Ludwig Hansen, 1820) orientiert.

Zwei weitere Auftritte Goethes sind darüber hinaus durch den intertextuellen Bezug auf Filmreferenzen nobilitiert. Zum einen die – durch diese Referenz als besonders bedeutsam für die weitere Handlung hervorgehobene – Abschiedsszene, in der sich der junge Goethe als unliebsamer Dritter aus der Beziehung von Charlotte und Hans Christian Kestner ausgeschlossen sieht: Charlotte entscheidet sich dafür, bei ihrem Verlobten und künftigen Ehemann zu bleiben und Goethe fortan auf Abstand zu halten, sodass sich dieser schließlich zum Rückzug veranlasst sieht (und zur rächenden Verarbeitung dieser Kränkung schließlich im Stillen den *Werther* schreibt). Im Film wird der Moment der Entscheidung Lottes durch die Referenz auf die Abschiedsszene am Ende von Michael Curtiz' Film CASABLANCA (USA 1942) inszeniert: Im Moment der Entscheidung wechselt Ilsa Lunds Blick dort zwischen ihrem Ehemann Victor László und ihrem früheren Geliebten Rick Blaine hin und her. Indem Günthers Film diese Konstellation des entscheidenden Augenblicks aufgreift (00:24:55–00:25:00), betont er die Kränkung Goethes und weist diesen andererseits als einsamen und verlassenen Helden im Stile Humphrey Bogarts aus, der am Ende zurückbleibt, wenn Ilsa zu ihrem Mann zurückkehrt. Anders aber als in CASABLANCA bleibt hier in Günthers Film der Kamerablick am Ende der Sequenz bedeutungsvoll auf dem ›Opfer‹ Goethe stehen.

Ein anderer Auftritt Goethes – jener, als er zum Ende des Films hin der von ihm zum Mittagessen geladenen Gesellschaft wie bei einer Audienz gegenübertritt – ist der eben geschilderten Jugendszene vielsagend kontrastiert. Goethe erscheint nun nicht mehr als leidenschaftlicher, junger Liebhaber, sondern gewandelt zum steifen, Kälte und Desinteresse verströmenden alten Mann. Auch dieser Auftritt folgt filmischen Inszenierungsmustern – in diesem Fall stereotypen Inszenierungen von Auftritten mächtiger oder privilegierter Figuren vor Menschenmassen, in großen Räumen oder auf öffentlichen Plätzen (wie z. B. 1956 bei den Auftrittsszenen in THOMAS MÜNTZER, bei dem Martin Hellberg, der ›Goethe‹ in LOTTE IN WEIMAR, Regie führte und für das Drehbuch verantwortlich war). Hier aber, in LOTTE IN WEIMAR, dient der Bezug auf die filmische Inszenierungspraxis des Auftritts ›großer‹ Menschen gerade umgekehrt der Verkleinerung Goethes: der mächtige Geistesfürst tritt in lächerlich zu groß geratener Pose auf, handelt es sich hier doch nur um einen klei-

nen Innenraum und eine private Tischgesellschaft. Die Fallhöhe vom jugendlichen Helden Lottes zum visuell ›entthronten‹, steifen, das falsche Register
ziehenden alten Goethe könnte größer nicht sein, was Lilli Palmer als »Lotte«
denn auch prompt mit einem entgeisterten »Du lieber Gott!« kommentiert
(01:36:35–01:36:37). Zum Menschen verkleinert, erscheint Goethe hier als ein
Opfer seiner selbst und seiner eigenen Größe – seinem eigenen Bekenntnis im
Schlussdialog in der Kutsche vorgreifend. Der initiale Akt der Kränkung des
jungen Goethe durch Lotte und der spätere Akt der Kränkung Lottes durch
den alten Goethe lassen sich folglich im Film aufeinander beziehen: der Dämp-
fung der jugendlichen Leidenschaft durch Lottes Tugendhaftigkeit, Treue und
Redlichkeit folgt die Verknöcherung des sich an der ›verkümmerten‹ Lotte
rächenden alten Goethe.

4. Arbeit am Goethebild oder Die filmische Poetik der Annäherung: Goethes Auftritt als Abtritt

Die filmische Dramaturgie in LOTTE IN WEIMAR folgt im Wesentlichen dem
äußeren Handlungsverlauf in Thomas Manns Roman. Doch die von Lotte
ersehnte Wiederbegegnung verkehrt sich im Film im Moment der finalen
Gegenüberstellung in eine Abkehr von Goethe. Günthers Arbeit am Goethebild realisiert sich dabei zunächst in fünf Stationen einer allmählichen Annäherung an den ›Dichterfürsten‹:

4.1. In vier als Lottes ›Traum‹ bzw. als ›Erinnerung‹ ausgewiesenen Rückblenden werden wir zunächst mit ihrer Imagination des jungen Goethe kon-
frontiert, der als stürmisch-leidenschaftlicher Liebhaber – und immer in Bewegung – gezeigt wird. Bereits im zweiten Rückblick erfahren wir dabei jedoch,
dass diese vermeintlichen Erinnerungsbilder nun aber keinesfalls der vergangenen Realität entsprechen, sondern sich eher als Lottes Wunschtraum ihrer
Vorstellungswelt eingeprägt haben, die durch Goethes im Anschluss an die
beendete Liaison verfassten *Werther* und also in Überlagerung von Realität
(der Bekanntschaft mit Goethe) und Fiktion (der *Werther*-Geschichte) sich
ihrem Bildervorrat eingeprägt haben: »So stürmisch war's doch gar nicht, das
hat er doch alles bloß so geschrieben«, wird sich Lotte nach dem Aufwachen
im Hotelzimmer bewusst (00:17:27–00:17:32). Ihre Erinnerungen sind folglich
eher Wunschträume ihres Unterbewussten. Dieses unauflösbare Ineinander
von vergangener Realität und gegenwärtig-fiktionaler Traumwelt prägt somit
Lottes Bewusstsein bei ihrem Eintreffen in Weimar.

4.2. Die in der direkten Begegnung mit Goethe kulminierende Annäherung
an den nunmehr alt gewordenen und zu Ehren und Berühmtheit gelangten
Geistesfürsten und Staatsminister inszeniert der Film – wie der Roman – als

sukzessive Einkreisung, die, von außen kommend, immer weiter ins Innere seiner Sphäre eindringt. Der Film zeigt dies in einer Reihe sich steigernder Einzelschritte. Zunächst sehen wir Lottes Tochter, Lotte jun., die Goethes Haus am Frauenplan von außen besichtigt (00:26:06ff.). Dem folgt der in Adele Schopenhauers Erzählung eingeflochtene Vorfall, als August das Wutgebrüll seines Vaters (aufgrund von Augusts freiwilliger Meldung zur Kriegsteilnahme) über sich ergehen lassen muss – was wir zwar von innen miterleben, platziert im berühmten Junozimmer Goethes, aber dennoch außen vor bleibend, da wir lediglich Goethes Stimme hinter der verschlossenen Tür hören können (01:10:42ff.). Schließlich verfolgen wir aus Lottes Augen das leibhaftige Erscheinen von Goethes Sohn im Hotel und erleben, wie sie im Antlitz des Sohns nach Spuren des Vaters sucht (01:21:41ff.). Und dann wechselt der Film einmal, für einen kurzen Moment, die Seiten: Wir erleben das aus dem 7. Kapitel von Manns Roman übernommene Aufwachen Goethes mit, indem wir ihn zunächst nur im Halbprofil, von der Seite, in Schwarzweiß und in Großaufnahme sehen – und sein Erstaunen über die morgendliche Erektion vernehmen (01:24:06ff.). Sodann erscheint Lotte selbst vor Goethes Haus am Frauenplan, dessen Fassade nachdenklich von außen musternd (01:24:42ff.). Dem schließt sich die Morgentoilette Goethes an, bei der wir (nunmehr wieder im Innern des Hauses) sein Altersgesicht erstmals frontal – aber noch immer nicht direkt, sondern im milchig eingetrübten Spiegel des Waschtischs zu sehen bekommen (01:25:26ff.), bevor ihm anschließend in seinem Arbeitszimmer Lottes Ankunft in Weimar dann endlich auch selbst – durch August – überbracht wird (01:26:23ff.). Die Nachricht dieser, wie Goethe es formuliert, »kuriose[n] Vorfallenheit« ist nun im Innern des Hauses angekommen – und wir sehen Goethe erstmals unmittelbar und frontal ins Gesicht.

4.3. Erst danach kommt es anlässlich des Mittagessens zur direkten Begegnung Lottes mit Goethe, die wir aus der Perspektive der fassungslos erschrockenen und leicht angeekelten Lotte miterleben (01:36:24ff.). Mit ihrem trifft unser Blick auf eine devote und servile ›Hofgesellschaft‹, die mit ihrer anbiedernden Unterwürfigkeit unter den despotischen Selbstdarsteller Goethe ihrer ganzen Lächerlichkeit und Unwürdigkeit preisgegeben wird. Selbst vor dem Hintergrund einer ›kritischen Aneignung‹ des Nationalen Kulturellen Erbes muss dies als derbe »Travestie«[28] erscheinen. Goethe macht Lotte durch sein Verhalten unmissverständlich klar, dass es hier keine weitere Annäherung mehr geben soll. Das Wiedersehen wird somit als ultimativer Abschied inszeniert, den der Film zuvor schon leitmotivisch angedeutet hatte: Den zuvor gezeigten Ansichten von Goethes Haus am Frauenplan und von seinem Römischen

---

[28] So Sonja Hartl in: Lotte in Weimar, in: Filmreihe »Thomas Mann im Rex-Kino«, Bonn: Bernstein 2011, S. 30–42, hier S. 37.

Abb. 2: Der Sensenmann vor dem Römischen Haus in Weimar (01:23:46).

Haus waren kommentarhaft – mit dem Sensenmann auf der Wiese (01:23:15–01:23:50; Abb. 2) und dem vorbeiziehenden Leichenzug (00:25:49–00:26:06) – die Zeichen von Vergänglichkeit, letztem Abschied und Tod beigegeben.

4.4. Goethes – wie im Roman – vierfach mit »Adieu!« bekräftigtem Abtritt nach dem Mittagessen folgt in der anschließenden Sequenz sein aus dem Off verlesenes Abschiedsbillett an Lotte, das der Film wörtlich zitiert, während er Goethe, in seinem Arbeitszimmer sitzend, wieder förmlich in Schmellers Gemälde von 1834 und somit in seinem Bildgedächtnis verschwinden lässt (01:49:59 ff.). Aber *dieser* Goethe hat am Filmende nunmehr eine neue Bedeutung angenommen; das »Antlitz […], der Welt so bedeutend geworden« (00:16:00–00:16:04), hat sich zum Bild eines alten, verknöcherten und steifen Darstellers seiner selbst gewandelt.

4.5. Dieser Inszenierungslogik folgen auch die abschließende Kutschfahrt und das traumhafte ›Geistergespräch‹ zwischen Lotte und Goethe in der Kutsche. Der dialogisch gestaltete innere Monolog Lottes erweist sich dabei als Projektion und Ausdruck ihrer Selbstrechtfertigung. Denn unmissverständlich inszeniert der Film dies als imaginiertes Gespräch – und als gleichzeitige Versöhnung und Abrechnung mit Goethe:[29] Beide, so hält die Bildinszenierung

---

[29] Dagegen hält Schiller das Gespräch in der Kutsche im Film für »eine wirkliche Begegnung«, vgl. Schiller: Charlotte contra Goethekult (Anm. 23), S. 85. Auch Herbst nimmt hier eine »realis-

bewusst, sind dabei nie zusammen im Bild zu sehen (01:51:09 ff.). In dieser Sequenz kulminiert nun zuletzt, was ich als die spezifische ›Ideologiebildung‹ dieser Verfilmung ansehen möchte.

5. »Opfer Deiner Größe« – »Friede Deinem Alter!« Inszenierung als Ideologisierung: Abschied vom Goethekult?

Unter ›Ideologiebildung‹ soll im Folgenden nicht die Übernahme möglicher Richtlinien und Konzepte einer mit der offiziellen politischen Linie der DDR konformen Filmästhetik gemeint sein, sondern das jedem Film eigene Verfahren, seine Darstellung einer filmischen Welt mit einem je eigenen System an Bildfindungen, Semantiken, Metaphoriken sowie einem damit zugleich implizierten System an Werten und Normen zu verbinden. Ich möchte nunmehr dieser Einbettung des in LOTTE IN WEIMAR entworfenen Goethebilds in das filmeigene Werte- und Normensystem nachgehen, indem ich mich auf die Schlusssequenz in der Kutsche konzentriere.[30] Anders als im Roman, in dem am Ende das ausschließlich auf die Gegenwart konzentrierte Gespräch zwischen Lotte und Goethe steht, kontrastiert der Film hier das Gespräch in der Kutsche mit zwei Erinnerungssequenzen Lottes, in der (a) die Brotschneideszene aus dem *Werther* vor Augen geführt wird (01:51:16 ff.) und (b) eine Sequenz eingefügt wird, in welcher der junge Goethe Charlottes Kanarienvogel küsst, diesen dabei aber festumschlungen in der Hand haltend (01:55:01 ff.) – eine Sequenz, die Lottes in der Kutsche geäußerte Behauptung illustriert, die Wesen in Goethes Umfeld seien ausnahmslos Opfer seiner Größe – mithin Gefangene, von seinem ›Würgegriff‹ umschlossen, solange sie von ihm geliebt werden wollen. Das abschließende ›Geistergespräch‹ entpuppt sich im Film daher als summarischer Schlusskommentar, in dem Jugend und Alter, Fiktion und Realität, Literatur und Leben aneinander gemessen und gegeneinander abgewogen werden – mit ambivalentem Ergebnis. Was aber wird in der Kutsche genau gesprochen?

Das ›Geistergespräch‹ dreht sich zentral um eine »Lebensfrage«[31] für Goethe sowie auch Charlotte: das Verhältnis von Kunst und Wirklichkeit. Als Abschluss des Films bildet es zugleich dessen Höhepunkt. Betrachtet man nun

---

tisch-leibhaftig[e]« Begegnung an, vgl. Herbst: Goethe, überlebensklein (Anm. 5), S. 398. Doch im Film ist deutlich zu sehen, dass der Platz neben Lotte in der Kutsche leer ist, als ihr, vor dem Hotel angekommen, von Mager die Tür geöffnet wird (LOTTE IN WEIMAR, 01:58:38).

[30] Zu den grundlegenden Verfahren, mit denen Günthers Film insgesamt Manns Romantext kürzt, erweitert und uminterpretiert und dadurch ein neues, ›indirektes Goethebild‹ entwirft, vgl. ausführlich Herbst: Goethe, überlebensklein (Anm. 5), S. 392 ff.

[31] Vgl. Schiller: Charlotte contra Goethekult (Anm. 23), S. 83.

die Änderungen und Kürzungen, die der Film an dieser Stelle im Verhältnis zu Manns Roman vornimmt, so tritt die der Verfilmung zugrunde liegende Ideologie deutlich zutage. Die imaginäre Begegnung in der Kutsche, die bei Thomas Mann leidlich versöhnlich endet, gerät bei Günther durch rigide Zusammenkürzung der Dialoge zu einem Abschied mit Gehässigkeiten. Lottes Vorwurf an Goethe, sämtliche Menschen in seinem Umfeld seien letztlich »Opfer Deiner Größe« (01:54:55–01:54:57), folgt Goethes boshafter Seitenhieb auf Lottes Torheit, als alte Frau noch einmal das Jugendkleid anzuziehen: »Friede Deinem Alter« (01:57:41–01:57:43). Doch die Szene in der Kutsche ist zweigestuft; zunächst versuchen beide, sich noch einmal einander anzunähern und gegenseitig zu vergeben, bevor es dann doch zu gegenseitiger Anklage und zum Abschied kommt. So gesteht Lotte zunächst ein: »Es war albern von mir, meine Zeitgestalt mit den Emblemen der Vergangenheit zu schmücken« (01:52:06–01:52:12), und Goethe bittet »wegen des Werther-Büchleins um Vergebung« (01:52:33–01:52:37). Doch die beiden können einander nicht mehr auf einer ebenbürtigen Ebene kommunikativ begegnen und reden aneinander vorbei. Deutlich wird das in dem Moment, als Lotte ihre Entsagung und ihren Verzicht (mit Manns Begriff) als »Verkümmerung« erkennt, die Goethes »Erfüllung« kontrastiere, mit welcher er von seiner Umwelt expansiven Gebrauch mache. Lottes zunächst geäußerter »Respekt« scheint nunmehr ironisch gebrochen, um schließlich das gar tragische Ausmaß jener »Auszehrung« zu evozieren, in die Goethe seine weiblichen ›Opfer‹ letztlich getrieben habe (die beiden längeren, durch Günther gegenüber Manns Romantext neu eingefügten Passagen unterstrichen):

So sehr wohl und behaglich war es mir nicht eben in deiner Wirklichkeit, in deinem Kunsthaus und Lebenskreis. Es war eher eine Beklemmung und Apprehension damit. Denn allzusehr riecht es nach Opfer in deiner Nähe. Und gegen die Menschenopfer, da greift Iphigenie mildernd ein. Aber nach solchen sieht's leider aus in deinem Umkreis. Ist ja beinah wie auf einem Schlachtfeld oder eines bösen Kaisers Reich. Diese Riemer, die immer – immer mucken und maulen, und deren Mannesehr' auf dem süßen Leim zappelt. Und dein armer Sohn mit seinen siebzehn Gläsern Champagner, und dies Persönchen, das ihn zu Neujahr heiraten wird und wird in deine Oberstuben fliegen – wie die Mücke ins Licht. Ganz zu schweigen von den Mädchen, die sich nicht zu halten gewusst haben wie ich, und ihren Hans Christian geheiratet und und und elf Kinder zur Welt gebracht und – dass Gott erbarm! – und die die Auszehrung unter den Hügel gebracht haben wie die arme Friederike von Seesenheim. Was sind sie denn, als Opfer deiner Größe? (01:53:38–01:54:57)

Dieser Anklage Goethes folgt postwendend die wiederum Lotte anklagende Replik Goethes, doch hier kürzt Günther Manns Romanschluss so stark, dass alle persönlichen, auf die zwischenmenschliche Ebene (und auf Lottes Vorwurf) bezogenen Passagen des Monologs entfallen und einzig ein artifizielles, in seinem inneren Zusammenhang beinahe völlig unverständliches Gefasel dabei herauskommt (in Klammern markiert und nummeriert: Stellen, an denen im Film Auslassungen gegenüber Manns Roman erfolgen)[32]:

Alte Seele, liebe, kindliche, ich zuerst und zuletzt bin ein Opfer und bin der, der es bringt. Einst verbrannte ich dir und verbrenne dir allzeit zu Geist und Licht. Wisse, Metamorphose ist deines Freundes Liebstes und Innerstes, seine große Hoffnung und tiefste Begierde, Spiel der Verwandlungen, wechselnd Gesicht, [1] in dem die Züge der Lebensalter changieren, Jugend aus Alter, Alter aus Jugend magisch hervortritt. Darum war mir's lieb, und verwandt, sei völlig beruhigt, dass du dir's ausgedacht und zu mir kamst, mit Jugendzeichen geschmückt die Altersgestalt. [2] Lass unsern Blick sich auftun und unsre Augen groß sein für die Einheit der Welt – groß, heiter und wissend. Verlangt dich nach Sühne? Lass. Ich seh' sie mir entgegenreiten im grauen Kleid. Dann wird wieder die Stunde Werthers und Tassos schlagen. [3] Abschied für immer [4], Todeskampf des Gefühls, [5] grässliche Schmerzen [6], wie sie <u>nur</u> dem Tod um einige Zeit vorangehn. [7] Tod, letzter Flug in die Flamme, im All-Einen. Wie sollte auch er denn nicht nur Wandlung sein? [8] – Friede deinem Alter. (01:55:58–01:57:43)

Betrachtet man nun Günthers Auslassungen und füllt die ausgelassenen Romanstellen auf (bei ihm ausgelassene Passagen in den folgenden drei Zitatstellen aus Manns Roman [eingeklammert]), so wird der bei Thomas Mann entworfene, im Film aber diffus bleibende Zusammenhang von ›Opfer‹, ›Wandlung‹ und ›Abschied‹ erst recht verständlich. Für die erste Auslassung [1] ergibt sich folgendes Bild (hier in Klammern eingefügt):

Wisse, Metamorphose ist deines Freundes Liebstes und Innerstes, seine große Hoffnung und tiefste Begierde, – Spiel der Verwandlungen, wechselnd Gesicht, [wo sich der Greis zum Jüngling, zum Jüngling der Knabe wandelt, Menschenantlitz schlechthin,] in dem die Züge der Lebensalter changieren, Jugend aus Alter, Alter aus Jugend magisch hervortritt (9.1, 445).

Erkennbar wird hier, dass Verwandlung bei Thomas Mann – wie bei Goethe – nicht bedeutet, dass im Altersgesicht gelegentlich noch die Züge des Jugendlichen aufblitzen, sondern als geistige und ideelle Wandlung hiermit stets die Doppelperspektive eines gegenseitiges Ineinanders impliziert ist, wie dies etwa Goethes Begriffe von ›Ring‹ und ›Kette‹ für den Zusammenhang von individuellem endlichen Lebenskreis und ewig fortgesetztem Lauf der Generationenfolgen abbilden. Auch im Fall der zweiten Auslassung [2] präzisiert sich der Bezug auf die Aufhebung empirisch-realer Kausalität von Raum und Zeit im »All-Einen« erst durch die Wiedereinfügung von Manns Romantext:

---

[32] Ich folge hier der Diktion in Günthers Film. Notiert werden Auslassungen ([1], [2], usw.) und Änderungen gegenüber Manns Roman (<u>unterstrichen</u>). Interpunktion und Flexionen werden für den Abgleich mit Manns Romantext nicht berücksichtigt.

darum war mir's lieb und verwandt, sei völlig beruhigt, daß du dir's ausgedacht und zu mir kamst, mit Jugendzeichen geschmückt die Altersgestalt. [Einheit, Geliebte, das auseinander Hervortauchen, das Sich Vertauschen, Verwechseln der Dinge und wie Leben jetzt ein natürlich Gesicht, jetzt ein sittliches zeigt, wie sich Vergangenheit wandelt im Gegenwärtigen, dieses zurückweist auf jene und der Zukunft vorspielt, von der beide schon geisterhaft voll waren. Nachgefühl, Vorgefühl – Gefühl ist alles.] Laß unsern Blick sich auftun und unsre Augen groß sein für die Einheit der Welt – groß, heiter und wissend. (9.1, 445)

Eine Stelle, die mit der sozialistischen Ideologie in der DDR wenig kompatibel gewesen sein dürfte, denn die teleologischen Kontinuitätslinien, die im Geschichtsbild der DDR entworfen wurden, beruhten gerade auch auf wichtigen Brüchen mit weiten Teilen der im Kapitalismus gipfelnden ›bürgerlichen‹ Geschichte Deutschlands und Europas (wie dies etwa deutlich in der rigiden Abgrenzung vom Faschismus zum Ausdruck kam). Manns Goethe aber, so hält auch Schandera dem Goethebild Günthers entgegen, entwickelt »ein vielschichtig-komplexes Bild seines Denkens und Seins«, mit dem er »an die Stelle der Teleologien den Gedanken des Werdens, der Evolution, der Metamorphose setzt«.[33] Erst recht verständlich wird diese Ausrichtung von Goethes Abschiedsrede daher erst, wenn man den im Film komplett gestrichenen ersten Teil mit hinzunimmt:

[Liebe Seele, laß mich dir innig erwidern, zum Abschied und zur Versöhnung. Du handelst vom Opfer, aber damit ist's ein Geheimnis und eine große Einheit wie mit Welt, Leben, Person und Werk, und Wandlung ist alles. Den Göttern opferte man, und zuletzt war das Opfer der Gott. Du brauchtest ein Gleichnis, das mir lieb und verwandt ist vor allen, und von dem meine Seele besessen seit je: das von der Mücke und der tötlich lokkenden Flamme. Willst du denn, daß ich diese sei, worein sich der Falter begierig stürzt, bin ich im Wandel und Austausch der Dinge die brennende Kerze doch auch, die ihren Leib opfert, damit das Licht leuchte, bin ich auch wieder der trunkene Schmetterling, der der Flamme verfällt, – Gleichnis alles Opfers von Leben und Leib zu geistigster Wandlung.] Alte Seele, liebe, kindliche, ich zuerst und zuletzt bin ein Opfer – und bin der, der es bringt. Einst verbrannte ich dir und verbrenne dir allezeit zu Geist und Licht. Wisse, Metamorphose ist deines Freundes Liebstes und Innerstes. (9.1, 444–445)

›Opfer‹ zu sein – das hieß für Lotte vor allem, vom großen Genie im Namen von dessen Kunst ›ausgebeutet‹ zu werden. In Thomas Manns Roman jedoch wird der Opferbegriff relativiert, nimmt sein Goethe ihn doch auch für sich selbst in Anspruch, und zwar im Rahmen seiner Vorstellung, dass Geist und Kunst auf Entsagung und Abstand vom Leben beruhen, oder, um es mit *Tonio Kröger* zu sagen, »daß gute Werke nur unter dem Druck eines schlimmen Le-

---

[33] Schandera: Klassik im Film (Anm. 4), S. 184.

bens entstehen, daß, wer lebt, nicht arbeitet, und daß man gestorben sein muß, um ganz ein Schaffender zu sein« (2.1, 266). Dem entspricht auch der Schluss der Rede Goethes bei Thomas Mann (die aus *Lotte in Weimar* aufgefüllten, hier [eingeklammerten] Auslassungen [3] bis [8] zeigen, wie stark Günther Manns Roman an dieser Stelle zusammengestrichen hat):

Ich seh' sie mir entgegenreiten im grauen Kleid. Dann wird wieder die Stunde Werthers und Tassos schlagen, [wie es mitternächtlich gleich schlägt dem Mittag, und daß ein Gott mir gab zu sagen, was ich leide, – nur dieses Erst und Letzte wird mir dann bleiben. Dann wird das Verlassen nur noch Abschied,] Abschied für immer [sein], Todeskampf des Gefühls, [und die Stunde] grässliche[r] Schmerzen [voll, Schmerzen], wie sie [wohl] nur dem Tod um einige Zeit vorangehn, [und die das Sterben sind, wenn auch noch nicht der Tod.] Tod, letzter Flug in die Flamme, – im All-Einen. Wie sollte auch er denn nicht nur Wandlung sein? [In meinem ruhenden Herzen, teure Bilder, mögt ihr ruhen – und welch ein freundlicher Augenblick wird es sein, wenn wir dereinst wieder zusammen erwachen.]« [...] »Friede deinem Alter. (01:56:58–01:57:43 / [9.1, 445])

Die »Einheit der Welt«, sie besteht für Thomas Manns Goethe eben gerade nicht, wie Günthers Film-Goethe es dominant suggeriert, in der Idee des Kollektiven, also im zeitgleich betrachteten diesseitig-irdischen Nebeneinander des Einzelnen, sondern in der jede kausalreale Raumzeitlichkeit aufhebenden Erkenntnisperspektive, die Alt und Jung, Vergangenheit und Gegenwart, Hier und Dort, Leben und Tod, Diesseits und Jenseits, Menschliches und Göttliches abstrahierend überblickt und in ihrem geistig-ideellen Zusammenhang erkennt. Mit seinen beherzten Kürzungen eliminiert Günther folglich drei zentrale Aspekte aus Manns Roman:

(1) das komplexe, auf die »All-Einheit« gerichtete Konzept der Wandlung, der Metamorphose, das Günther auf eine alltagsrealitätskompatible Version geschichtlichen Wandels zusammenstreicht,

(2) die christliche Jenseitsperspektive, die ein Wiedersehen im Jenseits nach dem Tode einkalkuliert, und

(3) die – letztlich utopische – Kategorie der ›Möglichkeit‹, die verpasste Chancen aus der Vergangenheit jederzeit für eine nachträgliche Realisierung in der Gegenwart offenhält und folglich stets ein rückwärtsgewandtes Potenzial zur Veränderung eigener Lebensperspektiven in einer nicht näher bestimmten Zukunft bereitstellt. »Ich kam«, so gesteht Lotte in Manns Roman am Ende, um mich nach dem Möglichen umzusehen, dessen Nachteile gegen das Wirkliche so sehr auf der Hand liegen, und das doch als ›Wenn nun aber‹ und ›Wie nun erst‹ immer neben ihm in der Welt bleibt und unserer Nachfrage wert ist. Findest du nicht, alter Freund, und fragst du nicht auch mitunter dem Möglichen nach in den Würden deiner Wirklichkeit?« (9.1, 443)

Wo kein Gott (und kein Jenseits) mehr ist, die ambivalente Beziehung zwischen ›Opfer‹ und Selbstopfer gestrichen ist, ›Metamorphose‹ auf inner-irdisch-physischen Gestaltwandel und historischen Wandel begrenzt bleibt und jede vergangenheitsorientierte Potenzialität, jede ›Möglichkeit‹ einer empirisch-realen, auf die Zukunft gerichteten Gegenwart gewichen ist, da bleibt Lotte bei Günther am Ende – durchaus überzeugend, wenngleich kontraintuitiv zur hier rekonstruierten Filmlogik – nur noch die Flucht in den Weinkrampf: Aus dem Wiedersehen ist ein Abschied ›für immer‹ geworden.

Das literarische Erbe – Goethe *und* Thomas Mann – wird hier für die Weltdeutung der DDR im Jahr 1975 reklamiert, das Weimar der DDR damit aber im Licht einer Klassik präsentiert, die Thomas Manns Romankonzeption für ihre eigenen Zwecke reinterpretiert.[34] Der explizite Bezug auf die literarische Vorlage sowie die vordergründige Nähe zum Romantext verdecken dies zwar, dürften im kulturellen Wissen der Zuschauer der 1970er Jahre aber v. a. die lebensweltliche Bedeutung Thomas Manns für die Pflege dieses literarischen Erbes in der DDR aufgerufen haben (an Manns Besuche anlässlich der Goethe- und Schillerfeiern 1949 und 1955 erinnernd). Was schon Herbst konstatierte, dass nämlich Günthers Goethebild eine ›beunruhigende‹ Mischung aus »äußerster Treue in Wort und Dekor« und »äußerster Entfernung vom Geist der Vorlage« sei,[35] lässt sich vor dem Hintergrund der Schlusssequenz des Films somit präzisieren: In kritischer Ambivalenz formt Egon Günther der DDR ein neues Goethebild, das es erlaubt, Mensch und Werk voneinander getrennt zu betrachten, dem Menschen Goethe gegenüber kritisch zu bleiben, das Werk aber in ein auf das Kollektiv bezogenes Geschichtsdenken einzuordnen, das sich von Goethes Denken, wie es Thomas Manns Roman darstellt, weit und verflachend entfernt.[36] So ist der Film denn auch primär als Kritik an jedwedem Personenkult zu verstehen – und auf subtile Weise auch als Kritik am Personenkult innerhalb der DDR lesbar,[37] wenn Menschen und Autos des Jahres

---

[34] Auf diese ideologisch motivierte ›Entfernung‹ des Films von seiner Romanvorlage weist schon Herbst hin; so sei das zentrale Anliegen Günthers die »Distanzierung vom Mythos Goethe«; vgl. Herbst: Goethe, überlebensklein (Anm. 5), S. 389.

[35] Ebd., S. 392. Herbst erkennt dabei in Günthers Verfilmung drei zentrale Strategien, mit denen sich Günther von der Vorlage entfernt: »Eliminierung von Text, Interpolation und höchst eigenwillige Interpretation« (ebd.). Insbesondere die Textkürzungen seien substanzverändernd und »rundheraus verfälschend« (ebd., S. 393).

[36] Herbst spricht hier von einer zweckgebundenen, im Sinne der kulturpolitischen Richtlinien der DDR didaktisierenden Funktionalisierung der Kunst zur »Illustrierung der ›Geschichte‹, wie Günther sie sieht«, vgl. ebd., S. 401.

[37] Für Zander wird Günthers Film in dieser Hinsicht gar – darin Hans Drawe folgend – zum »Mittel, um das System der DDR infrage zu stellen«; vgl. Zander: Thomas Mann im Kino (Anm. 20), S. 116; sowie Hans Drawe: Literatur im Film, in: Die Literatur der DDR, hg. von Hans-Jürgen Schmitt, München/Wien: Hanser 1983, S. 187–228, hier S. 222. Drawe erkennt in Günthers Film eine »Polit-Parabel auf den Personenkult im Sozialismus«.

Abb. 3: Lotte und der Goldfisch im ›Weimarer‹ Wasserglas (00:51:44).

1974 zu Anfang das zentral gezeigte Carl-August-Denkmal umkreisen – *das* Herrscherstandbild Weimars schlechthin, während dahinter jenes Gebäude zu sehen ist, in welchem zu diesem Zeitpunkt die »Nationalen Forschungs- und Gedenkstätten der Klassischen deutschen Literatur in Weimar« unterge- bracht waren. »Nicht um den historischen Goethe geht es«, so formuliert es denn auch Zander für LOTTE IN WEIMAR, »erst recht nicht um das Bild, das Thomas Mann sich von ihm gemacht hat, sondern um den Sockel des NKE.«[38] Doch Günthers Film zielt nicht auf eine völlige Demontage Goethes, den er parodistisch als viel zu großen Goldfisch im viel zu kleinen Wasserglas (Wei- mar bedeutend) präsentiert – und in jeder Gesprächsszene im Hotel symbo- lisch mit anwesend sein lässt (Abb. 3).[39] So wird im Abgleich von Verfilmung und Vorlage vielmehr deutlich, wie Günther mit und über Thomas Mann das

[38] Zander: Thomas Mann im Kino (Anm. 20), S. 211.
[39] Dies sei, so Herbst, zwar ein »Schuß befreiender Komik«, aber »eine[n] der wortmächtigs- ten Dichter als stumme[n] Fisch« darzustellen, das sei doch »kaum ein Equivalent Mannscher Ironisierungskunst«; vgl. Herbst: Goethe, überlebensklein (Anm. 5), S. 400. Dennis Mahoney hingegen deutet den Goldfisch präziser als »a subtle filmic device«, auf das Missverhältnis von (Geistes-)Größe und realer Umgebungswelt deutend: »As the fish twists and turns in its narrow confines, it becomes apparent that it is not the fish which is monstrous or distorted, but rather the discrepancy between its dimensions and the constraints of its environment.« (Dennis F. Maho- ney: Goethe Seen Anew: Egon Günther's Film »Lotte in Weimar«, in: From Goethe to Novalis: Studies in Classicism and Romanticism. Festschrift for Dennis F. Mahoney in Celebration of his Sixty-Fifth Birthday, New York u. a.: Peter Lang 2015, S. 3–16, hier S. 11).

Goethebild der DDR in den 1970er Jahren verändert – indem er bevorzugt den jungen, nicht an Konventionen gebundenen Goethe der 1770er Jahre gegen den alten, in Konventionen erstarrten großbürgerlichen Goethe des Jahres 1816 ausspielt.[40] Deutlich wird damit zugleich aber auch, wie sehr die Existenz des >genialen< Künstlers für Günther an die Ausbeutung seiner Umwelt gekoppelt ist. Nicht der *Mensch* Goethe, so das implizite Plädoyer des in dieser Hinsicht latenten »Anti-Goethe-Films«[41], sondern dessen *Werk* sollte daher im Zentrum der Verehrung stehen.[42] Die Bedeutung von Goethes Werk aber reduziert sich für Günther zuletzt auf die Idee des Kollektiven, die Goethes größere Idee der »Einheit der Welt« im Sinne geistiger und physischer »Wandlung« auf einen Alltagsrealismus hin verkleinert.[43] Dass der Film dies in ästhetisch >schöne<, über weite Teile historisch detailgetreue und publikumswirksame Bilder übersetzt und auch die schauspielerische Leistung des Ensembles zumeist hoch gelobt wurde, hat nicht selten den Blick auf diese grundlegende ideologische Umdeutung Goethes verstellt.

[40] So auch Herbst: Goethe, überlebensklein (Anm. 5), S. 401 f., die in diesem Zusammenhang v. a. die Bürgerlichkeitskritik des Films hervorhebt. Auch Zander betont die gegenüber Manns Roman eigenständige Interpretationsleistung Günthers: »Manns großbürgerliche Sicht auf Goethe wird in LOTTE IN WEIMAR um eine proletarische Perspektive des Arbeiter- und Bauern-Staates ergänzt«; Zander: Thomas Mann im Kino (Anm. 20), S. 212.

[41] So die Filmrezension DDR-Film: Personenkult mit Popanz-Goethe, in: Der Spiegel, Nr. 45 (3. 11. 1975), S. 175, die die Frage stellt, »[o]b Günther, recht besehen, nicht auf dem Text-Teppich Thomas Manns einen Anti-Goethe-Film gedreht hat«.

[42] So folgert – aus anderer Perspektive, aber vergleichbar – auch Herbst: Goethe, überlebensklein (Anm. 5), S. 402.

[43] Auch Schandera (Klassik im Film, Anm. 4, S. 185) spricht für die Person Goethes von einer >Verkleinerung<: Goethe bleibe im Film »im Alltäglichen, Äußerlichen« und werde so, »außerhalb seiner eigentlichen Sphäre, verkleinert, partiell auch parodiert«. Dies stehe jedoch im Zusammenhang mit einem veränderten Fokus des Films, der abweichend von Manns Romankonzept nicht Goethe zum Mittelpunkt habe, sondern darauf abziele, »das Beklemmende der Weimarer Verhältnisse« sowie »ihre Ursachen und Zusammenhänge schärfer zu fokussieren, als es der Roman tut« (ebd., S. 186).

Katrin Max

Das Erbe von Weimar und der Realismus der Bürgerlichen

Zur Rezeption Thomas Manns in der DDR

Die Rezeption Thomas Manns in der DDR erweist sich als durchaus komplex. Sie bezieht eine Vielzahl von Aspekten ein und lässt sich für unterschiedliche Bereiche betrachten. Um die Thematik entsprechend greifbar zu machen, konzentriert sich der vorliegende Beitrag auf *eine* bestimmte Perspektivierung, indem er die Semantisierungen Thomas Manns im Kontext der DDR-Kulturpolitik in den Blick nimmt. Einige der hierbei zum Verständnis notwendigen Begriffe sind bereits schlagwortartig im Haupttitel aufgeführt (Erbe, Weimar, Realismus, bürgerlich/Bürgerlicher). Sie mögen laut unserem heutigen Verständnis wenig erklärungsbedürftig sein. In der DDR sind ihnen jedoch zum Teil deutlich anders gelagerte Bedeutungen und Konnotationen zugeschrieben. Die Berücksichtigung dieser Unterschiede ermöglicht den Nachvollzug einer als spezifisch zu bezeichnenden Rezeption Thomas Manns, wie sie in der DDR stattfand.

Zur Veranschaulichung sei zu Beginn eine Anekdote angeführt: Die nach dem Zweiten Weltkrieg erfolgte Teilung Deutschlands ging bekanntlich mit der Trennung des Verlagswesens einher. Im Ostteil sollte das Werk Thomas Manns fortan in eigenen Ausgaben gedruckt werden, und zwar durch den neu gegründeten Aufbau-Verlag, dessen Leiter Walter Janka war. Thomas Mann selbst hatte nichts dagegen, dass seine Texte auch der Leserschaft im Osten weiterhin zur Verfügung gestellt würden. Indes stellte sich die Frage nach dem Honorar, die sich aus verschiedenen Gründen als schwierig erwies. Verbürgt ist, dass die Bezahlung schließlich in Naturalien erfolgte. Walter Janka ließ beim VEB Bekleidungswerk »Fortschritt« für 11.000 Mark der DDR einen Pelzmantel anfertigen. Diesen trug er dann höchstpersönlich am Leib (und so über die Grenze), als er im Mai 1954 nach Kilchberg reiste, um Thomas Mann gemeinsam mit Hans Mayer einen Besuch abzustatten. Der Mantel kam wohlbehalten in der Schweiz an, und Thomas Mann berichtete im Tagebuch vom »glücklich herübergeretteten *Pelz*, prächtig, Nerz und Otterkragen« (Tb, 16.5.1954).

Diese Begebenheit, die den meisten Thomas-Mann-Kennern geläufig sein dürfte, eröffnet mit ihrem anekdotischen Charakter bestimmte Deutungshorizonte. Im Hinblick auf das Thema dieses Beitrags ist vor allem die Frage von Interesse, wie das Tragen eines Pelzmantels in Ost und West konnotiert war. Aus heutiger Sicht mag es mehr als anrüchig erscheinen, sich mit einem

Nerzmantel bezahlen zu lassen. Hier haben historisch massive Änderungen hinsichtlich der Bewertung stattgefunden. Aber nicht nur diachron sind Unterschiede festzuhalten, sondern auch synchron, d.h. bezogen auf die damalige Zeit der frühen 1950er Jahre.

Für den Patriziersohn Thomas Mann, der seinen Lebensraum beständig im bürgerlichen Milieu hatte, war es eine besondere Freude, diesen Mantel zu erhalten. Das zeigt sein Tagebuch. Mann beschreibt den Mantel darin als ›prächtiges‹ Kleidungsstück (vgl. Tb, 16. 5. 1954) – aber eben in der Tat als Kleidungsstück, das mit einer gewissen Selbstverständlichkeit getragen wurde. Aus heutiger Sicht bewertete man die Anekdote entsprechend: So ist bei Dotzauer zu lesen, dass es Thomas Manns »großbürgerlichem Habitus« geschuldet sei, sich statt »wertloser Ostmark [...] sein Honorar in Gestalt eines nerzgefütterten Wintermantels« auszahlen zu lassen.[1] Auf der anderen Seite des Kontrakts steht Walter Janka, der im Rahmen dessen agieren musste, was innerhalb des sozialistischen Staates damals möglich war. Es mag einigermaßen kurios anmuten, dass der Mantel von einem volkseigenen Betrieb (VEB) angefertigt wurde, der noch dazu dem ›Fortschritt‹ verpflichtet war. Das Sonderbare der Begebenheit hat u.a. Hermann Kurzke herausgestellt, wenn er schreibt, dass »ihm [Thomas Mann, K.M.] die erste Arbeiter- und Bauernrepublik auf deutschem Boden einen Pelz [lieferte], in dem er aussah wie ein russischer Großgrundbesitzer in der Zarenzeit.«[2]

Mit solchen Äußerungen erfolgt allerdings eine Deutung mittels westlich orientierter und geprägter Konnotationen von Pelz. Im DDR-Kontext lässt sich die Begebenheit durchaus anders beurteilen. Es stellt keinen Widerspruch dar, dass ein volkseigener Betrieb, der den Fortschritt im Namen führt, für einen bürgerlichen Schriftsteller einen Pelzmantel anfertigt. Wie alle Bereiche des Lebens wurden auch Fragen der Bekleidung in der DDR auf ideologischer Basis erläutert. Pelz erfuhr dabei nicht etwa eine Ablehnung als Kleidungsstück der Bourgeoisie. Er wurde im Gegenteil im Hinblick auf die lange Tradition beschrieben, d.h. vor allem als Naturmaterial mit guten Trageeigenschaften aufgefasst, das sich u. a. durch seine Langlebigkeit auszeichnet.[3] Hinzu kommt, dass Kleidung im Sozialismus nicht mehr zum Ausdruck sozialer Unterschiede und Klassenzugehörigkeiten genutzt werden sollte.

---

[1] Gregor Dotzauer: Unterm Mantel des Sozialismus, in: Tagesspiegel Online, 30. 11. 2006, https://www.tagesspiegel.de/kultur/unterm-mantel-des-sozialismus/780834.html (Zugriff am 20. 10. 2018).

[2] Hermann Kurzke: Thomas Mann. Das Leben als Kunstwerk, Frankfurt/Main: S. Fischer 1999, S. 546. Kurzke bezieht sich in seiner Deutung auf einen früheren Tagebucheintrag Manns, vgl. Tb, 21. 11. 1918.

[3] Vgl. Irene Uhlmann / Ortrun Hartmann / Ilse Wolf (Hg.): Die Frau. Kleine Enzyklopädie, Leipzig: Bibliogr. Inst. 1987, S. 534f.

Unsere Lebensauffassung ist natürlicher geworden. Die Zeit, in der die Menschen auf Anhieb nach ihrer Kleidung katalogisiert wurden, welchen Klassen oder Schichten sie angehörten, ist vorbei. Die Aufgabe unserer Epoche ist es, [...] alle Menschen die Früchte ihrer Arbeit genießen zu lassen. Das muß und wird sich auch in der Kleidung widerspiegeln. Besser leben heißt auch, sich besser und gepflegter zu kleiden. [...] Heute aber, wo die Arbeiterklasse nicht nur die Geschicke in unserer Republik bestimmt, sondern damit auch das Beispiel für eine erstrebenswerte gesellschaftliche Orientierung in ganz Deutschland gibt, wäre es falsch, einen ›Proletkult‹ in der Kleidung zu rechtfertigen.[4]

Zurück zu Thomas Mann heißt das: Sein bürgerlicher Habitus wird zwar wahrgenommen, die sozialistische Ideologie indes offeriert Optionen, diesen nicht ablehnen zu müssen, sondern ihn mit der eigenen Gesellschaftsutopie in Einklang bringen zu können. Diese Art des Umgangs der DDR mit Thomas Mann zeigt sich nicht nur bezogen auf ihn als Person und seine zur Schau gestellte Bürgerlichkeit, sondern auch im Hinblick auf sein Werk und sein Wirken als Schriftsteller.

Dass er als Autor im Ostteil Deutschlands ein hohes Maß an Wertschätzung erfuhr, hat entsprechende Rückkoppelungseffekte, und Thomas Mann, der in der Entstehungs- und Frühphase der DDR das große Interesse an seiner Person noch persönlich miterlebte, war hinsichtlich der dadurch erfolgten politischen wie ideologischen Vereinnahmung stets darum bemüht, seine Neutralität herauszustreichen. Er wollte bekanntlich keinem der beiden deutschen Nachkriegsstaaten den Vorzug geben. Exemplarisch für diese artikulierte Meinung steht seine *Ansprache im Goethejahr 1949* (vgl. 19.1, 670–688), die er 1949 sowohl im Westen (in Frankfurt/Main) als auch im Osten (in Weimar) hielt (in Weimar zusätzlich mit einer kurzen Vorrede, vgl. 19.1, 694–697). 1955 bei der Schiller-Ehrung ging er ähnlich vor. Bedeutete die äußere Gleichbehandlung durch Thomas Mann aber tatsächlich auch für die jeweiligen Rezipienten, dass sein Verhalten gleich aufgefasst wurde? Das kann nicht gesagt werden, denn in der Tat wurden die dem Wortlaut nach gleichen Reden im Osten und im Westen unterschiedlich verstanden. Das, was er in Frankfurt wie in Weimar als vermeintlich Identisches vortrug, erwies sich im Bezug zur jeweiligen Zuhörerschaft als äußerst Unterschiedliches.

Die Thomas-Mann-Forschung hat diesem Umstand bisher nur wenig Aufmerksamkeit geschenkt. Interpretationen zielten häufig darauf ab zu belegen, dass Thomas Mann als Repräsentant des Deutschen fungierte (sowohl er als auch sein Werk).[5] Es soll nicht in Zweifel gezogen werden, dass das so gesehen

---

[4] Karl Smolka: Benehmen ist nicht nur Glückssache, Berlin: Verl. Neues Leben 1959, S. 20f.
[5] Vgl. Michael Ansel / Hans-Edwin Friedrich / Gerhard Lauer: Hybride Repräsentanz. Zu den Bedingungen einer Erfindung, in: dies. (Hg.): Die Erfindung des Schriftstellers Thomas Mann, Berlin: de Gruyter 2009, S. 1–34, hier S. 4f.

werden kann. Allerdings stellt sich in diesem Zusammenhang die Frage, welche
Vorstellungen damit verknüpft sind. Was repräsentiert Thomas Mann bzw. was
soll er repräsentieren? Hierbei gehen die Ansichten in Ost und West offensichtlich sehr stark auseinander. Der DDR-Kulturbetrieb war von Anbeginn durch
gewisse Vorannahmen und bestimmte Konzepte geprägt. Es ist notwendig,
hierüber ein genaueres Verständnis zu erlangen, um sodann zu verstehen, wie
Thomas Mann in der DDR rezipiert wurde. Hier setzt der vorliegende Beitrag
an, und so wird es im Folgenden darum gehen, 1. einige Informationen zum
historischen Kontext DDR und den dort vorherrschenden kulturpolitischen
Perspektiven zu geben, um sodann 2. Aspekte der Deutung Thomas Manns
in diesem Kontext darzulegen und 3. abschließende Überlegungen unter Ein-
bezug der *Ansprache im Goethejahr* vorzunehmen.

1. Der historische Kontext DDR: kulturpolitische Perspektiven[6]

Wie eingangs erwähnt, sind bezogen auf den Kontext DDR die Besonderheiten
der kulturpolitischen Vorgaben zu berücksichtigen. Diese erstrecken sich nicht
nur auf die Bedeutung und Verwendung verschiedener Begriffe bzw. Konzepte,
sondern auch auf das Verständnis von Kunst hinsichtlich ihrer gesellschaftlichen Relevanz.[7]
    Was das Letztgenannte betrifft, ist zu konstatieren, dass in der DDR eine
spezifische Auffassung bezüglich der Künste vorherrschte. Gemäß marxisti-
scher Theorie zählt die Kunst (und damit auch die Literatur) zum ›Überbau‹
der Gesellschaft und wird damit zum Bedeutungs- und Funktionsträger.[8] Sie
soll zur Bewusstseins- und Persönlichkeitsbildung der Rezipienten beitragen,
indem sie in »dialektische[r] Wechselbeziehung zwischen L[iteratur] und Geschichte« einen Beitrag zur Darstellung der »sozialistischen Wirklichkeit« bzw.
»gesellschaftlichen Entwicklung« leistet.[9] Vor allem in den frühen Jahren der
DDR war der sozialistische Realismus die »gültige staatliche Kunstdoktrin«.[10]
›Realismus‹ wird dabei abweichend von unserem heutigen stiltypologischen

---

    [6] Vgl. hierzu ausführlich Katrin Max: Bürgerlichkeit und bürgerliche Kultur in der Literatur
der DDR, Paderborn: Fink 2018, S. 95–116.
    [7] Zur Verdeutlichung der weiten Verbreitung dieser im Folgenden vorgestellten Ansichten
stütze ich mich auf allgemeines, populärwissenschaftliches Schrifttum, auf Lehr- und Unter-
richtsmaterialien sowie ergänzend auf Literaturgeschichten und Schriftstellerlexika.
    [8] Vgl. Waltraud Böhme u. a. (Hg.): Kleines politisches Wörterbuch, Berlin: Dietz ²1973, S. 481;
Hans Koch: Wirkungsmöglichkeiten von Literatur, in: ders. (Hg.): Literatur und Persönlichkeit,
Berlin: Volk u. Wissen 1986, S. 9–40, hier S. 9–12.
    [9] Manfred Berger u. a. (Hg.): Kulturpolitisches Wörterbuch, Berlin: Dietz ²1978, S. 429, 459.
    [10] Andrea Jäger: Sozialistischer Realismus, in: Michael Opitz / Michael Hofmann (Hg.): Metz-
ler Lexikon DDR-Literatur, Stuttgart: Metzler 2009, S. 319–322, hier S. 319.

bzw. historisch orientierten Verständnis aufgefasst. Er ist eng auf die sozialistische Utopie bezogen, da durch ihn Aspekte dieser Utopie bereits in der Gegenwart zur Darstellung gebracht werden sollen.[11] Dieses Verständnis von Literatur wird auch auf frühere Epochen übertragen. Dort gilt sie ebenfalls als »wichtige Form der ästhetischen Aneignung der Wirklichkeit«.[12] ›Wirklichkeit‹ ist hierbei historisch materialistisch gedacht.

Laut DDR-Kulturpolitik wird der Kunst in ihrer Rolle als spezifischem Funktionsträger die Vermittlung bestimmter Inhalte zugeschrieben. Für das Verständnis der Thomas-Mann-Rezeption sind insbesondere zwei Aspekte hervorzuheben: zum einen Humanismus und Menschenbild, zum anderen der (Gründungs-)Mythos Antifaschismus. Beim Humanismus sah man sich in der DDR in der geistesgeschichtlichen Tradition stehend. Den »antiken« und den »bürgerlichen« Humanismus fasste man als Vorläufer des eigenen »sozialistischen Humanismus« auf.[13] Im Zusammenhang damit stand die Vorstellung der Entwicklung hin zum ›neuen Menschen‹. Dabei ging es um »die allseitige Ausbildung, die freie Betätigung und Entfaltung seiner schöpferischen Kräfte und Fähigkeiten« (im Rahmen eines Kollektivs, nicht als Individuum) und dabei letztlich um »die Höherentwicklung der menschlichen Gesellschaft, auf immer größere Vervollkommnung und Freiheit des Menschengeschlechts«, was durch vornehmlich dreierlei erreicht werden sollte: durch nicht entfremdete Arbeit, durch Einordnung in das sozialistische Kollektiv sowie durch das Verfolgen einer sozialistischen Moral.[14] Man sah es als Aufgabe der Literatur an, die Umsetzung der Erziehung zum neuen Menschen zur Darstellung zu bringen.[15]

Als zweiter inhaltlicher Punkt sei der (Gründungs-)Mythos Antifaschismus genannt. Die DDR nahm ihre eigene Aufarbeitung der jüngsten Vergangenheit vor, indem sie einen sehr spezifischen theoretischen wie praktischen Blick darauf warf. Basierend auf der sogenannten Dimitroff-These deutete sie die Zeit des Dritten Reiches so, dass erst und ausschließlich die aggressiven Interessen des Finanzkapitals und der Bourgeoisie generell das Heraufkommen der Nationalsozialisten ermöglicht hätten.[16] Damit wies man von vornherein alle Schuld von sich, denn mithilfe dieser Sicht waren ›die Nazis‹ die anderen, d. h. diejenigen im Westen. Das eigene Land hatte sich in der Theorie und mittels

[11] Vgl. Eckhart Gillen: Das Kunstkombinat DDR. Zäsuren einer gescheiterten Kulturpolitik, Köln: DuMont 2005, S. 6f.
[12] Frank Fiedler / Günther Gurst (Hg.): Jugendlexikon *Philosophie*. Leipzig: Bibliogr. Inst. ⁵1987, S. 107, vgl. Werner Jehser: Die besonderen Wirkungsmöglichkeiten von Literatur, in: Koch: Literatur und Persönlichkeit (Anm. 8), S. 81–105, hier S. 86–95.
[13] Vgl. Böhme: Kleines politisches Wörterbuch (Anm. 8), S. 340f.
[14] Vgl. Berger: Kulturpolitisches Wörterbuch (Anm. 9), S. 340.
[15] Vgl. Katrin Löffler (Hg.): Der ›neue Mensch‹. Ein ideologisches Leitbild der frühen DDR-Literatur und sein Kontext, Leipzig: Leipziger Univ.-Verl. 2013.
[16] Vgl. Böhme: Kleines politisches Wörterbuch (Anm. 8), S. 222–224.

Ideologie somit sehr schnell und gründlich entnazifiziert. Die mangelhafte Auseinandersetzung mit der Vergangenheit zeigte sich auch im vereinfachten Sprachgebrauch. So unterschied man nicht zwischen Nationalsozialismus und Faschismus, sondern sprach – sehr vereinfacht – vom »Faschismus« bzw. »Hitlerfaschismus«, was im floskelhaften »Hitlerfaschismus und Krieg« kulminierte, und leitete daraus die Selbstbezeichnung »Antifaschisten« ab.[17] Die Literatur sollte hierbei ebenso klar Stellung beziehen. Entsprechend bewertete man die jeweiligen Werke und Autoren im Hinblick auf deren – tatsächliche oder nur gemutmaßte – Positionierung.

Nicht allein zeitgenössische literarische Texte wurden im Kontext der eigenen kulturpolitischen Konzepte beurteilt, sondern auch die Werke der Vergangenheit. Gemäß der Vorstellung des literarisch-kulturellen Erbes zeichnete man bestimmte Traditionslinien, in denen man sich stehend sah. Der Ablehnung der als zum bloßen Formalismus degeneriert begriffenen Werke der ästhetischen Moderne stand in der DDR die Bevorzugung der Literatur des sogenannten klassischen Erbes gegenüber. Die Literatur der Aufklärung, des Sturm und Drang und – insbesondere – der Weimarer Klassik erfuhr eine ideologische Vereinnahmung und damit Wertschätzung innerhalb des eigenen Argumentationssystems. Der Ausgangspunkt war dabei jene Vorstellung, dass Literatur nicht nur die gesellschaftlichen Verhältnisse abbilde, sondern auch einen aktiven Beitrag zu deren Veränderung und Umgestaltung leiste. Das Humanitätsideal der Weimarer Klassik wurde identifikatorisch bezogen auf den sozialistischen Humanismus gelesen, die Weimarer Klassik als Vorläufer der eigenen Literatur aufgefasst. Man verstand sich als legitimer Erbe dieser Literatur. Namentlich Goethe und Schiller wurden als deren Repräsentanten angesehen.

Das hinter dem Begriff ›literarisches Erbe‹ stehende Konzept lässt sich bis auf Lenin zurückführen, der 1920 erklärte, dass sich »[d]er Marxismus [...] alles, was in der mehr als zweitausendjährigen Entwicklung des menschlichen Denkens und der menschlichen Kultur wertvoll war,« aneignen solle.[18] Die damit verbundenen Vorstellungen von Erbe, Aneignung, legitimer Nachfolge bzw. einem Vermächtnis, das man zu erfüllen hat, werden in der DDR durch die Klassik-Rezeption besonders deutlich sichtbar. Mit Blick auf die Eingangsanekdote sei als Nebengedanke erwähnt, dass die Erbe- bzw. Aneignungsthese letztlich auch das Tragen von Pelz im Sozialismus legitimiert, da dieser nicht

    [17] Vgl. Böhme: Kleines politisches Wörterbuch (Anm. 8), S. 35–39. Zur Umsetzung durch die Literatur vgl. Wolfgang Emmerich: Kleine Literaturgeschichte der DDR, Berlin: Aufbau ⁴2009, S. 29–39, 70–77.
    [18] Wladimir Iljitsch Lenin: Über proletarische Kultur [1920], in: ders.: Werke. Bd. 31, Berlin: Dietz 1983, S. 307f., hier S. 308.

mehr der Demonstration von Klassenunterschieden dient, sondern in seinen Trageeigenschaften als bewahrenswertes Kulturgut betrachtet wird.

Zurück zur Literatur und zu den Spezifika der in der DDR gezeichneten Traditionslinien, sind zum Abschluss dieses Abschnittes noch die Begriffe ›bürgerlicher‹ bzw. ›kritischer Realismus‹ zu erläutern. Beide Formulierungen werden sowohl im DDR-Kontext spezifisch gebraucht als auch aktuell in den Geisteswissenschaften als Begriffe verwendet. Allerdings gibt es auch hier Unterschiede hinsichtlich der Bedeutung. Für die Rezeption Thomas Manns in der DDR ist insbesondere das hinter dem ›bürgerlichen Realismus‹ stehende Konzept von Interesse.

Während die Formulierung ›bürgerlicher Realismus‹ auch gegenwärtig noch in der Tradition der West-Germanistik stehend zur näheren Deskription der literarischen Epoche im 19. Jahrhundert verwendet wird,[19] bezeichnete die DDR-Germanistik und -Kulturpolitik damit etwas anderes. Im Sprachgebrauch der DDR steht der ›bürgerliche Realismus‹ im Bezug zum historischen Materialismus. Er verweist auf die als ›bürgerlich‹ aufgefassten historischen Epochen, die von der Frühen Neuzeit bis ins 20. Jahrhundert reichen (bis zur Ablösung des Kapitalismus durch den Sozialismus). Zugehörig zählte man all jene Autoren, die als Angehörige des Bürgertums einen Beitrag zur »gesellschaftlichen Entwicklung« leisteten.[20] Bis ins 18. Jahrhundert galt das Bürgertum als progressive gesellschaftliche Kraft. Seit dem 19. Jahrhundert aber ist es laut DDR-Geschichtsauffassung durch das Erscheinen der Arbeiterklasse nicht mehr Träger des Fortschritts. Ein im 19. bzw. 20. Jahrhundert aktiver Schriftsteller bürgerlicher Herkunft konnte demzufolge nur dann zum Bestandteil des literarischen Erbes zählen, wenn sein Werk eine kritische Auseinandersetzung mit den bestehenden Verhältnissen und mit der eigenen Klasse erkennen lässt. Zur Illustration dieser Ansichten seien zwei Zitate gegeben, die aus einem Lehrmaterial für den Literaturunterricht an den Schulen der DDR entnommen sind. Es heißt mit Bezug auf das späte 18. Jahrhundert:

In der Periode, die wir als Klassik oder auch als die Zeit des klassischen bürgerlichen Realismus bezeichnen, erreichte die bürgerliche deutsche Nationalliteratur ihren Höhepunkt. Die Repräsentanten der klassischen Literatur sind Goethe und Schiller. In ihren Dichtungen haben sie Ideale gestaltet, die von großer nationaler und menschheitlicher Bedeutung sind. Dabei gingen sie zwar von der Situation der bürgerlichen Klasse ihrer Zeit aus, überschritten aber die Grenzen der bürgerlichen Klasseninter-

---

[19] Wobei es im Prinzip tautologisch ist, dabei von ›bürgerlichem‹ Realismus zu reden. Vgl. als jüngeres Beispiel Sabina Becker: Bürgerlicher Realismus. Literatur und Kultur im bürgerlichen Zeitalter 1848–1900, Tübingen/Basel: Francke 2003; als ältere Arbeiten Fritz Martini: Deutsche Literatur im bürgerlichen Realismus 1848–1898, Stuttgart: Metzler ⁴1981; Gerhard Plumpe (Hg.): Theorie des bürgerlichen Realismus, Stuttgart: Reclam 1985.
[20] Vgl. Berger: Kulturpolitisches Wörterbuch (Anm. 9), S. 589–591.

essen und den Horizont der Zeit mit kühnen, in die Zukunft weisenden Ideen, die sie in künstlerischen Bildern zum Ausdruck bringen.[21]

Das zweite Zitat beschäftigt sich mit Autoren jener Epochen, in denen das Bürgertum bereits nicht mehr als fortschrittlich gilt:

Aus humanistischer Verantwortung richteten die besten Vertreter der bürgerlich-humanistischen Literatur ihren Angriff gegen die eigene Klasse. Zu ihnen gehörten so namhafte Schriftsteller wie Thomas und Heinrich Mann, Hermann Hesse und Leonhard Frank. Ihr kritischer Realismus erfaßte bereits wesentliche Züge der imperialistischen Gesellschaft und übertraf an Schärfe und Unversöhnlichkeit das Schaffen Kellers, Storms und Raabes.[22]

Thomas Mann wird hierbei also als einer jener Schriftsteller geführt, die als bürgerliche Realisten angesehen wurden. Man schrieb ihnen die kritische Auseinandersetzung mit der eigenen Klasse zu, wodurch es überhaupt erst ermöglicht wurde, sie in der DDR als dem eigenen Erbe zugehörige, kanonische Autoren zu lesen.

2. Thomas Manns Werk in der DDR: Deutungstendenzen – tendenziöse Deutungen

Die im vorigen Abschnitt getätigten Ausführungen bilden die Grundlage für die nun zu klärende Frage, wie Thomas Mann konkret in der DDR rezipiert wurde. Seine Zuordnung zum bürgerlichen Realismus zieht zum einen einige allgemeine Schlussfolgerungen nach sich. Zum anderen gibt es spezifische Faktoren, die lenkend waren und durch die Thomas Mann dem eigenen Kanon zugeführt wurde. Im Folgenden sollen sechs Punkte beispielhaft angeführt werden. Diese erheben weder den Anspruch auf Ausschließlichkeit noch auf Vollständigkeit. Vielmehr soll ein Eindruck davon vermittelt werden, wie die Rezeption Thomas Manns unter Beeinflussung der vorherrschenden kulturpolitischen Konzepte vonstattenging und auf welche Weise dabei die Aufmerksamkeit auf einzelne Aspekte gerichtet wurde.

Erstens ist zu sagen, dass Thomas Mann als der Bruder Heinrichs vorgestellt wird und dass eine Betrachtung seines Werkes im Abgleich mit dem Œuvre Heinrichs erfolgt. Dieser Befund ist weniger banal, als er auf den ersten Blick erscheinen mag, gibt er doch die politisch-ideologischen Leitlinien zur Einordnung vor. Um einen Eindruck von der Art und Weise zu vermitteln, wie die

---

[21] [o. V.]: Lehrbuch für den Literaturunterricht in den Klassen 8–10. Zur Entwicklung der Literatur und bedeutender Dichterpersönlichkeiten, Berlin: Volk u. Wissen 1983, S. 53.
[22] Ebd., S. 122 f.

Konstellation der Familienverhältnisse erläutert ist, sei exemplarisch das von Albrecht/Böttcher herausgegebene Schriftstellerlexikon zitiert. Thomas Mann wird dort einführend als »Bruder von Heinrich M.« beschrieben.[23] Heinrich Mann wiederum wird ebenfalls als Bruder (von Thomas) vorgestellt. Sein Eintrag beginnt jedoch wie folgt:

bedeutendster bürgerlicher kritischer Realist, [...] dessen kämpferische Gesinnung sich nicht nur in der oft satirisch zugespitzten Darstellung des bürgerlichen Verfallsprozesses offenbarte, sondern auch – weltanschaulich über seinen Bruder Thomas hinausgehend – in seiner klaren Stellungnahme für einen sozialistischen Humanismus.[24]

Die Familie wird somit von Heinrich ausgehend ideologisch geordnet; er ist derjenige, an dem man sich orientiert. Dass man freilich weder Heinrich Mann mit der Vereinnahmung als »bedeutendster bürgerlicher kritischer Realist« gerecht wird, noch dessen Werk mit der postulierten »klaren Stellungnahme für einen sozialistischen Humanismus« adäquat beschrieben ist,[25] steht außer Frage. Von Interesse ist jedoch, dass die kulturpolitischen Prämissen hier zur Anwendung kommen und die Familie Mann entsprechend ideologisch eingeordnet wird. Thomas Mann erscheint im Familienverbund dabei als derjenige, der sich hinsichtlich des ideologischen Zugriffs deutlich als problematisch erweist und der daher im Kontext der familiären Strukturen beschrieben wird.[26] Bezeichnenderweise fehlen diese Familienzusätze in der Neuauflage von 1993. Die Artikel sind sonst im Wesentlichen gleich geblieben, aber beide werden nun als Söhne eines Lübecker Patriziers vorgestellt.[27]

Für das Werk beider Brüder bedeutet die wechselseitige, aufeinander bezogene Interpretation, dass Thomas weltanschaulich an Heinrich gemessen wird, und das hat Auswirkungen auf die Textinterpretation. Besonders deutlich zeigt sich das bei seinem ersten Roman *Buddenbrooks*, der mit Heinrichs *Professor Unrat* und *Der Untertan* verglichen wird. Dabei erfolgt die Lesart von *Buddenbrooks* als Gesellschaftsroman. Der Text wird als Kritik an den Verhältnissen der bürgerlichen Gesellschaft im 19. Jahrhundert aufgefasst. Eine solche Deutung ermöglicht die Ansicht, Thomas Mann erfülle das Erfordernis, Kritik

---

[23] Günter Albrecht/Kurt Böttcher: Deutsches Schriftstellerlexikon von den Anfängen bis zur Gegenwart, Weimar: Volksverlag ²1961, S. 390.

[24] Ebd., S. 386f.

[25] Ebd.

[26] Das zeigt sich auch beim Eintrag zu Klaus Mann, der im ersten Satz als »bürgerlich-antifaschistischer Schriftsteller« (und »ältester Sohn von Thomas M.«) beschrieben ist und auf diese Weise seine ideologische Verortung erhält, vgl. Albrecht/Böttcher: Deutsches Schriftstellerlexikon (Anm. 23), S. 389. Für Thomas Mann sind solche Zuschreibungen ungleich schwerer zu finden.

[27] Vgl. Kurt Böttcher u. a. (Hg.): Lexikon deutschsprachiger Schriftsteller. 20. Jahrhundert, Hildesheim/Zürich/New York: Olms 1993, S. 489, 493.

an seiner eigenen Klasse zu üben und deren historische Überholtheit darzustellen, sodass er als bürgerlicher bzw. kritischer Realist angesehen werden kann:

Diese Themen [in *Buddenbrooks*, K. M.] lassen uns das zentrale Problem des epischen Gesamtwerkes Thomas Manns erkennen: Das Ende der bürgerlichen Gesellschaft, die für den Bürger Thomas Mann tragische Erkenntnis von der historischen Abdankung der im 18. Jahrhundert ökonomisch, geistig-künstlerisch und politisch fortschrittlichen bürgerlichen Klasse. Dieses Problem beschäftigte Thomas Mann bis hin zu seinem berühmten Altersroman *Doktor Faustus*. Immer kündet Thomas Mann von dem Ende der bürgerlichen Gesellschaft, immer versucht er – bis ins Detail die Zusammenhänge vor dem Leser ausbreitend –, die Ursachen dieses Endes zu ergründen.[28]

Der im Zitat erwähnte Bezugspunkt der bürgerlichen Gesellschaft führt zum zweiten Punkt, der in diesem Abschnitt betrachtet werden soll: Thomas Mann wird als Angehöriger des Bürgertums gesehen, der sich kritisch mit seiner Klasse auseinandersetzt. Allerdings gehört er zu jenen bürgerlichen Autoren, die sich nicht von ihrer Klasse lösen können. Aufschlussreich ist auch hier das Schriftstellerlexikon. Besonders im Vergleich mit dem Eintrag zu Heinrich Mann fällt die Herabstufung hinsichtlich des politischen Bewusstseins auf. Thomas' Eintrag beginnt wie folgt:

Mann, Thomas […] bedeutendster bürgerlich-humanistischer Romancier und Erzähler der dt. Literatur des 20. Jh., der den Verfallsprozeß der bürgerlichen Klasse mit kritischer Distanz realistisch und mit hoher künstlerischer Meisterschaft gestaltet hat, ohne die Position seiner Klasse zu verlassen, doch mit Verständnis und zaghafter Bejahung für die ›neu heraufkommende Welt‹.[29]

Erst diese Argumentation erlaubt die Hinzufügung zum Kanon in der DDR. Sie dient gewissermaßen als Legitimation. Thomas Manns distanzierte Haltung, die auf ganz unterschiedliche Weise in ihren ästhetischen, philosophischen und weltanschaulichen Aspekten wahrgenommen werden kann, erfährt so innerhalb der DDR eine Vereindeutigung, indem sie als Gesellschaftskritik gelesen wird. Damit geht eine Engführung der Werkdeutung einher.

Genannt sei Thomas Manns Bürger-Künstler-Antagonismus, wie er vor allem im Frühwerk anzutreffen ist. Hier hat die DDR-Lesart ihren eigenen Zugriff, indem mittels Klassentheorie die soziologisch-sozialhistorische Wahrnehmung überwiegt. Der Künstler ist damit auch Bürger – eben weil er ein bürgerlicher Künstler ist. In dieser Perspektivierung werden die Künstlerfiguren des Frühwerks in ihrer Problematik wahrgenommen, da sie das Krisenhafte der überlebten bürgerlichen Gesellschaft ausdrücken:

---

[28] [o. V.]: Lehrbuch (Anm. 21), S. 133.
[29] Albrecht/Böttcher: Deutsches Schriftstellerlexikon (Anm. 23), S. 390.

In der Entwicklung des »Bürgers« zum modernen Bourgeois ist das Bejahenswerte und Sinnerfüllte der zwischenmenschlichen Beziehungen verlorengegangen. [...] Der Künstler aber, der sich der Entwicklung zum Bourgeois entzieht, [...], verliert, indem er seine »Persönlichkeit« individualistisch zu retten sucht, jenes Moment der »Bürgerlichkeit«, das Übereinstimmung mit sinnvollen zwischenmenschlichen Beziehungen bedeutet. [...] Der Zustand der bürgerlichen Gesellschaft, dem er sich entziehen wollte, prägt auch ihn.[30]

Dieses Zitat aus einer Literaturgeschichte bezieht sich auf Thomas Mann. So wird der Bürger-Künstler-Antagonismus als Krise der Bourgeoisie gedeutet. Beide Seiten sind involviert. »M[ann] ist [...] nie vorgedrungen zur Gestaltung der Klasse der Zukunft, des Proletariats; aber er war der große Chronist des bürgerlichen Untergangs.«[31]

Thomas Mann als Angehöriger des Bürgertums als Klasse (laut marxistischem Verständnis) bleibt demgemäß auch in seiner politischen Bewusstseinsbildung der ›jüngere‹ Bruder von Heinrich – und mithin nicht ganz ausgereift. Die postulierte Gesellschaftskritik ist nur sehr vermittelt aus seinem literarischen wie essayistischen Werk abzulesen. Deutlich wird das anhand der Einordnung der *Betrachtungen eines Unpolitischen*, die auch im DDR-Kontext im Vergleich mit Heinrich (und dessen *Zola*-Essay) beschrieben wurden. Thomas Mann wird dabei zugestanden, seinen eigenen Standpunkt verspätet entwickelt zu haben und hierbei den Umweg über das Künstlertum gegangen zu sein.

Im Unterschied zu seinem Bruder Heinrich war es Thomas Mann während des Weltkrieges und in den Tagen der Novemberrevolution schwerer gefallen, sich von konservativen Vorstellungen über nationale Pflicht und staatsbürgerliche Treue zu lösen. Den eigenen Standpunkt der aktiven Verteidigung des Humanismus versuchte der Schriftsteller in den *Betrachtungen eines Unpolitischen* (1919 [sic!]) darzustellen, die er als Erwiderung auf den großen Zola-Essay seines Bruders Heinrich verfasste.[32]

Die Interpretation der *Betrachtungen* im Hinblick auf eine verspätete Hinwendung Thomas Manns zur Demokratie war und ist auch im Westen geläufig. Abgesehen davon, dass vor allem die jüngere Forschung diese konventionalisierten Modelle hinterfragt,[33] ist im direkten Vergleich der Deutung in Ost und

---

[30] Hans Kaufmann u. a.: Geschichte der deutschen Literatur. Vom Ausgang des 19. Jahrhunderts bis 1917 (= Geschichte der deutschen Literatur von den Anfängen bis zur Gegenwart. Bd. 9), Berlin: Volk u. Wissen 1974, S. 153.

[31] Albrecht/Böttcher: Deutsches Schriftstellerlexikon (Anm. 23), S. 394.

[32] Hans-Jürgen Geerdts (Hg.): Deutsche Literaturgeschichte in einem Band, Berlin: Volk u. Wissen 1967, S. 552.

[33] Exemplarisch genannt seien die Vorträge der 2018 in München ausgerichteten Tagung »Thomas Manns *Betrachtungen eines Unpolitischen* nach 100 Jahren: neue Perspektiven und Kontexte« (Sammelband hg. von Erik Schilling und Gideon Stiening in Vorbereitung) sowie der Beitrag von Tim Lörke im vorliegenden Band.

West zu berücksichtigen, dass die DDR-Kulturpolitik ihr eigenes Begriffs-
instrumentarium hatte und daher die hinter den gleichen Wörtern stehenden
Konzepte und Bedeutungen deutlich von den im Westen üblichen abweichen
(z. B. ›Bürgertum‹, ›Humanismus‹).

Als dritter Punkt der DDR-spezifischen Rezeption sei genannt, dass Thomas Mann als Autor historisiert wird (als Angehöriger des Bürgertums »mit
Verständnis und zaghafter Bejahung für die ›neu heraufkommende Welt‹«[34])
und zugleich in seinem Werk selbst historische Verläufe beschreibt. Indem
er dadurch die historisch-zeitliche Dimension thematisiert, wird sein Werk
als Bestätigung des historischen Materialismus gelesen. Drei Beispiele seien
gegeben, um zu zeigen, wie dies konkret erfolgte: *Buddenbrooks*, *Königliche
Hoheit* und die *Joseph*-Tetralogie. Über *Buddenbrooks* ist das Folgende zu
lesen: In diesem Roman

> schilderte Thomas Mann die innere Entwicklungsgeschichte der bürgerlichen Klasse,
> die Mitte des 19. Jahrhunderts begann, sich von ihren eigenen fortschrittlichen Traditio-
> nen abzuwenden und am Ende des Jahrhunderts in ihre imperialistische Phase eintrat.
> [...] [E]r deckte die Genese der geistig-kulturellen Verfassung des europäischen Bür-
> gertums an der Schwelle des Imperialismus auf, dessen wachsende Dehumanisierung
> zum Existenzproblem bürgerlichen Kunstschaffens geworden war.[35]

Der Text ist hier offenbar nur Anlass, um die eigene Gesellschaftstheorie zu
explizieren. Deutlich wird das im oben angeführten Zitat in den Erläuterungen
zur gesellschaftlichen Entwicklung. Diese Erklärungen sind hier weniger an
das tatsächlich im Roman Geschilderte angelehnt als an die eigene Geschichtsauffassung.

Königliche Hoheit wird in der Lesart einer »angenommene[n] Synthese von
modernem Kapitalismus und feudaler Daseinsform«[36] gedeutet, wobei beide
Gesellschaftsordnungen als überholt aufgefasst werden. Das entspricht (ähnlich der *Buddenbrooks*-Deutung) einer bestimmten politischen, sozialkriti-
schen Lesart, wie es sie schon vor der DDR gab und wie sie von einem Teil
der westlichen Literaturwissenschaft auch nach 1945 noch gepflegt wurde. In
der DDR jedoch werden die Texte als Illustration der gesetzmäßigen Abfolge
politischer Systeme im Sinne des historischen Materialismus gelesen. Thomas
Mann wird damit zum Autor, der einerseits die Richtigkeit der eigenen sozialistischen Geschichtsauffassung belegt; andererseits ist sein Werk durch die
vermeintliche Beschreibung solcher historischer Prozesse legitimiert.

---

34 Albrecht/Böttcher: Deutsches Schriftstellerlexikon (Anm. 23), S. 390.
35 Wolfgang Lehmann/Wolfgang Spiewok: 20. Jahrhundert (= Romanführer A–Z, Bd. II, 2),
Berlin: Volk u. Wissen 1974, S. 93.
36 Ebd., S. 95. »Schon früh hat Thomas Mann das Künstlerdasein mit der unproduktiven, bloß
repräsentativen Existenz des Fürsten verglichen.« (ebd.)

Dies trifft auch auf die *Joseph*-Tetralogie zu, welche als »gewaltige[s] geschichtsphilosophische[s] Epos der Menschheitsgeschichte«[37] beschrieben ist. Die Betonung liegt auf der (marxistisch gedachten) Geschichtsphilosophie: als Lösung aus dem Mythos und Beginn der gesetzmäßig sich vollziehenden Vergesellschaftung. Künftige Entwicklungen werden dabei antizipiert:

[D]ie Idee menschlichen Fortschreitens [zieht sich] durch das ganze Werk bis hin zu Joseph, dem Ernährer, in dessen Wendung zu produktivem Wirken in der Gemeinschaft eine humanistische Gesellschaftsutopie aufscheint, die über die spätbürgerliche Gegenwart des Dichters bereits hinausweist.[38]

Eine solche Gedankenfigur findet sich im DDR-Schrifttum häufiger: Thomas Mann selbst wird als spätbürgerlich historisiert, wohingegen sein Werk den weiteren Verlauf der Geschichte antizipiert (und die historisch notwendige Entwicklung hin zur sozialistischen Utopie zumindest andeutet).

Als vierter Punkt ist zu benennen, dass Thomas Mann sich gemäß DDR-Vorstellungen in die literarische Tradition einreiht und so zum Bestandteil dieses Erbes wird. Dabei nimmt er auch selbst auf das literarische Erbe (wie es von der DDR aufgefasst wurde) Bezug. Dass er mit *Schwere Stunde* (Schiller) und *Lotte in Weimar* (Goethe) zwei seiner literarischen Texte den Repräsentanten der Weimarer Klassik widmete, fügte sich in dieses Bild. Gerade in Verbindung mit den beiden Besuchen im Ostteil Deutschlands (1949 und 1955), die ebenfalls Goethe und Schiller galten, wird betont, dass Thomas Mann sich dem klassischen literarischen Erbe zuwandte. Bis zum Ende der DDR wurden diese Besuche herausgestellt. In einem Unterrichtsmaterial für Lehrer, das bis zur politischen Wende 1989/90 als Grundlage für den Literaturunterricht der Klassen 8 bis 10 diente, heißt es:

Im Jahre 1949 beging die fortschrittliche Menschheit den 200. Geburtstag Johann Wolfgang Goethes. [...] Mit der Wahl Thomas Manns zum Festredner wurde anerkannt, daß die humanistischen Traditionen der deutschen Kunst und Kultur während der Zeit des Faschismus außerhalb Deutschlands bewahrt und gepflegt worden waren. Im ersten deutschen Arbeiter-und-Bauern-Staat hatten sie nunmehr eine dauerhafte Heimstatt gefunden.[39]

Das eingangs erwähnte Bemühen Thomas Manns um Neutralität hinsichtlich des Umgangs mit beiden deutschen Staaten kann somit schwerlich realisiert werden. Selbst ähnliche Handlungen oder dem Wortlaut nach gleiche Aussagen (wie das Vorgehen des Besuchs und die Inhalte der Goetheansprache) erfahren

---

[37] Ebd., S. 100.
[38] Ebd.
[39] [o. V.]: Lehrbuch (Anm. 21), S. 131f.

in Ost und West unterschiedliche Bewertungen, wobei im Ostteil die ideologischen Vorannahmen die Rezeption beeinflussten.[40]

Hinsichtlich der Werkdeutung im Allgemeinen schließt das formale wie inhaltliche Aspekte ein. Formal wurde sein Schreiben dem Realismus zugeschlagen. Das ist notwendig, schon um das so abgeleitete Geschichtsbild zu legitimieren. Außerdem wird er dadurch zum Bestandteil des literarischen Erbes: »M[ann] erweist sich als großer, vom klassischen Erbe (Goethe, Fontane) befruchteter Sprachkünstler und Beherrscher dichterischer Gestaltungsmittel.«[41] Die Frage, ob er als Autor literarhistorisch der Moderne zugerechnet werden kann, stellt sich nicht. Sie würde letztlich Überlegungen zur Dekadenz und zum Formalismus zur Folge haben, was die Zugehörigkeit zum Erbe in Zweifel ziehen könnte. Manns Texte werden formal wie inhaltlich als eindeutige Aussagen gelesen. Das führt zum fünften und zum sechsten Punkt, die auf inhaltliche Aspekte Bezug nehmen.

Fünftens wird Thomas Mann als Autor gesehen, der in seinen Texten humanistische Werte und ein entsprechendes Menschenbild vermittelt. Er galt in der DDR als »hervorragender Repräsentant bürgerlich-humanistischer deutscher Kultur«.[42] Sein literarisches Werk wurde auf diese Weise gelesen. Exemplarisch genannt sei der *Zauberberg*. Die offizielle Deutung setzte den Schwerpunkt auf den im Anschluss an den Schneetraum von Hans Castorp formulierten Satz, dass »*[d]er Mensch [...] um der Güte und Liebe willen dem Tode keine Herrschaft einräumen [soll] über seine Gedanken*« (5.1, 748). Ähnlich wie für *Buddenbrooks* und *Königliche Hoheit* ist auch im Falle des *Zauberbergs* festzuhalten, dass es sich um zu jener Zeit geläufige Deutungen auch außerhalb der DDR handelte. Doch wird hier ebenfalls die DDR-Spezifik deutlich. Die ›neue Humanität‹, die im Roman befürwortet werden soll, ist in der DDR im Zusammenhang mit der eigenen Humanitätskonzeption zu sehen. Hans Castorps Schneetraumerkenntnis wird der sozialistischen Ideologie unterworfen. So ist zu lesen: »Dieser von Thomas Mann hervorgehobene Kernsatz entspricht der künstlerischen Entscheidung des Schriftstellers für eine in die gesellschaftliche Bewegung bewußt eingreifende, aktivierende humanistische Kunst.«[43] Die ›neue Humanität‹ wird damit – anders als im Westen – in die Nähe zum sozialistischen Humanismus gerückt. Dass der Roman diese Humanität nicht einlösen kann, sondern Hans Castorp mutmaßlich im Ersten Weltkrieg zu Tode kommt, fügt sich nahtlos in das Geschichtsverständnis der DDR ein. Als Vertreter des Bürgertums ist auch er als Figur ein Angehöriger jener Klasse, die

---

[40] Dies ist – in gemäßigter Form – freilich auch für die Rezeption im Westteil Deutschlands zu konstatieren, vgl. konkret zur Goetheansprache 19.2, 770f.
[41] Albrecht/Böttcher: Deutsches Schriftstellerlexikon (Anm. 23), S. 393.
[42] [o. V.]: Lehrbuch (Anm. 21), S. 134.
[43] Geerdts: Deutsche Literaturgeschichte (Anm. 32), S. 553.

historisch überholt und zum Sterben bestimmt ist. Die Einlösung des auf Humanität zielenden Vermächtnisses soll sich gemäß diesem Verständnis erst im Sozialismus als der fortschrittlicheren Gesellschaftsform erfüllen. Zu Beginn des 20. Jahrhunderts muss die Schneetraumerkenntnis noch Utopie bleiben.

Sechstens ist als zweiter inhaltlicher Aspekt zu nennen, dass Thomas Mann als Vertreter des Antifaschismus angesehen wurde. Ihm wurde ein »bürgerlicher Antifaschismus«[44] attestiert, womit man sich sowohl auf ihn als Person als auch auf sein Werk bezog. Ganz im Kontext der vereinfachten Anwendung von Faschismustheorien und der ideologisch gefärbten Konzeption des eigenen Antifaschismus wurde Thomas Mann in diesem Punkt ebenfalls eine Vereinnahmung durch eine vereindeutigte – und damit reduzierte – Lesart seines Œuvres zuteil. So ist über *Mario und der Zauberer* das Folgende zu lesen: »Als erste Wahrnehmung des Feindes war 1929 die Novelle ›*Mario und der Zauberer*‹ entstanden, die zugleich eine großartige Prophetie vom Ende des Faschismus ist.«[45] Abgesehen davon, dass die Novelle nicht derart eindeutig zu lesen ist, kommt auch hier wieder die DDR-Geschichtskonzeption zum Tragen. Zudem wird mit der postulierten »Prophetie« der Anspruch an den Realismus (den man Mann attestierte) deutlich, die Zukunft mitzudenken und somit Wirklichkeit zu gestalten. *Lotte in Weimar* wird als Text aufgefasst, der die wechselseitige Verbindung von Humanismus und Antifaschismus aufzeigte und der darüber hinaus auf das literarische Erbe verwies. Es heißt:

Der Darstellung der Persönlichkeit Goethes [...] verlieh er [...] ein hohes Maß an Authentizität, die den kämpferischen Geist und die menschheitlichen Ideale des klassischen Humanismus für die Gegenwart lebendig machte. Damit schuf er ein umfassendes Gegenbild zur faschistischen Kulturbarbarei und zu den Versuchen faschistischer Ideologen, Goethes Lebenswerk zu verfälschen. Der Roman ordnete sich auf diese Weise in den politischen und geistig-weltanschaulichen Kampf der deutschen Antifaschisten für ein demokratisches Deutschland ein, in dem sich das humanistische Vermächtnis der deutschen Klassik erfüllen sollte.[46]

In diesem Zitat wird die ideologische Vereinnahmung sowohl Goethes als auch Thomas Manns besonders deutlich, und die als Schlagwörter fungierenden Begriffe (Humanismus, menschheitliche Ideale, Antifaschismus) erhalten im DDR-Kontext ihre spezifische Bedeutung.

Zusammenfassend ist bis hierhin festzuhalten, dass die gezeichneten Deutungslinien den in der DDR obwaltenden Ansichten über Literatur und Kunst zuzuschreiben sind. Wenn man also von der Repräsentativität Thomas Manns

---

[44] Albrecht/Böttcher: Deutsches Schriftstellerlexikon (Anm. 23), S. 393.
[45] Ebd.
[46] Lehmann/Spiewok: 20. Jahrhundert (Anm. 35), S. 110.

in Ost und West spricht, sollte das mit berücksichtigt werden. Es sind unterschiedliche theoretisch-konzeptionelle Rahmungen vorhanden. Thomas Mann war auch im Osten Repräsentant des Deutschen und der deutschen Kultur – aber in der dort vorherrschenden Deutung.[47] Die gesamtdeutsche Perspektive ist somit kritisch zu sehen, da das Vorhaben einer neutralen Haltung gegenüber beiden Teilen Deutschlands auch für Thomas Mann letztlich nicht umsetzbar ist.

3. Schluss: Weiterführende Überlegungen unter Einbezug der »Ansprache im Goethejahr«

Was kann man aus der Betrachtung der Rezeption Thomas Manns in der DDR nun ableiten? Dazu seien abschließend drei Perspektiven erwähnt, die für die gegenwärtige Thomas-Mann-Forschung von Interesse sein können: die Perspektive der Wissenschaftsgeschichte, die der Werkdeutung und schließlich jene, die den Autor Thomas Mann in den Blick nimmt.

Zunächst zur wissenschaftshistorischen Perspektive: Im vorliegenden Beitrag wurde der Fokus auf den Kontext der DDR-Kulturpolitik gelegt und auf die in der DDR zum Teil deutlich anders gelagerten Begrifflichkeiten und Konzepte. Es ist unbestritten, dass einzelne Arbeiten der DDR-Germanistik vom offiziellen Kurs abgewichen sind. Der Einfluss der Kulturpolitik ist dessen ungeachtet aber wirksam, und mir scheint es unabdingbar, bei einer wissenschaftshistorischen Aufarbeitung der Thomas-Mann-Forschung im 20. Jahrhundert bezüglich der DDR diese Perspektive zu berücksichtigen. In der DDR sozialisierte Wissenschaftler sind hiervon geprägt, selbst dann noch, wenn sie nur einen Teil ihrer Forschung in der DDR betrieben haben. Erwähnt sei Hans Mayer, dessen Humanismus-Deutung Thomas Manns deutlich vom Konzept des sozialistischen Humanismus beeinflusst ist.[48] Mayers Thomas-Mann-Monografie wurde zugleich außerhalb dieses Kontexts rezipiert und in anderen Zusammenhängen gelesen.[49]

Was die zweite Perspektive der Werkdeutung betrifft, ist zu konstatieren, dass jene Engführung, die durch den DDR-spezifischen Kontext bei der Interpretation erfolgte, selbstverständlich abzulehnen ist, da sie dem Werk und Thomas Mann selbst nicht ansatzweise gerecht wird. Die Problematik der Ver-

---

[47] [o. V.]: Lehrbuch (Anm. 21), S. 134, wo er als »hervorragender Repräsentant bürgerlich-humanistischer deutscher Kultur« bezeichnet wird.

[48] Vgl. Sven Hanuschek: »Ich ließ alles bei gesunder Vernunft über mich ergehen«. ›Ethnologische‹ Literaturwissenschaft anhand von Thomas Manns Deutschlandreise im Goethe-Jahr 1949, in: Ansel/Friedrich/Lauer: Erfindung des Schriftstellers (Anm. 5), S. 371–383, hier S. 376.

[49] Vgl. Hans Mayer: Thomas Mann, Frankfurt/Main: Suhrkamp 1980.

eindeutigung hin zu festen und absoluten Aussagen steht außer Frage. Anderererseits ist festzuhalten, dass in den Texten bestimmte Elemente enthalten sind, die das Substrat für solche absoluten Deutungen bildeten. Insofern lässt sich die Engführung, wenn sie vom ideologischen Ballast befreit wird, in einigen Fällen als Akzentuierung lesen. Darauf aufbauend lassen sich Erweiterungen üblicher konventionalisierter Deutungstraditionen Thomas Manns vornehmen.

Exemplarisch genannt sei der Bürger-Künstler-Antagonismus, der in der DDR sozialhistorisch gedeutet ist. Losgelöst von der marxistischen Klassentheorie lässt sich der Gedanke, dass der Künstler bei Thomas Mann auch Bürger ist, weiterverfolgen und gibt der Thematik neue Impulse.[50] Weiterhin fällt auf, dass Thomas Mann als bürgerlicher Realist vereinnahmt wurde, indem man seine Schreibweise als vor den Avantgarden der Zeit um 1900 liegend auffasste und ihn damit historisch wie stiltypologisch als dem Realismus verpflichtet begriff. Diese in der DDR vorherrschenden Realismus-Konzepte sind in der DDR-Literatur-Forschung aktuell ein Thema, gerade im Hinblick auf die Bezüge zur literarischen Moderne.[51] Andererseits haben Überlegungen zur Erfassung der Moderne in jüngerer Zeit verschiedene Debatten ausgelöst, bei denen des Öfteren auf Thomas Mann als Exempel verwiesen wurde.[52] Womöglich kann die DDR-Sicht – sofern sie historisiert wird – ebenso wie die aktuelle DDR-Literatur-Forschung Aufschluss darüber geben, wie der Modernebegriff zu fassen ist, und Thomas Mann kann hierbei tatsächlich »als Prüfstein«[53] dienen.

Abschließend sei jene Perspektive angeführt, die Thomas Mann als Person näher in den Blick nimmt. Dadurch, dass Mann in Frankfurt wie in Weimar die gleiche Rede hielt, hat er sich äußerlich in der Tat als Repräsentant Deutschlands dargestellt, der keinem der beiden Nachkriegsstaaten den Vorzug zu geben gewillt war. Gerade der konkrete Wortlaut der Rede im Zusammenhang mit den im Ostteil Deutschlands vorherrschenden Konzepten von Kunst und Literatur lässt indes zweifelhaft erscheinen, dass auf diese Weise tatsächlich die Neutralität gewahrt bleiben konnte. Es ist unwahrscheinlich, dass sich Thomas Mann nicht dessen bewusst war, dass seine Worte in Ost und West unterschiedlich aufgefasst würden. Die Debatten des vergangenen

---

[50] Die Zugehörigkeit zum Bürgertum ist hierbei auch anders zu konturieren, als Thomas Mann dies selbst in den *Betrachtungen eines Unpolitischen* vorgenommen hat (vgl. 13.1, 112–163).

[51] Vgl. Max: Bürgerlichkeit (Anm. 6), S. 16 f.

[52] Vgl. Anke-Marie Lohmeier: Was ist eigentlich modern? Vorschläge zur Revision literaturwissenschaftlicher Modernebegriffe, in: IASL 32 (2007), S. 1–15, hier S. 12–14; Dirk von Petersdorff: Die Öffnung des ästhetischen Feldes, in: IASL 34 (2009), S. 228–234, hier S. 228; Dorothee Kimmich: Moderne ohne Freud? Bemerkungen zu einer sehr deutschen Moderne-Debatte, in: IASL 34 (2009), S. 222–227, hier S. 225.

[53] Martin Huber: »Was bleibt aber …?«. Ein Zwischenruf zur Debatte literaturwissenschaftlicher Modernebegriffe, in: IASL 34 (2009), S. 210–216, hier S. 216.

Exils waren ihm bekannt, ebenso die Haltung und Einstellung der aus dem
Exil zurückgekehrten Funktionäre (wie Johannes R. Becher). Es ist deshalb
davon auszugehen, dass die entsprechend andere Wirkung von Thomas Mann
durchaus intendiert war.

Mir scheint dies besonders anhand der in der Rede zitierten Stellen aus dem
Faust ersichtlich. Zwei Mal kommt Thomas Mann in seiner Goetheansprache
auf die letzten Worte der Figur Faust zu sprechen.[54] Zwischen den beiden Zi-
taten spricht er von der Wichtigkeit, dass die Kunst nicht nur schön, sondern
auch gut sein solle – und das ›gut‹ beziehe sich auf die künstlerische Qualität
wie auf die Inhalte im Sinne einer Vermittlung von Moral:

Tatsächlich schwebt alle Kunst in der Doppeldeutigkeit dieses Wortes »gut«, in dem
das Ästhetische und Moralische sich treffen, vermischen, ununterscheidbar werden
[…]. Es ist der Trieb zum »Guten« im absoluten und schon symbolischen Sinn dieses
Wortes, der den Künstler beherrscht, und dem er in ernstem Spiele gehorcht, einem
symbolischen Spiel. (19.1, 679 f.)

Das fügt sich beinahe nahtlos in jenes Konzept der Funktionalität der Kunst
ein, wie es im Osten vorherrschte (also Bewusstsein zu bilden und zum gesellschaftlichen Fortschritt beizutragen). Aber mehr noch: Thomas Mann wendet
einzelne Formulierungen Fausts auf die gegenwärtige Situation an, das heißt,
er löst diese zumindest vom literarischen Kontext des *Faust* los und stellt eine
praktische Anwendung in Aussicht – zeigt also die Wirkungsmacht der Kunst.
Es handelt sich um die folgenden beiden Stellen:

Ich kenne keine Zonen. Mein Besuch gilt Deutschland selbst, Deutschland als Ganzem,
und keinem Besatzungsgebiet. Wer sollte die Einheit Deutschlands gewährleisten […],
wenn nicht ein unabhängiger Schriftsteller, dessen wahre Heimat, wie ich sagte, die
freie, von Besatzungen unberührte deutsche Sprache ist? Gewähren Sie, meine Zuhörer, dem Gast aus Californien diese Repräsentation und lassen Sie ihn den Augenblick
unbekümmert vorwegnehmen, den Goethes Faust seinen letzt-höchsten nennt: den
Augenblick, wo der Mensch, wo auch der Deutsche »auf freiem Grund mit freiem
Volke steht«! (19.1, 678)

Zum Schluss seiner Ansprache nimmt er nochmals auf diese letzten Worte
Fausts Bezug:

Nur Geister, die nicht wollen, daß etwas geschehe, daß irgendetwas sich ändere, können behaupten, nie sei es dem Dichter ernst gewesen mit Fausts »höchstem Augenblick«,
mit seinem Sozialwerk der Menschenbeglückung.

---

[54] Mann bezieht sich auf die Verse 11.559–11.386 aus Faust 2, vgl. Johann Wolfgang Goethe:
Sämtliche Werke, Briefe, Tagebücher und Gespräche. Hg. von Friedmar Apel u. a. Bd. 7/1, Frank-
furt/Main: Deutscher Klassiker-Verl. 1994, S. 445 f.

[...]
Dem Dichter, dessen ganzes Alterswerk voll ist von sozialer Utopie [...], war es von Herzen ernst mit Fausts letztem Abenteuer und seinem höchsten Augenblick, diesem »Solch ein Gewimmel möcht' ich sehen«, auch wenn er die Tragik der Tat durchschaute [...]. [...] er wußte, daß sich die Welt beständig erneuert, und hat sich den Namen eines Konservativen [...] schönstens verbeten. (19.1, 685 f.)

Aus heutiger Sicht mag diese von Thomas Mann vorgenommene *Faust*-Deutung nur eine von verschiedenen möglichen Interpretationen sein. Aus DDR-Sicht jedoch ist jene Passage mit Fausts letzten Worten vom ›höchsten Augenblick‹ eine Art Schlüsselstelle. Goethes *Faust* kam ohnehin ein besonderer Stellenwert zu, wobei Fausts letzte Worte noch einmal herausgehoben wurden. Bis zum Ende der DDR waren sie Pflichtlektüre im Schulunterricht, und jedes Kind musste sie auswendig lernen. In den Lesebüchern waren sie unter der Überschrift »Fausts Vision einer künftigen Gesellschaft« unter der Lyrik Goethes abgedruckt,[55] und durch die typografische Hervorhebung und die Art des Umgangs mit der Passage wurde ihr ein Textwert zugesprochen (isoliert aus dem Drama), der hinsichtlich seiner vermeintlich dargestellten Wirklichkeit seine besondere Funktionalität erweisen sollte. Zitiert seien jene Verse, auf die sich auch Thomas Mann in seiner Rede bezieht:

Solch ein Gewimmel möcht ich sehn,
auf freiem Grund mit freiem Volke stehn.
Zum Augenblicke dürft ich sagen:
Verweile doch, du bist so schön!
Es kann die Spur von meinen Erdentagen
Nicht in Äonen untergehn. –
Im Vorgefühl von solchem hohen Glück
Genieß ich jetzt den höchsten Augenblick.[56]

Als »Faust-Vision« rezipiert, gelten die letzten Worte der Faust-Figur in der DDR als mustergültiger Text, der für den bürgerlichen Humanismus, für das Kulturmodell Weimar und für das literarische Erbe steht. Der Text wird realistisch gelesen und auf die sozialistische Utopie bezogen in dem Sinne, dass das, was Faust nur als Vision schaute, in der sozialistischen Gesellschaft verwirklicht werden kann. Thomas Mann hat mit seiner Goetheansprache zu dieser Deutungstradition beigetragen. Anders als in Frankfurt wurden seine Worte in Weimar insbesondere bei den Faust-Zitaten nicht in ihren Ironien wahrgenommen (die die Rede trotz allem Pathos selbstverständlich aufweist, ebenso

---

[55] [o. V.]: Lesebuch Klassen 9/10, Berlin: Volk u. Wissen 1988, S. 45; vgl. [o. V.]: Lehrbuch (Anm. 21), S. 73.
[56] Goethe: Sämtliche Werke (Anm. 54), S. 446.

wie Fausts letzte Worte im Goethe-Drama ironisch gebrochen sind), sondern identifikatorisch rezipiert.

Die konkrete Gestaltung der Rede lässt somit die Überlegung zu, dass Thomas Mann sie zur Beförderung des eigenen Nachruhms genutzt hat, und dass er (wie die Vorrede zeigt) sich der Bedeutung, in Weimar zu stehen und in Nachkriegsdeutschland über Faust und dessen Vision eines freien Volkes als Augenblick höchsten Glücks zu reden, sehr bewusst war. Mehrfach betont er in der Vorrede, glücklich zu sein, nun endlich wieder hierher zu reisen; er spricht von »unserem Weimar«, ist ein »Bürger der Stadt« usw., womit er bestätigende Signale gibt (19.1, 694 f.). Auffällig ist, dass er die Ansichten von der Operativität der Kunst einbezieht und sich auch der sonstigen in der Sowjetischen Besatzungszone (SBZ) vorherrschenden Ansichten bedient, um sich selbst als Autor von Ruhm und Bedeutung zu erweisen.

Die mögliche Instrumentalisierung des sozialistischen Ostens führt zurück zur eingangs geschilderten Anekdote mit dem Pelzmantel. Sah Thomas Mann darin nun wie ein russischer Großgrundbesitzer aus, wie Kurzke vermutet? Oder hat er als verdientes Honorar seiner schriftstellerischen Tätigkeit ein langlebiges, der Tradition und dem Erbe gemäßes Kleidungsstück erhalten, das den Kriterien der sozialistischen Moral entspricht, wie es die DDR-Deutung nahe legt? Die Antwort darauf ist müßig. Interessanter ist, dass Thomas Mann die unterschiedlichen Deutungen des Pelzes in Ost und West durchaus geläufig waren, und dass er dies offenbar geschickt für sich einzusetzen wusste. Das findet sich auch in den Worten des Ausführenden, Walter Janka, bestätigt:

Thomas Mann ließ wissen, daß er einen neuen Mantel nötig habe. […] Vielleicht könne ein Atelier in Berlin diese Bitte erfüllen. Unsere guten Beziehungen zur Sowjetunion, wo Nerze gezüchtet werden, müßten das doch möglich machen. (Tb 5.3.1954, Anmerkungen, S. 575)

Thomas Mann greift also offensichtlich auf die unterschiedlichen Konnotationen und Deutungen von Pelz zurück: Er ist in der SBZ/DDR der bürgerlich-humanistische Schriftsteller, der sich noch nicht von seiner Klasse gelöst hat, diese aber kritisch betrachtet und so das Neue vorbereitet. Insofern war es für das sozialistische Lager akzeptabel und legitim, ihm einen Nerzmantel anzufertigen. Seiner Wertschätzung im Osten tat das keinen Abbruch, da seine Handlungen als Person ebenso spezifischen Interpretationen unterlagen, wie sein Werk als Autor eigene Akzentuierungen erfuhr.

Alexander Gallus

Der lange November einer vertrackten Revolution

Ein Rückblick auf die Umbrüche von 1918/19 hundert Jahre danach

Wer im Jahr 2018 auf 1918, auf Kriegsende und Revolution blickt, tut dies nicht nur aufgrund des Hundertjahresjubiläums. Er tut dies auch aus einem Interesse an unserer Gegenwart heraus, die von größerer Verunsicherung gekennzeichnet ist als die früheren Jahrzehnte der alten, voll konsolidierten Bundesrepublik. Es gilt daher, zunächst in der heutigen Zeit anzusetzen und Konstellationen von 1918 mit jenen von 2018 zu konfrontieren. Weiter soll die Novemberrevolution als historisches Ereignis, aber auch als Herausforderung für den Gestaltungswillen von Intellektuellen während des Umbruchs am Ausgang des Ersten Weltkriegs in den Blick geraten. Schließlich sind einige Koordinaten zur Vermessung des streitbaren Erinnerungsorts zu benennen, zu dem sich die Revolution schon kurz nach ihrem Vollzug formieren sollte, verschärft vorangetrieben durch eine Phase blutiger Gewalt in einer bisweilen polarisierten Deutungskultur. Am Schluss stehen einige Überlegungen zum Interpretationsrahmen, in dem die bis vor kurzem (fast) »vergessene Revolution« weiter erschlossen und gewürdigt werden mag.[1]

Geschichte im Wiederholungsmodus?

Jene Stimmen, die vor einem unheilvollen Rückgriff oder gar Rückfall in die Geschichte warnen, sind angesichts aktueller gesellschaftskritischer Impulse in den zurückliegenden Jahren lauter geworden. Neben einer Zeit neuer Kriege auf internationaler Ebene ist dann vor allem von der Gefahr absterbender Demokratien die Rede. Sie drohten durch autoritäre politische Systeme ersetzt zu werden und in eine neue faschistische Epoche einzumünden. Dies sind beispielsweise die leitgebenden Thesen zweier Bücher, die im Jahr 2018 für längere Zeit auf die Bestseller-Liste der *New York Times* gelangten: die Studie

---

[1] Alexander Gallus (Hg.): Die vergessene Revolution von 1918/19, Göttingen: Vandenhoeck & Ruprecht 2010. – Der hier veröffentlichte Text stützt sich in Teilen auf folgende Publikationen: Ders.: Dokumentation 2017: Wiederholt sich die Geschichte doch? Ein Manifest über Konstellationen 1918 und 2018, in: Jahrbuch Extremismus & Demokratie, Jg. 30, Baden-Baden: Nomos 2018, S. 143–147; sowie ders.: 1918 bis 2018. Zwiespältiges Gedenken an Frieden, Nachkrieg und Revolution, in: INDES, Jg. 8, H. 1, Göttingen: Vandenhoeck & Ruprecht 2018, S. 56–63.

How Democracies Die zweier Harvard-Professoren und Madeleine Albrights *Fascism. A Warning*.[2] Solch mahnende Retrospektive mit Aktualitätsbezug kennzeichnet mithin eine transnationale Zeitdiagnostik und ist nicht länger ein spezifisch deutsches Phänomen, wie es über Jahrzehnte hinweg in einem *Weimar-Komplex* Ausdruck fand.[3] Vor dem Hintergrund von Krisensymptomen innerhalb Europas wie der westlichen Demokratien allgemein und eines neuen kräftigen Populismus, der sich nunmehr auch in der deutschen Parteienlandschaft niederschlägt, erörtern Historiker und Intellektuelle die Frage nach *Weimarer Verhältnissen* als *historische Lektionen für unsere Demokratie* indes wieder von Neuem.[4]

Die wachsende Zahl der Schmähungen von Politikern und Institutionen in den sozialen Medien löste sogar bei Bundespräsident Frank-Walter Steinmeier einige Sorge aus. In seiner Rede zur Eröffnung des Thomas-Mann-House in Pacific Palisades sowie in einem *Zeit*-Interview beklagte er im Frühsommer 2018 eine Sprache, die ihn inzwischen wieder »an die Missachtung und Verächtlichmachung der demokratischen Institutionen in der Weimarer Demokratie« erinnere.[5] Zugleich beobachtete er eine Verschiebung innerhalb der Streitkultur: Argumentative Kontrahenten würden nicht mehr respektiert, sondern wie in früheren Tagen zu politischen Feinden gestempelt. Berthold Kohler, Herausgeber der *Frankfurter Allgemeinen Zeitung*, pflichtete Steinmeier wenig später in einem Leitartikel bei und kritisierte neuartige antipluralistische, auf Radikalisierung drängende Tendenzen des politischen Diskurses: »Die Erinnerung Steinmeiers daran, was am Anfang vom Ende der Weimarer Republik stand, ist keine Übertreibung.«[6] Auch eine nüchtern mit empirischem Datenmaterial hantierende Demoskopin wie Renate Köcher warf in demselben Zeitraum die beunruhigende Frage auf, »inwieweit eine Demokratie auf Dauer die zunehmende Komplexität der Politik aushält, die mühsame Suche nach Kompromis-

---

[2] Steven Levitsky / Daniel Ziblatt: How Democracies Die, New York: Crown 2018; Madeleine Albright: Fascism. A Warning, New York: Harper Collins 2018. Siehe beispielsweise die Bestseller-Listen in der New York Times vom 4. März 2018 und 3. Juni 2018, unter: www.nytimes.com (Zugriff am 27. 8. 2018).

[3] Vgl. Sebastian Ullrich: Der Weimar-Komplex. Das Scheitern der ersten deutschen Demokratie und die politische Kultur der frühen Bundesrepublik 1945–1959, Göttingen: Wallstein 2009; siehe auch Christoph Gusy (Hg.): Weimars lange Schatten – »Weimar« als Argument nach 1945, Baden-Baden: Nomos 2003.

[4] Andreas Wirsching / Berthold Kohler / Ulrich Wilhelm (Hg.): Weimarer Verhältnisse? Historische Lektionen für unsere Demokratie, Stuttgart: Reclam 2018.

[5] Frank-Walter Steinmeier: Der Geist irrt, sobald er auf Politik verzichtet, in: Frankfurter Allgemeine Zeitung, 20. 6. 2018; Schauen Sie sich die Beschimpfungen an? »Ja, leider!«. Bundespräsident Frank-Walter Steinmeier über seinen Umgang mit wütenden Bürgern, über sein Treffen mit den Nationalspielern Özil und Gündogan – und zur Frage, ob er gegenüber der SPD ein schlechte Gewissen hat, in: Die Zeit, 7. 7. 2018 (daraus stammt das Zitat).

[6] Berthold Kohler: Das Sagbare, in: Frankfurter Allgemeine Zeitung, 13. 7. 2018.

sen, auch die zahlreichen Misserfolge, ohne Gefahr zu laufen, bei Autokraten Zuflucht zu nehmen«.[7]

Manifest 1918–2018

Es sind solche zeitkritischen Beobachtungen und Deutungen verbunden mit dem einhundertsten Jubiläum des Kriegsendes im Jahr 2018, die einige deutsche Historiker, Publizisten und Kunstschaffende veranlasst haben, eine *Initiative 1918–2018* ins Leben zu rufen und durch ein entsprechendes *Manifest* für öffentliche Aufmerksamkeit zu sorgen.[8] Unter der Federführung des letzten DDR-Außenministers Markus Meckel, aber auch des Neuzeithistorikers Etienne François publizierten sie es am 11. November 2017, genau 99 Jahre nach dem geschlossenen Waffenstillstand von 1918, gleich in mehreren Sprachen: so auf Deutsch, Englisch, Französisch, Ungarisch, Polnisch, Russisch und Tschechisch. Neben den Initiatoren fand es mehr als 120 Unterstützer aus 21 Ländern. Zu den Unterzeichnern zählen zahlreiche prominente Historiker, aber auch Politikwissenschaftler, Publizisten, Künstler, Schriftsteller und Politiker – darunter György Dalos, Timothy Garton Ash, Jürgen Kocka, Jörn Leonhard, Adam Michnik, Norman Naimark, Bo Strath, Heinrich August Winkler und Jay Winter.

Das Manifest greift zu Beginn die hoffnungsvolle Ausgangsstimmung am Ende des Ersten Weltkriegs auf, jenes Krieges also, der alle Kriege beenden und eine »neue Epoche der Geschichte« einläuten sollte: mit der Chance auf Frieden, Demokratie, die Wahrung der Menschenrechte, auf nationale Selbstbestimmung und internationale Verständigung. Sie wurde schon knapp zwei Jahrzehnte später wieder verspielt. Die Autoren vergleichen die Probleme von damals ungeachtet gewandelter Kontexte mit der »multipolaren, instabilen Welt« unserer Gegenwart. International erinnern sie an eine Staatenordnung im Nahen und Mittleren Osten, die nach dem Ersten Weltkrieg eine Lage schuf, die sich noch heute als virulent erweise, oder an imperiale Ambitionen Russlands, die wieder die Unabhängigkeit von benachbarten Staaten – zuvorderst der Ukraine – herausfordern. Vor allem aber beklagen sie das Erstarken populistischer Bewegungen, die der parlamentarischen Demokratie wie der

---

[7] Renate Köcher: Sehnsucht nach starker Führung. Jedem Zweiten bereitet die Flüchtlingssituation große Sorgen. Das führt zu Zweifeln am Staat und an den politischen Prozessen, in: Frankfurter Allgemeine Zeitung, 18.7.2018.

[8] Siehe zum Gesamten die Internetseite: http://1918-2018.org (Zugriff am 20.11.2018). Dort finden sich neben dem in den verschiedenen Sprachen dokumentierten Text die Liste aller Unterzeichner und Verweise auf das Presseecho. Abgedruckt ist der Text des Manifests auch in: Gallus: Dokumentation 2017 (Anm. 1), S. 146f. Dort auch alle weiteren Zitate.

europäischen Integration ablehnend begegnen und eine »neue Welle des Nationalismus« befeuern. Sie erkennen darüber hinaus eine fundamentale Krise von als sicher geglaubten »westlichen Werten«. »Die einhundertste Wiederkehr des Kriegsendes und des Bemühens nach 1918, eine umfassende Friedensordnung herzustellen«, mit diesem Appell endet das Manifest, »ist der geeignete Zeitpunkt, über Grenzen hinweg ein deutliches Zeichen zu setzen für Menschenrechte und Meinungsfreiheit, für Rechtstaatlichkeit und Einhaltung des Völkerrechts.«

Eine detaillierte Evaluation dieses Manifests aus geschichts- und politikwissenschaftlicher Sicht kann an dieser Stelle nicht geleistet werden. Eine solche Würdigung dürfte im Einzelnen manchen Einwand formulieren und die Tiefenschärfe so mancher Aussage erhöhen wollen. Ein derartiges Vorgehen würde allerdings dem Anliegen eines öffentlichen Weckrufs nicht gerecht, der dem Muster einer klassischen intellektuellen Intervention folgt: Nicht die Bestandsfestigkeit im Säurebad wissenschaftlicher Exegese jeder Einzelthese ist entscheidend, sondern die Gesamtbotschaft, die schon angesichts der vielfältig fundierten Reputation der Initiatoren und Unterzeichner Gewicht erhält.

Die Sensibilisierung für historische Konstellationen im Vergleich mit unserer Gegenwart ist gerade deshalb wichtig, weil damals – vor einhundert Jahren – gerade nicht in unabweisbarer Weise die Erwartung eines bald herannahenden *Höllensturzes* vorherrschte, sondern vielmehr ein großer Drang nach Zukunftsgestaltung.[9] Insbesondere das »Traumland der Waffenstillstandsperiode«, von dem der große Religionssoziologe Ernst Troeltsch in geradezu poetischer Weise sprach,[10] war eben nicht nur die wieder aufzuräumende Trümmerlandschaft einer zerstörten Vergangenheit, sondern eröffnete den Blick nach vorne. Es ließe sich sogar behaupten, damals habe ein Überschuss an Zukunft geherrscht, mit einer Vielzahl von Hoffnungen und Visionen auf eine bessere, neu zu gestaltende Welt. Gebündelt finden sie in Daniel Schönpflugs Buch *Kometenjahre* Ausdruck.[11] Es reflektiert den damaligen Optimismus, ohne die Ambivalenzen und Abgründe jener Jahre aus dem Blick zu verlieren. Als Sinnbild dieser Epoche präsentiert Schönpflug Paul Klees 1918 geschaffenes Gemälde *Komet von Paris*: Auf ihm wandert ein Seiltänzer auf schmalem Grat oberhalb des Eiffelturms. Über dem Akrobaten schwebt ein Komet. Der Eiffelturm erscheint wie das Symbol menschlicher Weltgestaltung

---

9   Ian Kershaw: Höllensturz. Europa 1914 bis 1949, München: Deutsche Verlags-Anstalt 2016.

10   Ernst Troeltsch: Nach der Entscheidung (Juli 1919), in: Ders., Spectator-Briefe und Berliner Briefe (1919–1922), hg. von Gangolf Hübinger in Zusammenarbeit mit Nikolai Wehrs, Berlin/ Boston: de Gruyter 2015, S. 125–132, hier S. 131.

11   Daniel Schönpflug: Kometenjahre. 1918: Die Welt im Aufbruch, Frankfurt/Main: S. Fischer 2017. Siehe dazu auch meine Rezension: Alexander Gallus: Hoch oben auf dem Seil. Wie erlebten Schriftsteller, Künstler, Politiker das Ende des Ersten Weltkriegs?, in: Die Zeit, 28.9.2017.

und -beherrschung, der Komet repräsentiert dagegen das Unkontrollier- und Unvorhersehbare. Insgesamt entsteht so das vielschichtige Bild einer Periode voller Chancen, aber auch Risiken, die zwischen »Enthusiasmus und Defätismus« schwankte.[12] Es war in jedem Fall eine Epoche, die einen regelrechten Drang nach dem Neuen ausbildete: nach neuen Ideen, einem neuen Europa und neuen Menschen ebenso wie nach neuen Heilslehren, die neue Opfer und neue Gewalt hervorbrachten.[13]

Wie es zu mehr oder minder heranschleichenden autoritären Wenden, zu Kriegen und Zerstörungsdynamiken kam, dazu lieferte das 20. Jahrhundert reichlich Anschauungsmaterial. Es nicht aus den Augen zu verlieren, dazu forderte vor einigen Jahren eindringlich auch der britische Historiker Tony Judt auf. Er hielt es für einen geradezu fahrlässigen Modus, das 20. Jahrhundert zu vergessen.[14] Er hätte daher den mahnenden Blick zurück durch die *Initiative 1918–2018* gewiss begrüßt.

Novemberrevolution zwischen Euphorie und Ernüchterung

Die Wahl des Veröffentlichungszeitpunkts des *Manifests 1918–2018* an einem 11. November erinnert an einen regelrechten Weltmoment, den Zeitgenossen in aller Herren Länder im Jahr 1918 als solchen wahrnahmen. In globaler Perspektive überstrahlt er jenen Tag, der in Deutschland zumeist ganz in den Mittelpunkt rückt, nämlich den 9. November 1918. Und doch gehören beide so geschichts- wie symbolträchtigen Tage eng zusammen, zumal dann, wenn man bedenkt, dass Menschenrechte, Meinungsfreiheit und Rechtsstaatlichkeit gewährende Demokratien nicht gegeneinander in den Krieg ziehen, diese Staatsform – zumindest im Binnenverhältnis der demokratischen Verfassungsstaaten – gleichsam als Friedensgarant fungiert.

Schon angesichts dieser Grundtatsache hat der 9. November 1918, ja womöglich die gesamte Novemberrevolution das Zeug dazu, im nationalen Gedächtnis der Deutschen einen ebenso prominenten wie ehrenvollen Platz einzunehmen. Das ließe sich in der Rückschau jedenfalls annehmen. Doch

---

[12] Schönpflug: Kometenjahre (Anm. 11), S. 16.
[13] Zur transnationalen Gewaltgeschichte jener Jahre siehe nun maßgeblich Robert Gerwarth: Die Besiegten. Das blutige Erbe des Ersten Weltkriegs, München: Siedler 2017.
[14] Tony Judt: Das vergessene 20. Jahrhundert. Die Rückkehr des politischen Intellektuellen, München: Hanser 2010; auf Judt u. a. rekurrierend siehe auch Alexander Gallus: Wenn Konsensverschiebungen und Geschichtsvergessenheit drohen: Zeitgeschichte als öffentliche Aufgabe und intellektuelle Intervention, in: Hendrikje Schauer / Marcel Lepper (Hg.): Distanzierung und Engagement: Wie politisch sind die Geisteswissenschaften?, Stuttgart / Weimar: Works & Nights 2018, S. 27–37.

das zeitgenössische Sensorium für die Verbindung zwischen demokratischer Neuordnung und Friedensversprechen war bestenfalls schwach ausgeprägt, stattdessen wurde die neue Demokratie in unheilvoller Form mit nationaler Niederlage und Niedergeschlagenheit spätestens ab dem Versailles-Trauma zusammengedacht.[15] Dies ist einer der Gründe dafür, weshalb sich um jenen 9. November und die gesamte deutsche Revolution von 1918/19 nur in so unzureichender Weise ein Konsens stiftender und diesen bestärkender nationaler Mythos entfalten sollte.[16]

Im Jahr eins nach der Revolution schrieb der liberale Journalist Theodor Wolff im *Berliner Tageblatt*:

Aber man sollte sich auch klar darüber werden, dass doch eigentlich erst die Revolution, so getrübt ihre Sonne auch aufging, dem deutschen Volke die Rechte und die schweren Pflichten mündiger Nationen gesichert hat. Das sollte man zugeben, auch wenn man ihr den festlichen Erinnerungskranz versagt.[17]

Unter dem unmittelbaren Eindruck der Ereignisse vom 9. November, mit Massen auf den Straßen Berlins und der Ausrufung der Republik, hatte Wolff am 10. November 1918 von der »größten aller Revolutionen« gesprochen, diese mit einem »Sturmwind« und dem Bastillesturm der Französischen Revolution von 1789 verglichen.[18] Ein späterer erinnerungspolitischer Schwenk, im Verlaufe anderer Revolutionen nicht unüblich, trat im übrigen nicht ein. Es blieb bei der Euphorie des Anfangs, rasch gefolgt von Phasen der Ermüdung, Enttäuschung und Entrüstung.

---

[15] Zur internationalen Ordnung nach 1918 vgl. nun insbesondere die neuen Gesamtdarstellungen von Jörn Leonhard: Der überforderte Frieden. Versailles und die Welt 1918–1923, München: Beck 2018; Eckart Conze: Die große Illusion. Versailles 1919 und die Neuordnung der Welt, München: Siedler 2018; und als höchst innovativer Forschungsbeitrag Marcus M. Payk: Frieden durch Recht? Der Aufstieg des modernen Völkerrechts und der Friedensschluss nach dem Ersten Weltkrieg, Berlin/Boston: de Gruyter 2018.

[16] Dazu wie zur weiteren Rezeptionsgeschichte der Novemberrevolution vgl. Alexander Gallus: Eine mehrfach überschriebene Zäsur. Mit dem 9. November 1918 begann der historisch-politische Deutungskampf über die Revolution, in: Frankfurter Allgemeine Zeitung, 12.11.2018; auch ders.: Die umkämpfte Revolution. Die Linken witterten Verrat, die Rechten ein Verbrechen. Lange hat dieser Streit den Blick auf die Leistungen der Revolutionäre von 1918/19 verstellt – und darauf, was ihr Ringen über die Demokratie erzählt, in: ZEIT Geschichte, H. 6/2018, S. 14–20.

[17] Theodor Wolff: Die deutsche Revolution, in: Berliner Tageblatt, 10.11.1919, abgedruckt in: Ders.: Tagebücher 1914–1919. Der Erste Weltkrieg und die Entstehung der Weimarer Republik in den Tagebüchern, Leitartikeln und Briefen des Chefredakteurs am »Berliner Tageblatt« und Mitbegründers der »Deutschen Demokratischen Partei«. Erster Teil, eingel. und hg. von Bernd Sösemann, Boppard am Rhein: Boldt 1984, S. 855.

[18] Theodor Wolff: Der Erfolg der Revolution, in: Berliner Tageblatt, 10.11.1918, abgedruckt in: Ebd., S. 814.

Intellektuelle Mobilisierung und Kämpfe um die Interpretation der Revolution

Der revolutionäre Gründungsakt sorgte während der gesamten Weimarer Republik regelmäßig für Misstöne, statt Harmonien zu erzeugen. Das zeigte sich frühzeitig an der von intellektuellen Eliten geformten politischen Deutungskultur, deren »vernunftrepublikanische« Ausprägungen zu selten feste Wurzeln schlagen sollten.[19] Es wäre aber falsch zu behaupten, die Intellektuellen hätten sich vornehm zurückgehalten und der Politik aus einem elitär-kulturellen Dünkel heraus den Rücken zugekehrt. Hier und da mag eine solche Einschätzung zutreffen, und in diesem Zusammenhang wird insbesondere gerne regelmäßig auf Thomas Manns *Betrachtungen eines Unpolitischen* verwiesen.[20] Diese Sicht ganz in den Mittelpunkt zu rücken, heißt die vielfältigen Initiativen zu übersehen, mit denen Intellektuelle an der Umgestaltung des politisch-gesellschaftlichen Systems in den ersten Revolutionsmonaten aktiv mitwirken wollten.[21] An vorderster Stelle sind die »Räte geistiger Arbeiter« zu nennen,[22] sei es jener des Ego-Dogmatikers Kurt Hiller[23] in Berlin, sei es jener des von ihm bewunderten Heinrich Mann in München. Heinrich Mann schrieb im übrigen noch zwei Tage nach der Ermordung Liebknechts und Luxemburgs und zwei Tage vor den Wahlen zur Nationalversammlung hoffnungsfroh: »Die geistige Erneuerung Deutschlands, unsere natürliche Aufgabe, wird uns durch die Revolution erleichtert. Wir gehen endlich mit dem Staate Hand in Hand.«[24]

[19] Vgl. Andreas Wirsching / Jürgen Eder (Hg.): Vernunftrepublikanismus in der Weimarer Republik. Politik, Literatur, Wissenschaft, Stuttgart: Steiner 2008.

[20] Vgl. exemplarisch – mit unterschiedlicher Akzentsetzung – Wolf Lepenies: Kultur und Politik. Deutsche Geschichten, München: Hanser 2006, S. 71–87; Stefan Breuer: Ein Mann der Rechten? Thomas Mann zwischen ›konservativer Revolution‹, ästhetischem Fundamentalismus und neuem Nationalismus, in: Jahrbuch Politisches Denken, Jg. 7, 1997, Stuttgart / Weimar: Metzler, S. 119–140.

[21] Siehe nun auch Heidi Beutin / Wolfgang Beutin: Fanfaren einer neuen Freiheit. Deutsche Intellektuelle und die Novemberrevolution, Darmstadt: wbg Academic 2018.

[22] Vgl. zu ihrer noch nicht intensiv und ausgiebig erforschten Geschichte: Ian Grimmer: ›Moral Power‹ and Cultural Revolution. Räte geistiger Arbeiter in Central Europe 1918/19, in: Klaus Weinhauer / Anthony McElligott / Kirsten Heinsohn (Hg.): Germany 1916–23. A Revolution in Context, Bielefeld: transcript 2015, S. 205–227; Axel Weipert: Die Zweite Revolution. Rätebewegung in Berlin 1919/1920. Berlin: be.bra 2015, S. 319–328; Hans-Joachim Bieber: Bürgertum in der Revolution. Bürgerräte und Bürgerstreiks in Deutschland 1918–1920, Hamburg: Christians 1992, S. 124–139.

[23] Daniel Münzner: Kurt Hiller. Der Intellektuelle als Außenseiter, Göttingen: Wallstein 2015; Alexander Gallus: Heimat »Weltbühne«. Eine Intellektuellengeschichte im 20. Jahrhundert, Göttingen: Wallstein 2012, insbes. S. 80–156.

[24] So Heinrich Mann in seiner Antwort auf die *Vorwärts*-Umfrage »Für das neue Deutschland« anlässlich der Wahlen zur Nationalversammlung, in: Vorwärts, 17. 1. 1919.

Von einer Schmähung der Weimarer Republik, wie sie ihm später gelegentlich vorgeworfen wurde, war zu jener Zeit des Aufbruchs nichts zu erkennen.[25]

Zu erwähnen ist ebenso der Enthusiasmus eines Kurt Eisner, mit dem er eine geschundene Bevölkerung für politische Partizipation begeistern wollte.[26] Er unterschätzte dabei wohl den Grad der Erschöpfung und Apathie einer Zusammenbruchsgesellschaft am Ende eines verlorenen Krieges – ebenso wie den rasch überschäumenden neuen nationalistischen, auch antisemitischen Hass, dem er selbst bald zum Opfer fallen sollte. Die Erwähnung der Münchner Literatenrepublik mit Ernst Toller, Gustav Landauer und Erich Mühsam darf schließlich nicht fehlen.[27] Ob man von ihnen und ihren Mitstreitern regiert und verwaltet werden wollte, und ob sie das überhaupt konnten, das steht auf einem anderen Blatt. Die Dauer ihres Wirkens war zu kurz, um ein etwaiges Potenzial überhaupt ermessen zu können. Es hat aber etwas Sympathisches an sich, wenn *Träumer* an die Macht gelangen, wie Volker Weidermann in einem stark wahrgenommenen Büchlein erst vor kurzem schrieb.[28] An all dem – und es ließe sich um die noch ungeschriebenen Geschichten vieler lokaler Räte geistiger Arbeiter ergänzen – zeigte sich ein kraftvolles Moment ästhetischer, intellektueller und partizipatorischer Mobilisierung, die letztlich ins Leere lief.[29] Wieso sich daraus nicht mehr Kraft schöpfen ließ, diese Geschichte ist noch zu schreiben.

Fest steht: Es gelang nicht, die Euphorie aufrechtzuerhalten. Die Enttäuschung über eine festgefahrene, halbherzige oder wie sonst noch zu bezeichnende Revolution war umso größer. Dieser Stimmungsumschwung war bereits während des Jahres 1919 zu spüren. Dies kam beispielsweise im bedeutendsten Blatt einer parteiungebundenen intellektuellen Linken, in der *Weltbühne*, zum Ausdruck. In ihr machte sich bald Missmut über die Revolution breit, wie sie sich in Deutschland vollzogen hatte. Diese Revolution erschien als ein unbefriedigender und unvollständiger Umbruch, der im wesentlichen einen Wandel

---

[25] Besonders scharf erwies sich etwa die Kritik des früheren Reichsministers von der SPD Rudolf Wissell: Nicht jeder Mann ist ein Ehrenmann. Heinrich Manns Schmähungen der Weimarer Republik, in: Telegraf (Wochenausgabe), 51. Woche 1949.

[26] Vgl. zu seiner Person das Standardwerk von Bernhard Grau: Kurt Eisner 1867–1919. Eine Biographie, München: Beck 2017 (Neuausg. von 2001).

[27] Vgl. Britta Scheideler: Kunst als Politik – Politik als Kunst: »Literatenpolitik« in der Revolution 1918/19, in: Gangolf Hübinger / Thomas Hertfelder (Hg.): Kritik und Mandat. Intellektuelle in der deutschen Politik, Stuttgart: Deutsche Verlags-Anstalt 2000, S. 117–137.

[28] Volker Weidermann: Träumer. Als die Dichter die Macht übernahmen, Köln: Kiepenheuer & Witsch 2017; siehe auch Ralf Höller: Das Wintermärchen. Schriftsteller erzählen die bayerische Revolution und die Münchner Räterepublik 1918/1919, Berlin: Edition Tiamat 2017.

[29] Besonders ergiebig dazu die Gedanken von Wolfram Pyta: Revolution als ästhetische Mobilisierung. Kulturhistorische Betrachtungen zur Novemberrevolution, in: Andreas Braune / Michael Dreyer (Hg.): Zusammenbruch, Aufbruch, Abbruch? Die Novemberrevolution als Ereignis und Erinnerungsort, Stuttgart: Steiner 2018, S. 133–160.

der politischen Fassade bewirkt habe, die Fundamente der alten autokratischen Ordnung – seien es die alten Eliten in Justiz, Militär oder Verwaltung, seien es die Sozial- und Wirtschaftsstrukturen – hingegen weitgehend unangetastet gelassen habe. Vor diesem Hintergrund galt es, die »wirkliche« Revolution in Gang zu setzen und eine »wahre« Demokratie erst noch zu schaffen, die der »formal« erscheinenden Institutionen- und Verfassungsordnung Leben einhauchen sollte. Mit spitzer Feder schrieb Kurt Tucholsky seine brillanten Spottverse. So klagte er im November 1929 über das Auseinanderklaffen von »Ideal und Wirklichkeit« in der Weimarer Republik. In dem so betitelten Gedicht heißt es: »Wir dachten unter kaiserlichem Zwange an eine Republik ... und nun ists die! Man möchte immer eine große Lange, und dann bekommt man eine kleine Dicke – Ssälawih!«[30]

Während die Kritik von links im Namen einer besseren Demokratie und vollständigeren Revolution erfolgte, lehnten Vertreter einer intellektuellen Rechten als Antidemokraten die Novemberrevolution vollständig ab, ohne aber grundsätzlich gegen einen radikalen Umbruch zu argumentieren. Auch sie wollten eine Revolution, nur sollte es eine konservative sein. Ein Oswald Spengler, Arthur Moeller van den Bruck oder Ernst Jünger sind als Protagonisten dieser Richtung zu nennen. Spengler sprach sogar in affirmativer Weise von einem »deutschen Sozialismus«, der zugleich antikapitalistisch wie antimarxistisch zu sein hatte.[31] Zusammengenommen manifestierte sich in der zweifachen Kritik eine doppelte Verschiebung der Revolution, einmal von links in die Zukunft als Vollendung, einmal nach rechts als Zerstörung der tatsächlich vollzogenen Revolution des langen November 1918.

Nimmt man zu diesem nur grob skizzierten, sich breit auffächernden Intellektuellenmilieu die Vorstellungen und Bestrebungen der extremen politischen Flügel hinzu, so zeigt sich rasch: Nach der Revolution war in Deutschland vor der Revolution. Und dieses »Spiel« wurde als unnachgiebiger Wettbewerb ausgetragen, der auf Sieg und vollständige Niederringung des Gegners zielte. Der Erste Weltkrieg erscheint vor diesem Hintergrund nicht allein als Urkatastrophe, sondern vor allem auch als ein Akt kreativer Zerstörung. Er brachte zumal im politischen Feld widerstreitende Tendenzen der Moderne, wie sie sich seit der langen Jahrhundertwende herausgebildet hatten, deutlicher als zuvor in Stellung gegeneinander. Diese »Sintflut« schwemmte völkisch-autoritäre ebenso wie kommunistisch-autoritäre Ideen und Bewegungen

[30] Theobald Tiger [Kurt Tucholsky], Ideal und Wirklichkeit, in: Die Weltbühne, 5.11.1929, S. 710.
[31] Oswald Spengler: Preußentum und Sozialismus, München: Beck 1920; den besten kompakten Überblick zum Konservatismus während der Weimarer Republik bietet Axel Schildt: Konservatismus in Deutschland. Von den Anfängen im 18. Jahrhundert bis zur Gegenwart, München: Beck 1998, S. 131–181.

nach oben, aber auch den verheißungsvollen, allerdings sehr unterschiedlich ausbuchstabierten, alles andere als fest gefügten Gedanken der Demokratie.[32] Alle drei – Kommunismus, Faschismus und Demokratie – hegten einen revolutionären Anspruch. Dies machte es einer Revolution wie der Novemberrevolution, so erfolgreich sie als politischer Systemwechsel von der Monarchie hin zur Demokratie prinzipiell war, so schwer, einen revolutionären Alleinvertretungsanspruch aufrechtzuerhalten.

Gänzlich überschrieben werden sollte die Revolution von 1918/19 durch die »nationale Revolution« von 1933, die sich als Antithese zu einem »vaterlandslosen«, »landesverräterischen« Akt der »Novemberverbrecher« stilisierte.[33] Vorbereitet hatte diese Sichtweise frühzeitig ab dem Kriegsende die These vom »Dolchstoß«: politisch subversive Kräfte (rasch war die Rede von ganzen Gruppen: »den Juden«, »den Marxisten«) hätten dem im Feld angeblich unbesiegten Heer die tödliche Waffe in den Rücken gestoßen. Anfang November 1928 schrieb Carl von Ossietzky in der *Weltbühne*, »Deutschland sei das einzige Land, das ohne Erhebung an seine Revolution zurückdenkt.« Und noch mehr als das: »Im Grunde weiß man durchschnittlich von ihr nicht mehr, als dass sie unsern gloriosen Heerführern freventlich in den zum letzten Schlag erhobenen Arm gefallen ist.«[34] So lautete also Ossietzkys bittere Revolutions-Bilanz nach zehn Jahren. Die von ihm nochmals herausgehobene Dolchstoßlegende vergiftete von Beginn der Weimarer Demokratie an das politische Klima und half so, den Weg von 1918 nach 1933 zu erklären. Sie sorgte auch dafür, Berührungsängste konservativer Kreise zu radikal völkischen Zirkeln zu mindern.[35]

[32] Vgl. Adam Tooze: Sintflut. Die Neuordnung der Welt 1916–1931, München: Siedler 2015; Tim B. Müller / ders. (Hg.): Normalität und Fragilität. Demokratie nach dem Ersten Weltkrieg, Hamburg: Hamburger Edition 2015; Jan-Werner Müller: Das demokratische Zeitalter. Eine politische Ideengeschichte Europas im 20. Jahrhundert, Berlin: Suhrkamp 2013.

[33] Umfassend belegt bei Wolfgang Niess: Die Revolution von 1918/19 in der deutschen Geschichtsschreibung. Deutungen von der Weimarer Republik bis ins 21. Jahrhundert, Berlin/Boston: de Gruyter 2013, S. 125–149.

[34] Carl von Ossietzky: Deutschland ist …, in: Die Weltbühne, 6. 11. 1928, S. 691.

[35] Umfassend dazu Boris Barth: Dolchstoßlegenden und politische Desintegration. Das Trauma der deutschen Niederlage im Ersten Weltkrieg 1914–1933, Düsseldorf: Droste 2003; siehe auch Alexander Gallus: Die Mär vom unbesiegten Heer. Nur der schändliche Stich in den Rücken kann deutsche Soldaten niederstrecken: Die Dolchstoßlegende schiebt die Schuld an der Niederlage im Ersten Weltkrieg der Heimat zu und beflügelt den Aufstieg der Nationalsozialisten, in: ZEIT Geschichte, H. 3/2017, S. 52–56.

Gewalt und Novemberrevolution

Ein weiteres, damit eng verknüpftes Thema, das gerade in den jüngeren Studien zur Revolution von 1918/19 einige Beachtung gefunden hat und eine Kontinuitätslinie von der Begründung der Weimarer Republik zu jener des »Dritten Reiches« nahelegt, ist das der Gewalt. *Am Anfang war Gewalt* nennt der irische Historiker Mark Jones seine thesenstarke Geschichte der Novemberrevolution.[36] Der Titel ist in gewisser Weise irreführend, denn gerade in den ersten beiden Revolutionsmonaten November und Dezember war das Gewaltniveau gering, erstaunlich gering, muss man wohl sagen. Thomas Mann notierte am 10. November in seinem Tagebuch:

Ich bin befriedigt von der relativen Ruhe und Ordnung, mit der vorderhand wenigstens alles sich abspielt. Die deutsche Revolution ist eben die deutsche, wenn auch Revolution. Keine französische Wildheit, keine russisch-kommunistische Trunkenheit. (Tb, 10. 11. 1918)

Spätestens ab der Jahreswende 1918/19 nahm die Revolution aber gewalttätige Züge an. Jones skizziert ein Gewaltpanorama, das nicht zuletzt von der neuen mehrheitssozialdemokratisch dominierten Regierung zu verantworten gewesen und zudem von öffentlich-medialer Unterstützung flankiert worden sei. Angesichts der Geburt der Weimarer Republik aus publizistisch untermalter Regierungsgewalt heraus spricht Jones von einem »Inkubationsraum für das Dritte Reich«, fast ein wenig so, als wollte er eine Variante der Sonderwegsthese neu beleben.[37] Gegen die These eines deutschen Sonderwegs der Gewalt spricht sich der ebenfalls in Dublin lehrende deutsche Historiker Robert Gerwarth aus: Im internationalen Vergleich wies die Novemberrevolution ein geringes Gewaltniveau auf und schnitt – so besehen – sogar besonders vorteilhaft ab. Auch hielt die Demokratie in Deutschland länger als in anderen Verlierer-Staaten des Ersten Weltkriegs, die schon früher autoritäre Wenden vollziehen sollten. Insofern seien die frühen Gestaltungsleistungen der moderaten Akteure rund um Friedrich Ebert hervorzuheben, denen das »Kunststück« geglückt sei, die »revolutionäre Energie zu kanalisieren« und Deutschland auf den Weg einer parlamentarischen Demokratie mit liberaler Verfassung zu bringen.[38]

---

[36] Mark Jones: Am Anfang war Gewalt. Die deutsche Revolution 1918/19 und der Beginn der Weimarer Republik, Berlin: Propyläen 2017.

[37] Ebd., S. 342.

[38] Robert Gerwarth: Die größte aller Revolutionen. November 1918 und der Aufbruch in eine neue Zeit, München: Siedler 2018, S. 27; siehe auch Alexander Gallus: Bloß keine russischen Verhältnisse. Wie Friedrich Ebert die revolutionäre Energie kanalisierte: Robert Gerwarth deutet den Umsturz im November 1918, in: Frankfurter Allgemeine Zeitung, 26. 10. 2018.

In Jones' Interpretation dagegen rückt vor allem die blutige Etappe der Revolution ab der Jahreswende 1918/19 in den Mittelpunkt der Betrachtung und wird gleichsam zur formativen, den weiteren Gang der Geschichte besonders prägenden Phase einer Revolution, die auf eine militärische Gewalt setzte, die kurzfristig eine Regierung zu schützen schien, langfristig aber nichts anderes als die Abschaffung der verhassten Republik beabsichtigte. In ebenso fataler wie paradoxer Weise setzte die Regierung Ebert/Scheidemann demnach auf die Unterstützung durch ihre Todfeinde statt auf die eigenen Anhänger, deren Radikalität sie vielmehr im Übermaß fürchtete. Dieses Argument streicht auch Joachim Käppner in seiner aktuellen Revolutionsgeschichte heraus und ergänzt als »das große Übel der Revolution von 1918/19« die ausgebliebene respektive nicht umgesetzte Militärreform mit der Schaffung republikanischer Streitkräfte. Stattdessen sei »die einmalige und auch letzte Gelegenheit vor 1945, dem deutschen Militarismus den Garaus zu machen«, verpasst worden.[39] Deshalb sei der so besonnen und hoffnungsfroh einsetzende *Aufstand für die Freiheit* frühzeitig verspielt worden.

Auch Wolfgang Niess hadert in seiner neuen Gesamtwürdigung der Novemberrevolution mit der ausgebliebenen Militärreform wie mit einer Revolution, die nicht tief und ausgiebig genug gegraben habe, um neue Fundamente wirklich breitflächig und fest zu verankern sowie sturmfest zu machen. Gleichwohl streicht er stärker den politischen Systemwechsel und manch sozialpolitische Reform während der ersten beiden Umbruchsmonate heraus, um in der Revolution von 1918/19 den *wahren Beginn unserer Demokratie* zu erkennen.[40] Aber auch in diesem Falle lesen wir keine Gelingens- oder gar Heldengeschichte, ein unzweideutiges *Lob der Revolution*[41] bleibt aus. Der optimistische Ausblick, wie er im Buchtitel zum Ausdruck kommt, stimmt nicht mit der insgesamt kritischen Grundhaltung gegenüber versäumten Gelegenheiten der Revolution von 1918/19 überein. Beide, Käppner wie Niess, schreiten mit uns gemeinsam quasi nochmals die Schützengräben der historischen Deutungskämpfe aus den 1970er und frühen 1980er Jahren ab, wenn vom ungenügend genutzten »Demokratisierungspotenzial« der Räte die Rede ist oder Möglichkeiten eines »dritten Weges« angedeutet werden.[42]

[39] Joachim Käppner: 1918 – Aufstand für die Freiheit. Die Revolution der Besonnenen, München: Piper 2017, S. 319.

[40] Wolfgang Niess: Die Revolution von 1918/19. Der wahre Beginn unserer Demokratie, Berlin u. a.: Europa Verlag 2017.

[41] Das fordern nun ganz unumwunden Lars-Broder Keil/Sven Felix Kellerhoff: Lob der Revolution. Die Geburt der deutschen Demokratie, Darmstadt: wbg Theiss 2018.

[42] Zu den zurückliegenden Deutungskämpfen vgl. Alexander Gallus: Die vergessene Revolution von 1918/19 – Erinnerung und Deutung im Wandel, in: Ders. (Hg.): Vergessene Revolution (Anm. 1), S. 14–38; ders.: Auf dem Weg zur Reaktualisierung durch Historisierung. Die vergessene Revolution von 1918/19 revisited, in: Michael Dreyer/Andreas Braune (Hg.): Weimar als

Die Novemberrevolution – ein Novemberkomplex

In solchen Momenten steht man wie vor einem einst schockgefrosteten, nun angesichts der Jubiläumswärme des 100. Geburtstags wieder aufgetauten Forschungsstand. Originäre Forschungen zu dieser nunmehr immerhin nicht länger vergessenen, ausgeblendeten oder »verdrängten« Revolution[43] kommen erst wieder in Gang, neue Sehepunkte gilt es zu fixieren, während weiterhin Reflexe der alten Schlachten aufflackern.[44] Die Politik- und Arbeiterbewegungsgeschichte dominiert nach wie vor die Darstellungen, Sichtweisen der Kultur-, Medien- oder Intellektuellengeschichte, der Alltags- und Mentalitätsgeschichte melden Nachholbedarf an und werden die komplexe Lage des langen Novembers der Revolution weiter entschlüsseln helfen.

Und doch sollte betont werden, dass diese Revolution einiges geleistet hat: an erster Stelle den Übergang von der konstitutionellen Monarchie hin zur parlamentarischen Demokratie und die Erweiterung von Bürgerrechten, wie sich insbesondere an der Einführung des Frauenwahlrechts zeigen sollte, aber auch eine Reihe von Reformen, die auf sozialen Ausgleich zielten: so die Einführung des Achtstundentags und des Grundsatzes der Sozialpartnerschaft zwischen Arbeitgebern und Arbeitnehmern. Es erscheint überhaupt angebracht, den Revolutionsbegriff nicht zu überdehnen. Er ähnelt gelegentlich einem Wunschkonzert aus vielfältigen normativen Grundannahmen. Dies hat auch lange die Historikerdebatte geprägt. Conan Fischer bemerkte einmal süffisant, es sei vor allem nicht jene Revolution gewesen, die sich nachlebende Historiker gewünscht hätten.[45] Einem minimalistischen Verständnis nach ließe sich die Revolution zunächst einmal auf den politischen Systemwechsel, auf die Transformation der Staatsformen von einer Monarchie zu einer Demokratie konzentrieren. Eine solche Analyse verabschiedet sich also von einem maximalistischen Revolutionsbegriff. Ein solcher nämlich beansprucht einen weit über die staatliche und politische Ordnung hinausgehenden fast ›totalen‹ Geltungsanspruch, der Gesellschaft, Wirtschaft und Kultur umschließt, und ist häufig mit dem Ziel eines utopisch anmutenden Endzustands verkoppelt.

Herausforderung. Die Weimarer Republik und die Demokratie im 21. Jahrhundert, Stuttgart: Steiner 2016, S. 9–22.

[43] Christoph Gusy: Die verdrängte Revolution, in: Recht und Politik, Jg. 54 (2018), H. 2, S. 135–158.

[44] Dazu auch Alexander Gallus: Hätte besser laufen können. Die deutsche Revolution wird hundert Jahre alt. Neues hat die Forschung nicht aufzubieten. Aber die gut informierten Darstellungen zweier Journalisten schlagen sich gut und zeigen Spielräume möglicher Interpretationen, in: Frankfurter Allgemeine Zeitung vom 24. Januar 2018.

[45] Conan Fischer: »A very German Revolution« The post-1918 settlement re-evaluated, in: Bulletin for the German Historical Institute, Jg. 28, Heft 2, London: German Historical Institute London 2006, S. 6–32.

So sehr der minimalistische Ansatz zur Systematisierung und Versachlichung beitragen kann, ist er doch um gesellschafts-, gewalt-, kultur- und erfahrungsgeschichtliche Perspektiven zu ergänzen.[46] Dies ist notwendig, gestaltet den Versuch einer gerechten Gesamtwürdigung freilich nicht leichter.

Man kann es drehen und wenden, wie man will: Diese Revolution versperrt sich hartnäckig einer eindeutigen Traditionsstiftung. Die Novemberrevolution fällt gleichsam in einen Spalt: Sie dient weder unumwunden zur Abschreckung noch als Lernbeispiel in der deutschen Demokratiegeschichte. Es handelt sich bei dieser Revolution um einen vertrackten Novemberkomplex. Eine Meistererzählung lässt sich an ihn ebenso schwer knüpfen wie ein geschichtskulturelles Leitparadigma. Dies bietet an sich wenig Anlass zur Sorge, kann vielmehr ein idealer Ausgangspunkt für neue Forschungen und neue Debatten rund um ein altes, für einige Zeit verschwunden geglaubtes Thema sein.[47]

Statt dabei abermals mit der nachträglichen Weisheit heutiger Historiker die besseren Alternativen ungeschehener Geschichte den Zeitgenossen von damals vorzuhalten, sollten deren Sichtweisen entscheidend sein, um die einstigen Möglichkeitsräume zu entdecken. Es waren die Erfahrungen und Erwartungen von Träumern und Gestaltern, Pragmatikern und Fanatikern, von – frei nach Mühsam – Revoluzzern und manchmal eben auch nur Lampenputzern. Mit ihnen den offenen Blick auf die Revolutionszeit zu wagen, dürfte über den Gedenkjahrrhythmus hinaus ein lohnendes Unterfangen sein. Aktuelle Bedürfnisse einer als krisenhaft empfundenen Gegenwart kommen diesem Anliegen entgegen. Sie fördern das Interesse an einer am Anfang stehenden Geschichte, die gerade erst begonnen hat, neue Wege zu beschreiten. Ausgang ungewiss.

---

[46] Siehe dazu auch meine Ausführungen an anderem Ort: Alexander Gallus: Wiederentdeckung einer fast vergessenen Revolution. Die Umbrüche von 1918/19 als politische Transformation und subjektive Erfahrung, in: Hans-Jörg Czech / Olaf Matthes / Ortwin Pelc (Hg.): Revolution! Revolution? Hamburg 1918/19, Kiel/Hamburg: Wachholtz 2018, S. 15–31.

[47] Neues Forschungspotenzial signalisieren insbesondere die aktuellen Kompendien von Weinhauer/McElligott/Heinsohn (Hg.): Germany 1916–23 (Anm. 22) sowie von Braune/Dreyer: Zusammenbruch, Aufbruch, Abbruch? (Anm. 29).

Tim Lörke

Verantwortung und Gesinnung

Thomas Mann, Heinrich Mann und die Annäherung
an die Demokratie

I.

Einem vergleichenden Blick auf Heinrich und Thomas Mann im Jahr 1918 ist
ein enger thematischer Rahmen gesetzt mit dem Ende des Ersten Weltkriegs
und den jeweiligen Reaktionen der Brüder darauf. Im Kern stellt sich damit
die Frage nach den politischen Einstellungen, Meinungen und Haltungen, die
die beiden Brüder voneinander unterscheiden. Es geht um den Widerstreit der
Positionen, der sich so sehr verstärkte, dass der viel beschriebene Bruderzwist
sich am Politisch-Trennenden entzündete. Dass dabei freilich auch anderes
im Hintergrund wirkte, vielleicht sogar noch stärker, ist mittlerweile ebenso
oft analysiert worden: Die wechselseitige geschwisterliche Eifersucht, die das
berufliche Konkurrenzverhalten unter Schriftstellern nur befeuerte, dürfte
mindestens ebenso entscheidend gewesen sein für das brüderliche Zerwürfnis,
wie etwa Helmut Koopmann herausgestellt hat.[1]

Der folgende Beitrag fragt nach den politischen Meinungen von Heinrich
und Thomas Mann im Jahr 1918 unter dem Aspekt der Demokratie. Dies soll
geschehen, indem zwei in diesem Jahr verfasste Texte genauer gemustert werden, denen eine paradigmatische Bedeutung für die jeweilige politische Meinung der beiden zugesprochen werden kann. Einschränkend schicke ich gleich
voraus, dass die Vergleichbarkeit zweier so unterschiedlicher Textsorten wie
einer programmatischen Ansprache vor einem politischen Gremium und einem Kapitel eines sechshundert Seiten starken Essays eingeschränkt ist; die
Redeanlässe sind zu unterschiedlich wie auch der Adressatenbezug, so dass die
Texte unterschiedlichen Regeln und Strategien folgen. Und doch scheint mir,
dass Heinrich Manns Rede *Sinn und Idee der Revolution* und Thomas Manns
»Vorrede« zu den *Betrachtungen eines Unpolitischen* gut geeignet sind, die
politischen Positionen in einer Momentaufnahme herauszuarbeiten und dann
miteinander zu vergleichen. Beide Texte spiegeln markante Zwischenschritte in
der politischen Entwicklung der Brüder, und beide Texte bilden die Grundlage

---

[1] Helmut Koopmann: Thomas Mann – Heinrich Mann. Die ungleichen Brüder, München:
Beck 2005.

für die anschließende politische Meinungsbildung. Zudem eignen sich diese beiden Texte, abseits ihrer zeitlichen Nähe, noch aus anderen Gründen für einen Vergleich. Denn beiden Texten liegt eine Reihe von Gemeinsamkeiten zugrunde: Da ist 1. die Frage nach der Rolle Deutschlands nach dem verlorenen Krieg; 2. drehen sich beide Texte um die Frage nach der richtigen und angemessenen Herrschaftsform, die in Deutschland nun zu etablieren sei, und die beide Texte unter den Aspekten von Fortschritt und Revolution reflektieren; und 3. rücken Heinrich wie Thomas Mann die Künstler und Intellektuellen in den Mittelpunkt der Argumentation, denn von diesen Personengruppen soll eine Erneuerung Deutschlands ausgehen.

Die germanistische Forschung hat für die Brüderkonstellation dieser Zeit ein gewisses Bild zementiert, das sich mit einer leichten Übertreibung so zeichnen lässt: Heinrich Mann gilt als der Progressiv-Demokratische, während Thomas Mann als reaktionär oder doch zumindest kaisertreu-anhänglich dargestellt wird. Die Konfrontation von Heinrich Manns Rede mit Thomas Manns Essaykapitel erlaubt eine Überprüfung dieses Bildes, weil beide Texte eine Reihe von Gemeinsamkeiten aufweisen. Beide konzentrieren sich auf den Fortschritt des politischen Prozesses in Deutschland, beide lassen sich begreifen als Versuche, diesen politischen Prozess zu beeinflussen. Analyseleitend bei meiner Interpretation ist also die Hypothese, dass Heinrich und Thomas Mann in der Sache gar nicht so weit auseinanderliegen, wie gern unterstellt wird, dass vielmehr eine verbindende Grundlage besteht. Diese Grundlage werde ich im Folgenden herausarbeiten, indem ich zunächst die beiden Texte vorstelle und nach ihren grundsätzlichen Argumenten befrage, ehe ich sie miteinander vergleiche. Unterstützend werde ich dazu Max Webers Unterscheidung von Gesinnungsethik und Verantwortungsethik heranziehen; eine Unterscheidung übrigens, die sich Weber eben in dem Jahr 1918 aufdrängt, in dem Heinrich und Thomas Mann ihre politischen Überzeugungen überdenken.

II.

Im Dezember 1918 hält Heinrich Mann seine Ansprache *Sinn und Idee der Revolution* bei einer Zusammenkunft des Politischen Rats geistiger Arbeiter. Schon die Namensgebung dieser Gruppe verweist auf einen gemeinsamen, verbindlichen ideellen Hintergrund; den Sozialismus als ideologische Grundlage eines neuen Deutschlands wird Heinrich Manns Ansprache denn auch deutlich einfordern. »Geistige Arbeiter«: diese Bezeichnung verdeutlicht den Schulterschluss, den Heinrich Mann zwischen Intellektuellen und Künstlern auf der einen Seite, dem deutschen Volk und insbesondere den nicht-privilegierten Schichten auf der anderen herstellen will.

Mit einer Nietzsche-Paraphrase leitet Heinrich Mann seine Überlegungen ein, wenn er betont, dass allein die Niederlage im Weltkrieg die deutsche Revolution hatte hervorbringen können. Damit meint er zum einen die revolutionären Bestrebungen in verschiedenen Teilen Deutschlands, die mit der Novemberrevolution schließlich in die Gründung der Weimarer Republik einmündeten. Zum andern aber redet Heinrich Mann hier auch von einer deutschen Revolution, die sich im Geistigen vollziehen müsse, um die politische Revolution überhaupt erst gelingen zu lassen. 1871 hatte Nietzsche unter dem Eindruck des deutschen Sieges mit einem neidischen Blick auf Frankreich notiert:

Auf dem politischen Krankenbette verjüngt ein Volk gewöhnlich sich selbst und findet seinen Geist wieder, den es im Suchen und Behaupten der Macht allmählich verlor. Die Kultur verdankt das allerhöchste den politisch geschwächten Zeiten.[2]

Heinrich Mann greift diesen Gedanken auf. In einer siegreich-triumphalen Situation wird viel »Unschönes« aufgedeckt, wie er mit Blick auf die Reichsgründung 1871 formuliert.[3] Er konstruiert einen engen Zusammenhang von politischer Herrschaft und Kultur, die beide ohne einander nicht funktionieren können. Gleich im ersten Absatz seiner Rede definiert er das Verhältnis von Politik und Kultur, indem er auf die besondere Rolle eingeht, die den geistigen Arbeitern zukommt. Diese eint ein Bekenntnis zu Deutschland und die daraus entstehende Motivation, »daß wir es von Herzen lieben, und daß wir nach unserer Einsicht und unseren Kräften ihm dienen wollen«.[4] Intellektuelle und Künstler leisten Dienst an Deutschland, allerdings – und dies ist in dieser Rede das Entscheidende – »nach unseren Einsichten und unseren Kräften«. Wie der weitere Verlauf der Argumentation verdeutlicht, wird hier vorausgesetzt, dass Intellektuelle und Künstler es besser wissen, wie das neue Deutschland gebaut werden soll; dass sie über die entsprechenden Bildungsvoraussetzungen und tiefere intellektuelle Einsichten verfügen, als es den bisherigen Staatslenkern – dem Kaiser samt seinen Ministern und Beratern, die Deutschland ins Elend gestürzt haben – zugesprochen werden könne. Die geistigen Arbeiter zeichnen sich durch eine größere Befähigung zur Politik aus, weil sie auf einem stärkeren moralischen Fundament agieren. Darum gedeiht die Kultur so gut in der Niederlage; der Siegesrausch verhindert eine Besinnung auf das eigene Wesen, so dass man sich im Sieg selbst verloren geht. Im Sieg sieht man sich selbst nicht

---

[2] Friedrich Nietzsche: Menschliches, Allzumenschliches. Ein Buch für freie Geister, in: Friedrich Nietzsche: Werke in drei Bänden, Band 1, hg. v. Karl Schlechta, Darmstadt: Wissenschaftliche Buchgesellschaft 1997, S. 677.
[3] Heinrich Mann: Sinn und Idee der Revolution. Ansprache im Politischen Rat geistiger Arbeiter, in: Heinrich Mann: Macht und Mensch, hg. v. Peter-Paul Schneider, Frankfurt/Main: Fischer 1989, S. 158–161, hier S. 158.
[4] Ebd.

mehr so klar. Erst die Niederlage ermöglicht das Erstarken der Kultur, die hier als Mittel der Identitätsfindung verstanden wird. Die Kultur verdeutlicht, was zuvor gefehlt hat.

Weil die Kultur die Selbstentfremdung in Deutschland wieder aufheben soll, gewinnen die Künstler und Intellektuellen an Bedeutung: Sie sind diejenigen, deren Reflexion und Vermittlung von Kulturwerten überhaupt erst die Identitätsbildung vorantreiben können. Das Kaiserreich erscheint in Heinrich Manns Deutung als nationaler Raum des kulturellen Selbstverlusts. Die im Zuge der Reichsgründung 1871 aufgekommene Enttäuschung des Bildungsbürgertums, dass das Kaiserreich eben keine Kulturnation darstellte, findet ihren Widerhall 1918 in Manns Rede zur Aufgabe der geistigen Arbeiter. Er bedient sich also eines bildungsbürgerlichen Deutungsmusters von deutscher Geschichte, das kritisch den Bedeutungsverlust der Kultur beklagt. Sein Verständnis einer Anleitung der Politik durch die Kultur setzt eine elitäre Überlegenheit einer sozialen Schicht aufgrund ihres Zugangs zur Kultur voraus. Die deutsche Niederlage im Jahr 1918 wird von Heinrich Mann als Chance erkannt, in Deutschland die Kulturnation unter maßgeblicher Beteiligung der Intellektuellen zu etablieren, die sich 1871 nicht gründen sollte.

Heinrich Mann verstärkt seine Argumentation mit Blick auf den Charakter und die Mentalität des deutschen Volkes. Das Wesen der Deutschen spiegele sich in ihrer Kultur, die jedoch der Auslegung durch eine besondere Klasse von geistigen Arbeitern bedarf. Diese These ergänzt Heinrich Mann um eine zweite: Die Intellektuellen und Künstler seien nämlich von einer spezifischen Moralität geprägt, die in einem krassen Gegensatz steht zu der im Kaiserreich herrschenden »Prahlerei, Herausforderung, Lüge und Selbstbetrug«, die den deutschen Volkscharakter verfälscht hätten.[5] Dabei, so Mann, ist es gerade der innigste deutsche Charakterzug, unbedingt moralisch zu sein; und moralisch zu sein übersetzt Heinrich Mann als das Streben nach unbedingter Gerechtigkeit. Moral, Gerechtigkeit, Sozialismus und Freiheit setzt Mann als unhintergehbare Werte, deren Verwirklichung im neuen Deutschland gelingen muss. Dies ist die Revolution, von der er träumt: Die Etablierung einer Gesellschaft, die demokratisch verfasst sozialistischen Verteilungsprinzipien von Wohlstand folgt und zugleich auch eine seelische Gemeinschaftsbildung fördert und so dem durch die Kultur geprägten deutschen Volkscharakter entspricht. Dazu benötigt er natürlich die geistigen Arbeiter, die diesen Volkscharakter erst interpretierend und darstellend bekannt machen müssen, damit sich das Volk aus eigenem Entschluss, aber überzeugt zur Republik bekennt. Es ist das seelische Wohl, für das die geistigen Arbeiter zuständig sind; seelisches Wohl definiert Mann als Vermittlung der demokratisch-sozialistischen Ideen. Ideen gelten

---

[5] Ebd., S. 159.

Heinrich Mann mehr als alles andere; er redet einer Radikalität des Geistes das Wort. Die Ideen sind in die sittlichen Gesetze der befreiten Welt gegossen, deren Befolgung absolut notwendig ist. Und so erklärt Mann in seiner Rede: »Republikaner nennen wir Menschen, denen die Idee über den Nutzen, der Mensch über die Macht geht.«[6] Diese Definition führt direkt in den Kern der Auseinandersetzung mit Thomas Mann. Die Idee, die über den Nutzen geht – das ist eine Thomas Mann unerträgliche Vorstellung, wie zu zeigen sein wird.

Heinrich Manns Rede ist der abstrakte, da wenig ausformulierte Versuch, Orientierung in einer Krisensituation normativ zu setzen. Damit weicht er einer demokratischen Willensbildung gewissermaßen aus, obwohl er sich als demokratischer Intellektueller versteht. Die Herausforderung für eine politische Gemeinschaft besteht darin, wie die Ideen, die diese Gemeinschaft bilden und im Blick auf ein gemeinsames Ziel zusammenhalten sollen, denn überhaupt zustande kommen. Eine besondere Verschärfung besteht darin, dass sich Ideen oft aus Werten, die ins praktische Leben umgesetzt werden sollen, ableiten und dann handlungsmotivierend wirken sollen. Denn auch eine Reihe von positiv empfundenen Werten und damit Ideen können miteinander im Lebensvollzug konfligieren, so dass demokratische Gemeinschaften ein System des Ausgleichs implementieren müssen.[7] Heinrich Mann indes setzt in seiner Rede die Idee absolut und unhintergehbar, weil sie nicht hinterfragt und auf ihre praktischen Konsequenzen, ihren Nutzen, geprüft werden darf. Dass zudem in Heinrich Manns Vorstellung die Idee von einer sozialen Gruppe, den Intellektuellen, entwickelt und vertreten wird, widerspricht ebenfalls einem Bild von Demokratie, das eine allgemeine Partizipation vorsieht.

III.

Heinrich Mann hält seine Rede zum Jahresende 1918, während Thomas Mann die Arbeit an der »Vorrede« der *Betrachtungen eines Unpolitischen* bereits Mitte März desselben Jahres abschließt (13.2, 55). Die »Vorrede« eröffnet die *Betrachtungen*, und sie ist ein absolut bemerkenswerter Bestandteil des umfangreichen Essays, versetzt die »Vorrede« doch den gesamten Text in eine pluralistische Grundspannung, die in der Auseinandersetzung mit Thomas Manns politischer Entwicklung noch nicht hinreichend gewürdigt scheint.

Die »Vorrede« ist genau komponiert; sie bildet einen schwierigen, abwägenden, teils widersprüchlichen, teils schmerzhaften Gedankengang ab, der

---

[6] Ebd., S. 161.
[7] Darauf hat Isaiah Berlin nachdrücklich hingewiesen; vgl. zur Einführung Michael Ignatieff: Isaiah Berlin. A Life, London: Chatto & Windus 1998.

in einer höchst überraschenden Meinungsbildung seinen Abschluss findet. Thomas Mann stellt seinen *Betrachtungen* einen Selbstrechtfertigungsversuch voran, warum jemand wie er überhaupt einen politischen Essay verfasst habe. Dies ist nicht unbedingt ein kokettes Spiel mit der Rhetorik der *Captatio benevolentiae*, sondern führt direkt in den argumentativen Kern des Essays. Denn wie bei Heinrich Mann ist die Zugehörigkeit zu den Künstlern und Intellektuellen das Entscheidende: Auch Thomas Mann formuliert einen engen Zusammenhang von Politik und Kultur, und auch in seiner Konzeption sind Künstler auf besondere Weise in den politischen Meinungsfindungsprozess verwickelt.

Zunächst distanziert sich Thomas Mann von seinem nachfolgenden Essay, indem er die eigene intellektuelle wie persönliche Eignung für das Verfassen eines politischen Traktats in Zweifel zieht. Für derlei sei er weder »geschickt« noch »geboren« (13.1, 11). Entsprechend habe sich der Text, so behauptet er, einer kompositorischen Abrundung verweigert; nichts als eine fragwürdige Schreibarbeit sei dabei herausgekommen. Als Ergebnis eines politischen Affekts stellt Mann seinen Text dar, »beruhend auf dem Bedürfnis nach Gleichgewicht« im politischen Meinungsstreit (13.1, 13). Seine Strategie zur scheinbaren Relativierung des Erkenntniswerts seines Essays steigert Mann durch den Übergang zu deutlicher Selbstironie. Ironie bedeutet mindestens, festgefügte Positionen zu hinterfragen und in Zweifel zu ziehen; Selbstironie ist der distanzierende Schritt zurück von der eigenen Person, um sich selbst gleichsam von außen betrachten zu können. Unter diesem Blickwinkel erscheinen die *Betrachtungen eines Unpolitischen* als »Revision« und »Selbsterforschung«, bei denen die ideellen Grundlagen und Überzeugungen, die Manns Identität bestimmen, auf ihre fortdauernde Tauglichkeit geprüft werden (13.1, 15). Der Essay wird dem Publikum somit insgesamt als selbstironischer Text vorgeführt, der Meinungen auf den Prüfstand stellt, auf dem sie sich bewähren müssen. Und genau in diesem Zusammenhang kommt Thomas Mann zu einer ersten, für den politischen Zusammenhang bedeutsamen Erkenntnis: Meinungen und politische Positionen sind nicht stabil, sie unterliegen vielmehr Prozessen historischer Wandelbarkeit. Sie sind bestimmt durch einen jeweils gegebenen Kontext, der Meinungen und Ideen sogar veränderungs- und anpassungsbedürftig macht (13.1, 20f.). An dieser Stelle wird der Gegensatz zu Heinrich Manns Begriff der sakrosankten Idee deutlich.

Den Wandel von Ideen organisieren Skepsis und Zweifel am Bestehenden, also auch an der Gültigkeit von politischen Ideen. Thomas Mann führt das aus, indem er auf seinen »Zeitdienst« (13.1, 22) zu sprechen kommt. Auf zweierlei Weise könne man der eigenen Zeit: also dem historischen, politischen und gesellschaftlichen Prozess dienen, und keiner der beiden gebühre der Vorrang vor der anderen. Die eine Weise bestehe darin, den Zeitgeist unverstellt zum Ausdruck zu bringen und dadurch zu unterstützen. Damit werden die Entwicklungen, die die Zeit bestimmen, vorangetrieben. Die andere Weise versagt jedoch die explizite Unterstützung. Ein Schriftsteller, so Thomas Mann, ist nicht »natürlich und notwendig« jemand, der aktuelle Entwicklungen auf »durchaus positive Weise, durch unmittelbare und gläubig-enthusiastische Fürsprache [...] förder[t]« (13.1, 23). Vielmehr besteht die Aufgabe des Schriftstellers darin, die Ambiguität[8] des Daseins, zumal der politischen Sphäre, zum Ausdruck zu bringen. Mehr noch: Dichtung wird von Thomas Mann als wesenhaft pluralistisch definiert, insofern sie stets das Ergebnis ist »des Da und Dort, des Ja und Nein, der zwei Seelen in einer Brust, des schlimmen Reichtums an inneren Konflikten, Gegensätzen und Widersprüchen« (13.1, 23). Es ist die Konjunktion, auf die es hier ankommt; sie verbindet die Gegensätze, die somit gleichzeitig präsent bleiben und gerade in ihrer spannungsvollen Widersprüchlichkeit eine Einheit bilden. Schriftsteller stehen in der Pflicht, Alternativen zum Gegebenen zu formulieren, die Vielfalt der Meinungen, Ideen und Positionen herauszustellen und so die unbedingte Gültigkeit des Behaupteten zu bezweifeln. Schriftsteller, so Thomas Mann, arbeiten am Meinungspluralismus, den sie darstellen müssen, um Meinungsbildungsprozesse und weitere Entscheidungsspielräume zu eröffnen. Heinrich Mann feiert die Idee, in deren Dienst sich die geistigen Arbeiter, die Intellektuellen und Schriftsteller zu stellen haben. Thomas Mann besteht dagegen auf der Ironie als Ausdruck und Haltung einer offenen Gesellschaft, der sich Wahrheit nicht als gesetzte Idee offenbart, sondern die angewiesen bleibt auf den Austausch von Argumenten. Ironie, so Thomas Mann, kann sich nie »ernstlich und auf aktive Art in den Dienst der Wünschbarkeit und der Ideale [...] stellen« (13.1, 29). Schließlich gehört es zum Wesen der Ironie, Ideen, Überzeugungen und Meinungen in Zweifel zu ziehen und ihre erkenntnistheoretischen Bedingungen zu akzeptieren, die in der Standortgebundenheit und Perspektive derjenigen, die eine Meinung formulieren, bestehen.[9] Es gehört zu den grundlegenden Einsichten der Aufklärung des 18. Jahrhunderts, die den Fortgang der politischen Moderne bestimmt, dass es eine allgemeingültige, irgend geoffenbarte Wahrheit nicht gibt, dass es also von den je verschiedenen Blickwinkeln abhängt, wie etwas beurteilt wird. Ironie bedeutet in diesem Zusammenhang das Beharren darauf, dass es auch anders sein und eventuell der andere Recht haben könnte. Kurzum: Die »Vorrede« der *Betrachtungen eines Unpolitischen* ist bis zum diesem Punkt nahezu ein Loblied des demokratischen Verfahrens, die eigene

---

[8] An den Begriff der Ambiguität hat jüngst Thomas Bauer erinnert, gerade in dem politischen Ideenkontext, auf den Thomas Mann hinauswill; siehe Thomas Bauer: Die Vereindeutigung der Welt. Über den Verlust an Mehrdeutigkeit und Vielfalt, 6. Aufl., Ditzingen: Reclam 2018.

[9] Darauf macht Jens Ewen nachdrücklich aufmerksam: Jens Ewen: Erzählter Pluralismus. Thomas Manns Ironie als Sprache der Moderne, Frankfurt/Main: Klostermann 2017.

Haltung zu relativieren, um Argumente im Streit zu prüfen und sich – ungeachtet bestehender Überzeugungen – für das bessere Argument zu entscheiden.

Thomas Mann also doch, entgegen aller Vorurteile, schon 1918 fest der demokratischen Sache verbunden? Er ist es, und doch ist diese Einschätzung nicht ganz zutreffend. Denn von welcher demokratischen Sache soll die Rede sein? Und wirklich folgen im weiteren Fortgang des Arguments der »Vorrede« rasch die berüchtigten Ideen: dass die Demokratie dem deutschen Charakter nicht entspreche, weil sie ohne Seele sei und kalt und nüchtern, während der deutsche Volkscharakter innerlich, verträumt und musikalisch sei (vgl. 13.1, 33 f.).

So weit, so bekannt die antidemokratische Haltung Thomas Manns, die nun in einem krassen Widerspruch steht zu dem vorher Gesagten. Wie löst sich dieser Widerspruch auf, wenn er es überhaupt tut? Die »Vorrede« endet gleichsam mit einem lauten Tusch, wenn Thomas Mann feststellt, mit den *Betrachtungen* zum demokratischen Fortschritt in Deutschland beigetragen zu haben. Es ist die Literatur, die zur Demokratie führt:

> die Literatur ist demokratisch und zivilisatorisch von Grund aus; richtiger noch: sie ist *dasselbe* wie Demokratie und Zivilisation. Und mein Schriftstellertum also wäre es, was mich den »Fortschritt« Deutschlands an meinem Teile – noch fördern ließe, *indem* ich ihn konservativ bekämpfe? (13.1, 45)

Dies mag als Spiegelfechterei erscheinen, zumal im Lichte einer späteren literarhistorischen Urteilsbildung, die Thomas Mann im Jahr 1918 allein mit Demokratieferne assoziiert. Schaut man aber an dieser Stelle genauer hin, entwirft Thomas Mann tatsächlich eine demokratische Haltung. Die gesamten *Betrachtungen* ergehen sich im Kampf gegen die Meinungen und Wahrheiten anderer. Dies setzt aber die Erkenntnis voraus, dass es eine Vielzahl von Wahrheiten gibt, die sich aus einer Vielzahl von Perspektiven auf Probleme ergibt. Wenn Thomas Mann darauf besteht, durch seine Opposition gegen einen demokratischen Fortschritt dazu beigetragen zu haben, die Demokratie in Deutschland zu fördern, dann anerkennt er die Demokratie als eine Staatsform, die sich nicht als Idee, sondern als ein Verfahren verwirklicht. Es ist das Ringen um das bessere Argument, nicht das Beharren auf der Wahrheit, das eine Demokratie auszeichnet.

Warum hat Thomas Mann dann nicht nur die »Vorrede« veröffentlicht und den Rest des Essaymanuskripts vernichtet? Er hätte sich und der germanistischen Forschung manche Verlegenheit erspart. Wenn er einen Erkenntnisgewinn für sich durch die Arbeit an den *Betrachtungen* verbuchen kann, dann liegt der darin, zu verstehen, dass es zum Wesen der Demokratie gehört, sich mit Mühen eine eigene Meinung zu erarbeiten. Entsprechend gehört es für den Schriftsteller dazu, diese demokratische Zumutung der Meinungsbildung auszuhalten, um sie dann dem Publikum vor Augen zu führen. Schließlich hält auch Thomas Mann wie sein Bruder daran fest, dass es die Intellektuellen sind, die das deutsche Volk anleiten müssen.

IV.

Im Jahr 1918 liegen die Positionen Heinrich und Thomas Manns in der Sache nicht allzu weit auseinander. Der Unterschied in der Haltung der beiden Brüder liegt jedoch darin, dass Heinrich Mann eine als absolut gesetzte politische Meinung durch die Künstler verkündigen lassen möchte: Seine Idee von Demokratie verfestigt sich zu der Formel von der »Idee, die über den Nutzen geht«, die also nicht skeptisch befragt werden darf, selbst dann nicht, wenn jeglicher Nutzen ausbleibt. Die abstrakte Idee ist unantastbar, ob sie sich als wohltuend erweist oder nicht.

Thomas Mann dagegen versteht Demokratie nicht als eine politische Richtung oder Meinung, die es unbedingt durchzusetzen gilt. Er konzentriert sich stattdessen auf den formalen Ablauf politischer Meinungsbildungsprozesse, die Argumente prüfen und einmal bezogene Positionen stets neu im Lichte ihres Nutzens in Frage stellen. Nicht ideologische Inhalte und Forderungen machen für Thomas Mann das Wesen der Demokratie aus, sondern die Form des Interessenausgleichs und der politischen Willensbildung unter den Bedingungen ihrer grundsätzlichen Relativierbarkeit und vor allem Revidierbarkeit. Thomas Mann formuliert keine demokratischen Inhalte, sondern lädt das Verfahren mit moralischer Bedeutung auf, während Heinrich Mann die eine Idee als moralisch gültig setzt, ohne sie einer allgemeinen Prüfung auszusetzen.[10]

Und diese Haltungen konturieren die unterschiedlichen Begriffe von Demokratie. In seinen *Betrachtungen* spricht Thomas Mann von einem deutschen Volksstaat, also einer Demokratie, die dem deutschen Charakter eben nicht entgegengesetzt ist. Was wohl nichts anderes heißen soll, als dass sie sich aus deutschen kulturellen Traditionen speist, denn die Vermutung eines Zusammenhangs von einer irgend angenommenen verbindlichen Mentalität mit politischen Systemen ist wohl unhaltbar.[11] Die von Thomas Mann herbei-

[10] Thomas Mann steht damit Max Weber, der ebenfalls nüchtern auf die Demokratie blickte, oder auch dem Staatsrechtler Hans Kelsen recht nahe. Kelsen formulierte 1920 den grundlegenden Konflikt, der sich aus der Wahrnehmung der Demokratie als Verfahren ergibt: »Wenn [...] Demokratie nur eine *Form*, nur eine *Methode* ist, die soziale Ordnung zu erzeugen, gerade dann erscheint ihr *Wert* [...] im höchsten Maße problematisch.« Hans Kelsen: Vom Wesen und Wert der Demokratie, Ditzingen: Reclam 2018, S. 127.

[11] Freilich steht Thomas Mann damit nicht allein in seiner Zeit. Zuletzt hat Jens Hacke darauf hingewiesen, dass die Gegenüberstellung einer »spezifisch deutschen politischen Tradition« mit der »amerikanischen Demokratie« oder dem »angelsächsischem Liberalismus und dem französischen Republikanismus [...] bereits sehr früh in den Selbstvergewisserungsdiskurs der deutschen

gewünschte deutsche Demokratie wird nicht durch eine Revolution befördert, wie sie etwa Heinrich Mann fordert. Thomas Manns Demokratie soll sich vielmehr nahezu organisch entwickeln aus deutschen Kulturtraditionen, die er als romantisch identifiziert. Er verweist auf das Wissen um die Standortgebundenheit von Meinungen, die sich daraus ergebende Mehrstimmigkeit und Ironie. Ganz gleich, ob Thomas Mann an diese Herleitung tatsächlich glaubt oder ob sie einzig seine Strategie ist, Demokratieskeptiker doch zu überzeugen, er entwickelt einen Demokratiebegriff, der im Einklang steht mit einer pluralistischen Moderne.

V.

Tritt man einen Schritt zurück, muss man bei der Einschätzung der Debatte um die Demokratie in Deutschland im Jahr 1918 die grundsätzliche Unvertrautheit mit diesem Regierungssystem feststellen, die zumal die Beiträge Heinrich und Thomas Manns kennzeichnet.[12] Auffällig ist zudem, mit welchem moralischen und regulativen Überschuss beide Brüder die Demokratie aufladen, ob sie nun als Leitbild beschworen oder abgelehnt wird. Besonders deutlich wird dies, wenn man ihre Texte mit den nüchternen Einlassungen Max Webers kontrastiert.

1919 hält Max Weber seinen berühmt gewordenen Vortrag *Politik als Beruf* vor Münchner Studenten. Fast scheint es, als wolle er darin den Bruderzwist aufgreifen, so paradigmatisch wirken die Positionen der Manns in den Debatten der Zeit. Weber begreift politisches Handeln als von »zwei voneinander grundverschiedenen, unaustragbar gegensätzlichen Maximen« grundsätzlich bestimmt: der Gesinnungs- und der Verantwortungsethik.[13] Beide Begriffe eröffnen die Möglichkeit, die Positionen Heinrich und Thomas Manns miteinander vergleichen zu können.

Natürlich hat Gesinnungsethik nichts mit Verantwortungslosigkeit zu tun, so wenig wie die Verantwortungsethik gesinnungslos ist, wie Weber feststellt.[14] Es geht vielmehr um das intrikate Verhältnis von Idee und Nutzen im politischen Raum. Die verantwortungsethische Seite rechnet damit, »daß man für

---

Intellektuellen« gehörte; Jens Hacke: Existenzkrise der Demokratie. Zur politischen Theorie des Liberalismus in der Zwischenkriegszeit, Berlin: Suhrkamp 2018, S. 46 f.

[12] Zum historischen Szenario vgl. Marcus Llanque: Demokratisches Denken im Krieg. Die deutsche Debatte im Ersten Weltkrieg, Berlin/Boston: de Gruyter 2000.

[13] Max Weber: Wissenschaft als Beruf 1917/1919. Politik als Beruf 1919, hg. v. Wolfgang J. Mommsen u. Wolfgang Schluchter, Tübingen: Mohr 1994, S. 79.

[14] Ebd.

die (voraussehbaren) *Folgen* seines Handelns aufzukommen hat«.[15] Jede politische Handlung muss darum im Vorhinein genau geprüft werden. Gesinnungsethiker – so Weber – setzen ihre Idee, ihre Ideale absolut und kümmern sich nicht um die Konsequenzen. In Webers Typenbildung sorgt sich der Gesinnungsethiker allein darum, dass die »Flamme der reinen Gesinnung [...] nicht erlischt«.[16] Mit diesen Begriffsbestimmungen nimmt Weber Idealtypen an, also etwas, das in dieser reinen Ausprägung in der Realität nicht vorkommt. Entsprechend stellt er eine Mischung aus beiden Typen als ideal für Politiker dar.

Mit Blick auf Heinrich und Thomas Mann erscheinen beide Formen indes weniger als Idealtypen, als vielmehr recht genaue Beschreibungen davon, was sich in ihren jeweiligen Texten artikuliert. Die Idealtypen bekommen Gesichter. Thomas Mann entspricht dem Verantwortungsethiker, der eine genaue Abwägung politischer Handlungsmöglichkeiten und die (selbst)kritische Prüfung ihrer Konsequenzen fordert. Heinrich Mann gibt sich in seiner Rede als Gesinnungsethiker und entspricht mit seinem Leitbild der Idee, die sich um die Folgen ihrer Umsetzung nicht zu kümmern hat, genau Webers Definition.

Das bedeutet, dass die beiden Brüder im Jahr 1918 in der Sache von einander nicht weit entfernt sind. Beide sind keine demokratischen Vorbilder, zumindest nicht nach heutigen Standards. Während Heinrich Mann in seiner Rede eine Neigung zu einer antidemokratischen Ideensetzung verrät, spielt Thomas Mann mit Ideen, die dem demokratischen Geist nicht unbedingt entsprechen. Heinrich Mann fehlt das demokratische Verfahren. Thomas Mann hat zwar das demokratische Verfahren für sich entdeckt, weiß aber noch nicht, wofür denn eine demokratisch zu bildende Republik stehen soll. Im Jahr 1918 ist Heinrich Mann nicht so demokratisch, wie Thomas Mann nicht so antidemokratisch ist, wie es eine oberflächliche Literaturgeschichtsschreibung glauben machen will. In den Reflexionen beider Brüder spiegelt sich die Unsicherheit der Intellektuellen angesichts einer neuen Staatsform. Beide Brüder machen jedoch etwas aus ihrer Unsicherheit.

[15] Ebd.
[16] Ebd., S. 80.

Ariane Martin

Zwischen den Brüdern

Arthur Schnitzler und die Konstellation um
Heinrich und Thomas Mann im Jahr 1918

1918 steht im Zeichen des sogenannten ›Bruderzwists‹ zwischen Heinrich und
Thomas Mann, begründet in gegenläufigen politischen Haltungen zum Krieg:
entschiedene Kriegsgegnerschaft auf der einen Seite (Heinrich Mann), Kriegs-
befürwortung oder Kriegslegitimierung auf der anderen (Thomas Mann).
   Nur zweimal haben die Brüder sich in diesem Jahr überhaupt gesehen. Die
erste Begegnung ergab sich am 12. März 1918 auf dem Münchner Waldfried-
hof bei der Beerdigung Frank Wedekinds. Heinrich Mann hielt eine der Ge-
dächtnisreden in der Trauerhalle. Unter den zahlreichen Zuhörern war Thomas
Mann, der nach der Rede seines Bruders die Trauerfeier empört verlässt. »Als
ich«, so Thomas Mann in den *Betrachtungen eines Unpolitischen*, »diesem Versuch hatte beiwohnen müssen«, Wedekind »für die Politik zu reklamieren, da
setzte ich meinen Zylinder auf und ging nach Hause.« (13.1, 582) Das war noch
mitten im Krieg, dessen Ende noch nicht recht abzusehen war, auch wenn es
sich allmählich abzeichnete. Die zweite Begegnung ergab sich, wieder inmitten
vieler anderer Menschen, am 14. November 1918 bei einem Premierenbesuch
in den Münchner Kammerspielen. Thomas Mann im Tagebuch: »Heinrich mit
seiner Frau war im Theater, was mich etwas störte. Er teilte die liebenswür-
digen Grüße des Verehrten Führers aus und unterhielt sich charmant« (Tb,
14. 11. 1918). Heinrich Manns Haltung fand, anders als in den Kriegsjahren, jetzt
öffentlich Anerkennung, zu offensichtlich war ihre Berechtigung in moralischer
und politischer Hinsicht. Der Krieg war gerade zu Ende, Millionen Menschen
tot, verkrüppelt oder traumatisiert, die deutsche Niederlage eine Tatsache. Der
Waffenstillstand vom 11. November, der das Kriegsende besiegelte, lag gerade
einmal drei Tage zurück, der 9. November, die Ausrufung der Republik, fünf
Tage. Heinrich Manns über vier lange Kriegsjahre hinweg konsequent kriegs-
kritische und schon vor dem Krieg deutlich republikanische Haltung wurde
nun bewundert, nicht die des Bruders, wie dieser verstimmt zur Kenntnis nahm.
   Publizistisch sind die Brüder 1918 nur einmal gemeinsam präsent gewesen. Oskar Geller[1] veröffentlichte am 26. Februar 1918 unter dem Titel »Stim-

---

[1] Der Journalist Oskar Geller (1863–1943) lebte seit 1904 in München und war dort Korres-
pondent des *Neuen Wiener Tagblatt*, schrieb aber auch für zahlreiche andere Zeitungen.

men zur Demokratisierung«[2] die Ergebnisse einer Umfrage unter Münchner Schriftstellern und ließ nach Michael Georg Conrad, Ludwig Ganghofer und Max Halbe erst Thomas Mann und abschließend Heinrich Mann zu Wort kommen. Die Umfrage stand im Zeichen der seit Ende des vorangegangenen Jahres geführten Debatte um eine Demokratisierung Deutschlands. So hatte der sozialdemokratische Parteivorstand am 1. November 1917 im *Vorwärts* eine Erklärung veröffentlicht, die angesichts des Krieges von der »*Unhaltbarkeit des bisherigen Regierungssystems* in Deutschland« sprach, »jetzt in erster Linie für das allgemeine, gleiche und direkte *Wahlrecht in Preußen*« zu kämpfen ankündigte und sich gegen »*Gegner jedweder Demokratisierung*«[3] wandte. Die erste Lesung der Wahlrechtsvorlage im preußischen Abgeordnetenhaus, begonnen am 5. Dezember 1917, gab den Anlass für eine breitere öffentliche Diskussion. Auf einmal war im kriegsmüden Deutschland auf Schritt und Tritt von Demokratisierung die Rede. Oskar Geller hat in diesem Zusammenhang nach der Rolle der Kunst gefragt. Thomas Mann antwortete:

Ich werde mich hüten, auf Ihre Frage nach den Beziehungen zwischen Demokratie und Kunst [...] mich ernstlich einzulassen. Das gäbe ein Buch, – vielleicht hat es in der Stille schon eins gegeben.[4]

Die Rede ist von den *Betrachtungen eines Unpolitischen*, »seines leidigen Bekenntnisbuchs«[5], wie Hedwig Pringsheim das Manuskript ihres Schwiegersohns am 23. Februar 1918 nannte, mit dessen Durcharbeitung er gerade beschäftigt war. Nach einem Verweis auf Goethe – der habe beklagt, »daß ›Franztum‹ (das heißt: Politik) ›die ruhige Bildung‹ zurückdränge« – schließt Thomas Mann seine ausweichende Stellungnahme mit einer Bemerkung zu jener wohl anstehenden Demokratisierung: »Hoffentlich blamieren wir uns nicht.«[6] Eine drohende Blamage war für ihn offenbar die größte Sorge. Wir – damit meinte er sich und die nach seiner Ansicht ›unpolitischen‹ Deutschen, die es mit der

---

    [2] Oskar Geller: Stimmen zur Demokratisierung, in: Hamburgischer Correspondent, Jg. 188, Nr. 105, 26. 2. 1918, Abend-Ausgabe, Hamburg: Verlag der »Hamburger Börsenhalle«, S. (2–3). Der Artikel wurde im Sommer 1918 noch zweimal nachgedruckt: unter dem Titel *Demokratisierung (Äußerungen einiger Münchner Literaten)* im Juni 1918 in der von Paul Cohn in Zürich herausgegebenen Zeitschrift *Das neue Europa* und unter dem Titel *Demokratisierung und Kunst* am 22. 7. 1918 im *Neuen Wiener Tagblatt*. Bisher war lediglich der Druck in *Das neue Europa* bekannt (er ist mit Sperrungen versehen und weicht geringfügig von den beiden anderen Drucken ab), der in den Essayausgaben als Textgrundlage diente für die Stellungnahmen von Thomas Mann (Anm. 4) und Heinrich Mann (Anm. 8).
    [3] Parteigenossen!, in: Vorwärts, Jg. 34, Nr. 300, 1. 11. 1917, Berlin: Vorwärts Buchdruckerei und Verlagsanstalt Paul Singer & Co., S. 1.
    [4] Geller: Stimmen (Anm. 2), S. (2). Vgl. 15.1, 220; dazu 15.2, 116f.
    [5] Hedwig Pringsheim: Meine Manns. Briefe an Maximilian Harden 1900–1922, hg. von Helga und Manfred Neumann, Berlin: Aufbau Verlag 2006, S. 217.
    [6] Geller: Stimmen (Anm. 2), S. (2).

Demokratie, mit der von ihm abfällig als ›Franztum‹ apostrophierten Politik, am besten gar nicht erst versuchen sollten. Das war eine Wendung gegen seinen Bruder, der es mit der republikanischen Tradition Frankreichs hielt. »Man arbeite an der Demokratisierung«[7], hatte Heinrich Mann schon Jahre vor dem Krieg gefordert. Seine von Oskar Geller präsentierte Stellungnahme lautet:

Eine große Entwicklung wird wahrscheinlich der Roman nehmen. Für ihn ist viel nachzuholen in Deutschland; und da wir jetzt ein Volk mit demokratischer Öffentlichkeit werden sollen, kann es nachgeholt werden. In Völkern, die sich selbst regieren, ist das Spiel der gesellschaftlichen Kräfte die Sache eines Jeden. Das literarische Mittel aber, es darzulegen, ist der Roman.[8]

Hier ist an den Roman *Der Untertan* zu denken, dessen Vorabdruck in der Zeitschrift *Zeit im Bild* 1914 zu Kriegsbeginn abgebrochen worden war. Ganz anderer Ansicht über den Wert des Romans war die Hauptfigur dieses Romans. »Und der Roman?« wird Diederich Heßling gefragt. Er antwortet: »Der ist keine Kunst. Wenigstens Gott sei Dank keine deutsche: das sagt schon der Name.«[9] Roman – was schon romanisch, französisch klingt, ist indiskutabel für ihn, den deutschen Untertan.

Die oft konstatierte »repräsentative Gegensätzlichkeit«[10] wird in den beiden Büchern greifbar, welche die Brüder 1918 vorgelegt haben. Sie konnten unterschiedlicher nicht sein, Thomas Manns *Betrachtungen eines Unpolitischen*, Ende September herausgekommen, und Heinrich Manns Roman *Der Untertan*, der erst nach Kriegsende im November vollständig erscheinen konnte. Das konservative Bekenntnisbuch, politisch nach dem Krieg eigentlich eine Blamage, erschien nun nicht mehr zeitgemäß, der Roman dagegen, ein satirischer Abgesang auf das Kaiserreich, auf der Höhe der Zeit.

Diese Gegensätzlichkeit der Brüder ist im Jahr 1918 ein ganz eigenes Feld, das am Beispiel einer ambivalenten Außenperspektive zu vergegenwärtigen ist. Ein Dritter, Arthur Schnitzler, hatte für beide Brüder Sympathien und deren

---

[7] Antwort auf eine am 25.12.1910 in der Wiener Zeitung *Die Zeit* veröffentlichte Umfrage. Heinrich Mann: Essays und Publizistik. Oktober 1904 bis Oktober 1918, hg. von Manfred Hahn, Bielefeld: Aisthesis 2012 (= Heinrich Mann. Essays und Publizistik. Kritische Gesamtausgabe, hg. von Wolfgang Klein / Anne Flierl / Volker Riedel, Bd. 2), S. 113. Die Ausgabe wird nachfolgend zitiert als HMEP mit Band- und Seitenzahl.

[8] Geller: Stimmen (Anm. 2), S. (2). Vgl. HMEP 2, 231; dazu: HMEP 2, 711f. Die erste Niederschrift des Textes hat Heinrich Mann mit »5. Dez. 1917« datiert und mit »Zukunft der Literatur (N. Wiener Tagbl.)« überschrieben (vgl. HMEP 2, 712). Er wurde also für das *Neue Wiener Tagblatt* geschrieben, wo er allerdings erst am 22.7.1918 erschien.

[9] Heinrich Mann: Der Untertan. Roman, mit einem Nachwort und Materialienanhang von Peter-Paul Schneider, Frankfurt/Main: Fischer Taschenbuch Verlag 1991 (= Studienausgabe in Einzelbänden), S. 354.

[10] Vgl. André Banuls: Thomas Mann und sein Bruder Heinrich, »eine repräsentative Gegensätzlichkeit«, Stuttgart: Kohlhammer 1968.

Bücher mit Interesse gelesen. Seine teilnehmende Außenposition wirft ein be-
sonderes Licht auf das spannungsvolle Verhältnis der beiden Autoren, indem
sie eine Konstellation sichtbar macht, die ihn als Dritten involviert zeigt und
zugleich exemplarisch die intellektuelle Atmosphäre in diesem letzten Kriegs-
sowie Revolutionsjahr spürbar werden lässt.

Schnitzler hatte Thomas Mann am 25. November 1908 persönlich kennen-
gelernt, Heinrich Mann erst am 21. April 1910; beide Brüder waren jeweils auf
Lesereise in Wien. Seinen Eindruck von Heinrich Mann hielt Schnitzler im
Tagebuch fest:

Heinrich Mann (kennen gelernt). Er gefiel mir (als der von mir wohl am rückhalt-
losesten bewunderte aller deutschen Dichter von heute) auch persönlich vortrefflich.–
Seine Beziehung zu Thomas, dem Bruder, kam, in seiner Heftigkeit gegen Kerr, schön
heraus.[11]

Bereits hier interessierte sich Schnitzler für das Verhältnis zwischen den Brüdern, da er eigens notierte, dass Heinrich Mann seinen Bruder gegen Sticheleien
Alfred Kerrs verteidigt hatte. Seine Begegnung mit Heinrich Mann führte zu
einer Freundschaft, während die Beziehung mit Thomas Mann lediglich von
gegenseitiger Wertschätzung getragen war. Heinrich Mann und Schnitzler
haben sich öfter gesehen, standen in regem Austausch. Die neun gemeinsam
verbrachten Tage vom 2. bis 10. September 1918 in Partenkirchen sind hier von
besonderem Interesse, da sie Schnitzler zur Zeit des ›Bruderzwists‹ zwischen
den Brüdern zeigen.

Schnitzler hält sich seit dem 27. August 1918 in Partenkirchen auf, wo seine
Schwägerin Elisabeth Steinrück lebt. Er hat von Samuel Fischer, sein Verleger
und der Thomas Manns, die Druckfahnen der *Betrachtungen eines Unpolitischen* erhalten,[12] kannte das Buch also, bevor es veröffentlicht war, und las es
in der oberbayrischen Sommerfrische. Zur Lektüre notiert er: »Lese Thomas
Manns ›Gedanken eines Unpolitischen‹.– Er setzt sich mit dem Civilisationsliteraten auseinander, Typus: sein Bruder Heinrich – den er nicht nennt aber
citirt.« (TbSch, 30. 8. 1918) Der Verfasser selbst hatte ihm dieses Buch ein Jahr
zuvor angekündigt. »Seit Jahr und Tag schreibe ich an einer Art von Buch, es
sind Betrachtungen, politisch-antipolitisch, zeit- und selbstkritisch« (22, 205),
schrieb Thomas Mann ihm am 27. August 1917. Die Lektüre der *Betrachtungen*
beschäftigt Schnitzler stark. Er tauscht sich darüber am 2. September 1918 in
Partenkirchen mit einem Besucher aus München aus, wie er im Tagebuch fest-

---

[11] Arthur Schnitzler: Tagebuch, hg. von der Kommission für literarische Gebrauchsformen
der Österreichischen Akademie der Wissenschaften, 10 Bände, Wien: Verlag der Österreichischen
Akademie der Wissenschaften 1981–2000, hier: Bd. [4]: 1909–1912, S. 143 (Eintrag 21. 4. 1910). Die
Ausgabe wird nachfolgend zitiert als TbSch mit Datum.
[12] Vgl. Franz Zeder: Thomas Mann in Österreich, Siegen: Carl Böschen Verlag 2001, S. 42.

hält: »Max Krell aus München. [...] Über das Mannsche Buch. Der ›gewaltige
Dialog‹ zwischen den Brüdern. Charakteristisch für die ganze Epoche in der
wir leben. Politisches.« (TbSch, 2. 9. 1918) Der ›gewaltige Dialog‹ ist in Anfüh-
rungszeichen gesetzt, es dürfte sich um eine im Gespräch mit Max Krell getrof-
fene Einschätzung handeln. Dieser erzählte Thomas Mann später von Schnitzlers Reaktion auf das Buch. »Traf Krell [...]. Er [...] bestätigte, daß Schnitzler
sich von den ›Betrachtungen‹ erschüttert gezeigt habe.« (Tb, 14. 11. 1918)

Ob Schnitzler registrierte, dass er selbst an ein oder zwei Stellen in die *Betrachtungen eines Unpolitischen* integriert ist, sei dahingestellt. Mit der Per-
sonenangabe »ein kluger Jude« (13.1, 115) ist Hermann Kurzke zufolge »wahrscheinlich Arthur Schnitzler« (13.2, 63) gemeint. Thomas Mann hat außerdem
den »Fortschritt des Menschenherzens« (13.1, 350) zitiert, um den sich Schnitzler verdient gemacht habe, ein Zitat aus Heinrich Manns Essay zu Schnitzlers
50. Geburtstag[13] in der Zeitschrift *Der Merker*, 1912 ein Themenheft zu diesem Anlass, das auch einen Beitrag von Thomas Mann enthält.[14] Dieses Zitat
ist in den *Betrachtungen* dem ›Zivilisationsliteraten‹ zugeschlagen, jener mit
großem Aufwand befehdeten Zentralfigur des Buchs, in der die Zeitgenossen
Heinrich Mann erkannt haben. So bemerkte Egon Friedell in seiner Rezension
der *Betrachtungen*:

Die ganze Argumentation ist gegen eine bestimmte Gestalt gerichtet, die [...] durch alle
Seiten des Buches geistert, gegen einen Anonymus, den Thomas Mann den »Zivilisationsliteraten« nennt. Aber die Anonymität ist eine Fiktion, denn alle Welt weiß, daß
es sich um niemand anderen handelt als um seinen Bruder Heinrich Mann, denselben,
dem wir eine Reihe der schönsten Offenbarungen und Visionen der neueren Literatur
verdanken.[15]

Hermann Kurzke zufolge ist »der Zivilisationsliterat der innere Franzose, den
in Gestalt des Bruders zu schlagen der Krieg endlich die im Frieden verwehrte
Lizenz gibt.« (13.2, 31) Heinrich Mann hat die *Betrachtungen eines Unpolitischen* nie gelesen,[16] den auf ihn gemünzten Begriff des ›Zivilisationsliteraten‹ aber positiv gewendet. In seiner Gedächtnisrede am 16. März 1919 im

---

[13] In seiner Würdigung *Ein Romancier des Theaters* schrieb Heinrich Mann, Schnitzler habe
»sich verdient gemacht um den Fortschritt der Menschenherzen.« HMEP 2, 126.

[14] Vgl. Der Merker. Österreichische Zeitschrift für Musik und Theater, Jg. 3, Nr. 9, 1. Mai-
Heft 1912.

[15] Egon Friedell: Die Betrachtungen eines Unpolitischen, in: Neues Wiener Journal, Jg. 27,
Nr. 9105, 9. 3. 1919, Wien: Lippowitz & Co., S. 7.

[16] In einem am 1. 7. 1920 im *Neuen Wiener Journal* veröffentlichten Interview nach den *Betrachtungen* befragt, antwortete Heinrich Mann, er habe »das Buch nicht gelesen«. Heinrich
Mann: Essays und Publizistik. November 1918 bis 1925, hg. von Bernhard Veitenheimer, Bielefeld:
Aisthesis 2015 (= HMEP 3), S. 342. Das ist glaubhaft, zumal sich auch in Briefen keine Hinweise
auf eine Lektüre finden.

Münchner Odeon auf den ermordeten Kurt Eisner, sagte er, dieser verdiene
»den ehrenvollen Namen eines Zivilisations-Literaten.« (HMEP 3, 30) Arthur
Schnitzler jedenfalls war durch das Bekenntnisbuch Thomas Manns wie elek-
trisiert. Er las es nicht nur als eine Auseinandersetzung mit Heinrich Mann,
sondern es schien ihm das gespannte Verhältnis zwischen den Schriftsteller-
brüdern greifbar zu machen und dadurch die Zeit, in der er lebte, in intellektueller Hinsicht zu charakterisieren.

Noch am selben Tag, am 2. September 1918, trifft Heinrich Mann in Partenkirchen ein. Schnitzler notiert: »Heinrich Mann und Frau kommen […] an.–
Bei Liesl mit ihnen und Krell.« (TbSch, 2.9.1918) Sie sehen sich nun jeden Tag,
beinahe fast rund um die Uhr. Ich lasse diese Tage anhand Schnitzlers Tagebuch Revue passieren, um anschließend zu erörtern, welche Stellung Schnitzler
in dem ›gewaltigen Dialog‹ einnahm, den er in der ›repräsentativen Gegensätzlichkeit‹ der Brüder sah. Bemerkt sei vorab, dass Heinrich Mann nichts wusste
von Schnitzlers Lektüre der *Betrachtungen* und somit auch nichts von den dort
zu Papier gebrachten Invektiven gegen ihn.

3. September. Nachmittags liest Schnitzler bei Elisabeth Steinrück sein Lust-
spiel *Die Schwestern oder Casanova in Spa* vor. Zuhörer sind neben seiner
Schwägerin Heinrich Mann, Mimi Mann, Max Krell und Anna-Elisabeth Kösters (eine Lehrerin aus dem Ort). Schnitzler im Tagebuch: »Ich las vortrefflich;
das Stück schien sehr zu gefallen. […] Mit Heinrich M. allerlei politisches.«
(TbSch, 3.9.1918)

4. September. Nachmittags unternehmen Arthur und Olga Schnitzler, Heinrich und Mimi Mann einen Ausflug zur Wallfahrtskirche St. Anton. Schnitzler:

St. Anton, Wiese, saßen auf den Steinen. Politisches.– Heinrich M. klug, aber verrannt.
Sieht alles schlimme bei uns;– übersieht viel arges drüben. Romanisch eingestellt. Doch
läßt er mit sich reden; beginnt mir in vielem recht zu geben. (TbSch, 4.9.1918)

Abends ist man wieder bei Elisabeth Steinrück.

5. September. Nachmittags unternehmen Arthur und Olga Schnitzler mit
Heinrich Mann einen Spaziergang in Richtung Wildenau, den Abend verbrin-
gen sie mit Mimi Mann und weiteren Gästen (darunter Tilly Wedekind) bei
Elisabeth Steinrück.

6. September. Schnitzler im Tagebuch: »Mit Heinrich M. immer intensi-
vere politische Gespräche. Ich fürchte, das Buch seines Bruders wird ihn sehr
schwer treffen.« (TbSch, 6.9.1918) Hier wird offenbar, dass Schnitzler seine
Kenntnis der *Betrachtungen eines Unpolitischen* gegenüber Heinrich Mann
nicht thematisiert hat.

Am 7. September sind Heinrich Mann und seine Frau, Arthur Schnitzler,
Julius Schülein und die Malerin Suzanne Carvallo-Schülein – »Französin,
charmant, bizarr«, notiert Schnitzler – zu einer »Jause« (TbSch, 7.9.1918) bei

Anna-Elisabeth Kösters, am 8. September sind Heinrich und Mimi Mann, Arthur und Olga Schnitzler sowie Anna-Elisabeth Kösters wieder zu Gast bei Schnitzlers Schwägerin. Olga Schnitzler singt, eine gesellige Runde. Schnitzler und Heinrich Mann dürften ihr Gespräch über Politik an diesen beiden Tagen fortgesetzt haben.

9. September. Wohl besonders eingehendes Gespräch zwischen Heinrich Mann und Schnitzler, der sich auch mit Mimi Mann über ihren Gatten unterhalten hat. Schnitzler im Tagebuch: »Heinrich M. mit mir aufgeschlossen wie noch nie, und nach seiner Gattin Meinung, wie mit keinem andern. Er liebe mich sehr; ich sei der einzige mit dem er sprechen könne.« (TbSch, 9.9.1918)

Am Tag darauf, am 10. September 1918, steht die Abreise an. Nachmittags brechen Heinrich und Mimi Mann mit Arthur und Olga Schnitzler von Partenkirchen auf. Sie fahren gemeinsam nach München (von dort reist das Ehepaar Schnitzler am nächsten Tag zurück nach Wien). Während der Fahrt führen Arthur Schnitzler und Heinrich Mann ihre Gespräche fort. Schnitzler im Tagebuch: »Abreise mit [...] Heinrich M. Politisches.« (TbSch, 10.9.1918) In München gehen sie noch gemeinsam im Parkhotel Essen, treffen dort die Schauspielerin Ida Roland und deren Gatten Nikolaus Richard Graf Coudenhove-Kalergi (mit Heinrich Mann befreundeter Begründer der Paneuropa-Bewegung) sowie den *Simplicissimus*-Zeichner Olaf Gulbransson und dessen Frau Grete. Schnitzler über den Abend:

Heinrich M. mit uns, herzlich,– in echtem Bedauern dass wir schon wieder scheiden müssen. [...] Frau Roland (die hier gastirt) mit ihrem (halbjapan.) Gatten [...]; Gulbransson und Frau kommen an unsern Tisch. (TbSch, 10.9.1918)

Mit diesem geselligen Ausklang enden die schönen Tage von Partenkirchen. Sie waren der Kairos, was Schnitzlers Stellung in der Frage des ›Bruderzwists‹ angeht. Diesen hat Schnitzler sozusagen in sich ausgefochten, denn er stand unter dem Eindruck der Lektüre von Thomas Manns Bekenntnisbuch, von der Heinrich Mann nichts wusste, mit dem er täglich so kontrovers wie intensiv, zugleich vertraut und freundschaftlich, über Politik diskutierte.

Wie stark die Tage in Partenkirchen bei Schnitzler nachklangen, zeigt sein Gesprächsbedürfnis über das Verhältnis der Brüder Mann in den nächsten Wochen und Monaten. So hat er über seine Unterhaltung am 8. Oktober 1918 in Wien mit Robert Faesi, Literarhistoriker aus der Schweiz, festgehalten: »Die Brüder Mann. ›Civilisations‹literaten.« (TbSch, 8.10.1918) Oder er notierte am 16. November 1918 über sein Gespräch mit Rudolf Olden, der im Krieg zum Pazifisten geworden war: »Wir sprachen über das Th. Mannsche Buch,– und die Brüder.« (TbSch, 16.11.1918) Schließlich hielt er über seinen Spaziergang mit Hugo von Hofmannsthal am 28. Dezember 1918 fest: »Alldeutschtum und Civilisationsliteraten. Die Brüder Mann.« (TbSch, 28.12.1918) So geht es ähnlich im Jahr 1919 und darüber hinaus weiter. Das Thema ließ Schnitzler nicht los. Das hängt mit seiner eigenen Haltung zusammen. Es ist daher danach zu fragen, wie Schnitzler zum Krieg stand, der Ende 1918 vorbei war und nicht nur den Zusammenbruch des Deutschen Kaiserreichs, sondern auch der Habsburger Monarchie zur Folge hatte.

Die Schnitzler-Forschung argumentiert in dieser Frage widersprüchlich und konzentriert sich auf die Zeit des Kriegsbeginns. Einerseits heißt es, Schnitzler habe sich vom »allgemeinen Jubel über den Kriegsausbruch […] nie anstecken lassen, und auch zu Propagandaschriften […] gab er sich […] nie her.«[17] Das ist insofern richtig, als Schnitzler sich öffentlich nicht zum Krieg geäußert hat.[18] Walter Müller-Seidel meinte sogar, Schnitzlers »Konsequenz der Verweigerung« sei »einzigartig und in der Radikalität, in der sie sich äußert, am ehesten mit Schnitzlers Widersacher Karl Kraus vergleichbar, der nobel genug war, Schnitzlers Schweigen anzuerkennen.«[19] Andererseits heißt es, »daß sich auch Schnitzler der allgemeinen patriotischen Stimmung zu Beginn des Krieges nicht entziehen konnte.«[20] Die »Haltung eines radikalen Kriegsgegners« habe Schnitzler »durchaus nicht eingenommen.«[21] Auch das ist richtig, denn anfangs »erklärte er sich mit Österreich wie mit Deutschland solidarisch.«[22] Diese Solidarität hat er beibehalten, trotz einer Fülle kriegskritischer Aufzeichnungen, die aus dem Nachlass veröffentlicht worden sind. Die Kriegspropaganda durchschaute er, wie zum Beispiel seine »satirische ›Ballade von den drei Brüdern‹ mit scharfer Kritik an der moralischen Rechtfertigung des Tötens in Kriegszeiten«[23] zeigt. Sie wird auf 1918 datiert.[24] Und sie operiert

---

[17] Konstanze Fliedl: Arthur Schnitzler, Stuttgart: Reclam 2005, S. 54.

[18] Vgl. Olga García: »Wer etwas zu sagen hat, trete vor und schweige.« Das pazifistische Schweigen Arthur Schnitzlers. In: Retornos / Rückkehr. La Primera Guerra Mundial en el contexto hispano-alemán / Der Erste Weltkrieg im deutsch-spanischen Kontext, hg. von Heidi Grünewald / Anna Montané Forasté / Thomas F. Schneider. Göttingen: V&R unipress 2015 (= Schriften des Erich Maria Remarque-Archivs), S. 135–144.

[19] Walter Müller-Seidel: Literarische Moderne und Erster Weltkrieg. Arthur Schnitzler in dieser Zeit, in: Krieg der Geister. Erster Weltkrieg und literarische Moderne, hg. von Uwe Schneider und Andreas Schumann, Würzburg: Königshausen & Neumann 2000, S. 13–37, hier S. 26.

[20] Richard Miklin: Heimatliebe und Patriotismus: Arthur Schnitzlers Einstellung zu Österreich-Ungarn im Ersten Weltkrieg, in: Modern Austrian Literature 19 (1986), Nr. 3/4, o. O. [USA]: Association of Austrian Studies, S. 197–212, hier S. 198 f.

[21] Fliedl: Schnitzler (Anm. 17), S. 56.

[22] Müller-Seidel: Literarische Moderne (Anm. 19), S. 28.

[23] Robert O. Weiss: Nachwort, in: Arthur Schnitzler: Aphorismen und Betrachtungen, hg. von Robert O. Weiss, Frankfurt/Main: S. Fischer 1967 (= Gesammelte Werke), S. 495–506, hier S. 503.

[24] Vgl. Arthur Schnitzler: Frühe Gedichte, hg. und eingeleitet von Herbert Lederer, Berlin: Propyläen Verlag 1969, S. 72 f. (dort ist die Ballade als letzter Text im Band nach einem auf den 18. 6. 1918 datierten Gedicht gedruckt) und S. 11 (Vorwort, in dem es heißt, die »Zeitspanne« der Entstehung der Gedichte erstrecke sich »bis 1918«). Das Gedicht zählt in der Schnitzler-For-

mit einer Dreierkonstellation (drei Brüder). Aber Schnitzler, der den Krieg verabscheute, hing an der Donaumonarchie und hatte auch für »den deutschen Herrscher [...] ein ungewöhnliches Faible.«[25] Seine Heimatliebe wurde durch den Krieg auf eine harte Probe gestellt. In der Schnitzler-Forschung ist von einer »Identitätskrise«[26] die Rede, die er während des Krieges durchlebte, von einem »Zwiespalt«[27] oder davon, dass er »eine unparteiische Haltung«[28] an den Tag gelegt habe. Seine zwiespältige Befindlichkeit war es wohl, die ihn für den ›Bruderzwist‹ zwischen den Schriftstellern Heinrich und Thomas Mann so empfänglich machte, denn diesen Zwist hat er selbst in sich ausgetragen.

Das dokumentieren briefliche Äußerungen über die Tage mit Heinrich Mann in Partenkirchen, über die *Betrachtungen eines Unpolitischen* und über den Roman *Der Untertan*. Schnitzler schrieb seinem Verleger Samuel Fischer am 15. Januar 1919:

Den Roman von Heinrich Mann habe ich natürlich schon gelesen. Ich bin nicht Ihrer Ansicht, daß der große Erfolg des Buches nur durch die inzwischen eingetretenen Umstände gerechtfertigt sei. Es ist mir in seinem innersten Wesen keineswegs durchaus sympathisch; als künstlerische Leistung finde ich es aber außerordentlich [...]. Die Betrachtungen von Thomas Mann dürften, wenn ich Ihre Bemerkung recht verstehe, in Deutschland jetzt viel [...] Widerspruch finden. Ich habe das Buch heuer im Sommer mit dem allergrößten Interesse oft mit innerer Bewegung gelesen. Der Zufall machte es, daß ich gerade zu gleicher Zeit (es war in Partenkirchen) mit Heinrich Mann manche politische Diskussion führte, und es mir zuweilen passierte irgend eine Bemerkung, die ich gesprächsweise Heinrich gegenüber hatte fallen lassen, ein paar Stunden nachher fast wörtlich in einem Aufsatz von Thomas wiederzufinden. Manches von der Problematik Deutschlands und insbesondere dieser Epoche Deutschlands wurde mir in diesem halb unbewußt geführten Dialog zwischen den beiden Brüdern offenbar, die

schung zu den postumen Veröffentlichungen aus dem Nachlass; man nimmt an, es sei zuerst 1968 veröffentlich worden. Vgl. Schnitzler-Handbuch. Leben – Werk – Wirkung, hg. von Christoph Jürgensen/Wolfgang Lukas/Michael Scheffel, Stuttgart/Weimar: Metzler 2014, S. 420. Reinhard Urbach, der es seinerzeit veröffentlichte, merkte an: »Es wird hier zum erstenmal gedruckt.« Arthur Schnitzler: Ballade von den drei Brüdern, hg. von Reinhard Urbach, in: Neues Forum, Jg. 15, Heft 178, Oktober 1968, Wien: Forum, S. 676. Es existiert allerdings auch eine noch zu Lebzeiten Schnitzlers veröffentlichte Fassung. Vgl. Artur [sic!] Schnitzler: Ballade von drei Brüdern, in: Urania. Monatsschrift für moderne Bildungspflege, hg. von Oskar Frankl, Jg. 4, Nr. 3/4, März–April 1927, Sonderheft »10 Jahre Prager Urania (1917–1927)«, Prag: Urania, S. 40.

[25] Thomas Ballhausen/Günter Krenn: Schnitzlers Tote schweigen nicht. Propagandastrategien des Ersten Weltkriegs zwischen Täuschung und Aufklärung, in: Die Tatsachen der Seele. Arthur Schnitzler und der Film, hg. von Thomas Ballhausen/Barbara Eichinger/Karin Moser/Frank Stern. Wien: Filmarchiv Austria 2006, S. 97–114, hier S. 105.

[26] Vgl. Jacques Le Rider: Arthur Schnitzlers Identitätskrise während des Ersten Weltkriegs, in: Arthur Schnitzler im zwanzigsten Jahrhundert, hg. von Konstanze Fliedl, Wien: Picus Verlag 2003, S. 158–191.

[27] Müller-Seidel: Literarische Moderne (Anm. 19), S. 28.

[28] García: Schweigen (Anm. 18), S. 141.

als Dichter das Wesen der Geschichte zu tief empfinden, um [...] wirklich Politiker sein zu können.[29]

Schnitzler greift hier auf, was er am 2. September 1918 in Partenkirchen zu der Epochenrelevanz des Dialogs zwischen den Brüdern notiert hatte. In der Forschung ist gesagt worden, Schnitzler habe »die ideologischen Positionen Thomas Manns in den *Betrachtungen*«[30] vertreten. Das mag sein. Dann hat Heinrich Mann bei den Gesprächen in Partenkirchen die Möglichkeit wahrgenommen, sich argumentativ mit Positionen auseinanderzusetzen, die denen seines Bruders ähnlich waren. Schnitzler hätte dann eine Stellvertreterfunktion innegehabt, stellvertretend für den Verfasser der *Betrachtungen* gesprochen. Im Brief an Fischer aber unterläuft Schnitzler dasjenige, worauf die *Betrachtungen* zielen (die Abgrenzung des vorgeblich ›unpolitischen‹ Verfassers vom politisch engagierten ›Zivilisationsliteraten‹). Er geht von einer grundsätzlichen Differenz zwischen Dichtung und Politik aus und erklärt die beiden von ihm als herausragend geschätzten Schriftsteller Heinrich und Thomas Mann kurzum zu Dichtern, die als solche nicht Politiker sein könnten. Insofern reagierte Schnitzler recht distanziert, als Thomas Mann ihm am 4. November 1922 von seiner »Verliebtheit in den Gedanken der Humanität« sprach, seinen Aufsatz *Von deutscher Republik* ankündigte und ihm dazu schrieb:

Ich ermahne darin die renitenten Teile unserer Jugend und unseres Bürgertums sich endlich vorbehaltlos in den Dienst der Republik und der Humanität zu stellen – eine Tendenz, über die Sie vielleicht erstaunt sein werden. Aber gerade als Verfasser der »Betrachtungen eines Unpolitischen« glaubte ich meinem Lande ein solches Manifest [...] schuldig zu sein. (BrSch, 18)

Schnitzler meinte zu dem Aufsatz am 28. Dezember 1922 lapidar: »Er ist, da Sie das Wort nun einmal lieben, im schönsten Sinne human.« (BrSch, 19 f.) Am selben Tag schrieb Schnitzler auch an Heinrich Mann, doch dazu gleich.

Es gilt noch zu vergegenwärtigen, dass Schnitzler am 15. Januar 1919 gegenüber Samuel Fischer, der offenbar lediglich die politische Tendenz des *Untertan* registriert hatte, den Roman Heinrich Manns ästhetisch entschieden verteidigte. In die Entstehung hatte er seinerzeit Einblicke erhalten, wie zum Beispiel sein Tagebucheintrag vom 4. September 1912 verrät: »Mann erzählt [...] von seinem neuen Roman ›Der Unterthan‹.« (TbSch, 4. 9. 1912) Als in der

---

[29] Arthur Schnitzler: Briefe 1913–1931, hg. von Peter Michael Braunwarth/Richard Miklin/ Susanne Pertlik/Heinrich Schnitzler, Frankfurt/Main: S. Fischer 1984, S. 171 f.
[30] Norbert Bachleitner: Intendanten, Verleger, Autorenkollegen, in: Schnitzler-Handbuch (Anm. 24), S. 11–17, hier S. 14. Das *Schnitzler-Handbuch* bietet keinen eigenen Abschnitt über Schnitzler und den Ersten Weltkrieg.

Zeitschrift *März* ein Auszug aus dem Roman erschien (am 5. April 1913 unter dem Titel *Der Fall Lück*), schrieb Schnitzler dem Verfasser am 28. April 1913:

Lassen Sie mich bald vernehmen, [...] wann wir Ihren Roman zu lesen bekommen. Das Kapitel im März hat mich außerordentlich angeregt, nicht nur um seiner selbst willen; auch weil es sich mit einem alten Einakterstoff von mir [...] merkwürdig berührt.[31]

Oder Schnitzler fragte am 4. Juni 1915 bei Heinrich Mann nach: »Was ists übrigens mit dem ›Unterthan‹?«[32] Das betraf die durch die zeitgeschichtlichen Umstände behinderte Veröffentlichung der Buchausgabe, die (nach dem in mindestens zwölf Exemplaren 1916 hergestellten Privatdruck) erst Ende 1918 herauskam.[33] Natürlich, schrieb Schnitzler dem Verleger zu dieser Ausgabe, habe er den Roman schon gelesen. Es war das Buch der Stunde. Noch vor dem Krieg abgeschlossen, erschien die satirische Abrechnung mit der Untertanenmentalität im Kaiserreich, als dieses noch bestand, visionär. Die prägnante Charakteristik deutschen Spießerwesens offenbarte eine weitsichtige Zeitdiagnose, die 1918 in den ersten Besprechungen überwiegend politisch gewürdigt wurde, weniger ausdrücklich dagegen in ihren ästhetischen Qualitäten. So beginnt Kurt Martens seine Rezension des *Untertan* am 29. November 1918 in den *Münchner Neuesten Nachrichten* mit dem Hinweis auf den Abbruch des Vorabdrucks zu Kriegsbeginn und meint über den Roman: »Jetzt endlich ist seine Zeit gekommen und die Leser werden erkennen, daß der Dichter klar und kühn wie wenige den sittlich notwendigen Zusammenbruch des alten Systems vorausgesagt hat.«[34] Thomas Mann notierte dazu giftig am selben Tag: »In den Nachrichten weibisches Feuilleton von Martens über H.'s ›Untertan‹, der nun denn also erscheint, in die Glorie rückt.« (Tb, 29. 11. 1918) Der *Untertan* war ein durchschlagender Erfolg, er galt als »Buch des Propheten« – so ist die Rezension von Paul Block im *Berliner Tageblatt* vom 14. Dezember 1918 betitelt, die ebenfalls politisch argumentiert und die Typen beschrieben sieht, »die

---

31 Archiv Buddenbrookhaus, Signatur: a259.14.

32 Archiv Buddenbrookhaus, Signatur: a259.17.

33 Vgl. zur Entstehungs- und Überlieferungsgeschichte des Romans: Mann: Der Untertan (Anm. 9), S. 499–526.

34 Kurt Martens: Heinrich Manns »Untertan«, in: Münchner Neueste Nachrichten, Jg. 71, Nr. 604, 29. 11. 1918, Abend-Ausgabe, München: Knorr & Hirth, S. 1. Über den ›Bruderzwist‹ meinte Martens später: »Unbeschadet meiner Freundschaft und Verehrung für Thomas Mann [...] schien mir doch Heinrich Mann der politisch klarere und weitsichtigere Kopf zu sein.« Kurt Martens: Schonungslose Lebenschronik. Zweiter Teil. 1901–1923, Wien/Berlin/Leipzig/München: Rikola-Verlag 1924, S. 146. Martens gehörte während des Krieges zur kriegskritischen Runde um Heinrich Mann. Das illustriert zum Beispiel der Auftakt von Frank Wedekinds Brief an Eduard Graf von Keyserling vom 19. 12. 1916: »Es geht das Gerücht, [...] Heinrich Mann, Kurt Martens und meine Wenigkeit begründeten augenblicklich im Café Luitpold die Deutsche Republik.« Online-Volltextdatenbank für Briefe von und an Frank Wedekind, hg. von der Editions- und Forschungsstelle Frank Wedekind (http://briefedition.wedekind.h-da.de) [im Aufbau].

Deutschland in der Welt verhaßt gemacht haben«, allen voran die Hauptfigur, »ein Ekel ohne innere Würde« und »Gewissen«[35]. Schnitzler hat den Roman ästhetisch außerordentlich hoch geschätzt, politisch dagegen missbilligt.

Er hat die Lektüre am 20. Dezember 1918 begonnen, wie sein Tagebuch belegt: »Begann Manns ›Unterthan‹ zu lesen.« (TbSch, 20. 12. 1918) Acht Tage später, am 27. Dezember 1918, hält er ausführlich fest:

Las früh Manns Unterthan zu Ende. Außerordentlich – doch mehr caricaturistisch im Detail als satirisch im großen. Dazu allzuviel Haß und Einseitigkeit. [...] Der »Diederich« eine große Gestalt in ihrer Jämmerlichkeit – aber werden sie im demokratischen Deutschland fehlen? Was mir ferner an dem Buch fehlt: daß kein analoges in Frankreich geschrieben wurde – zu gleicher Zeit [...]. (TbSch, 27. 12. 1918)

Politisch ist Schnitzler vom Denken der Kriegsjahre geprägt, fühlt sich der Vorkriegsordnung verpflichtet, lastet es dem Roman Heinrich Manns an, dass er die Untertanenmentalität im Vorkriegsdeutschland angeprangert hat und kein ähnliches Buch für Frankreich vorliege. Aber ästhetisch beurteilt er ihn, wie im Brief an Fischer, als ›außerordentlich‹ – so dann auch im Brief, den er Heinrich Mann am 3. Januar 1919 schreibt. »Mein lieber und verehrter Freund.« So beginnt dieser Brief. Und weiter:

Zwischen Weihnachten und Neujahr habe ich Ihren »Untertan« gelesen, der mir, selbst an Ihren Werken gemessen, eine ganz außerordentliche Leistung vorzustellen scheint; – kühn im Entwurf, unerbittlich in der Durchführung, von wildestem Humor und mit unvergleichlicher Kunst erzählt. Aber so wahr – so köstlich und so furchtbar wahr Sie das Deutschland Wilhelm II. – nein, [...] das Alldeutschland um Wilhelm II. – gestaltet haben; – wenn der liebe Gott nur halb so gerecht ist als der Präsident Wilson zu sein es sich einbildet, so muß er dafür sorgen, daß auch in den übrigen Ländern, vor allem in Frankreich, Dichter von Ihrem Genie auferstehen, die allein fähig wären die große Angelegenheit der Menschheit künstlerisch wieder ins Gleichgewicht zu bringen.[36]

Woodrow Wilson, amerikanischer Präsident und Demokrat, hatte sich für einen Frieden in Europa eingesetzt. Schnitzlers Bewertung weist wieder die doppelte Struktur von künstlerischer Wertschätzung einerseits, Beanstandung in politischer Hinsicht andererseits auf. »Auch meine Frau ist von Bewunderung für Ihr Buch erfüllt, wir danken Ihnen Beide vom Herzen«[37], fügt Schnitzler am Briefende hinzu. Bewunderung und Freundschaft hat Schnitzler sicher für

---

35 Paul Block: Buch des Propheten. Heinrich Manns Roman »Der Untertan«, in: Berliner Tageblatt, Jg. 47, Nr. 639, 14. 12. 1918, Abend-Ausgabe, Berlin: Rudolf Mosse, S. (2–3).

36 Schnitzler: Briefe (Anm. 29), S. 169. Der Brief an Heinrich Mann vom 3. 1. 1919 ist nach dem erhaltenen Durchschlag (Deutsches Literaturarchiv Marbach) gedruckt, ebenso der Erstdruck (1957 in der *Neuen Rundschau*). Der abgeschickte Originalbrief ist verschollen.

37 Schnitzler: Briefe (Anm. 29), S. 169.

Heinrich Mann empfunden, mit dem er im Sommer 1918 glückliche Tage in Partenkirchen verlebte, bei den kontroversen Diskussionen Standpunkte der *Betrachtungen eines Unpolitischen* vertreten und damit durch diese Gespräche für sich den Bruderzwist durchagiert hat. »In Wien hatte ich einen sehr geliebten Freund, Arthur Schnitzler«, so heißt es in *Ein Zeitalter wird besichtigt*; Heinrich Mann erinnert sich an die Zeit, »als wir zusammenkamen und uns angenehm waren; uns wohl auch verstanden, in den Grenzen, die immer bleiben.«[38] Diese Grenzen waren die Unterschiede in der politischen Einstellung.

Erst vier Jahre später, am 28. Dezember 1922, hat Schnitzler dem Freund gestanden, dass er die *Betrachtungen* während der Tage in Partenkirchen schon kannte. Schnitzler bezieht sich in diesem Brief, abgefasst am selben Tag, an dem er Thomas Mann auf dessen Bekenntnis zur Humanität antwortete, auf den gemeinsamen Urlaub der Brüder vom 10. bis 23. August 1922 auf Usedom, das erste längere Beisammensein nach der Versöhnung, die infolge von Heinrich Manns lebensgefährlicher Erkrankung im Januar 1922 zustande gekommen war. Schnitzler also schreibt am 28. Dezember 1922 an Heinrich Mann:

Dass Sie mit Ihrem Bruder Thomas an der Ostsee zusammen waren, hat mich – ich darf es vielleicht sagen – wohltuend berührt. Es war eben der rechte Moment, dass zwei Menschen wie Sie einander über allerlei Meinungsverschiedenheiten oder vielleicht nur Missverständnisse (Abgründe waren es nicht) die Hände reichen. Es war für mich ein sonderbares Erlebnis, als ich im Spätsommer 1918 (heute kann ich Ihnen ja davon erzählen) zur Zeit, da wir in Partenkirchen allerlei politische Gespräche miteinander führten, die Korrekturen zu den damals gerade in Druck befindlichen »Betrachtungen« Ihres Bruders las (die mir damals zufällig in die Hände kamen), so dass ich mich, Ihrer beiden Ansichten gegeneinander haltend, aneinander abwägend, angeregt von beiden Seiten her, und doch von keiner her gänzlich überzeugt, als ein platonischer, zum Schweigen verurteilter Mittelsmann empfinden musste.[39]

Schnitzler als Mittelsmann zwischen Heinrich und Thomas Mann, eine Dreierkonstellation, die den ›Bruderzwist‹ in ganz eigener Art inszeniert.

Ob Schnitzler sein ambivalentes Verhältnis zu dem befreundeten Heinrich Mann, das 1918 in Partenkirchen seinen Kairos hatte, im Traum zu verarbeiten suchte? Ein erster Traum Schnitzlers, verzeichnet im Tagebuch: »Traum: In einer Art Sanatorium? [...] Ich weiß daß Heinrich Mann Nachmittag ster-

---

[38] Heinrich Mann: Ein Zeitalter wird besichtigt, mit einem Nachwort von Klaus Schröter und einem Materialienanhang, zusammengestellt von Peter-Paul Schneider, Frankfurt/Main: Fischer Taschenbuch Verlag 1988 (= Studienausgabe in Einzelbänden), S. 260.

[39] Britta Dittmann: Einführung in die Ausstellung *HAND/WERK. Das neue Heinrich-Mann-Konvolut im Buddenbrookhaus*, in: Heinrich Mann-Jahrbuch 34, 2016, Lübeck: Schmidt-Römhild, S. 207–220, hier S. 217. Der Brief ist hier erstmals nach dem abgesandten Original (Archiv Buddenbrookhaus) wiedergegeben. Bisher diente als Textgrundlage der Durchschlag (Deutsches Literaturarchiv Marbach). Vgl. Schnitzler: Briefe (Anm. 29), S. 296f.

ben wird – will nicht zu ihm;– nun erscheint er selbst, irgendwie im Gang, ernst, weiß daß er um 4 sterben wird, stumm;– ich empfinde Verlegenheit ihm gegenüber, er steht ganz correct angezogen da, in einer Art Büro.« (TbSch, 12. 9. 1920) Ein weiterer Eintrag: »Traum. B[urg]th[eater]. Probe, zu einem Stück von H. Mann; sehe den Schluss, irgend ein Abschied, franz. Revolution […], ich empfinde es als sentimental, muß aber doch weinen« (TbSch, 13. 6. 1923).[40] Ich will diese Träume nicht deuten, aber doch bemerken: Von Thomas Mann hat Schnitzler nicht geträumt.

---

[40] Bei der Generalprobe am 30. 11. 1921 zur Wiener Premiere von *Madame Legros* am Burg-theater war Schnitzler anwesend.

Andreas Solbach

Rhetorik und Repräsentation in der Essayistik Heinrich und Thomas Manns 1918 bis 1920

Nach allgemeiner populärer Auffassung war Thomas Mann etwa bis Mitte 1922 ein konservativer, nationalistischer Monarchist, der mit seinem demokratisch-sozialistischen und pazifistischen Bruder Heinrich seit Ausbruch des Ersten Weltkriegs eine bemerkenswerte private und öffentliche Auseinandersetzung austrug, bis er sich durch den verlorenen Krieg und dessen politische Konsequenzen und die deutsche Revolution zum weltanschaulichen Richtungswechsel und damit zur Unterstützung der Demokratie und der Weimarer Republik bekehrte. Der Bruderzwist erscheint in diesem Narrativ als Wettkampf konkurrierender Ideen und politischer Vorstellungen, wie er auch andernorts vielfach zu beobachten war und vor allem in der Spätphase der ersten Republik nicht selten Freunde und Familienmitglieder antagonisierte. Diese Auffassung, so berechtigt sie in mancherlei Hinsicht ist, berücksichtigt leider nur eine Auswahl von Fakten, die dazu geeignet ist, unseren Wunsch nach Harmonisierung zu befriedigen. Das Zeugnis Thomas Manns, der sein Leben lang eine tatsächliche und tiefgreifende Änderung seiner Überzeugungen zwischen 1916 und 1922 bestritt, steht diesem friedlichen Bild der Macht demokratischer Argumente entgegen. Ich werde im Folgenden versuchen, mit Hilfe von Überlegungen, die sich auf die Rolle des Repräsentationsgedankens bei beiden Autoren bezieht, den ideengeschichtlichen, biografischen und poetologischen Hintergrund der Kontroverse der beiden Brüder im Kontext der Novemberereignisse in Berlin und der Münchner Räterepublik etwas genauer zu skizzieren.

Die Auseinandersetzung zwischen Thomas und Heinrich Mann um Fragen von Rhetorik, Wirkung und Repräsentation, von Erfolg und Künstlertum, von Ehrgeiz, Ruhm und Anerkennung beginnt 1896 und findet ihren ersten Höhepunkt in dem kritischen Anklagebrief vom 5. Dezember 1903 (21, 239–250). Bei Thomas Mann entwickelt sich durch seine eigenen Arbeiten die jugendliche Begeisterung für den Bruder hin zu einem schmerzlichen Bewusstsein eines unaufhebbaren Wettbewerbs zwischen den Brüdern, der sich mit dem Erfolg der *Buddenbrooks* noch intensiviert. Er findet sich nach Heinrich Manns Abschluss der *Göttinnen*-Trilogie und des schnell nachgeschobenen Folgeromans *Jagd nach Liebe* in einer psychologisch und künstlerisch komplizierten Situation. Die künstlerische Produktivität seines Bruders scheint ihn zu bedrängen, angesichts seiner eigenen zögerlichen Produktion – es fehlt ihm zunächst der

Stoff für einen passenden Nachfolger für die erfolgreichen *Buddenbrooks* –
scheint sie ihn nahezu zu erdrücken. Aber auch seine persönlichen Lebens-
umstände, die schon immer mit seinen künstlerischen Überzeugungen eng
verknüpft waren und bleiben werden, geraten in eine Krise, aus der im Laufe
des Jahres 1903 eine plötzliche und geradezu märchenhafte Erlösung denkbar scheint. Parallel zur Auflösung der Beziehung zu Paul Ehrenberg und
der damit einhergehenden Abkapselung seiner homosozialen Artistenästhetik
eröffnet sich in der Ehe mit Katia Pringsheim die Möglichkeit, die längst ersehnte bürgerliche Künstlerexistenz zu verwirklichen. Mit dieser Perspektive
verbindet sich dann auch die Reorganisation und Neuordnung ästhetischer
Verfahren, Ziele und Überzeugungen, die sich nun verstärkt in affirmativer
Weise auf Ehrgeiz, Erfolg und Ruhm richten, während er gleichzeitig kritisch
gegen Heinrichs angebliche Jagd nach Wirkung durch eine stilistisch und stoff-
lich durch Erotik aufgeheizte Rhetorik Einspruch erhebt. Zwar erheben beide
Brüder Anspruch auf die Zufälligkeit von Ruhm mit der gern gebrauchten
Formel vom Missverständnis des Erfolgs, doch sind beide in nicht unerheb-
lichem Maße daran interessiert. Zudem begegnet Thomas Mann in dieser Zeit
Gerhart Hauptmann, der einen außerordentlich intensiven Eindruck auf ihn
macht und der dem Jüngeren geradezu als ein »Ideal« (21, 241) erscheint. Diese
Ideal-Vorstellung gründet dabei vor allem in der Persönlichkeit des gefeierten
Dichters, der bereits zu dieser Zeit als der erste und bedeutendste Repräsen-
tant des kulturellen Deutschlands auch international gilt, und sie wird zu einer
Ziel-Projektion für Thomas Mann, die sich künstlerisch und persönlich mit
der Neuausrichtung seiner Lebenspläne bruchlos verbindet. Heinrich Mann,
so lässt sich sein mehr oder minder offen ausgesprochener Wunsch in dem
Brief vom 5. Dezember zusammenfassen, möge doch um seiner Künstlerschaft
willen der von Thomas beklagten Jagd nach Wirkung entsagen und somit seine
Artistenexistenz vor der Verunreinigung durch Ruhm und falsche Rhetorik
bewahren. Kein ganz uneigennütziger Wunsch, auf den der Ältere aber tatsächlich so konziliant eingeht, dass der Konflikt nach einigen gewechselten
Briefen die nächsten Jahre über nur noch latent schwelt.

Für Heinrich spielt zu diesem Zeitpunkt im Jahr 1904 das Konzept der Repräsentation im Sinne der persönlichen Stellvertreterschaft für eine andere Person (Bevollmächtigter), eine Überzeugung (Intellektueller), eine Institution
oder Körperschaft (Gewerkschaft, Partei, Unternehmen), einen gesellschaft-
lich-staatlichen Bereich (Polizei, Armee) oder ein religiöses Prinzip (Klerus)
ebenso wenig eine herausgehobene Rolle wie die Vorstellung der persönlichen, durch das eigene künstlerische Werk beglaubigten Repräsentantenrolle
in Bezug auf die deutsche Kultur. In den frühen künstlerischen Auffassungen
der Brüder stehen Künstler ausweislich ihrer Werke weitgehend für sich. Der
Künstler oder die Künstlerin mag mit ästhetischen Tendenzen, Gruppen und

Prinzipien assoziiert werden, ja sie mögen sich auch explizit dafür engagieren – formal repräsentieren werden sie sie in der Regel nicht. Thomas Mann allerdings entwickelt aus der Situation der brüderlichen Konkurrenzsituation und der Veränderung der Kontexte seines Künstlerdaseins den Repräsentationsgedanken als konkrete Zielvorstellung im Sinne einer symbolischen Existenz als Grundlage der künstlerischen Produktion. Auch wenn Heinrich Mann ebenfalls seine persönliche Welterfahrung zum Ausgangspunkt seiner Werke macht, so betrachtet er den Stoff seiner individuellen künstlerischen Welterfahrung zunächst nicht als repräsentativ oder symbolisch. Repräsentativ erscheinen sie ihm allenfalls als literarischer Ausdruck einer subjektiven, aber tiefgehenden Wahrheit und als Darstellung gesellschaftlicher und allgemein menschlicher Verhältnisse, als künstlerischer Ausdruck des Lebens. Gerade das aber bestreitet ihm der Bruder, der seine Werke wegen der in ihnen auftrumpfenden, auf Effekt berechneten Rhetorik als leblos, blass und unnatürlich empfindet – eben auf oberflächliche Wirkung abgestellt. Bis es 1914/15 dann zu ernsthaften Konflikten zwischen ihnen kommt, verfolgen die Brüder ihre jeweiligen individuellen Programme, aber es ist absehbar, dass ihre politischen Überzeugungen so weit auseinander liegen, dass diese Differenz die Bruchlinie in ihrem Verhältnis zueinander markiert.

Ende Dezember 1917 treten beide nun mit politischen Statements direkt nebeneinander; das *Berliner Tageblatt* hatte am 1. Dezember um einen Beitrag zum Gedanken des Weltfriedens gebeten. Heinrich Manns Beitrag vom 25. 12. 1917 beginnt mit zwei Wortspielen, wenn er im ersten Satz postuliert, der Friede dürfe kein »Verzichtfriede« sein, weil er letztlich als wenig »erträglich« erschienen sei.[1] Gemeint ist, dass die Europäer nicht nur deshalb auf den Krieg verzichten sollen, weil er wenig Ertrag abwirft – und nicht mehr länger ertragen werden kann: »Die große Zeit soll künftig der Friede sein: das Leben, nicht seine Zerstörung. Der Friede soll erhöht und bereichert werden durch wahrhaftes Erleben« (HMEP 2, 226). Heinrich und auch Thomas Mann nehmen die politischen Entwicklungen in Berlin allerdings nur sehr unvollkommen wahr, ihre politischen Aussagen rechnen mit Entwicklungen und Traditionen, die sich dem konkreten politisch-historischen Handeln entziehen. So spricht Heinrich Mann von der Erlangung der Demokratie als einer Selbstverständlichkeit, ohne auf Einzelheiten einzugehen, und seine Ausführungen sind ganz bewusst als Vision einer besseren Zukunft formuliert, die am Schluss auf ein Motiv des 18. Jahrhunderts rekurriert – die Eudämonie-Lehre:

---

[1] Heinrich Mann: Essays und Publizistik. Band 2. Oktober 1904 bis Oktober 1918. Herausgegeben von Manfred Hahn unter Mitarbeit von Anne Flierl und Wolfgang Klein, Bielefeld: Aisthesis Verlag 2012 (= Heinrich Mann: Essays und Publizistik. Kritische Gesamtausgabe. Herausgegeben von Wolfgang Klein, Anne Flierl und Volker Riedel, Bd. 2; im Folgenden: HMEP 2 und Seitenangabe).

Geschlechter sind denkbar, die in Freundlichkeit von Mensch zu Mensch nicht Schwäche sehen werden und wenigstens in ihrem Durchschnitt das Glück, nur erreichbar durch Menschlichkeit, doch höher schätzen werden als die Macht. [...] Demokratie, Erkenntnis, Friede sind Wege. Pflicht ist nur, das Glück zu erleben. (HMEP 2, 227)

Dem ›Geist von 1914‹, dem der Bruder huldigt, steht hier so etwas wie der ›Geist von 1918‹ entgegen, der aus der Niederlage ein geradezu utopisches Hoffnungspotenzial freisetzt,[2] wofür es allerdings bereits in den genannten Essays ab 1910 Beispiele gibt. Der Beitrag von Thomas Mann geht erwartbar andere Wege,[3] wenn er zunächst den Ausdruck »demokratischer Weltfriede« prägt, der von niemandem in der Frage gebraucht wurde, nur um ihn als keine »besonders unlösbare Verbindung« zu bezeichnen, also Demokratie und Frieden als ganz eigenständige Konzepte zu verstehen mit dem Ziel, die Demokratie zu diskreditieren: »Daß Volksherrschaft Herrschaft der Vernunft oder gar des Geistes, daß sie sicheren Frieden bedeute, ist nicht erhärtet – so weit ich sehe, nicht« (15.1, 212).

Im Anschluss daran entwirft Thomas Mann eine apologetische Vision eines befriedeten Europa, die der Bruder mit guten Gründen als ein an sich gerichtetes Versöhnungsangebot empfinden darf, denn fast allem kann er hier zustimmen:

Weltfriede ... Keinen Tag, auch in tiefster nationaler Erbitterung nicht, bin ich des Gedankens unfähig gewesen, daß der Haß und die Feindschaft unter den Völkern Europas zuletzt eine Täuschung, ein Irrtum ist – daß die einander zerfleischenden Parteien im Grunde gar keine Parteien sind, sondern gemeinsam, nach Gottes Willen, in brüderlicher Qual an der Erneuerung der Welt und der Seele arbeiten. Ja, es ist erlaubt, von einem begütigten und versöhnten Europa zu träumen [...]. Undoktrinär, unrechthaberisch und ohne Glauben an Worte und Antithesen, frei, heiter und sanft möge es sein, dieses Europa, und für »Aristokratie« oder »Demokratie« nur noch ein Achselzucken haben. (15.1, 213 f.)[4]

---

[2] Es verwundert daher auch nicht, dass sich in Heinrich Manns Essays Sprachhaltungen wiederfinden, die an den Expressionismus erinnern und wie aus Ernst Blochs frühen Aufsätzen und seinem *Geist der Utopie* von 1918 entnommen wirken. Tatsächlich ist aber eine Kenntnisnahme Blochs zu diesem Zeitpunkt unwahrscheinlich.

[3] Es ist nicht erkennbar, ob der Beitrag in Kenntnis von Heinrichs sehr viel kürzerem Statement verfasst wird; es ist allerdings unwahrscheinlich. Thomas antwortet im Vorwort zu den *Betrachtungen* ausführlich darauf (vgl. 13.1, 34–39).

[4] Im Folgenden nimmt sein Argument dann allerdings einen scharf polemischen Ton an, wenn er von dem Hang Europas zu Barbarei, »Verrücktheiten in seiner Kleidermode, närrischen Infantilismen in seiner Kunst« warnt und dazu rät, »gegen Anthropophagenplastik und südamerikanische Hafenkneipentänze eine Gebärde vornehmer Ablehnung sich zu eigen [zu] machen«. »... negerhafte Genußsucht und zivilisierte Knallprotzerei von früher« stoßen ihn in Europa ab (15.1, 214).

Der briefliche Versuch zur Versöhnung aber scheitert, die auf Thomas Manns Absagebrief vom 5. Dezember 1903 formulierte Antwort des Bruders wird nicht abgeschickt; bis zu Heinrichs schwerer Erkrankung im Januar 1922, in deren Folge und als Konsequenz der Neuordnung und Restrukturierung der weltanschaulichen Überzeugungen des Jüngeren die Versöhnung dann tatsächlich stattfindet, ruht die Korrespondenz. Vier Jahre lang begegnen sich die Brüder gedanklich nur in ihren Publikationen.[5]

Auf eine Anfrage der »Zentrale für Heimatdienst«, einer früheren Regierungsinstitution zur Verbreitung von Durchhalte-Propaganda gegen Kriegsende (und Vorläuferin der »Bundeszentrale für Heimatdienst« sowie der jetzigen »Bundeszentrale für politische Bildung«), antworten beide Brüder, was im Fall des jüngeren zumindest etwas überrascht, denn die anfragende Institution ist klar erkennbar damit befasst, Propaganda für die neue Demokratie zu machen. Die Überraschung steigt, wenn man die lange und bedeutungsvolle Antwort von Thomas Mann gegen die zwei Sätze von Heinrich hält.[6] Der schreibt: »Die geistige Erneuerung Deutschlands, unsere natürliche Aufgabe, wird uns durch die Revolution erleichtert. Wir gehen endlich mit dem Staate Hand in Hand« (HMEP 3, 24). Thomas Mann kommentiert im Tagebuch verärgert-sarkastisch: »Es bleibt kein anderes Wort mehr als: Dummkopf« (Tb, 20. 1. 1919). Warum kommt er zu diesem angesichts der doch eher allgemeinen Äußerung recht negativen Urteil? Der Grund liegt ganz offensichtlich in der Referenz auf den Begriff der Revolution, der hier nicht mehr primär die Vorgänge auf der politischen Bühne Berlins beschreibt, sondern die revolutionären Vorgänge in München. Heinrich Mann nimmt an den politischen Entwicklungen in München – Kurt Eisner ruft hier die Republik noch vor Scheidemann aus – aktiv als Vorsitzender des Politischen Rats geistiger Arbeiter Münchens teil.[7]

---

[5] Die Unversöhnlichkeit von Thomas Mann gründet sicher *auch* in einer äußeren Konstellation, die darauf abzielt, die leidenschaftliche Arbeit an den *Betrachtungen* nicht verloren zu geben: Die Versöhnung würde bedeuten, dass er auf die dort vorgebrachte Argumentation und ihre möglichen Überzeugungsgründe verzichtete und das Leidenswerk der vergangenen Jahre, das durch die Niederlage im Krieg ohnehin schon schwer in seiner eigentlichen Bedeutung beschädigt wurde, zusätzlicher Bedeutung zu entkleiden. Das war dem Autor wohl zu viel der Entsagung, auch wenn die Möglichkeit, seinen Bruder zu überzeugen, angesichts der äußerst heftigen Angriffe doch sehr unwahrscheinlich erscheinen muss.

[6] Heinrich Mann: Essays und Publizistik. Band 3. November 1918 bis 1925. Herausgegeben von Bernhard Veitenheimer mit Vorarbeiten von Barbara Voigt, Bielefeld: Aisthesis Verlag 2015 (= Heinrich Mann: Essays und Publizistik. Kritische Gesamtausgabe. Herausgegeben von Wolfgang Klein, Anne Flierl und Volker Riedel, Bd. 3; im Folgenden: HMEP 3 und Seitenangabe).

[7] Der Rat existiert etwa vom 13. 11. 1918 bis zum 13. 5. 1919. Für die konkrete Zusammenarbeit Heinrich Manns mit den revolutionären Kräften und vor allem seine geistige Beeinflussung durch Eisner und andere siehe die Arbeit von Waltraud Berle: Heinrich Mann und die Weimarer Republik. Zur Entwicklung eines Politischen Schriftstellers in Deutschland, Bonn: Bouvier 1983 (= Abhandlungen zur Kunst-, Musik und Literaturwissenschaft, Bd. 331).

Die Ausführungen seiner Rede *Sinn und Idee der Revolution* vor dem »Rat der geistigen Arbeiter« lässt dann die für Mann markanten Konturen seines Denkens erkennen: Einerseits betont er erneut die Notwendigkeit des Sozialismus als Konsequenz des wiederhergestellten Rechts gegenüber der Macht, andererseits liegt für ihn der Sinn der Revolution in ihrer Idee, die weit über das wirtschaftspolitische Element hinausgeht. Heinrich Mann setzt hier seinen humanitär-rousseauistischen Utopismus zielsicher gegen den Romantizismus eines pessimistischen Weltbilds, das auf Schopenhauer, Wagner und Nietzsche, den Hausgöttern des Bruders, beruht.[8] Seine Vision ist so einfach, dass sie religiös wirkt, und sie lässt sich mit dem Titel von Leonhard Franks berühmter expressionistischer Erzählsammlung *Der Mensch ist gut* (1917) gut zusammenfassen.[9] Die Menschenseele, so heißt es in dem Artikel *Die Erneuerung* vom Februar 1919,

... will nicht nur Macht, sie will Glück. Das Glück ist umfassender und höher, es schließt selbstloses Erkennen wie zweckhaftes Handeln ein, Anspannung und auch Nachlassen. [...] Wir wollen wieder unserer natürlichen Neigung leben, der Vernunft, in der nicht Kraft allein, auch Güte herrscht. [...] Unsere Gerechtigkeitsliebe soll, in unserer Gesellschaft und gegenüber der Welt, immer zunehmen, besänftigtes Menschentum soll uns erfüllen und unsere Fähigkeit, geistigen Forderungen nachzuleben, [...] soll uns künftig zum Heil werden. (HMEP 3, 23)

Thomas Manns Verdikt der politischen Dummheit akzentuiert dagegen nicht nur sein Unbehagen an der öffentlichen Wirksamkeit des Bruders, sondern grundsätzlich dessen Bestrebungen, weltanschauliche Überzeugungen Realität werden zu lassen. Damit dringt Heinrich seiner Auffassung nach in ein Gebiet ein, das seinem Künstlertum nicht angemessen sei; mehr noch, seine politischen Aktivitäten drohen ihm eine Art von Repräsentativität zu verschaffen, die der jüngere Bruder mittlerweile nicht nur im Stillen für sich reklamiert. Das Statement von Thomas Mann ist vor diesem Hintergrund Ausdruck seiner intuitiven Entscheidung, sich angesichts der auch von ihm erkannten unabwendbaren Realität der Niederlage und einer daraus folgenden Republik im Rahmen dieser Republik frühzeitig so zu verorten, dass er auch weiterhin den persönlichen und künstlerischen Anspruch auf Repräsentativität nicht dadurch kompromittiert, dass er sich in einen unfruchtbaren und allen Erfolg hemmen-

---

[8] Thomas Mann kommentiert denn auch im Tagebuch: »Frech, dumm, spielerisch und unleidlich. Aber das wird als ›Symbol‹ und ›führende Persönlichkeit‹ ausgerufen« (Tb, 4. 12. 1918). Deutlich erkennbar ist der Jüngere durch die dem Bruder zuwachsende politisch-kulturelle Repräsentationsrolle irritiert und verärgert.

[9] Frank war mit Heinrich Mann gut bekannt, der ihm den Kleist-Preis 1918 zusprach, und der ihn durch dessen Engagement im Münchner »Arbeiter- und Soldatenrat« und durch gemeinsame Freunde gut kannte.

den Widerspruch zum neuen Staat bringt. In diesem Sinn ist sein Beitrag ein
kühner Vorschein auf die ›Wende‹ von 1922, die er vorbereiten hilft:

Es wäre sicher falsch, in der Revolution nichts als Zusammenbruch und Zersetzung zu
sehen. Die deutsche Niederlage ist etwas höchst Paradoxes, sie ist keine Niederlage wie
eine andere [...] Täuscht mich nicht alles, so ist die Nation, der diese unvergleichliche
Niederlage zuteil wurde, nicht nur nicht eine gebrochene Nation, sondern sie fühlt sich
auch heute noch, wie 1914, von den Kräften der Zukunft getragen. (15.1, 233)

Thomas Mann entwickelt hier ein sehr subtil durchgeführtes Argument, das
darauf gründet, die Revolution und die Niederlage in einem ersten Schritt miteinander zu kombinieren, indem beide nicht negativ gesehen werden; wenn die
Revolution kein Zusammenbruch ist, so ist es auch nicht die Niederlage, die
damit frei für eine zumindest teilweise positive Besetzung wird, die wiederum
auf der Nähe von Revolution und Niederlage beruht: Auch in der Niederlage
fühlt Deutschland sich noch von den Kräften der Zukunft getragen, wie zu
Beginn des Krieges. Der ganze etwas problematische rhetorische Aufwand
dient dazu, die Revolution mit dem ›Geist von 1914‹ in ein identifikatorisches
Verhältnis zu bringen, das allerdings primär nicht dazu dient, die Novemberrevolution aufzuwerten, sondern dem ›Geist von 1914‹ einen gesicherten Platz
in der neuen Demokratie zu sichern.

Thomas Manns nächster argumentativer Schritt ist dabei nicht weniger spek-
takulär:

Es ist kein Zweifel [...], daß dem sozialen Gedanken die politische Zukunft, und zwar in
nationaler wie in internationaler Beziehung, gehört. Die westlichen Bourgeoisieen werden sich ihres Triumphes nicht lange zu erfreuen haben. Einmal den Völkern ins Gewissen geschoben, wird die soziale Idee nicht ruhen, bis sie verwirklicht ist [...]. (Ebd.)

Dann, so dürfen wir ergänzen, werden Kriege nicht mehr als Auseinandersetzung von Kultur und kapitalistischer Zivilisation international geführt, sondern als nationale Bürgerkriege der Proletarier gegen die Bourgeoisie. Dadurch
entstehe Deutschland in der internationalen Konkurrenz ein Vorteil, denn der
»deutschen Staatsmoral« sei die »soziale Idee« »am längsten vertraut«: »Der
soziale Volksstaat, wie er sich jetzt bei uns befestigen will, lag durchaus auf
dem Wege deutscher Entwicklung« (Ebd.). Hiermit meint er die Anfänge der
Sozialstaatsregelungen durch Bismarck, die so zusammen mit den Kräften der
Zukunft, die der ›Geist von 1914‹ in direkter Kontinuität mit dem ›Geist von
1918‹ spendet, zur deutschen Ideologie eines »sozialen Volksstaats« werden
(Ebd.), der dann der Entente die Führungsrolle Deutschlands auch und gerade
in der Situation der Niederlage beweist. Die Idee des (sozialen) Volksstaats
wird an diesen Stellen allerdings nicht detailliert entwickelt. Sie speist sich aus
romantischen Quellen, vor allem Novalis, aber auch aus Eickens Mittelalter-

studie. Und sie tangiert mit ihren dunklen Referenzen den mythischen Bereich
völkischen Denkens, wenngleich die Vorstellung des Autors vom Kommunismus als einer Abart mittelalterlichen Gemeinschaftsdenkens politisch in eine
andere Richtung geht.[10]

In dem Moment, in dem Thomas Mann aber die Realität der Revolution
im Münchner Alltag in verschärfter Form entgegentritt, verändert sich seine
Wahrnehmung. Sie reagiert auf die Einschränkungen zunächst ganz pragma-
tisch, betrachtet im Übrigen aber die Berliner und die Münchner Ereignisse se-
parat, schon weil sich Heinrich Mann als aktiv Teilnehmender mitten im Stru-
del der Ereignisse befindet. Bei der Lektüre vor allem des Tagebuchs gewinnt
man dabei den Eindruck, dass Thomas Manns Einschätzungen der Sachlage
nicht selten unsicher sind und den Entwicklungen nachfolgen – und demnach
oft die Richtung und die Betonung wechseln. So glaubt er Anfang November
1918, dass die Revolution »im Augenblick ihrer Verwirklichung konservativ«
werde (Tb, 8. 11. 1918); sein Resümee scheint ganz nüchtern und distanziert:

Alles in Allem habe ich ziemlich kaltes und nicht weiter unwilliges Blut. Revolutionen
kommen erst, wenn sie gar keinen Widerstand mehr finden [...]. Die alten Machthaber
sind im Grunde froh, ihre Macht, die keine mehr war, los zu sein [...]. Überhaupt sehe
ich den Ereignissen mit ziemlicher Heiterkeit und einer gewissen Sympathie zu. Die
Bereinigung und Erfrischung der politischen Atmosphäre ist schließlich gut und wohl-
thätig. [...] Ich habe nachgerade das Gefühl, daß das Alles nicht so wichtig ist, und daß,
wenn einmal Friede ist, die Dinge schon in die Reihe kommen werden. (Tb, 9. 11. 1918)

Dagegen sprechen nicht nur die zahlreichen, teilweise krassen antisemitischen
Verunglimpfungen einzelner Revolutionäre bzw. der ganzen Revolution (vgl.
Tb, 8. 11. 1918 und 16. 11. 1918) wie auch seine Sympathieerklärung für die Met-
zeleien der Freicorps im Mai 1919.

Vor seinem Großessay *Kaiserreich und Republik* äußert sich Heinrich Mann
noch drei Mal ausführlich und mit bedeutenden Aussagen zu politischen Fragen: in seiner Gedächtnisrede auf den ermordeten Kurt Eisner, in einem Aufsatz über *Demokratie*[11] und in einer Selbstcharakteristik für einen Band über
Autoren und Komponisten. Heinrich Mann unterstützt vor allem Eisners hu-
manistisch-utopischen Denk- und Politikansatz, der auf die überragende Rolle
des Geistes und des Literaten zielt und dessen Motto sein könnte: »Geist ist
Wahrheit« (HMEP 3, 28). ›Wahrheit‹ ist Heinrichs Antwort auf die Verführung
durch Rhetorik, Erfolg und Repräsentationslust, wobei Wahrheit und Gerech-

---

10 Kenntnis politischer Propagandaschriften lässt sich bei Thomas Mann nicht nachweisen,
wenn man nicht Bertrams *Nietzsche*, Spenglers *Untergang des Abendlands* und die Schriften
Hermann Graf von Keyserlings dazu zählen möchte.

11 Da *Demokratie* in die Argumentationsstruktur von *Kaiserreich und Republik* eingegangen
ist, erübrigt sich eine separate Diskussion.

tigkeit untrennbar voneinander erscheinen. Wahrheit zieht als Erkenntnis des Wahren und Guten den Wunsch nach menschlicher Gerechtigkeit unfehlbar nach sich, so dass der Geist immer auch der Repräsentant der Gerechtigkeit sein muss. Um diese Repräsentanzen geht es Heinrich Mann, darum, dass für das Leben elementare Begriffe, deren positiver Stellenwert unhinterfragbar erscheint, nur affirmativ verstanden werden können. Wer diesen im Grunde idealistisch-platonischen Zusammenhang leugnet, wie der jüngere Bruder, kann nur als Obskurant und philosophischer Dunkelmann begriffen und kritisiert werden. Das Repräsentationsverhältnis dieser Begrifflichkeiten untereinander setzt sich aber noch in einer wichtigen Perspektive fort, die ursprünglich Kurt Eisner vertrat:

> Er [Eisner, AS] wollte vor allem, daß eine in den Tatsachen enthaltene Wahrheit vollzogen werde, wenn er einer proletarischen Revolution ihre selbstgeborene Vertretung außerhalb des Parlaments, die Räte, zuerkannte. In jeder Handlung sah er, neben ihrer praktischen Wirkung, ihr geistiges Gepräge. [...] Er war der Mann der Wahrheit, daher der Haß derer, die sie fürchten. Daher auch die Achtung der Ehrlichen unter den Andersdenkenden, und sogar unserer bisherigen Feinde. Sie, die unsere ganze Revolution für eine Maskerade hielten, ihm glaubten sie. (HMEP 3, 28)

Das Bild Eisners ist hier aber auch stellvertretend für das des Lobredners, der sich selbst unter dem Typus verstanden sieht, den Eisner repräsentiert: Der Intellektuelle, der der Wahrheit und der Gerechtigkeit verpflichtet ist, und der als deren unbestechlicher Repräsentant in der Öffentlichkeit gilt und als solcher respektiert wird. Der Grund für diesen Respekt, den der Intellektuelle für sich reklamieren kann, liegt dabei in der zwingenden Überzeugungskraft der Wahrheit, die aber nicht nur durch das Aussprechen wirkt, sondern die darüber hinaus auch noch die eingreifende Tat fordert: »Unausweichlich, unwiderlegbar ist allein der Mensch, der Wahrheit spricht, dessen Blick und Athem Wahrheit sind« (HMEP 3, 28 f.). Es ist der »Literat«, der in der revolutionären Situation, die er ja mit allen seinen Kräften befördert hat, jetzt hervortritt:

> Er erscheint mit seinen Tugenden und mit seinen Gefahren. Die größte Gefahr des Literaten, der in die Politik eingreift, wird eben dadurch bedingt, daß er lange unterdrückt war. Er wird versucht sein, sich zu rächen. Er wird vielleicht in Uebereilung nachholen wollen. Die Welt soll ohne längeren Verzug auf die Höhe seiner Idee gebracht werden – weniger um ihretwillen, als zur Ehre der Idee. Die Welt hat nicht zu wollen, noch zu widerstehen, sie ist nur Gegenstand, und auch die Menschen sind nichts weiter. (HMEP 3, 29 f.)

Man kann sich fragen, warum es dann der Wahrheit so schwerfällt, sich gegen die obskurantistischen Mächte der Reaktion durchzusetzen, wenn doch ihr Anblick die höchste Überzeugungskraft mit sich führt, wenn also, wie Heinrich Mann nicht ohne Bedauern selbst bemerkt, der Erfolg ausbleibt:

Auch Erfolglosigkeit, an der es mir nicht gefehlt hat, kann ein Segen sein, vorausgesetzt, daß sie, wie für mich, einmal aufhört. Auf den Erfolg lange warten müssen, ja, ihn ganz außer Sehweite wissen, erhält frei und rücksichtslos für den Kampf um die eigene Welt, – was weiter führt, als mit jener anderen Welt sich herumzuschlagen, die den Erfolg verleiht. [...] Fühlst du dich aber eines Tages gewappnet, den Erfolg ohne Schaden zu ertragen, wer weiß, dann stellt vielleicht die Welt, sich ausdrücklich auf den Kopf, damit du ihn hast. [...] Als dies wirklich eintrat, bemerkten einige, ich sei unter den geistigen Begründern solch umgewälzten Menschentums. Nun fanden sich, auf einmal und wie von selbst, die gläubige Tatkraft eines Unternehmers, die treue oder nur lüsterne Hingebung einer großen Öffentlichkeit, die Absagen derer, die nichts als die Erfolglosigkeit an mir geschätzt hatten, die Erbitterung jener anderen, denen mein Erfolg noch einmal bestätigte, welch einen Strich die Zeit durch ihre Rechnung gemacht hatte. (HMEP 3, 32 f.)

Es ist nicht schwierig, in dieser Passage den Konkurrenzkampf der Brüder Mann um den Erfolg aufzuspüren und die Gekränktheit Heinrichs über den lange Zeit mangelnden Publikumszuspruch zu erkennen. Beide Autoren wissen, dass sie in einem Wettbewerb um Erfolg und Repräsentationskraft stehen, und sie wissen auch, dass dieser Wettbewerb auf zwei gänzlich unterschiedliche Arten von Kunstverständnis und Künstlertypen mit unterschiedlichen Zielkonzeptionen zurückgeht. Natürlich ist der Literatentypus, den Eisner ebenso wie Heinrich Mann verkörpert, dem Typus des Repräsentanten, auf den Thomas abzielt, entgegengesetzt und ein idealistischer Gegenentwurf. Heinrich wird im Laufe der sich konstituierenden Republik einige von seinen weitgespannten Hoffnungen aufgeben, ohne jedoch an seiner Grundauffassung von der Bildungsfähigkeit des Menschen zur Menschlichkeit mittels Einsicht in die Wahrheit zu rütteln. Seine Idee der Repräsentation ist dabei ebenso ausdifferenziert wie diejenige seines Bruders: Geist ist demnach Wahrheit, und die vernünftige Einsicht in die Wahrheit ist die Repräsentanz der Idee des Wahren und Gerechten im Geiste, und in diesem Sinne ist ihre Rhetorik immer nur Dienerin der Wahrheit. Dieser Idee zur Öffentlichkeit zu verhelfen, ihr also eine nach außen gerichtete Repräsentanz zu verschaffen, ist die Aufgabe des Literaten, des Intellektuellen, der schließlich dieser Idee, indem er sie ausspricht, Macht verleiht. Damit ist der Zivilisationsliterat Repräsentant der Idee, des Geistes von Wahrheit und Gerechtigkeit, der durch die Allgemeingültigkeit der Gesetze der Vernunft Anspruch auf Zustimmung erheben kann. Er ist deshalb als Repräsentant der Menschlichkeit auch der Repräsentant der ganzen Menschheit. Verkörpert der Literat also die Forderungen der Menschlichkeit, so ist sein literarisches Werk und sein öffentliches Wort sein Mittel zur Umsetzung seiner Ziele, die sich außerhalb seiner Person befinden. Er selbst ist durch die künstlerische Repräsentation der Wahrheit Mittel geworden.

Für den Bruder Thomas ergibt sich allerdings ein gänzlich anderes Bild. Er orientiert sich von Beginn an nicht an einer Idee, die der Künstler zu verwirklichen habe, sondern an der gesellschaftlichen Rolle des Künstlers als Stellvertreter, als gültiger Repräsentant der Kultur seines Landes und seiner Nation. Die Gültigkeit dieser Repräsentanz gründet dabei in dem sichtbaren Erfolg seines Werks durch künstlerische Überzeugungskraft, die sich zwar anti-rhetorisch gibt, aber durchaus rhetorische Mittel nutzt, und durch den inhaltlichen Bezug zur Idee der kulturellen Essenz des Volkes, des Deutschen. Die Quellen des Deutschen werden von Luther, Goethe, Bismarck, Wagner, Schopenhauer und Nietzsche bezeichnet, letztlich aber bilden sie einen Gedankenkomplex, der das vollständige Gegenstück zu Heinrich Manns eudämonistischer Aufklärungsphilosophie bildet. Demnach kann persönlicher Repräsentant nur der sein, der diesen chthonisch-mystischen Urgründen der deutschen Kultur zur Darstellung verhilft. Er ist ein Kulturrepräsentant, der auch in seiner Person und in seinem privaten wie öffentlichen Leben als Mittler und Kämpfer eintritt für dieses Deutschtum als Ausdruck eines übernationalen Kulturprinzips gegen die zersetzenden Tendenzen der falschen und betrügerischen Bourgeois-Rhetorik der Zivilisation. Diese bringt einerseits durch ihre Abhängigkeit von den angeblich untrüglichen Gesetzen der Vernunft die Menschheit unter die Diktatur eines unausweichlichen Fortschrittsoptimismus und resultiert andererseits notwendigerweise in einer demokratischen Unterdrückung der Kultur.

Ira Klinkenbusch

Bruderpaar der Literatur

Die populäre Rezeption Heinrich Manns und Thomas Manns
in den 1920er Jahren

Im Jahr 2007 erscheint, vom Bayerischen Rundfunk produziert, das Hör-
feature *Die Manns. Die Pringsheims*, das »[g]roße Begabungen, komplizierte
Charaktere, menschliche Dramen«[1] verspricht. Eines der Unterkapitel lautet:
Heinrich und Thomas Mann. Der Genießer und der Asket. Dieses Bild der
Schriftsteller Heinrich Mann und Thomas Mann hat eine lange Tradition und
ist fester Bestandteil nicht nur der populären Rezeption, sondern auch der
literaturwissenschaftlichen und vor allem der biografischen Forschung: Der
Autor von *Buddenbrooks*, der sich an seinem Schreibtisch diszipliniert Kapitel für Kapitel abringt – und, ihm gegenüber, sein Bruder, der leidenschaftlich
leidenschaftliche Romane schreibt.[2]

Darstellungen dieser Art, so die These des vorliegenden Beitrags, sind von
Heinrich und Thomas Mann selbst durch autobiografische und autofiktionale
Texte und Äußerungen befördert worden.[3] Sie wurden vom Publikum, vom
Kulturbetrieb und der Literaturwissenschaft bereitwillig aufgenommen und
in die jeweiligen Deutungen und Einordnungen von Heinrich Mann und Tho-
mas Mann integriert, wobei die Grenzen zwischen biografischen Dokumenten,

---

[1] Gabriele Förg: Heinrich und Thomas Mann. Der Genießer und der Asket, in: Dies./Ulrike
Voswinckel/Hiltrud Häntzschel: Die Manns. Die Pringsheims. München: Der Hörverlag 2007.
CD 1. https://www.randomhouse.de/Hoerbuch/Die-Manns-Die-Pringsheims/Ulrike-Voswin-
ckel/der-Hoerverlag/e386472.rhd#service (Zugriff am 5.12.2018).

[2] Vgl. zum Beispiel: Tilmann Lahme: Der Untertan der Leidenschaften, in: Onlineausgabe
der FAZ vom 30.8.2007, https://www.faz.net/aktuell/feuilleton/buecher/heinrich-mann-der-
untertan-der-leidenschaften-1463034.html (Zugriff am 4.12.2018); Elke Schmitter: Urweiber
der Halbwelt, in: Der Spiegel, H. 34, 2001, S. 172–174. Zu Thomas Manns Selbstinszenierung
als ›Moralist‹ gegenüber dem Bruder vgl. Helmut Koopmann: Der Schatten des Anderen. Thomas Manns Selbstinszenierungen – mit Hilfe des Bruders, auf Kosten des Bruders, in: TM Jb 23
(2010), S. 77–90, hier S. 87ff.

[3] Vor allem die jüngere Autobiografieforschung verweist darauf, dass die Grenzen zwischen
Realität und Fiktion in der Gattung der Autobiografie immer durchlässig sind, vgl. Martina Wag-
ner-Egelhaaf: Autobiographie. 2., aktualisierte und erweiterte Auflage, Stuttgart/Weimar: Metzler 2005 (Sammlung Metzler Gattungen, Band 323), S. 41. Jedoch unterscheidet man zwischen
einem ›starken‹ und einem ›schwachen‹ Autofiktionsbegriff, der die »ganz unterschiedliche[n]
›Mischungszustände‹ zwischen ›Fiktion‹ und ›Autobiographie‹« umfasst. Dies.: Einleitung: Was
ist Auto(r)fiktion?, in: Dies. (Hg.): Auto(r)fiktion. Literarische Verfahren der Selbstkonstruktion,
Bielefeld: Aisthesis Verlag 2013, S. 7–22, hier S. 9.

Selbstäußerungen und Äußerungen Dritter verschwimmen: Es handelt sich bei dieser Gemengelage um ein »komplexes rückgekoppeltes Ineinander von Selbstcharakteristik und Fremdbeschreibung«[4], das Schriftstellerinszenierungen seit der Moderne prägt.[5] Somit richtet sich die Forschungsperspektive weniger auf eine Rekonstruktion von Charaktereigenschaften, sondern vielmehr darauf, *warum* die skizzierten Konstellationen so bereitwillig rezipiert wurden und welche zeitgenössischen Erzählungen und Fragestellungen die Darstellung und Selbstdarstellung gespeist haben.[6] Zu diesem Komplex gehört auch die populäre Rezeption von Heinrich und Thomas Mann als *Brüder* in den 1920er Jahren: Sukzessive werden sie zum deutschen ›Bruderpaar der Literatur‹. Virulente Vorstellungen dieser Zeit zum Erbe und zur Vererbung sind dabei für die Debatten um das Brüder-Bild von zentraler Bedeutung: Der Gegensatz von Rationalität und Leidenschaft wird mit bestimmten, vererbbaren Eigenschaften verknüpft und in eine Dichotomie von ›Nord‹ und ›Süd‹ eingebettet.

Dass das eingangs skizzierte Bild der beiden Brüder trügt, merken bereits zeitgenössische Rezensenten an. So notiert 1919 ein Wiener Journalist, wie wenig Heinrich Manns Äußeres und vor allem sein Habitus dem verbreiteten Bild entsprächen:

Er schreitet wie weiland Senator Buddenbrook zum Lübecker Rathaus, in den Salon, hängt seinen Hut an den Nagel und steht in steifer, korrekter Würde kerzengerade vor mir, reicht mir korrekt die Hand und setzt sich korrekt, steif, würdevoll in den Fauteuil. An Heinrich Mann ist alles korrekt, wohlgeordnet, wie mit dem Lineal gezogen. Vom Hosenbügel seines dunkelblauen Sakkos bis zum spröden Scheitel. Das Wiener Literaturcafé, das gestern bis spät nachts debattierte, ob Thomas oder Heinrich bedeutender wäre, stellt sich ihn anders vor. Als einen der Ihrigen. Revolutionär, lärmend, leidenschaftlich. Nun, Heinrich Mann würde am Tisch des Wiener Literatencafés etwa

---

[4] Michael Ansel/Hans Friedrich/Gerhard Lauer (Hg.): Hybride Repräsentanz. Zu den Bedingungen einer Erfindung, in: Dies. (Hg.): Die Erfindung des Schriftstellers Thomas Mann, Berlin/New York: de Gruyter 2009, S. 1–34, hier S. 5.

[5] Vgl. zu diesem Thema Sabine Kyora (Hg.): Subjektform Autor. Autorschaftsinszenierungen als Praktiken der Subjektivierung, Bielefeld: transcript 2014 (Praktiken der Subjektivierung, Band 3); Christoph Jürgensen/Gerhard Kaiser (Hg.): Schriftstellerische Inszenierungspraktiken – Typologie und Geschichte, Heidelberg: Winter 2011 (Beihefte zum Euphorion, Band 62); Gunter E. Grimm/Christian Schärf (Hg.): Schriftsteller-Inszenierungen, Symposion. Bielefeld: Aisthesis-Verlag 2008; Christine Künzel/Jörg Schönert (Hg.): Autorinszenierungen. Autorschaft und literarisches Werk im Kontext der Medien, Würzburg: Königshausen & Neumann 2007. Bezeichnenderweise findet sich in drei von vier genannten Bänden ein Beitrag zur (Selbst-)Inszenierung Thomas Manns.

[6] Vgl. hierzu auch die Forderung von Claudio Steiger nach »Blicke[n] nicht nur von Thomas Mann und seinen Texten *hin* zur Zeit, sondern von der Zeit und den Zeitgenossen auf Thomas Mann *zu*. D.h. Blicke auch auf die *tatsächliche Wirkung* seiner Interventionen und nicht nur auf seine literarisch dokumentierten Absichten.« Claudio Steiger: »Den Schriftsteller vor die Geschichte zitieren«. Überlegungen zu einer nicht-essentialistischen Thomas-Mann-Biografik, in: TM Jb 30, 2017, S. 99–112, hier S. 104.

wie ein verirrter, deklassierter Ententediplomat oder wie ein Statthalter des *ancien regime* erscheinen.[7]

Nicht nur wird hier Heinrich Manns großbürgerlicher Habitus mit dem Bezug auf Lübeck gleichsam als hanseatisches Erbe eingeordnet, er wird zudem über einen Vergleich zu einer Romanfigur aus *Buddenbrooks* in eine literarische Genealogie gestellt.

In einer 1923 erschienenen Rezension zum *Buddenbrooks*-Stummfilm wird diese Vermengung von Fiktion und Realität konsequent fortgesetzt und auf das Medium des Films übertragen. Publiziert ist die Film-Rezension allerdings unter dem Titel *Die Brüder Mann*. Damit setzt sie die Vermengung von Fiktion und Realität argumentativ fort:

Man hatte mir geraten, »Sehen Sie sich unbedingt Thomas Mann im Kino an«. Also ging ich in die Rathaus-Lichtspiele und besah mir dort Thomas Mann. Ich kam etwas zu spät. Konnte daher erst allmählich den gordischen Knoten der Mann'schen Familienverhältnisse entwirren. Thomas ist Geschäftsführer der Familie, stiernackig, brutal, amerikanischer Typ des busines-man [!]. Wenig edel und gar nicht wälsungenhaft verheiratet er seine Schwester einem üblen Dandy, blos [!] weil er gute geschäftliche Referenzen über ihn erhält. Ungleich sympathischer sein Bruder, der Lebemann, bekannt durch seine umfangreiche »Herzogin von Assisi« (bei Rütten und Leoning) [!]. Im Volksmund meist »Heinrich« genannt, entpuppt ihn der Film als einen recht gewissenlosen Christian. [...] Das ganze Stück gewährt tiefe Einblicke in die Familienverhältnisse unserer Münchner Dioskuren.[8]

Der Rezensent nimmt sukzessive Überblendungen zwischen Fiktionalem und Faktualem vor: Thomas Mann und Thomas Buddenbrook teilen sogar den Vornamen, was das Verwirrspiel des Rezensenten befördert; Christian alias Heinrich wird erkennbar auch durch seine (verfremdet zitierte) Romanreihe *Die Göttinnen oder die drei Romane der Herzogin von Assy*, während bei Thomas Mann der Hinweis auf »Wälsungen« ausreichen muss.[9] Über die fiktionale Familie Buddenbrook wird hier die ganz reale Familie Mann vermeintlich erkennbar gemacht und dem Publikum enthüllt. Der eingangs zitierte Senator Buddenbrook tritt damit als Grenzfigur zwischen Literatur bzw. Film und (historischer) Realität auf und beschert Heinrich und Thomas Mann ein dop-

---

[7] Anonym [***]: Begegnung mit Heinrich Mann, in: Neues Wiener Journal, Jg. 27, Nr. 9231, Wien: Lippowitz, 15.7.1919, S. 5.

[8] Anonym [Pomy]: Die Brüder Mann, in: Allgemeine Zeitung, Jg. 126, Nr. 38, München: Cotta, 30.12.1923, S. 6.

[9] Hier wird Bezug genommen auf Thomas Manns 1905 entstandene und 1921 erschienene Novelle *Wälsungenblut*, in der wiederum intertextuell auf Richard Wagner referierend ein Inzest zwischen Bruder und Schwester thematisiert wird. Vgl. Yahya Elsaghe: Wälsungenblut, in: TM Hb (2015), S. 132–135.

peltes Erbe: Literarische und biografische Kategorien sind in dieser Argumentation nicht voneinander zu trennen.

Dieser dezidiert biografische Bezug der Buddenbrooks sowohl zum Autor Thomas Mann als auch zu dessen Bruder wird auch von den Brüdern selbst hergestellt. Ein solches argumentatives Ineinandergreifen stammt demnach nicht aus der Fantasie der Rezensenten, sondern liegt vor allem in den frühen Arbeiten der Brüder Mann begründet. Thomas Manns »autobiografische und autofiktionale Neigung«[10] und die damit zusammenhängenden historiografischen Problematiken sind bereits literaturwissenschaftlich untersucht worden. In Bezug auf Heinrich Mann könnte man ähnliche Beobachtungen beispielsweise am Roman *Zwischen den Rassen* nachvollziehen.[11] Im hier behandelten Zusammenhang interessieren allerdings vor allem Schriften und Aussagen, in denen die beiden Schriftsteller ausdrücklich und ohne literarische Fiktion als Heinrich Mann und Thomas Mann auftreten, wie beispielsweise in Selbstbiografien für Verleger. So gibt die 1904 veröffentlichte Notiz über Heinrich Mann im Katalog seines Verlegers Albert Langen folgende Auskunft:

Man kennt meine Herkunft ganz genau aus dem berühmten Roman meines Bruders. Nachdem wir zwei dicke Bände lang hanseatische Kaufleute gewesen waren, brachten wir es endlich kraft romanischer Blutmischung – laut Nietzsche bewirkt so etwas Neurastheniker und Artisten – bis zu Künstlertum.[12]

---

[10] Steiger: Überlegungen (Anm. 6), S. 99. Vgl. auch Katrin Max: Inszenierte Nähe und fiktive Verwandtschaft. Thomas Manns Darstellungen als Autor der »Buddenbrooks«, in: TM Jb 30, 2017, S. 71–85, hier S. 77f. Gemeint sind hier in Bezug auf die vorliegende Thematik vor allem *Tonio Kröger* und *Der Bajazzo*. Vgl. Bernd Hamacher: Norden – Süden / Osten – Westen, in: TM Hb (2015), S. 259–261. Siehe dazu auch Thomas Mann: »Das Tonio Kröger-Citat wird Ihnen trotz fehlender Anführungsstriche nicht entgangen sein. Ich empfinde dies Fehlen aber keineswegs als Raub, sondern im Gegenteil als Huldigung: die Wendung vom Verirrten Bürger und Künstler mit schlechtem Gewissen scheint ganz ›eingegangen‹ und keines Citatszeichens, geschweige einer Quellenangabe mehr zu bedürfen.« Thomas Mann an Paul Amann, 11.7.1918 (22.2, 239f.). Das erwähnte Zitat befindet sich in einer Publikation Franz Ferdinand Baumgartens über Conrad Ferdinand Meyer; die Aussage über Tonio Kröger wird damit ohne Kenntlichmachung auf eine historische Figur übertragen – was Thomas Mann begrüßt.

[11] Heinrich Mann: Zwischen den Rassen, München: Langen 1907. Der Literaturwissenschaftler Albert Soergel bewertet ihn 1911 als »Erfahrungs- und Bekenntnisroman« Heinrich Manns: »[D]as Buch einer schmerzlichen Wahl zwischen dem Süden und Norden, zwischen den romanischen und germanischen Elementen seines [Heinrich Manns, I.K.] Blutes«. Albert Soergel: Dichtung und Dichter der Zeit. Eine Schilderung der deutschen Literatur der letzten Jahrzehnte, Leipzig: Voigtländer 1911, S. 800. Die Protagonistin Lola hat einen deutschen Vater sowie eine brasilianische Mutter und fühlt sich zwischen dem Deutschen Arnold Acton und dem Italiener Cesare Augusto Pardi hin- und hergerissen. Vgl. zur Funktion der dichotomischen Stereotype in *Zwischen den Rassen* Gabriele Dürbeck: Rassismus und Kosmopolitismus in Heinrich Manns »Zwischen den Rassen« (1907), in: Heinrich Mann-Jahrbuch 25, 2007, S. 9–30.

[12] Heinrich Mann: Selbstbiographie, in: Albert Langen Verlagskatalog 1894–1904, München: Langen 1904, S. 92.

Noch unter Bezug auf die zweibändige Ausgabe von *Buddenbrooks* wird hier ein nicht weiter konkretisiertes ›Wir‹, in dem die Familien Mann und Budden-brook kurzgeschlossen werden, vom Kaufmannsstand hin zum durch Nietz-sche[13] beglaubigten Künstlertum entwickelt.[14] Dies geschieht durch eine »ro-manische[] Blutmischung«, die sich weniger aus dem Roman selbst als vielmehr aus weiteren Selbstbiografien der Brüder Mann ergibt. So lässt Thomas Mann in einer Auskunft, die er 1903 für die dänische Ausgabe von *Buddenbrooks* schreibt, verlauten:

Ich bin im Jahre 1875 als zweiter Sohn des Großkaufmanns und Senators Heinrich Mann zu Lübeck geboren. Meine Mutter stammt aus Rio de Janeiro; ihre Mutter war Creolin, ihr Vater jedoch ein Deutscher. [...] Im Gegensatz zu meinem älteren Bruder Heinrich, dem Verfasser der Romane »Im Schlaraffenland« und »Die Göttinnen«, bei welchem sich der Zusatz romanischen Blutes künstlerisch stark bemerkbar macht, bin ich ganz nordisch gestimmt [...].[15]

Julia Mann, Mutter von Heinrich und Thomas Mann, war als Tochter einer portugiesischstämmigen Mutter und eines deutschen Vaters in Brasilien gebo-ren und hatte dort einen Teil ihrer Kindheit verbracht. Sie eignete sich somit bestens als Quelle des »romanischen Blutes«. Der Vater Thomas Johann Hein-rich Mann hingegen trägt den »nordisch[en]« Erbteils bei.[16] In seiner kurzen Selbstbiografie argumentiert Thomas Mann mit unterschiedlich ausgeprägten Erbanteilen der Brüder, um deren verschiedene poetologische und poetische Positionen zu erklären. Ohne die Abgrenzung zum Bruder, aber wiederum mit deutlicher Zuordnung zum »Romanischen« – hier Italien – positioniert sich Heinrich Mann 1907 in einer Selbstauskunft für das *Literarische Heimatbuch für Schleswig-Holstein, Hamburg und Lübeck*:

---

[13] Vgl. hierzu: Volker Riedel: Zur Nietzsche-Rezeption Heinrich Manns, in: Steffen Dietzsch / Claudia Terne (Hg.): Nietzsches Perspektiven: Denken und Dichten in der Moderne, Berlin u. a.: de Gruyter 2014, S. 305–331, hier S. 317.

[14] Diese Ineinssetzung wird populär rezipiert: Der Text selbst wird beispielsweise in der Rubrik »Anekdoten« 1931 in der Ullstein-Zeitschrift *Der Querschnitt* abgedruckt, direkt unter einer Anekdote über den Boxweltmeister Max Schmeling. Selbstbiographie, in: Der Querschnitt Jg. 11, H. 3, Berlin u. a.: Propyläen Verlag 1931, S. 195.

[15] Thomas Mann an Vilhelm Andersen, 8. 7. 1903, zitiert nach: Yahya Elsaghe: Die imaginäre Nation. Thomas Mann und das »Deutsche«, München: Fink 2000, S. 336.

[16] Julia Mann selbst hat ihre Kindheitserinnerungen in *Dodos Kindheit* aufbereitet und exo-tisiert. Diese wurden von Heinrich Mann in *Zwischen den Rassen* verwendet und vielfach in der Literatur zitiert, immer wieder mit Verweis auf Julia Manns herkunftsbedingte »Exotik«. Auch eine jüngst erschienene Biografie kommt nicht ohne die Wiedergabe von Klischees wie dem von Julia Manns »südlich-exotischer Leidenschaftlichkeit« aus. Dagmar von Gersdorff: Julia Mann, die Mutter von Heinrich und Thomas Mann – Eine Biographie, Berlin: Insel Verlag 2018, S. 11.

Heinrich Mann, als Sohn des Senators Th. Joh. Heinrich Mann und seiner Frau Julia geb. Da Silva-Bruhns, am 27. März 1871 in Lübeck geboren, ging mit 22 Jahren nach Italien, lebt abwechselnd dort und in München, hat sich gleichmäßig an der Kultur der beiden Rassen entwickelt, die sein Blut vereinigt.[17]

Dem Begriff des Blutes werden hier die der Kultur und der Rasse hinzugefügt.[18] Über das Thema der Vererbung werden damit unterschiedliche Deutungen des Künstlertypus vorgenommen und literarische Stile durch einen norddeutschen sowie einen vage südamerikanischen bzw. romanischen Genpool erklärt. Diese Zuordnungen sind variabel einsetzbar, wie ein Interview mit Thomas Mann aus dem Jahr 1925 zeigt:

Ich habe eine portugiesische Mutter. Doch ich glaube, daß der romanische Einschlag nicht nur meiner äußeren Person, sondern auch meinem ganzen künstlerischen Schaffen unverkennbar seinen Stempel aufdrückt.[19]

Bereits 1926 lässt ihn Félix Bertaux Gegenteiliges äußern: »Ich bin ein gutwilliger Mensch; ich habe den Willen zum Guten, eine Art Pflichtgefühl mit der gewissen Färbung meiner nordischen Herkunft. In mir sprechen meine Lübecker Vorfahren.«[20]

---

[17] Richard Dohse (Hg.): Meerumschlungen. Ein literarisches Heimatbuch für Schleswig-Holstein, Hamburg und Lübeck, Hamburg: Janßen 1907, S. 277. Ähnliches schreibt Heinrich Mann in einem Briefentwurf an einen Redakteur der niederländischen Zeitschrift *De Gids*, in dem er die »gewünschten Notizen« liefert: »Von zweifacher Rasse und Kultur, harmonire ich wenig mit jenem Nationalismus, dessen Welle nach dem Verlassen Frankreichs heute über Deutschland hingeht, und der hier, anders als in Frankreich, auch die Kunst durchtränkt hat.« Heinrich Mann 1871–1950. Werk und Leben in Dokumenten und Bildern. Hg. von der Deutschen Akademie der Künste zu Berlin anläßlich der Ausstellung zu seinem 100. Geburtstag. Ausstellung und Katalog: Sigrid Anger unter Mitarbeit von Rosemarie Eggert / Gerda Weißenfels, Berlin / Weimar: Aufbau 1971, S. 111.

[18] Für eine knappe kulturhistorische Einordnung des Verhältnisses von Kultur und Rasse siehe Philipp Sarasin: Das Kreuz mit dem Kulturkreis, in: Geschichte der Gegenwart. Online abrufbar unter https://geschichtedergegenwart.ch/das-kreuz-mit-dem-kulturkreis/ (Zugriff am 12.12.2018).

[19] B. Guillemin: Gespräch mit Thomas Mann über den Zauberberg, in: Berliner Börsen-Courier, 30.10.1925, zitiert nach: Volkmar Hansen / Gert Heine (Hg.): Frage und Antwort. Interviews mit Thomas Mann 1909–1955, Hamburg: Knaus Verlag 1983, S. 75–81, hier S. 75.

[20] Félix Bertaux: Thomas Mann: Ein Porträt, in: Les Nouvelles Littéraires, Paris, 23.1.1926, zitiert nach: Hansen / Heine: Frage und Antwort (Anm. 19), S. 87. Mann schreibt an Bertaux für ein zu verfassendes Porträt: »Es liegt also eine lateinische Blutmischung vor, die bei meinem älteren Bruder Heinrich künstlerisch weit stärker hervortritt, sich aber auch bei mir zweifellos bemerkbar macht: Grund genug für unser literarisches Teutonentum, mich abzulehnen. Immerhin ist das nordische Element bei mir in dem Grade stärker betont, daß ich in München, wohin ich, noch halb ein Knabe, mit meinen Geschwistern verpflanzt wurde, seelisch eigentlich niemals heimatberechtigt geworden bin.« Thomas Mann an Félix Bertaux, 1.3.1923 (22.2, S. 472).

Aber nicht nur Interviewpartner geben Äußerungen dieser Art wieder –
auch die Literaturwissenschaft greift sie auf.[21] Albert Soergels *Dichtung und
Dichter der Zeit. Schilderung der deutschen Literatur der letzten Jahrzehnte*,
die 1928 ihre 20. Auflage erlebt, skizziert die gemeinsame Herkunft:

Von Kindheit an zu diesem Lose bestimmt, als Söhne einer alten überfeinerten Patri-
zierfamilie, in die von der Seite der Mutter her durch kreolisches Blut außer den Kon-
fliktselementen [!] der Verfeinerung noch Konfliktselemente der Rassen hineingetragen
werden, sind die Brüder Mann ein Beispiel für den von ihnen oft als künstlerischen Vorwurf benutzten Fall, »daß ein Geschlecht mit praktischen, bürgerlichen und trockenen
Traditionen sich gegen das Ende seiner Tage noch einmal durch die Kunst verklärt.«[22]

Ist in dieser Deutung die schriftstellerische Laufbahn, das eingangs benannte
»Los« der Brüder, durch ein gemeinsames Erbgut bedingt, so prägen in Soergels
anschließender philologischer Deutung die Erbanteile die unterschiedlichen
Stile: In Heinrich Mann herrschten die »romanischen Elemente seiner Abstam-
mung«[23] vor. Thomas Mann hingegen wende sich dem Norden zu, er versetze den
Leser in seinen Werken »aus dem Süden in eine gemäßigtere Gefühlszone. Dort
leidenschaftliches, pathetisches sich Aufbäumen, hier mehr Beherrschung«[24].
Nicht nur literaturhistorische Überblicke,[25] auch die 1925 erschienene Thomas
Mann-Biografie stimmen ein. Der Autor Arthur Eloesser nimmt paradigma-
tisch Manns Charakterisierung als schriftstellernder *homo oeconomicus* vor:

Kein Dichter hat so genau über sich Rechenschaft geleistet, so bereitwillig »Rede und
Antwort« gestanden, so wenig sich hinter den heiligen Mysterien von Inspiration und
Intuition verborgen. Es ist, als ob der Nachfahre redlicher hanseatischer Kaufherren,
indem er sich und seinen Gläubigen, seinen Gläubigern, den ganzen Schaffensprozeß
bewußt machte, es unternommen hätte, eine Art Bilanz in Einnahme und Ausgabe
vorzulegen [...].[26]

---

[21] Zur engen Verzahnung von Literaturwissenschaft und Werkpolitik bei Thomas Mann
vgl. Steffen Martus: Die Geistesgeschichte der Gegenwartsliteratur. Wissenschaftliche Aufmerksamkeit für Thomas Mann zwischen 1900 und 1933, in: Ansel/Friedrich/Lauer: Erfindung des
Schriftstellers (Anm. 4), S. 47–84.

[22] Soergel: Dichtung und Dichter der Zeit (Anm. 11), S. 798.

[23] Ebd.

[24] Ebd., S. 801.

[25] Einordnungen dieser Art sind teilweise mit rassistischen, nationalistischen sowie antisemitischen Bewertungen verbunden. Vgl. dazu beispielsweise Adolf Bartels: Geschichte der
deutschen Literatur. Elfte und zwölfte Auflage. Braunschweig/Hamburg: Westermann 1933, in
dem er Heinrich und Thomas Mann »Juden- und Negerblut« (S. 639) mütterlicherseits zuspricht,
deren Romane hätten »uns Deutschen [...] nichts zu bieten« (S. 640). Bereits 1907 führte Thomas
Mann zu diesem Thema eine öffentliche Diskussion mit Bartels, vgl. Thomas Mann: Die Lösung
der Judenfrage (14.1, S. 174–178).

[26] Arthur Eloesser: Thomas Mann. Sein Leben und sein Werk. Mit einundzwanzig Bildern
aus Familienbesitz, Berlin: S. Fischer 1925, S. 13.

Über Heinrich hingegen rätselt er:

Ob eine ererbte und unterdrückte Tropenhitze des andren Bruders leidenschaftliche Schwärmereien hervorgebracht hat von der wilderen, schöneren und zu begeisternden Verbrechen theatralisch aufgelegten Mittelmeerrasse?[27]

Dabei stellt er das Stereotyp des ›leidenschaftlichen Südens‹ gegen den im vorherigen Zitat anklingenden ›rationalen Norden‹.

Einen noch deutlicheren Fokus auf die ›Blutmischung‹ legt schließlich ein Aufsatz über Heinrich Manns Romane von 1928:

Wie es zuhause war [...], hat der Bruder – in seiner großen Chronik »Die Buddenbrocks« [!] – so scharf belichtet und so plastisch modelliert, das [!] Jeder weiß, wie die Jugend dieses Heinrich Manns verlaufen ist. Gut bürgerlich und solide, vielleicht ein wenig behäbig schon, aber erfüllt von der Spannkraft unverbrauchten Blutes [...]. Die Söhne dieser Menschen, die selbst halb Wikinger, halb englishmans waren, erhielten als väterlichen Erbteil neben ansehnlichem Besitze das Vermögen: stark und zielzähe zu arbeiten. »Zucht« nennt Thomas Mann diese Fähigkeit im »Tonio Kröger«.[28]

Neben den erneut bemühten Buddenbrooks tauchen hier aber noch andere Charaktere auf, um die besonderen Erbbedingungen der Brüder Mann zu illustrieren: *Tonio Kröger* darf das nordisch bedingte Pflichtgefühl Thomas Manns belegen und mit dem nun nicht mehr romanischen, sondern von Wikingern herrührenden Erbteil erfolgt wiederum ein intertextueller Verweis auf Heinrich Manns *Göttinnen*-Trilogie, deren Protagonistin selbst über eine entsprechende ›Abstammung‹ verfügt.[29] Mit dem Herbeizitieren dieses literarischen Personals verschwimmen die Werkgrenzen nicht nur zwischen den einzelnen Schriften *eines* Schriftstellers, sondern auch zwischen den literarischen Produktionen von Heinrich und Thomas Mann: im Dienste der Skizzierung einer gemeinsamen Lübecker Vergangenheit – und einer gleichermaßen soziokulturellen wie biologischen Herkunft.

Das gemeinsame Erbe von Heinrich Mann und Thomas Mann steht auch im Zentrum der populären Rezeption in illustrierten Magazinen der 1920er Jahre. Dabei richtet sich der Fokus vor allem auf die Frage nach der Verwandtschaft und, damit verbunden, eine besondere Zusammengehörigkeit der beiden Brüder.

---

[27] Ebd., S. 23.

[28] Gerhart Pohl: Deutschlands erster Epiker. Bemerkungen zu Heinrich Manns Lebenswerk, in: Die neue Bücherschau Jg. 6, H. 1, Berlin: I. M. Spaeth Verlag 1928, S. 13–17, hier S. 13 f.

[29] Heinrich Mann: Die Göttinnen oder Die drei Romane der Herzogin von Assy. I: Diana, II: Minerva, III: Venus. Frankfurt/Main: S. Fischer 1987.

Das bezieht sich nicht nur auf die Rezeption der gemeinsamen Herkunft, sondern auch auf literarische Schriften einerseits, das politische Engagement von Heinrich und Thomas Mann in der Weimarer Republik andererseits.[30] Weiterhin bestehende Differenzen in literarischem Stil, politischer Ausrichtung und im Habitus werden dabei gemeinhin als typische Erscheinungen von Bruderverhältnissen naturalisiert und vermeintlich (natur-)wissenschaftlich abgesichert. Die Berufung auf (natur-)wissenschaftliche Zusammenhänge ist auch im Zuge einer seit dem 19. Jahrhundert einsetzenden Wissenschaftspopularisierung zu verstehen: Seit 1848 erschien »außerhalb der akademischen Lehr- und Studienliteratur eine kaum überschaubare Fülle von Texten zu naturwissenschaftlichen Themen«[31], deren Kriterium der Popularität vor allem an einer nicht-fachwissenschaftlichen Sprache und der Verwendung von spezifisch auf das Publikum zugeschnittenen Illustrationen festgemacht werden kann. Die breite Öffentlichkeit war geneigter, sich mit (natur-)wissenschaftlichen Themen auseinanderzusetzen, wenn diese mit »außerwissenschaftlicher Attraktion verbunden wurden: Sensationen, Rekorden oder Geniekult.«[32] Zugleich konnten diese Inhalte in Zeitschriften und Magazinen verbreitet werden, deren Zahl in den 1920er Jahren massiv angestiegen war.[33] Diese Medien beinhalteten eine populäre Mischung aus gesellschaftlichen, kulturellen und wissenschaftlichen Beiträgen mit reichhaltigen Illustrationen und Fotostrecken, die auch abstrakte Themen wie Vererbung greifbar und auf die Lebenswelt der Leser und Leserinnen vermeintlich anwendbar machte: Beiträge wie *Zeige mir deine Nase, und ich will Dir sagen wer Du bist* sind mit Fotografien junger Frauen unterlegt.[34] Im Beitrag *Kennst Du die Namen Deiner Urgroßeltern?* lockt ein Stammbaum zum Selbermachen, der die »Voraussetzungen des Handelns

[30] Vgl. dazu in Bezug auf Heinrich Mann: Hans Wißkirchen: Vom Vernunfttraum zur Diktatur der Vernunft. Zur politischen Entwicklung Heinrich Manns zwischen 1910 und 1925, in: Heinrich Mann-Jahrbuch 6, 1988, S. 31–51 sowie auf Thomas Mann: Hermann Kurzke: Thomas Mann. Das Leben als Kunstwerk, Frankfurt/Main: S. Fischer 2001, S. 346–366.

[31] Andreas Daum: Wissenschaftspopularisierung im 19. Jahrhundert. Bürgerliche Kultur, naturwissenschaftliche Bildung und die deutsche Öffentlichkeit 1848–1914. Erg. Auflage, München: Oldenbourg Wissenschaftsverlag 2002, S. 245 f.

[32] Arne Schirrmacher: Kosmos, Koralle und Kultur-Milieu. Zur Bedeutung der populären Wissenschaftsvermittlung im späten Kaiserreich und in der Weimarer Republik, in: Berichte zur Wissenschaftsgeschichte, Jg. 31, Weinheim: Wiley-VCH Verlag 2008, S. 353–371, hier S. 359.

[33] Als Gründe dafür sind vor allem medientechnische Innovationen anzuführen, die eine hohe Auflage und damit geringe Stückkosten ermöglichten. Vgl. hierzu Katja Leiskau / Patrick Rössler / Susann Trabert: Deutsche illustrierte Presse – Journalismus und visuelle Kultur in der Weimarer Republik, in: Dies (Hg.): Deutsche illustrierte Presse. Journalismus und visuelle Kultur in der Weimarer Republik, Baden-Baden: Nomos 2016 (Mediengeschichte, Band 1), S. 11–38, hier S. 11 f.

[34] Anonym: Zeige mir deine Nase und ich will Dir sagen, wer du bist, in: Das Kriminal-Magazin, Jg. 3, H. 31, Leipzig: Goldmann 1931, S. 1859–1861. Weitere mit dem Stichwort »Vererbung« verbundene Beiträge sind beispielsweise Ellen Kissling-Valentin: Ja, die Hände können sprechen. Psychochirologische Steckbriefe bedeutender Menschen, in: Scherl's Magazin, Jg. 6, H. 4, Berlin:

und Denkens« des Einzelnen offenbare und ihm beispielsweise bei Heirats-
entscheidungen wertvolle Dienste leiste.[35] Der einleitende Absatz begründet
die gesellschaftliche Relevanz des Forschungsgebiets:

> Ahnenforschung hat lange Zeit nur als Liebhaberei gegolten. Die Vererbungswissen-
> schaft aber fordert sie jetzt für exakte Studien, Soziologen, Rassenforscher, Bevölke-
> rungspolitiker, Volkshygieniker, Ärzte, Eheberater, Psychologen, Strafrechtler, Päda-
> gogen – sie alle sind an der Ahnenforschung und der damit verbundenen Vererbungs-
> lehre stark interessiert.[36]

Neben der Abbildung werden vermeintliche Charaktereigenschaften (z. B.
Sparsamkeit, Jähzorn, aber auch Kriminalität) ebenso angeführt wie »Anla-
gen« (wissenschaftliche, dichterische, musikalische) und körperliche Merkmale
wie die Augenfarbe oder Körpergröße.

Die steigende Prominenz des Vererbungsbegriffes (bis hin zu seiner Anwendung in den rassistischen und totalitären Systemen des 20. Jahrhunderts)
ist zurückzuführen auf eine »Etablierung von Vererbung als universale wissenschaftliche Kategorie«[37] seit dem beginnenden 19. Jahrhundert, in dessen
Verlauf sich Vorstellungen davon, wie Eigenschaften biologisch übertragen
werden, grundlegend änderten. Die vielfältige Anwendung des Erbbegriffs
liegt in seiner Unschärfe begründet: Er umfasst juristisch-ökonomische, biologische und kulturpolitische Bedeutungsdimensionen.[38] Wie am Beispiel des
rezipierten multiplen Erbes der Brüder Mann gezeigt – biologisches wird mit
monetärem und geistig-kulturellem Erbe enggeführt – finden zwischen den
einzelnen Wissensgebieten immer wieder argumentative Überschneidungen
statt. Dem neuen Vererbungsbegriff, der sich im Laufe des 19. Jahrhunderts
durchsetzte, liegt die Vorstellung »von einer ähnlichen Struktur der menschlichen und der biologischen Geschichte«[39] zugrunde. Vererbung etablierte sich

---

Scherl 1933, S. 349–359; Ernst Kretschmer: Körperbau und Charakter, in: Der Querschnitt, Jg. 5,
H. 3, Berlin u. a.: Propyläen Verlag 1925, S. 234–237.

[35] Fritz Zielesch: Kennst Du die Namen Deiner Urgroßeltern? Ein Kapitel Ahnenkunde, in:
Uhu, Jg. 5, H. 1, Berlin: Ullstein 1928/1929, S. 29–33, hier S. 31.

[36] Ebd., S. 29.

[37] Ohad Parnes: »Es ist nicht das Individuum, sondern es ist die Generation, welche sich
metamorphosiert«. Generationen als biologische und soziologische Einheiten in der Epistemo-
logie der Vererbung im 19. Jahrhundert, in: Sigrid Weigel / Ulrike Vedder / Ohad Parnes (Hg.):
Generation. Zur Genealogie des Konzepts – Konzepte von Genealogie, München: Fink 2005
(Trajekte), S. 235–260, hier S. 237.

[38] Vgl. hierzu Stefan Willer / Sigrid Weigel / Bernhard Jussen: Erbe, Erbschaft, Vererbung.
Eine aktuelle Problemlage und ihr historischer Index, in: Dies. (Hg.): Erbe. Übertragungskon-
zepte zwischen Natur und Kultur, Berlin: Suhrkamp 2013, S. 7–36.

[39] Parnes: »Es ist nicht das Individuum …« (Anm. 37), S. 252. Parnes belegt einen umfassenden
terminologischen Austausch zwischen den einzelnen Wissensgebieten.

mithin als eine wissenschaftliche Kategorie, die sich besonders gut eignete, um auch grenzüberschreitend in populärere Darstellungsformen und Inhalte übernommen zu werden.

Dies geschieht in Bezug auf Heinrich und Thomas Mann beispielsweise im 1930 in der *Berliner Illustrierten Zeitung* erschienenen Beitrag *Brüder und Gebrüder.* Die brüderlich-gemeinsame »soziologische Erscheinungsform der Arbeit« wurzele normalerweise »im schönsten Geheimnis der Blutsverwandtschaft und der Familientradition«.[40] Anders liege die Sache allerdings bei Heinrich und Thomas Mann: »Die Rivalität ist mit der Begabung gegeben.« Feindseligkeiten träten vor allem auf, wenn »wie bei den Brüdern Mann, noch eine starke rassische Verschiedenheit, infolge des Vordrängens des väterlichen oder des mütterlichen Blutes, die geistige Verschiedenheit unterstreicht«.[41] Allerdings habe sich dieser Zustand mittlerweile zum Besseren gewendet – sie seien kaum noch zu unterscheiden:

Daß sich die beiden Brüder schließlich auch persönlich wieder näherkamen, liegt gewiß daran, daß mit zunehmendem Alter das *gemeinsame Familienerbe* in beiden stärker hervortrat, und daß die *allgemeinen und politische* Überzeugungen der beiden, die zu den geistigen Führern des neuen deutschen Staatsgedankens wurden, ein neues intimeres Verhältnis notwendig machte. Der innerliche *Angleichungsprozeß* bei beiden ist, wahrscheinlich beiden unbewußt und *auch von der Kritik wenig bemerkt,* heute so weit fortgeschritten, daß die letzte Novelle Thomas Manns »Mario und der Zauberer« bis auf den Sprachstil durchaus eine Erfindung Heinrich Mannscher Phantasie sein könnte, während man den letzten Roman Heinrich Manns »Eugenie« mit gutem Recht die Buddenbrooks Heinrichs nennen könnte. [Hervorhebungen I. K.][42]

Hier werden also pseudowissenschaftliche, nicht belegte Behauptungen neben literaturkritische Äußerungen gestellt, aber wiederum über psychologische Vorgänge, nämlich einen diffusen »innerlichen Angleichungsprozess« begründet. Unterschiedliche Erbanteile werden gegen ein gemeinsames Erbe ausgespielt.

Eine ähnliche Gratwanderung zwischen wissenschaftlicher Forschung und populärer Darstellung unternimmt auch Erwin Stranik, der sich in der Verfasserangabe als »Dr.« ausweist, in dem fotografisch illustrierten Artikel *Brüder Brüder* von 1932. Stranik stellt Männer vor,

die Wesentliches leisteten und deren Schicksal nicht immer als Einzelsein verlief, sondern bisweilen sich mit dem ihres einzigen Bruders *derart verkettete,* daß wir des einen

---

[40] Otto Ernst Hesse: Brüder und Gebrüder, in: Berliner Illustrierte Zeitung, Jg. 39, Nr. 38, Berlin: Deutscher Verlag, 21.9.1930, S. 1691–1694, S. 1704, hier S. 1693.
[41] Ebd., S. 1694.
[42] Ebd.

nicht gedenken können, ohne uns gleichzeitig auch das Bild des anderen ins Gedächtnis zu rufen. [Hervorhebung I. K.][43]

Auch er weiß vom ›Bruderstreit‹[44] – und auch er beschreibt diesen als beigelegt:

Nun aber, da sich beide nicht nur in der kühleren Reife des Alters fanden, sondern auch in politischer Beziehung dieselbe Front des neuen deutschen Staatsgedankens bezogen, beendeten sie den Bruderzwist und stellten sich auf gegenseitiges Verständnis ein, was ihnen bereits so gut gelang, daß die letzten Werke der beiden Brüder ohneweiteres [!] mit geändertem Vornamen hätten erscheinen können, ohne daß die Öffentlichkeit allsogleich eine Düpierung bemerkt hätte.[45]

Der Doktortitel des Verfassers wird auch im Artikel *Geschwisterpaare der Literatur* von Erich Janke in der *Revue des Monats* (1930/31) hervorgehoben und damit dessen wissenschaftlicher Status editorisch betont. Janke verfolgt hier in fotografisch unterlegten Exempelstudien kulturhistorisch die Kombination von Verwandtschaft und Begabung oder gar Genie. Zwar leitet er mit dem »Problem der Vererbung« ein, schließt daran aber im Verlauf des Textes eher vage Aussagen an, etwa, dass das Talent immer von mütterlicher Seite vererbt werde und dass die Mischung der Erbanteile oft ungleich sei.[46] Eine ganz andere Richtung verfolgt Rudolf Grossmann, Autor des Artikels *Die Romanzwillinge* im *Berliner Tageblatt* von 1926 (Abb. 1). Er bezieht sich auf das für die ›Vererbungsforschung‹ attraktive Konzept der Zwillinge, verfolgt aber eigentlich einen ganz anderen Ansatz: Anhand genauester physiognomischer Studien und eigener Zeichnungen weist er die »Janusköpfigkeit« der sich perfekt ergänzenden Brüder nach, »wobei das Eviva Heinrichs, dem ›Igitt‹ des Thomas sonderbar gleichklingt«.[47] Der Einseiter *Dichterbrüder* (Abb. 2) im erfolgreichen *Berliner Bilder-Courier* 1930 legt ein noch größeres Gewicht auf Visualität: Umwelteinflüsse und Milieu hätten dahingehend auf die Brüder gewirkt, dass die Ähnlichkeiten auch in ihren Werken eklatant seien. Und beide, so schließt der Autor sichtlich überrascht, hätten mit ihren Werken Erfolg.[48]

---

[43] Erwin Stranik: Brüder Brüder, in: Wiener Magazin, Jg. 6, H. 5, Wien: Alexander 1932, S. 41–45, 91, hier S. 41.

[44] Vgl. zum Topos des Bruderstreits Hans Wißkirchen: (K)ein Bruderstreit? Das Bruderthema im Werk Thomas Manns, in: TM Jb 17, 2004, S. 25–43, hier S. 25 f.

[45] Stranik: Brüder Brüder (Anm. 43), S. 45.

[46] Erich Janke: Geschwisterpaare der Literatur, in: Revue des Monats, Jg. 5, H. 6, Leipzig/ Berlin: Revue des Monats 1930/31, S. 645–648, hier S. 646 f. Andere genannte Geschwisterpaare sind Jacob und Wilhelm Grimm, Ludwig und Georg Büchner, Carl und Gerhard Hauptmann sowie Bettina und Clemens Brentano.

[47] Rudolf Grossmann: Die Romanzwillinge, in: Berliner Tageblatt, Jg. 55, Nr. 66, Berlin: Mosse, 9. 2. 1926, 1. Beiblatt, S. (1).

[48] Anonym: Dichterbrüder, in: Bilder-Courier. Illustrierte Beilage zum Berliner Börsen-Courier, Jg. 7, Nr. 33, Berlin: Ullstein, 17. 8. 1930, S. (5).

Abb. 1: Rudolf Grossmanns Artikel *Die Romanzwillinge* mit Zeichnungen im *Berliner Tageblatt* vom 9. Februar 1926.

Die obigen Beispiele zeigen, dass die Aussagen zur ›Brüder‹-Thematik in Zeitschriften und Magazinen der 1920er und 1930er Jahre sehr unterschiedlich ausfallen. Ausgehend vom Grundthema der Vererbung bzw. des gemeinsamen multiplen Erbes werden die jeweiligen Aussagen der Ausrichtung des Artikels dienstbar gemacht: Vermeintlich objektive wissenschaftliche Wahrheiten und Erkenntnisse werden flexibel eingesetzt und den populären Positionen, politischen Agenden und literaturkritischen Deutungen untergeordnet.[49] Über das Brüder-Sein, also die Verwandtschaft von Heinrich und Thomas Mann, wird

[49] Schirrmacher führt als Merkmal der »immer weiteren Öffnung der Wissenschaftsvermittlung zu breiteren Öffentlichkeitsschichten« eine »Demokratisierung« sowie eine »Trivialisierung« der vermittelten Inhalte an. Schirrmacher: Kosmos, Koralle und Kulturmilieu (Anm. 32), S. 359.

Jakob und Wilhelm Grimm
(geboren 1785 und 1786), die beiden Märchendichter. Ihr Lebensbund hielt in rührender Treue durch. Sie haben die germanische Philologie als Wissenschaft begründet.

Wilhelm und Alexander von Humboldt
(geboren 1767 und 1769). Wilhelm dichtete „Sonette", als seine geliebte Lebensgefährtin ihn für immer verließ. Und der weltreisende Alexander entfaltete in seinem „Kosmos" mit dichterischer Genialität eine Anschauung der Welt, die alle Bezirke der Natur durchwirkt.

DICHTERBRÜDER

Sie tragen gleiche Namen. Sie sind im gleichen Hause geboren, von den gleichen Eltern erzogen, sie sind in der gleichen Umgebung aufgewachsen und leben im gleichen Zeitalter. Die Probleme, mit denen sie sich auseinanderzusetzen haben, sind die gleichen; denn die gleichen Tage stellen sie. Die Umwelt, das müßte man glauben, muß auf sie gewirkt haben in ihrer Kindheit in der gleichen Weise. Sie müssen Ähnlichkeit haben nicht nur im Aussehen, auch in ihren Werken.

So müßte man schließen, wenn sich die Theorie von der Umgebung nicht der von der Persönlichkeit entgegenstellen würde. Dadurch geht die Gleichheit noch mehr verloren, dadurch kann sogar die Ähnlichkeit gering werden.

Manche dieser Dichterbrüder haben zeitlebens eng zusammengearbeitet. Die Brüder Jakob und Wilhelm Grimm haben gemeinsam zunächst an der Bibliothek in Kassel gearbeitet, sind dann zusammen an die Universität Göttingen gegangen und wurden später beide an die Akademie der Wissenschaften in Berlin berufen. Sie haben die deutschen Sagen gesammelt, sie haben das berühmte Deutsche Wörterbuch geschaffen, sie haben die Kinder- und Hausmärchen zusammengestellt. Das alles taten sie gemeinsam. Ihre Lebensschicksale waren auf das

Carl und Gerhart Hauptmann
(geboren 1858 und 1862) wurden im Verlauf des Lebens fast feindliche Brüder. Carl, ein tief eingesponnener Phantasiedichter, ist unterwegs, sich seinen Ehrenplatz neben dem vom Schicksal begünstigteren Bruder zu erringen. Sein „Einhart, der Lächler", seine Tagebücher und manche Novellen, selbst manche seiner symbolischen Dramen verraten die verschütteten Schätze.

engste miteinander verknüpft. — Eine Ähnlichkeit in den Werken kann man auch feststellen bei Dichterbrüdern unserer Tage. Thomas und Heinrich Mann — sie haben manches gemeinsam. Sie stammen beide aus einem Lübecker Bürgerhaus und hassen die Kleinbürgerei in gleicher Weise. Was

bei Thomas sich in einer lächelnden Ironie ausdrückt, wird bei Heinrich zum beißenden Spott, zur Satire. Sie beide zeigen das Schwächliche, das Kranke an den Menschen und an den Verhältnissen der Gegenwart. Sie beide zeigen ihre Abneigung gegen den deutschen Spießbürger. Und sie beide

haben mit ihren Werken großen Erfolg, obwohl sie und ihre Dichtungen nicht so sehr mit dem Volke verbunden sind wie etwa die ersten Werke von Gerhart Hauptmann.

Dieser Dichter gründet seinen Ruhm auf seine Schilderungen der armen, kleinen Leute. Er gründet ihn auf die Art, in der er mit verbissener Wahrheitsliebe die Dinge aufzeigte, wie sie sind. Von ihm unterscheidet sich sein Bruder Karl in der Hauptsache dadurch, daß er weniger in der Welt der Dinge als in der der Gedanken lebt und daß er mehr dieser Welt Ausdruck verleiht. Er strebt ins Sinnbildliche, obwohl in seinen ersten Dichtungen die naturalistischen Einflüsse sich stark geltend machten, die seinen Bruder Gerhart zur Berühmtheit werden ließen.

Mehr Ähnlichkeit wieder finden wir bei den Brüdern Schlegel. August Wilhelm und Friedrich — sie lebten beide in der Blütezeit der Romantik. Und sie verhalfen beide, wenn auch getrennt, der romantischen Dichterbewegung mit zum Erfolg. August Wilhelm auf dem Gebiete der wissenschaftlichen Darstellung und sein Bruder Friedrich auf dem der romantischen Ironie.

Ähnlichkeit — Gleichheit: sie reichen im Äußeren nur bis zu einem gewissen Grade. Sie können nicht weiter reichen im Inneren und in den Werken.

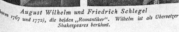

August Wilhelm und Friedrich Schlegel
(geboren 1767 und 1772), die beiden „Romantiker". Wilhelm ist als Übersetzer Shakespeares berühmt.

Heinrich und Thomas Mann
geboren 1871 und 1875 in Lübeck, sind grundverschiedene Dichter mit europäischem Ruf.

Abb. 2: Der anonyme Beitrag *Dichterbrüder* im *Berliner Bilder-Courier* vom 17. August 1930.

deren Schriftstellerexistenz begründet, und zwar ihre individuellen Schreib-
stile sowie ihre literarische und politische Genese. Die Vererbung wird im Rahmen dieser Argumentation als anthropologische Konstante eingesetzt: Was
aber genau vererbbar ist, variiert je nach Argumentation – und wird kommentiert und ideologisch bewertet.

Dass die *Dichterdynastie Mann* weiterführendes genealogisches Potenzial
besitzt, wird im gleichnamigen Artikel von 1927 mit dem Verweis auf Klaus
Mann unterstellt[50] – und von diesem in gewisser Weise auch umgesetzt: Die
den künstlerischen Nimbus bereichernde Selbst-Positionierung von Vater und
Onkel »zwischen den Rassen« adaptiert er öffentlichkeitswirksam in Vorträgen und Zeitungsartikeln. Das tut er allerdings im politischen Kampf gegen
den Nationalsozialismus in den 1930er und 1940er Jahren. So schließt er im
Artikel *Lob der gemischten Rasse* an die bekannten Argumentationsmuster
an – und überträgt sie auf sein eigenes künstlerisches Schaffen:

Aber mein Instinkt sagt mir: Der belebende Einfluss des kreolischen Blutes, dem die
deutsche Literatur und die Weltliteratur zwei große Schriftsteller zu verdanken hat,
war wirksam nur für eine Generation. Glücklicherweise wählte mein Vater nicht ir-
gendeine Hanseatische Patriziertochter, sondern die wunderbare Frau, die meine Mutter […] ist. Ihr Vater […] ist von jüdischer Herkunft (seinerseits nicht mehr Jude); meine
Grossmutter […] ist von gemischter Rasse […]. Bei uns sechs Kindern kommt also in
der Tat vielerlei Blut zusammen. Ich bin's zufrieden: ja, mehr als das: ich bin dankbar
dafür.[51]

[50] Egon Maria Aders: Die Dichterdynastie Mann, in: Die Wochenschau, Januar 1927, zitiert
nach: Thomas Sprecher / Hans Wißkirchen / Uwe Naumann (Hg.): Thomas und Heinrich Mann
im Spiegel der Karikatur, München: Fink 2003, S. 49.
[51] Klaus Mann: Klaus Mann über Familie Mann: »Lob der gemischten Rasse«, in: Pariser
Tageszeitung, Jg. 2, Nr. 369, Paris: Pariser Tageszeitung, 16.6.1937, S. 4.

Bernhard Veitenheimer

»Okt. 1918 Die Demokratie wird ihnen eingebläut.«

Überlegungen zum Demokratie-Begriff bei Heinrich Mann
und Thomas Mann um 1918

Im Folgenden möchte ich Verwendungen des Wortes Demokratie betrachten,
wie sie sich 1918 sowie im zeitlichen Umfeld des Jahres in Äußerungen von
Heinrich Mann und von Thomas Mann finden. Welchen Begriff verbanden
die beiden Autoren mit dem Wort Demokratie in dieser Phase geschichtlicher
Umwälzungen? Wie bestimmten sie ihn? Wann verwendeten sie ihn? Und –
auch darauf bin ich aufmerksam geworden – wann nicht?

Es ist bekannt: Weder Heinrich Mann noch Thomas Mann waren geborene
Demokraten. Heinrich Mann bekannte sich 1904 öffentlich zur Demokratie,
Thomas Mann 1922.[1]

Zwar stellte Thomas Mann schon 1910 in einem Brief fest: »Politisch ist die
Demokratie bei uns sicher im Avancieren« (21, 438). Gleichwohl war er der Ansicht, »daß Demokratie, daß Politik selbst dem deutschen Wesen fremd und giftig« seien und, wie es in der Vorrede zu den *Betrachtungen eines Unpolitischen*
weiter heißt, »daß das deutsche Volk die politische Demokratie niemals wird
lieben können«, sondern dass vielmehr »der vielverschriene ›Obrigkeitsstaat‹
die dem deutschen Volke angemessene, zukömmliche und von ihm im Grunde
gewollte Staatsform ist und bleibt.« (13.1, 33 f.)

Heinrich Mann hatte noch vor Kriegsausbruch öffentlich die konträre
Position eingenommen, als er im Mai 1914 in seinem Essay *Der Bauer in der
Touraine* konstatierte, »daß auch Deutschland seiner inneren Konstitution zu-
folge eine Demokratie ist und daß nur noch die äußere darüber täuschen kann.«
(HMEP 2, 137) Dies ist die Folgerung aus seinem Postulat, dass »auf die Dauer
nationale Einheit überall dasselbe ist wie Demokratie.« (Ebd.)

In dem Zeitraum von 1916 bis 1919, der hier anlässlich des hundertsten
Jahrestags der Revolution von 1918 betrachtet werden soll, standen sich die

---

[1] Gemeint sind Heinrich Manns Brief an Maximilian Hardens *Die Zukunft* (Heinrich Mann:
Essays und Publizistik. Band 2. Oktober 1904 bis Oktober 1918. Herausgegeben von Manfred
Hahn unter Mitarbeit von Anne Flierl und Wolfgang Klein, Bielefeld: Aisthesis Verlag 2012
[= Heinrich Mann: Essays und Publizistik. Kritische Gesamtausgabe. Herausgegeben von Wolf-
gang Klein, Anne Flierl und Volker Riedel, Bd. 2; im Folgenden: HMEP 2 und Seitenangabe],
S. 15 f.) und Thomas Manns Rede *Von deutscher Republik* (15.1, 524–559).

Ansichten der beiden also diametral und unversöhnlich gegenüber: Heinrich Mann war entschiedener Demokrat, Thomas Mann Antidemokrat.

In dieser Zeit wurde in Deutschland über die Verfassung und die Staatsform des Deutschen Reiches debattiert und schließlich auch entschieden. Wichtige und umstrittene Schlagworte waren »Parlamentarisierung« und »Demokratisierung«: Parlamentarisierung zielte ab auf eine Beteiligung des Reichstags an der Regierung, Demokratisierung auf gleichberechtigte Teilhabe der Allgemeinheit an den politischen Einrichtungen, vor allem auf die Einführung des gleichen Wahlrechts. Unter dem Druck der Öffentlichkeit und einer Parteienmehrheit im Reichstag sahen sich Regierung und Kaiser gezwungen, Reformen anzukündigen.

Zwei Daten dazu sind der 7. April 1917, an dem Wilhelm II. eine Reform des Wahlrechts in Preußen nach Kriegsende in Aussicht stellte, und der 11. Juli 1917, an dem der Kaiser auf Drängen des Reichskanzlers Bethmann Hollweg in einem Erlass das preußische Staatsministerium anwies, einen »Gesetzentwurf wegen Abänderung des Wahlrechts zum Abgeordnetenhaus auf der Grundlage des gleichen Wahlrechts aufzustellen«[2], und zwar so zügig, dass die nächsten preußischen Wahlen nach dem neuen Wahlrecht stattfinden konnten. Das *Berliner Tageblatt* titelte am 12. Juli: »Das gleiche Wahlrecht für Preußen.«

Auf diesen Erlass hin reichten alle preußischen Staatsminister ihr Entlassungsgesuch ein, dann musste auf Druck der Obersten Heeresleitung und der politischen Rechten der Reichskanzler zurücktreten. Sein Nachfolger wurde ein Verwaltungsbeamter namens Georg Michaelis. Und nach der Annahme einer Friedensresolution am 19. Juli waren am 20. auch die Sozialdemokraten bereit, die neuen Kriegskredite zu bewilligen.

Zu den Vorgängen schrieb Heinrich Mann in seinem Notizbuch:

Verwirrung. Drunter und Drüber. Geschrei. Das Wahlrecht für Preussen! Parlamentarisirung! Demokratisirung! Die preussischen Minister geben massenhaft ihre Entlassung. Nicht genug, der Kanzler muss fort! [...] Dann gebiert der Berg, und es kommt zu Tage Michaelis, ein Mucker. [...] Die abgedankten preussischen Minister sitzen wieder vollzählig am Bundesrathstisch, u. der Reichstag thut, was er seit ½ Jahrhundert thut, er bewilligt Kredite. Er bewilligt sie dem Kanzler, der ihm unmissverständlich erklärt hat, er sei nicht willens, sich die Reichsleitung aus der Hand nehmen zu lassen, – was nicht hindert, weiter Worte zu machen über die Parlamentarisirung.[3]

---

[2] Das gleiche Wahlrecht für Preußen. Ein Erlass des Königs an den Präsidenten des Staatsministeriums, in: Berliner Tageblatt, Jg. 46, Nr. 350, 12.7.1917, S. [1]; die Sperrungen des Originals sind im Zitat nicht übernommen.
[3] Zit. nach: Bernhard Veitenheimer: »Der Bürger und sein Krieg« – zu Heinrich Manns Notizen 1916–1918, in: Heinrich Mann-Jahrbuch 32, 2014, S. 16 f.

Das klingt wie ohnmächtiger Hohn über leere Phrasen; dennoch heißt es am Schluss der Eintragung mit einer geduldigen Zuversicht: »Auf dem Weg zur Wahrheit warten noch viele Niederlagen.«[4]

Schon kurz zuvor hatte Heinrich Mann sehr knapp, aber in gleicher Weise spöttisch die öffentliche Demokratisierungsdebatte aufgegriffen; Anlass war, dass die Zeitschrift *Die Zukunft* zum zweiten Mal verboten worden war. Heinrich Mann deutete dem Herausgeber Maximilian Harden das Verbot so: »Die Tyrannei hat hinzugelernt, heute rächt sie sich im Namen der demokratischen Gleichheit vor dem Vaterlande.«[5]

So sehr Heinrich Mann hier die Rede von Demokratisierung als Fassadenrhetorik bloßstellte, sie hatte für ihn einen realen Grund in der allgemeinen Stimmung im Land. Was er im Juli 1916 über das Frankreich vor 1871 schrieb: »die Forderung der Demokratie lag längst bereit in allen Herzen, – dies Reich aber war ein Militär- und Klassenstaat, in dem der Volkswille nur gefälscht zur Geltung kam« (HMEP 2, 211), das lässt sich auf die Situation im Deutschen Reich projizieren, wie er sie sehen wollte, wie er sie schon vor dem Krieg sehen wollte, als er im Mai 1914 behauptete – ich habe es eingangs zitiert –, »daß auch Deutschland seiner inneren Konstitution zufolge eine Demokratie« (HMEP 2, 137) sei.

Im Dezember 1917 (inzwischen war Georg von Hertling Reichskanzler geworden) brachte Heinrich Mann eine Steigerung dieser Ansicht im *Berliner Tageblatt* explizit zum Ausdruck in dem Satz: »Wir Deutschen haben, nun wir zur Demokratie heranwachsen, vor uns das allergrößte Erleben.« (HMEP 2, 226) Öffentlich – genauer gesagt: in der Weihnachtsnummer einer großen bürgerlich-liberalen Tageszeitung – zeigte Heinrich Mann also eine positive Gewissheit über den deutschen Weg zur Demokratie.

Dass er hier in der 1. Person Plural, und zwar im nationalen Plural sprach, kann man durchaus verstehen als Gegenstimme zu dem seit August 1914 tönenden kriegführenden »Wir« der heeres- und regierungsamtlich informierten und dirigierten Öffentlichkeit. Über Heinrich Manns 1. nationale Person Plural und ihre Ankündigung einer »Selbstherrschaft« des deutschen Volkes sowie einer europäischen Gemeinschaft (vgl. ebd.) empörte sich Thomas Mann. In der Vorrede zu den *Betrachtungen eines Unpolitischen* ist aus dem Artikel Heinrich Manns fast der ganze Absatz zitiert, der mit dem eben gehörten Satz beginnt, und vorausgeschickt ist, dass dem »deutschen Verfechter der ›menschlichen Zivilisation‹« die Demokratie

---

[4] Ebd., S. 17.

[5] Brief an Harden vom 11.7.1917, in: Frank Wedekind, Thomas Mann, Heinrich Mann. Briefwechsel mit Maximilian Harden. Herausgegeben, kommentiert und mit einem einleitenden Essay von Ariane Martin, Darmstadt: Häusser 1996 (= Pharus V), S. 185.

zur triumphierenden Gewißheit geworden ist und zwar in dem Grade, daß er es heute bereits für möglich hält, es nicht mehr für Raub an seiner Ehre erachtet, Deutschland und sich selbst in der ersten Person Pluralis zu vereinigen und über die Lippen bringt, was er all seiner Lebtage noch nicht darüber gebracht: das Wort »Wir Deutschen«. (13.1, 38)

Heinrich Manns Artikel hieß *Leben, nicht Zerstörung!*; es war ein vom *Berliner Tageblatt* erbetener Beitrag zum Thema »Das künftige Europa. Gedanken über die Möglichkeit eines Weltfriedens«. Auch von Thomas Mann erschien ein Beitrag – mit dem fragenden Titel *Weltfrieden?*. Darin bezweifelte Thomas Mann die Ansicht, dass der kommende Friede ein »demokratischer Weltfriede« sein müsse, dass er überhaupt auf politischem Weg erreicht werden könne (vgl. 15.1, 212). Denn, so sein Argument: »Die rhetorisch-politische Menschheitsliebe ist eine recht periphere Art der Liebe und pflegt am schmelzendsten verlautbart zu werden wo es im Zentrum hapert.« (15.1, 213) Und mit Berufung auf Goethe wünschte er: »Undoktrinär, unrechthaberisch und ohne Glaube an Worte und Antithesen, frei, heiter und sanft möge es sein, dieses Europa, und für ›Aristokratie‹ und ›Demokratie‹ nur noch ein Achselzucken haben.« (15.1, 213 f.)

Den Artikel seines Bruders empfand Heinrich Mann stellenweise als direkte Ansprache an sich selbst, und er schrieb ihm darauf einen Brief, den er als »Versuch einer Versöhnung« unternahm. Darin entgegnete er seinem Bruder: »Liebe zur Menschheit (politisch gesprochen: europäische Demokratie) ist allerdings die Liebe einer Idee« (BrHM, 173) – Heinrich Mann hielt also an der Überwindung des Individualismus fest und gab dabei eine idealistische Bestimmung von Demokratie.

Dass er diesen Begriff von Demokratie nicht in der öffentlichen politischen Debatte wiederfand, haben wir bereits gesehen. Erneut kommt dies zum Ausdruck in der Bemerkung Heinrich Manns, die mein Beitrag im Titel führt: »*Okt. 1918 Die Demokratie wird ihnen eingebläut.*«[6] Was war geschehen?

Auf einen kaiserlichen Erlass vom 30. September erfolgte Anfang Oktober die Entlassung des Reichskanzlers und eine tiefgreifende Regierungsumbildung. Nach der Ernennung des neuen Reichskanzlers traten Reichstagsabgeordnete in die Regierung ein, ohne ihren Sitz im Reichstag aufgeben zu müssen; die Regierung war in ihrem Handeln abhängig von der Zustimmung des Reichstags. Dies war die de facto-Einführung der parlamentarischen Staats-

---

[6] Heinrich Mann: Essays und Publizistik. Band 3. November 1918 bis 1925. Herausgegeben von Bernhard Veitenheimer mit Vorarbeiten von Barbara Voigt, Bielefeld: Aisthesis Verlag 2015 (= Heinrich Mann: Essays und Publizistik. Kritische Gesamtausgabe. Herausgegeben von Wolfgang Klein, Anne Flierl und Volker Riedel, Bd. 3; im Folgenden: HMEP 3 und Seitenangabe), S. 455.

form, die dazugehörige Gesetzesänderung trat gut einen Monat später, am 28. Oktober in Kraft.

Wieder reagierte Heinrich Mann skeptisch-spöttisch auf ein kaiserlich-regierungspolitisches Manöver, das als Schritt zur Demokratisierung Deutschlands angesehen werden sollte; der äußere Zwang jedoch, unter dem diese Änderung der Staatsform erfolgte, war nicht zu übersehen – Deutschland war im Krieg so gut wie besiegt.

Die Parlamentarisierung der Monarchie war in den Worten eines Protagonisten eine »Revolution von oben«[7]. Als in der französischen Presse auf die Oberste Heeresleitung als treibende Kraft der Regierungs- und Verfassungsumbildung hingewiesen wurde, wies Theodor Wolff, der Chefredakteur des *Berliner Tageblatts*, solche Darstellungen zurück und behauptete, »daß die Regierung ohne all diese Gewalten, nur aus den Beschlüssen der Reichstagsmehrheit heraus, eingesetzt worden«[8] sei.

Davon und von der Erkenntnis, dass sich diese ›Revolutionäre von oben‹ – also Kaiser, Oberste Heeresleitung und bisherige Regierung – damit der politischen Verantwortung für die Folgen der deutschen Niederlage entziehen konnten, ist in Heinrich Manns Bemerkung und in der anschließenden Notierung nicht die Rede. Diese Notierung ist, ohne den Begriff noch einmal zu nennen, wieder gegen Demokratie als Fassadenveranstaltung gerichtet. Sie lautet:

Jetzt freuen sie sich ihrer Errungenschaften, u. vergessen sollen plötzlich die frechen Paradoxe sein, die ihre ganze Mentalität waren. Sie haben eine besondere »deutsche Freiheit« gehabt; ihr »Reich« war lauter wie keins, indess es zu der materiellen Corruption noch die seelische organisirt hatte; sie hatten alle innere Politik, die Menschenwürde, Recht u. Freiheit ist, für unbeträchtlich erklärt, u. sich »für auswärtige Politik«, die ihnen nur Machtkoller war, »interessirt«, – als ob ein Unterthan sich zu interessiren u. nicht einfach zu zahlen, draufzugeben oder Belohnungen entgegenzunehmen hätte. Denn seine Würde u. sein Recht nach aussen vertreten, kann es Der, der sie im Innern noch nicht einmal hat vermissen wollen?[9]

Diesmal hatte die überstürzt vorgenommene faktische Parlamentarisierung auch einen akuten außenpolitischen Zweck, nämlich der Forderung des Prä-

---

[7] Die »Revolution von oben« war eine von drei Vorgehensweisen, die Staatssekretär Paul von Hintze als Mittel für das »Zusammenfassen *aller* Kräfte der Nation zur Abwehr im Endkampf« am 29. September 1918 der Obersten Heeresleitung vorschlug. Zit. nach: Alfred Niemann: Revolution von oben – Umsturz von unten. Entwicklung und Verlauf der Staatsumwälzung in Deutschland 1914–1918, Berlin: Verlag für Kulturpolitik 1927, S. 107.

[8] T[heodor] W[olff]: Die Antwortnote der deutschen Regierung, in: Berliner Tageblatt, Jg. 47, Nr. 540, 22.10.1918, S. [1].

[9] Notizbuch von 1918, University of Southern California, Los Angeles, Feuchtwanger Memorial Library, 960/98, Blatt 25r; alle Rechte vorbehalten S. Fischer Verlag GmbH, Frankfurt am Main. Für die Genehmigung zum Abdruck danke ich der Feuchtwanger Memorial Library und der S. Fischer Verlag GmbH.

sidenten des deutschen Kriegsgegners USA, Thomas Woodrow Wilson, nach einer demokratischen Verfasstheit des Deutschen Reichs zu genügen, um überhaupt in Friedensverhandlungen eintreten zu können.

Von Thomas Mann ist zu der Verfassungsumbildung eine briefliche Äußerung überliefert; an Ernst Bertram schrieb er am 3. Oktober 1918:

Ich hatte doch einen starken Choc, als ich schwarz auf weiß las, daß am 30. September 1918 das Deutsche Reich von der monarchischen zur parlamentarisch-demokratischen Verfassung übergegangen sei. Im Ganzen: der Standpunkt »Hübsch ist es doch, was man alles erlebt!« kommt mir immer einladender vor. Wenn es uns nur nicht noch ganz persönlich an den Kragen geht und die Neger das Kindchen fressen. (22, 255)

In Thomas Manns Tagebuch finden sich in der Folge Eintragungen, die eine recht große Unsicherheit seiner politischen Haltung zeigen. Das hängt sicherlich auch mit dem Gang der politischen Ereignisse und der Unsicherheit über die weitere Entwicklung zusammen, vor allem mit dem jeweiligen Formulierungsstand der Friedensbedingungen.

Auch in der Bewertung der demokratischen Entwicklung ist Thomas Mann wechselhaft. Dies wird an den folgenden Eintragungen deutlich: Unter dem 5. Oktober vermerkt er, »daß der Welttriumph der demokratischen Civilisation auf politischem Gebiet eine Thatsache ist« (Tb, 5. 10. 1918). Am 9. Oktober notiert er: »Übrigens hat man im Grunde recht, wenn man an die Echtheit von Deutschlands Demokratisierung nicht glaubt.« (Tb, 9. 10. 1918) – Dies kann man als eine Parallele zu Heinrich Manns spöttisch-kritischer Bemerkung lesen, aber die völlig andere Geistesrichtung ist nicht zu übersehen. – Am 12. Oktober sieht Thomas Mann nur noch die Möglichkeit, »die demokratische Neue Welt mit guter Miene zu salutieren, als einen Weltkomfort, mit dem sich ja wird leben lassen« (Tb, 12. 10. 1918). Zwei Tage später heißt es jedoch: »Ich wünsche im Grunde meiner Seele den Deutschen die ungeheure Lehre einer eklatanten Demaskierung der Tugend-Demokratie.« (Tb, 14. 10. 1918) Dies hält Thomas Mann – wiederum wenige Tage später – nicht davon ab, den Begriff der Demokratie positiv einzusetzen in einem patriotischen Spruch, der zur Zeichnung der neunten Kriegsanleihe animieren soll; er lautet:

Die Beteiligung des ganzen deutschen Volkes an der jetzt aufliegenden Kr. Anl. wird der beste Beweis seiner Reife zur Demokratie und den Feinden ein Zeichen sein, daß das deutsche Volk sich nicht selbst verläßt[.] (Tb, 20. 10. 1918 [sowie 15.1, 228])

Seinen Spruch kommentiert er unter dem 20. Oktober im Tagebuch: »Natürlich ist ›Reife zur Demokratie‹ Unsinn. Aber man muß die Leute bei irgend etwas packen, z. B. an ihrer politischen Eitelkeit.« (Ebd.) Das ist ein Beispiel

für die taktische Umwertung eines allgegenwärtigen Begriffs und zugleich für
seine Aushöhlung.

Schrieb Heinrich Mann im Juli 1917 sarkastisch über die phrasenhafte Verwendung des Begriffs der Demokratisierung in den Reichstagsdebatten und in der
zensierten Öffentlichkeit und im Oktober 1918 abfällig über die notgedrun-
gene Realisierung der Idee der Demokratie infolge militärisch erzwungener
Einsicht, so waren dies beides persönliche Reaktionen ohne Publikum. In seinen Notizbüchern machte er seinem Ärger Luft und kritisierte den offiziellen
Demokratie-Begriff.

Auch Thomas Mann machte seinem Ärger Luft im Schreiben. Im Unterschied zu seinem Bruder konnte er seine so entstandenen Texte ohne Weiteres
veröffentlichen; sie standen nicht konträr zum Bestand offizieller und offiziell
vertretbarer Ansichten, sondern fügten sich, wie sperrig auch immer, dort ein.
Das mit Abstand umfangreichste Produkt dieser Art sind seine *Betrachtungen
eines Unpolitischen*, die Anfang Oktober 1918 publiziert wurden.

Die *Betrachtungen eines Unpolitischen* sammeln in zwölf Kapiteln Aufzeichnungen aus den Jahren 1916–1917 mit Ergänzungen vom Jahr 1918, aus
dem auch die Vorrede stammt. Der Demokratie-Begriff ist darin nicht ein-
heitlich verwendet, so wie auch die *Betrachtungen eines Unpolitischen* insgesamt keine durchgehende Logik der Argumentation aufweisen, sondern aus
Argumentationsfolgen bestehen, die häufig Wiederholungen bieten, aber auch
Widersprüchliches.

Was Demokratie angeht, finden sich z. B. folgende, dem jeweiligen Argumen-
tationsverlauf angepasste Bestimmungen des Begriffs; einmal heißt es: »Demokratie und Nationalismus, das ist eines Ursprungs, das ist ein und dasselbe.«
(13.1, 226) Zum andern kann man lesen: »konservativ und national, das ist ein
und dasselbe, – so wahr, wie demokratisch und *inter*national ein und dasselbe
ist« (13.1, 286).

Thomas Manns Begriffsbestimmungen von Demokratie in den *Betrachtungen eines Unpolitischen* und in seinen anderen Äußerungen dieser Zeit speisen
sich im Wesentlichen aus seiner konservativen Grundhaltung, aus der Einsicht
in aktuelle politische Entwicklungen und aus dem Standpunkt einer kriegführenden Nation. Demokratie erscheint in verschiedenen Gestalten, wird jedoch
überwiegend negativ bewertet.

Von Thomas Manns konservativem Standpunkt aus ist Demokratie synonym mit Politik insgesamt und abzulehnen, da Politik selbst abzulehnen ist (mit
der in einigen Ausführungen deutlich werdenden Ausnahme der nach außen
gerichteten Machtpolitik). Das Prinzip der Demokratie nennt Thomas Mann
häufig auch »Demokratismus«.

Die Einsicht in den aktuellen Gang der politischen Entwicklung stellt zunehmende Demokratisierung nach westlichem Vorbild fest. Eine Demokratisierung lehnt Thomas Mann zwar grundsätzlich ab, da sie aber offenbar unausweichlich ist, kommt es ihm darauf an, sie nach deutscher Eigenart vorzunehmen.

Von seinem nationalen Standpunkt aus ist Demokratie das politisch-zivilisatorische Prinzip der westlichen Großmächte, mit denen Deutschland um Weltführung ringt. Im Krieg nun ist Demokratie das politische Prinzip der Feinde der Nation, und Demokratie selbst wird zum Synonym für die feindlichen Entente-Mächte und damit Synonym für den Aggressor, der nach Ansicht Thomas Manns den Krieg verursacht hat. Ein Zitat mag dies illustrieren: »Und schuldig [...] an dem heutigen Zustand Europas, an seiner Anarchie, an dem Kampf Aller gegen Alle, an diesem Kriege ist *die nationalistische Demokratie.*« (13.1, 226)

Da eine Demokratisierung von Deutschland Kriegsziel der Feinde ist, könnte sie im Fall der deutschen Niederlage nach dem feindlichen Prinzip durchgesetzt werden. In einer solcherart entstandenen europäischen oder »Weltdemokratie« würde, so Thomas Mann, »von deutschem Wesen nichts übrig bleiben« (13.1, 43). Das will er vermieden wissen. Als realpolitische Notwendigkeit sieht Thomas Mann daher den von ihm so genannten »Opportunitäts-Demokratismus« (13.1, 270, 296) an; mit fremder Rede (was vielleicht fingiert ist) argumentiert er:

Innere Stärke ist die Vorbedingung einer starken äußeren Politik, wie sie nach dem Friedensschluß notwendig sein wird. Notwendig ist also ein ausschließlich durch die Idee höchster nationaler Leistungsfähigkeit bestimmtes Staatsleben, das heißt: ein Staatsleben, welches das Volk als seine eigenste Veranstaltung betrachten kann und woran ihm kraft politischer Rechte Teilnahme und Mitwirkung gesichert ist. (13.1, 269)

Thomas Mann stimmt deshalb der bereits mehrfach in Aussicht gestellten Einführung des allgemeinen gleichen Wahlrechts in Preußen zu und hält es für richtig, »heute eine demokratische Staatstechnik in Deutschland zu befürworten« (13.1, 296). »Ich bin Demokrat höchstens mit der Vernunft« (22, 129), hatte er im März 1916 an seinen Verleger Samuel Fischer geschrieben – es ist eines seiner seltenen Halbbekenntnisse zur Demokratie in dieser Zeit, und an der eben genannten Stelle in den *Betrachtungen eines Unpolitischen* findet es seine Entsprechung. Dass er dort aber nicht die Einführung einer parlamentarischen Demokratie gemeint haben kann, wird an anderen Stellen des Buchs deutlich:

Es wäre nicht weit her mit dem »Volksstaat«, vielmehr, es wäre ein »Weither«, ein unnationaler Allerweltspopanz, wenn man nichts darunter verstehen sollte, als die parlamentarische Demokratie. (13.1, 308)

Kommt Thomas Mann auf den Begriffskern zu sprechen und definiert: »Demokratie [...] heißt *Volksherrschaft*« (13.1, 399), so kann er auf die Inkonsequenz der bestehenden Demokratien verweisen, schließlich wisse man, »daß nicht das Volk es ist, daß es Personen sind, die auch im demokratischen Staate ›herrschen‹.« (13.1, 274) Im Übrigen würde das Verfahren der Volksabstimmung »auch von sattelfesten Demokraten doch lieber abgelehnt« (13.1, 292). Dies tut auch Thomas Mann, und er stützt seine Ablehnung auf die Unterscheidung von zählbarer Masse und dem »Volk« als metaphysischer Größe. Er bestreitet, dass die Ermittlung einer Mehrheit durch Abstimmung den »Wille[n] des Volks« ergibt. Das Beispiel, an das er diese Behauptung knüpft, zeigt, dass auch dieser Wille metaphysisch gedacht ist:

Eine mechanisch-demokratische Abstimmung im Deutschland des dritten Kriegsjahres würde mit kläglicher Wahrscheinlichkeit eine erdrückende Majorität zugunsten eines sofortigen und bedingungslosen, das heißt ruinösen Friedens ergeben. Aber damit ist das Prinzip der Abstimmung ad absurdum geführt, denn das wäre mitnichten der Wille des Volks. Der Wille eines historisch aufsteigenden Volkes ist eins mit seinem Schicksal. (Ebd.)

Die *Betrachtungen eines Unpolitischen* enthalten neben dem »Opportunitäts-Demokratismus« weitere Demokratie-Variationen, die Thomas Mann für angemessen, ja erstrebenswert hält; darunter finden sich allerdings einige, die den Begriffsrahmen strapazieren, wenn sie ihn nicht sogar sprengen.

Wenn er auf »[j]ene Demokratie, die unser Liberalismus bejaht« (13.1, 284) zu sprechen kommt und erläutert, bei ihr handele es sich um »soziale Freizügigkeit« als »Mittel zur aristokratischen Auslese«, die auch für ihn »eine staatstechnische Wünschbarkeit« (13.1, 285) darstelle, so referiert und stützt er eine Ansicht, die im genannten politischen Lager 1917 gängig wurde (das Prinzip fand auch in dem Ruf »Freie Bahn dem Tüchtigen!« Ausdruck).

Anders verhält es sich im Fall von Gleichsetzungen wie: »Demokratie ist nichts, als das Recht, sich als Patriot zu betätigen.« (13.1, 256) Oder wenn »die einzige wahre und wirkliche Rechtfertigung des politischen Demokratismus« erkannt wird in dem Grundsatz: »Wo es unmöglich ist, jedem das Seine zu geben, da soll man allen das Gleiche geben.« (13.1, 279) Hier wird Demokratie zur Metapher.

Und in wieder anderen Fällen ist selbst das Metaphorische nicht mehr einzusehen, z. B. in der Begrifflichkeit »Demokratismus des Herzens« (13.1, 486) und in der Wendung »Demokratie [...] kommt von oben« (13.1, 528). Sie haben mit Demokratie tatsächlich nur das Wort gemein, das in diesem Zusammenhang wohl die Rede eines »Gutsherrn« – »die anständigste und menschenwürdigste aller Lebensformen« (13.1, 473) – maskieren soll, der offenbar Probleme mit seinem Personal hat, denn: »Die Lösung der Dienstbotenfrage liegt völlig im Dunkel« (13.1, 526).

Immerhin: Thomas Mann weist auf das Problem des Begrifflichen hin, wenn er für nötig erachtet,

Stimmen zu unterscheiden und mit dem geistigen Gehör auseinander zu halten, die sich im Zeitlärm vermengen ... Es ist das Wort »Demokratie«, das zu solcher Unterscheidung und solchem polyphonen Hören zwingt, denn in diesem Wort vereinigen sich viele Stimmen der Zeit, – vereinigen sich zum Lärm und nicht zur Musik, denn sie wissen nichts voneinander. (13.1, 255)

Die unterschiedliche Verwendung und auch die unterschiedliche Bewertung des Demokratie-Begriffs in den *Betrachtungen eines Unpolitischen* tragen ihrerseits bereits ganz erheblich zu dem von dem Autor konstatierten »Lärm« bei.

Ein direkter Vergleich der Verwendung und Auslegung des Demokratie-Begriffs bei Thomas Mann und bei Heinrich Mann ist möglich im Fall ihrer kritischen Bemerkungen über eine Spekulationspraxis, die für eine Wirtschaft im Krieg typisch ist: das Wuchern.

In den *Betrachtungen eines Unpolitischen* ist zu lesen:

Die Spekulation, der Lebensmittelwucher im Kriege, – welches Geistes ist er denn, als der Demokratie, die Geld, Verdienst, Geschäft als oberste Werte eingeprägt hat: auch den Regierenden, deren grenzenlose Ehrfurcht vor dem Geschäft sie aufs äußerste zögern läßt, gegen die spekulative Frechheit einzuschreiten. (13.1, 264)

Heinrich Mann schreibt (bereits im Juni 1916) in sein Notizbuch über »Die Wucherer«:

Alles ist erlaubt, es herrscht völlige Freiheit im Materiellen, Jeder verdient wie er kann. Nur der Geist ist wegdekretirt.
Die Idee der Demokratie ist erfüllt, wie sie in Dtschld erfüllt werden kann, wo jede Idee ihre Vornehmheit verliert.
Parteien sind für die Dauer der grossen Zeit abgeschafft, es giebt nur noch, ohne Unterschied der Person, das Recht zu bluten, zu verdienen u. zu hungern. Resultat: alle gegen alle. Diese Demokratie ist eine Raubdemokratie, ungütig, unmenschlich, ungeistig, das Gegentheil der Idee, von der sie einst geboren ward. [10]

Bei beiden Empörung über das kriegsbedingte Handeln, und beide arbeiten hier mit einer Ausdehnung des Demokratie-Begriffs. Doch fundamental der Unterschied in der Bewertung der Begriffserweiterung: Heinrich Mann sieht

---

[10] Zit. nach: Veitenheimer: »Der Bürger und sein Krieg« (Anm. 3), S. 19.

im Wuchern eine Pervertierung der Idee von Demokratie am Werk, Thomas Mann dagegen erblickt darin gerade eine Konsequenz von Demokratie.

Die erste publizistische Äußerung Heinrich Manns nach dem Sturz des Kaiserreichs ist eine kollektive Kundgebung des Politischen Rats geistiger Arbeiter, die am 15. November 1918 in zwei Münchner Tageszeitungen erschien. Sie ist ein emphatisches Bekenntnis zu Freiheit und Demokratie; die Unterzeichner definieren sich dabei als »Demokraten in dem Sinn, daß wir das Recht, nicht die Macht lieben, und statt der Gewalt [...] die Menschlichkeit anrufen« (HMEP 3, 17).

Dann – auch das ist ein Befund: In den vier folgenden politischen Publikationen, die auf das kollektive Bekenntnis zur Demokratie folgen, verwendete Heinrich Mann den Begriff gar nicht, und das, obwohl alle vier Publikationen programmatischen Charakter im Hinblick auf den künftigen Staat haben. Kann es sein, dass er den Begriff, das Wort bewusst vermieden hat? Wenn ja, warum?

Der Begriff der Demokratie und auch der zunächst gewählte Begriff der Republik scheinen von den neuen Regierenden als nicht bindekräftig genug eingeschätzt worden zu sein. Wird Bayern am 8. November 1918 noch als »demokratische und soziale Republik«[11] proklamiert, so kann man in den *Münchner Neuesten Nachrichten* vom 11. November lesen: »Nicht mehr Republik, sondern Volksstaat nennen die Neuordner Bayern.«[12] Und in der Ausgabe vom 18. November heißt es in derselben Zeitung über den Begriff »Volksstaat«: »diese Bezeichnung der republikanischen Staatsform beginnt überall in Deutschland heimisch zu werden«[13]. Diese terminologische Verschiebung hat vielleicht einem Vorbehalt Rechnung getragen, wie er von Thomas Mann formuliert worden war, als er in den *Betrachtungen eines Unpolitischen* betont hatte, »wie sehr das gute und biedere Wort ›Volksstaat‹ sich nach Klang und Sinn von dem Worte ›Demokratie‹ mit seinen humbughaften Nebengeräuschen unterscheidet.« (13.1, 268)

Heinrich Mann jedenfalls spricht von »unsere[r] Republik« (HMEP 3, 20), vom »Staat, der uns allen gehört« (HMEP 3, 25), oder er drückt es bildhaft aus: »Wir gehen endlich mit dem Staate Hand in Hand.« (HMEP 3, 24) Auch ist in dieser Zeit einmal vom »Volksstaat« die Rede, allerdings ist der Terminus argumentativ gebunden als Gegenbegriff zum »Herrenstaat«; die Stelle lautet:

---

[11] Der Rat der Arbeiter, Soldaten und Bauern: An die Bevölkerung Münchens! In: Münchner Neueste Nachrichten, Jg. 71, Nr. 564, 8.11.1918, Morgen-Ausgabe, S. [1]. Die Proklamation wurde auch in zahlreichen anderen Organen publiziert sowie in öffentlichen Anschlägen verbreitet.

[12] Der erste Sonntag Münchens im Volksstaat, in: Münchner Neueste Nachrichten, Jg. 71, Nr. 569, 11.11.1918, Morgen-Ausgabe, S. 2.

[13] Einigung des Liberalismus auf demokratischer Grundlage, in: Münchner Neueste Nachrichten, Jg. 71, Nr. 582, 18.11.1918, Morgen-Ausgabe, S. [1].

Wir werden alle sehr viel arbeiten müssen, das steht fest; aber nicht wie früher, für einen Herrenstaat, der sich uns aufzwingt und den wir nur gerade ertragen, sondern für einen Volksstaat, um den wir selbst gekämpft haben, der unsere eigenste Sache ist, und den wir daher niemals im Stich lassen dürfen. (HMEP 3, 24)

So steht es in dem im Januar 1919 für das Reichsamt für wirtschaftliche Demobilmachung verfassten Text *Wir wollen arbeiten*.

Von Demokratie spricht Heinrich Mann erst wieder im März 1919 in seiner öffentlichen Antwort *An Henri Barbusse und seine Freunde*, in der er den Franzosen eine Annäherung und Versöhnung von Frankreich und Deutschland ankündigt, »denn«, so schreibt er, »auch wir sind von jetzt ab eine Demokratie.« (HMEP 3, 27)

Und am 8. Juni 1919 erscheint in der *Dresdner Volkszeitung* schließlich ein kurzer Artikel Heinrich Manns, dessen Titel selbst *Demokratie* lautet. Der Anfang des Textes liest sich wie eine Definition des Begriffs: »Das Volk mit seinen durchschnittlichen Fähigkeiten erwählt aus seiner Mitte eine große Anzahl Personen, die im ganzen nicht mehr und nicht weniger begabt sind als es selbst. Diese sollen es führen [...]« (HMEP 3, 31).

Im Anschluss warnt Heinrich Mann vor »großen Männern«; er schreibt: »Ein Volk irreführen und überanstrengen, das tun die großen Machtgenies, die wir – immer nur zu unserm Schaden – kennen gelernt haben.« (Ebd.) Und er behauptet, dass gerade »die Mittelmäßigkeiten der Demokratie« (HMEP 3, 32) den Staat vor Machtexzessen schützen. »Eine Demokratie bricht nicht nieder. Ihr ist kein einzelner das Verhängnis [...] Die Demokratie braucht die Lüge nicht. Ihre Skandale werden offen verhandelt [...]« (Ebd.).

In dem Text schwingt eine gewisse Nüchternheit mit, und Heinrich Mann fordert zur Geduld auf: »Alles ist heute noch ungewiß, aber wir werden künftig besser leben, das ist sicher. Ihr seht hinaus, weithin freie Wege, und was heute nicht erreichbar scheint, irgendein Morgen – wenn wir Geduld haben – verwirklicht es.« (Ebd.)

Weder Heinrich Mann noch Thomas Mann waren Politiker, aber sie waren politische Essayisten, der eine programmatisch, im Interesse einer Idee und im Bewusstsein der intellektuellen Verantwortlichkeit, für sie einzutreten, der andere reaktiv, im Interesse eines Zustands und in der Überzeugung, diesen verteidigen zu müssen.

Es scheint aussichtslos, in dem gesetzten Zeitraum Übereinstimmungen von Heinrich Mann und Thomas Mann in ihrem Verständnis von Demokratie zu finden. Und doch ist es eine Tatsache, dass Thomas Mann, der noch 1920 schrieb: »Möge ›Demokratie‹ das Wort der Stunde sein, – das letzte Wort Deutschlands ist es bestimmt nicht« (15.1, 293), 1922 unter dem Eindruck von Hans Reisigers Walt Whitman-Übersetzung eine positive Gleichsetzung von

Humanität und Demokratie vornehmen konnte (vgl. 15.1, 494) und in seinem Aufsatz *Von deutscher Republik* demokratische Positionen vertrat, die er Jahre zuvor bei seinem Bruder aufs schärfste kritisiert hatte. Als Heinrich Mann 1919 schrieb: »Wir gehen endlich mit dem Staate Hand in Hand.« (HMEP 3, 24), notierte Thomas Mann dazu in seinem Tagebuch: »Dummkopf« (Tb, 20.1.1919). 1922 konnte er selbst vom deutschen Staat schreiben: »In unsere Hände ist er gelegt, in die jedes Einzelnen; er ist unsere Sache geworden, die wir gut zu machen haben, und das eben ist die Republik – etwas anderes ist sie nicht.« (15.1, 525).

Bei seinem Eintreten für Republik und Demokratie zeigte Thomas Mann insofern Kontinuität, als er wieder für das Etablierte das Wort ergriff. Der Rest ist eine radikale Änderung der politischen Haltung und eine erstaunliche Umwertung des Begriffs der Demokratie.[14]

Bei Heinrich Mann ist nach den revolutionären Ereignissen nur eine Änderung des Akzents festzustellen. Er ruft nun nicht mehr so sehr ein idealistisches Demokratie-Verständnis auf, wie er es etwa in der Gleichsetzung des Begriffs mit »Liebe zur Menschheit« (BrHM, 173) oder mit »Menschenpflege« (HMEP 2, 148) getan hatte, sondern er betont die Notwendigkeit pragmatischer Arbeit, auch im Geistigen. Die rhetorische Frage, die er in dem mit der Anrede *Geistige!* überschriebenen Artikel[15] im September 1919 formuliert: »Demokratie war schöner, als sie nur ein Schlagwort der Opposition war?« (HMEP 3, 62), spricht die Gefahr an, dass die Geistigen, die Intellektuellen den Schritt vom Ideal zur Praxis des demokratischen Staates nicht gehen. Das bedeutet nicht, dass Intellektuelle zu politischen Akteuren werden sollen, sondern dass sie den demokratischen Aufbau auch in seinem langwierigen Prozess geduldig unterstützen mögen. Aus dem genannten Artikel geht hervor, was für Heinrich Mann nun das leitende Prinzip ist: »die arbeitende Vernunft, deren politischer Name Demokratie ist« (HMEP 3, 59).

---

[14] Thomas Manns Wendung war von dem Schweizer Publizisten Maurice Muret vorausgesehen worden; Muret hatte 1919 in seiner Studie *Les deux frères Mann* geschrieben: »Si la démocratie se montrait, à l'épreuve, supérieure à ce que dit Thomas Mann, si elle triomphait en Allemagne sans entraîner la révolution universelle, les esthètes et les bourgeois en éprouveraient tout d'abord quelque dépit, mais ils finiraient par se rallier à l'ordre nouveau. Alors on verrait Thomas Mann donner la main à Heinrich Mann.« Zit. nach: Maurice Muret: La littérature allemande pendant la guerre, Paris: Payot 1920, S. 70.
[15] Der Artikel erschien in der Münchner Zeitschrift *Der Wagenlenker* als Teilvorabdruck des Essays *Kaiserreich und Republik*, den Heinrich Mann in seiner Essaysammlung *Macht und Mensch* im Dezember 1919 publizierte.

Helmut Koopmann

Im Vorhof der Katastrophe

Was die Zwanzigerjahre zu erkennen gaben

Wenn wir uns die Frage stellen, wie das öffentliche Wirken von Heinrich und Thomas Mann zwischen 1918 und 1933 zu bewerten ist, dann ist die Antwort eindeutig. *Conclusio qua praefatio*: Heinrich und Thomas Mann haben das, was in den Zwanzigerjahren hochkam, vorausgesehen – wenn auch zuweilen reichlich spät. Aber schon Heinrich Manns Eintreten für die Abschaffung der Todesstrafe war zumindest indirekt auch eine Attacke auf das Parteiprogramm der Nationalsozialisten, die diese bereits 1920 forderten; 1926 nahm er den Kampf gegen die Vorboten der Bücherverbrennungen und Bücherverbote auf, und 1927 sagte er, dass die Verfolgung von Gesinnungen, die in den Hass auf Andersdenkende münde, das Gegenteil der Demokratie sei: auch das gerichtet gegen die heraufziehenden Diktatur. 1932 schrieb er über die Ausbeutung des Volkes durch die Nazis, 1934 über den »großen Mann«.[1] Es war unmissverständlich. Thomas Mann reagierte zunächst zögernder, fand aber 1929 starke Worte gegen das »chthonische Gelichter« der Nazis (IX, 245). 1930 und 1931 brandmarkte er die rückschlägige Bewegung, die in Deutschland zu Hause sei (XI, 877, 879; XII, 653). Doch die Warnungen verhallten ziemlich ungehört. Vor allem: Sie kamen zu spät.

Wir wollen diesen Befund, der nicht anzuzweifeln ist, einer Differenzialdiagnose unterziehen – und zugleich fragen, ob nicht die Intellektuellen in den Zwanziger- und frühen Dreißigerjahren das ihrige dazu beigetragen haben, dass es 1933 zur Katastrophe der sogenannten Machtergreifung kommen konnte. Anders gesprochen: Haben sich die Intellektuellen – in diesem Fall Heinrich und Thomas Mann – in Überlegungen bewegt, die den Nazis einige Einfallstore boten für deren Ideologie? Wieweit haben vor allem die fatalen *Betrachtungen eines Unpolitischen* mit dem romantischen Bild vom Kriege, mit der Verteidigung des Deutschen gegen alles Französische und gegen die Weltdemokratie dazu beigetragen, dass das Nationale so aufgewertet wurde und von den Nazis leicht für sich vereinnahmt werden konnte? Und wie ist die Rolle Heinrich und Thomas Manns in den Jahren nach 1918 zu bewerten?

---

[1] So die Überschrift eines Kapitels in Heinrich Manns *Der Hass. Deutsche Zeitgeschichte* aus dem Jahr 1933.

Wir wollen alle diese Fragen vom Ende des Zeitraums, vom Beginn der Drei-
ßigerjahre also, angehen. Und wir bedienen uns dazu einer Zeitanalyse, die
vieles von dem zusammenfasst, was gegen Ende der Zwanzigerjahre die Geister
bewegte: eines Buches von Ernst Robert Curtius. Curtius, der wohl bedeutendste Romanist des 20. Jahrhunderts, nahm damals intensiv teil an den »Debatten über das Engagement der Intellektuellen nach dem Ersten Weltkrieg«,[2]
er war mit Heinrich und Thomas Mann gut bekannt; Heinrich hat ihn 1927
zu den zehn repräsentativsten Schriftstellern der Zeit gezählt. Thomas Mann
erwähnte ihn mehrfach in seinen *Betrachtungen* und begann gegen Ende 1920
eine Korrespondenz mit ihm; Curtius schickte Thomas Mann regelmäßig seine
Arbeiten, darunter etwa *Die literarischen Wegbereiter des neuen Frankreich*
sowie *Maurice Barré und die geistigen Grundlagen des französischen Nationalismus*; in den Tagebüchern ist er von Oktober 1920 an häufig erwähnt.[3]
Alle drei haben gelegentlich sogar zusammen publiziert; sie gaben 1925 Stellungnahmen zu einer Umfrage zu *La littérature française jugée par les grands
écrivains étrangers* ab.[4] Heinrich Mann und Ernst Robert Curtius haben im
Übrigen gemeinsam an einer Tagung des P.E.N.-Clubs im Mai 1925 in Paris teilgenommen; 1927 unterschrieben Curtius, Heinrich Mann und Thomas
Mann einen Protest gegen die posthume Entmündigung eines ungarischen Mä-
zens und Stifters.[5] Curtius galt in der Öffentlichkeit neben Thomas Mann als
wichtiger Vertreter des »aufgeschlossenen deutschen Konservatismus«,[6] seine
Stimme hatte Gewicht – und das rechtfertigt sein Auftreten innerhalb unseres
Zusammenhangs.

   Curtius nun veröffentlichte 1932 einen schmalen Band mit dem Titel *Deutscher Geist in Gefahr*.[7] Das Vorwort verrät, wovon er handelt: »[v]on der Ge-
fährdung und Not des Geistes im heutigen Deutschland«.[8] Er sah deutlich,

---

[2] Dazu Ariane Martin in: Heinrich Mann. Essays und Publizistik. Bd. 4: 1926 bis 1929. Teil 2:
Anhang. Herausgegeben von Ariane Martin, Bielefeld: Aisthesis 2018 (= Heinrich Mann. Essays
und Publizistik. Kritische Gesamtausgabe. Herausgegeben von Wolfgang Klein, Anne Flierl und
Volker Riedel), S. 1206.

[3] Vgl. dazu Gundula Ehrhardt: »Meine natürliche Aufgabe in dieser Welt ist erhaltender Art«.
Thomas Manns kulturkonservatives Denken (1919–1922), in: TM Jb 16, 2003, S. 97–118, hier S. 110.

[4] Heinrich Mann: Essays und Publizistik. Bd. 3: November 1918 bis 1925. Teil 2: Anhang. Herausgegeben von Bernhard Veitenheimer mit Vorarbeiten von Barbara Voigt, Bielefeld: Aisthesis
2015 (= Heinrich Mann. Essays und Publizistik. Kritische Gesamtausgabe. Herausgegeben von
Wolfgang Klein, Anne Flierl und Volker Riedel), S. 890f.

[5] Vgl. Martin: Anhang (Anm. 2), S. 1278.

[6] So Veitenheimer: Anhang (Anm. 4), S. 780.

[7] Ernst Robert Curtius: Deutscher Geist in Gefahr, Stuttgart/Berlin: Deutsche Verlags-Anstalt 1933 (¹1932).

[8] Ebd., S. 8.

wo die Gründe dafür zu finden waren: in der »Bewegung«, in einem »neue[n]
nationalen Mythos«.[9] Sein Resümee:

De[r] neue deutsche[] Nationalismus [...] braucht das »Geistige« dem Mythos der Nation gar nicht mehr unterzuordnen, denn er bestreitet ihm überhaupt jedes Daseins-
recht. [...] Deutschland ist das erste Land, in dem der internationale Nationalismus eine
geschlossene Front gegen den Geist – auch den des eigenen Volkes [...] errichtet. Und
diese Geistgegner sind nicht Pöbelhorden, sondern ... Intellektuelle.[10]

Was in Deutschland zu beobachten sei, sei »der Abfall der Intelligenz von sich
selber«; sie sei auf nichts anderes aus als auf den »Verrat des Geistigen bis zum
logischen Ende seiner Selbstvernichtung«.[11] Was in seinem Buch folgt, interessiert in unserem Zusammenhang nicht – es geht um Bildung und Universitäten,
um deren Bildungsaufgabe. Curtius bewegt sich im Übrigen auf etwas dünnem
Eis, wenn von »unsere[n] Juden« gesagt wird, dass sie »zum überwiegenden
Teile und in maßgebender Betätigung der Skepsis und der Destruktion zuge-
schworen sind«.[12] Im Nachwort ist dann noch die Rede vom »feste[n] und ruhige[n] Glaube[n] an Deutschland und deutsche Sendung« – und vom »Glaube[n]
an den Geist«. Eine Kaste spielte für Curtius dabei allerdings keine Rolle: die
der Intellektuellen. Sie hatten, mit anderen Worten, versagt.

Die heute etwas amorph anmutende Schrift von Curtius steht am Ende einer
Entwicklung, die 1918 begann, und Curtius zieht schließlich eine betrübliche
Bilanz: Deutscher Geist in Gefahr. Aber Curtius gab seinen »festen und ruhi-
gen Glauben an Deutschland und deutsche Sendung« nicht auf, und er setzte
hinzu:

Er ist Bekenntnis und Treuegelöbnis zu unserem Volke, zu seinem Boden, seiner Sprache, seinem Reich. Nur so kann er einen und Gemeinschaft bilden. Er muß spontane
Bejahung, nicht reflektierte Lehre sein. Er muß mitreißen, nicht trennen. Wir müssen
in ihm leben, aber wir dürfen kein intellektuelles Programm aus ihm machen.[13]

Den festen Glauben an Deutschland und an eine deutsche Sendung hatten auch
andere, und vom »deutschen Geist«, den es zu bewahren gelte, vom »Treuegelöbnis zu unserem Volke« handelten konservative Kreise mit militaristi-
schem Einschlag und am Ende auch die Nazis. Sätze von Curtius wie »Wo werden wir vom Geheimnis nationaler Kraft berührt? Wo wir die Seele des Volkes
vernehmen«[14] würden sich auch in einer Goebbelsschen Propagandarede gut

---

[9] Ebd., S. 40.
[10] Ebd., S. 43.
[11] Ebd., S. 44.
[12] Ebd., S. 85.
[13] Ebd., S. 131.
[14] Ebd., S. 44.

ausnehmen. Im *Völkischen Beobachter* erschien allerdings eine vernichtende Rezension durch einen Nazi, in der davon die Rede war, dass Curtius sich mit seinem Buch selber »außerhalb des echten deutschen Volksgeistes« stellt, »von dessen Wesen er freilich auch wenig verspürt zu haben scheint«.[15] Curtius' Satz von der Seele des Volkes zeigt, wie leicht verfügbar derartige Parolen damals geworden waren. Aber nicht das soll uns hier beschäftigen.

Stellt man Curtius' Schrift in den Zusammenhang mit Überlegungen, wie sie etwa von Heinrich und Thomas Mann seit 1918 angestellt wurden, dann sieht es so aus, als habe Curtius eine fatale Entwicklung beschrieben, die 1918 begann und geradewegs in die 1932 längst absehbare Katastrophe von 1933 führte. Als gefährliche Kräfte in der damaligen Krise hat er benannt: das Misstrauen der Republik gegenüber und die »Lähmung« des »demokratische[n] System[s]«,[16] Geistfeindlichkeit[17] und schließlich die Intellektuellen. Dagegen setzt er auf einen »totale[n] Humanismus«,[18] der sich im Europa der Nachkriegszeit erneuern müsse.[19]

*

Wir sind damit wieder am Anfang angekommen: bei der Frage, wie das öffentliche Wirken Heinrich und Thomas Manns um und nach 1918 zu bewerten ist. Anders und allgemeiner gefragt: Haben die Intellektuellen, wie Curtius meinte, nach 1918 tatsächlich versagt, nicht rechtzeitig eingegriffen, mit bestimmten Ideenkomplexen der rechten Szene unwillentlich, aber doch sehr nachdrücklich vorgearbeitet? Wie steht es um Übereinstimmungen zwischen völkischen Parolen und dem Glauben an das »Deutsche«? Hier sollen natürlich keine Urteile gesprochen werden – es geht vielmehr um eine kritische Analyse des Gedankenpotenzials, wie es sich bei Heinrich und Thomas Mann in der Essayistik seit 1918 findet. Die Beschränkung auf die Brüder ist insofern legitim, da beide als die einzigen wirklich prominenten Sprecher dessen galten, was man damals »geistiges Deutschland« nannte – allen voran Thomas Mann mit seinen *Betrachtungen eines Unpolitischen*. Ihnen gilt zunächst unserer Aufmerksamkeit.

Die *Betrachtungen* waren eigentlich ein unmögliches Buch zu einem unglücklichen Zeitpunkt, aber sie hatten Erfolg: bis 1922 waren 24 Auflagen

---

[15] Zitiert in Ernst Robert Curtius: Elemente der Bildung. Aus dem Nachlaß. Hg. von Ernst-Peter Wieckenberg und Barbara Picht. Mit einem Nachwort von Ernst-Peter Wieckenberg, München: Beck 2017, S. 506.
[16] Curtius: Deutscher Geist (Anm. 7), S. 48.
[17] Ebd., S. 40.
[18] Ebd., S. 129.
[19] Ebd., S. 115.

erschienen. Ganz wohl war es Thomas Mann mit der Publikation dieser *Betrachtungen* bekanntlich nicht gewesen; am 6. Oktober 1918 hatte er notiert, dass er sich viele neue Gedanken gemacht habe, und: »Derjenige, das Buch zu unterdrücken u. posthum zu machen, gewann an Anziehung und Verwirklichungsmöglichkeit. [...] Ein Telegramm an Fischer zum Zweck der vorläufigen Inhibierung des Erscheinens wurde beschlossen« (Tb, 6. 10. 1918). Aber es kam zu spät: Die *Betrachtungen* waren bereits ausgeliefert. Ein allzu schlechtes Gewissen hatte er nicht, und er hatte schon vorher einiges getan, um sein Buch auszugsweise auf den Markt zu bringen: Bereits 1917 waren fünf Teildrucke bzw. Vorabdrucke veröffentlicht worden. Und danach verstärkte Thomas Mann seine Pressearbeit noch nachdrücklicher: Von 1918 bis 1926 kamen weitere zwölf Nachdrucke bzw. Auszüge hinzu, nicht wenige davon in Tageszeitungen. 1919 waren nur *Zwei Idyllen* erschienen und ein Jahr zuvor eben die *Betrachtungen*. Thomas Mann verdiente in diesem Jahr aber mehr als 100.000 Mark. »Der Verkauf der *Betrachtungen* war nach wie vor eindrucksvoll«, kommentierte das Klaus Harpprecht.[20] Der Lübecker Freundin Ida Boy-Ed schrieb Thomas Mann, dass das Buch im Publikum mehr Anklang finde, als er sich je habe träumen lassen: »Ich habe alle Hände voll zu thun, die Kundgebungen der Sympathie und Dankbarkeit zu beantworten« (22, 264). Das dürfte ihm aller Bedenken zum Trotz nicht unangenehm gewesen sein.

Man kann nur Mutmaßungen darüber anstellen, wie öffentlichkeitswirksam Thomas Manns Überlegungen tatsächlich waren; aber man darf davon ausgehen, dass sie in seiner bürgerlichen Leserschaft nicht unbeachtet blieben. Die diffusen, ungeordneten Kapitel der *Betrachtungen*, diese rhetorisch oft aufgeblähten und variantenreichen polarisierenden Auslassungen sollen in ihrem mäanderndem Gang hier nicht ausführlicher betrachtet werden; Harpprecht hat mit Recht von »Absurditäten« gesprochen und gesagt: »Gescheite Einsichten wechselten mit barem Unsinn«.[21] Heinrich Mann hatte in seinem *Zola*-Essay 1915 sein Urteil über seinen Bruder und dessen Repräsentationsbedürfnis schon vorab gefällt:

Durch Streberei Nationaldichter werden für ein halbes Menschenalter, wenn der Atem so lange aushält; unbedingt aber mitrennen, immer anfeuernd, vor Hochgefühl von Sinnen, verantwortungslos für die heranwachsende Katastrophe, und übrigens unwissend über sie wie der Letzte![22]

---

[20] Klaus Harpprecht: Thomas Mann. Eine Biographie, Hamburg: Rowohlt 1995, S. 478.
[21] Ebd., S. 415.
[22] Heinrich Mann. Essays und Publizistik. Bd. 2: Oktober 1904 bis Oktober 1918. Herausgegeben von Manfred Hahn unter Mitarbeit von Anne Flierl und Wolfgang Klein, Bielefeld: Aisthesis 2018 (= Heinrich Mann. Essays und Publizistik. Kritische Gesamtausgabe. Herausgegeben von Wolfgang Klein, Anne Flierl und Volker Riedel), S. 199.

Das war ebenso boshaft wie hellsichtig gesagt. In der Tat: Thomas Mann rannte mit, feuerte an, war vor Hochgefühl von Sinnen, sah nicht die heranwachsende Katastrophe.

Der Komplex des »Deutschen«

Versucht man, die *Betrachtungen* auf einige offenbar in die Zwanzigerjahre hineinwirkende Themen zu reduzieren, so nimmt der Komplex des »Deutschen« eine prominente Stellung ein. Vom »Deutschen« ist überall die Rede, aber es ist eine vage Größe, nicht zuletzt deswegen, weil sich das Deutsche bei Thomas Mann gerne mit der »deutschen Seele« (13.1, 60) verbindet, vor allem aber mit »Romantik«; Eichendorffs *Taugenichts* ist für Thomas Mann »wahrhaftig, der deutsche Mensch« (13.1, 414). Dabei ist »Romantik« so wenig literarisch wie historisch fixiert; wenig später enthält für ihn das Werk des deutschen Komponisten Hans Pfitzner »Formel und Grundbestimmung aller Romantik« (13.1, 461). Aber »Romantik« ist nur ein Teil des Deutschen, wenn auch ein entscheidender – bei genauerem Hinsehen zeigt sich, dass es sich um ein Konglomerat aus unterschiedlichsten Ingredienzien handelt: Das »Deutsche« ist teilweise historisch begründet, teilweise musikalisch, teilweise soziologisch (als »das Bürgerliche«), teilweise anthropologisch (der deutsche Mensch), teilweise autobiografisch, teilweise philosophisch (Nietzsche), teilweise nationalistisch (das böse Frankreich), teilweise propagandistisch (es galt, gegen die Feinde Deutschlands zu Felde zu ziehen), teilweise moralistisch (die *Betrachtungen* ein »Gewissenswerk«, »ich will alles sagen« [13.1, 462]), teilweise argumentiert Thomas Mann auch einfach nur irrational. Etwas Kontur bekommt der Komplex des Deutschen erst dort, wo er aus seinem Gegensatz heraus definiert wird, also wo das Deutsche als Verteidigung gegen alles »Westliche« mobilisiert wird, für das vor allem die essayistischen Proklamationen seines Bruders Heinrich stehen.

Diese Unschärfe dessen, was »das Deutsche« denn nun sei, machte Thomas Manns Vorstellungen nicht nur angreifbar, sondern auch missbrauchsfähig. Anders gesagt: Sie öffneten mehr oder weniger irrationalen, oft aggressiven Vorstellungen vom Wesen des »Deutschen« die Tür für Indienstnahmen durch politische oder weltanschauliche Positionen. Die ließen, wie Gundula Ehrhardt gezeigt hat, nicht auf sich warten: Thomas Mann wurde 1919 für die »Konservative Revolution« durch Heinrich von Gleichen in Anspruch genommen, der konservative Berliner Ring-Kreis lud ihn zum Beitritt ein;[23] Alfred Baeumler, später ein nationalsozialistischer Ideologe, rühmte Thomas Manns

---

[23] Ehrhardt: Kulturkonservatives Denken (Anm. 3), S. 99.

Betrachtungen als »das repräsentative Buch des geistigen Augenblicks«.[24] Die Nazis hatten es leicht, sich derartige Nationalvorstellungen zunutze zu machen, wenn es um »das Deutsche« ging. Vor allem mit Thomas Manns Verständnis dessen, was »Romantik« sei, begann, so Hermann Kurzke in seinem Buch über *Romantik und Konservatismus*, »die Traditionslinie, die in den Nationalsozialismus mündete«. Lernfähig war der Verfasser der *Betrachtungen* nicht; mochte das Eintreten für das »Deutsche« in den frühen Kapiteln der *Betrachtungen* noch verständlich sein, so ist eigentlich unbegreiflich, wie Thomas Mann noch 1918 in seiner *Vorrede* den Krieg als Krieg »der ›Zivilisation‹ gegen Deutschland« (13.1, 36) bezeichnen und vom »unsterblich wahren Gegensatz von [...] Deutschtum und Zivilisation« sprechen konnte. Der Historiker Fritz Stern hat auf den Einfluss von Paul de Lagarde auf Thomas Mann hingewiesen;[25] Lagarde, von Thomas Mann mehrfach in den *Betrachtungen* erwähnt und von ihm zu den »große[n] Deutsche[n]« gerechnet (13.1, 140; vgl. auch 13.1, 300), hatte sich gegen das allgemeine Stimmrecht ausgesprochen (13.1, 299) und setzte sich für ein nationales deutsches Christentum ein, polemisierte »gegen Materialismus, Liberalismus und Judentum und stand später beim Nationalsozialismus in hohem Ansehen«.[26] Fritz Stern brachte den Verfasser der *Betrachtungen* nicht ohne Grund auch in die Nachbarschaft von (dem nur ein Jahr jüngeren) Arthur Moeller van den Bruck und Julius Langbehn;[27] van den Bruck, von Thomas Mann in seinen Tagebüchern mehrfach lobend erwähnt, war Verfasser des 1931 erschienenen Buches *Das Dritte Reich*, dessen Titel sinnentstellt von den Nazis in Beschlag genommen wurde, Langbehn der Verfasser des deutschtümelnden Traktats *Rembrandt als Erzieher*, in dem germanisches Recht gegen römisches Recht als diesem überlegen ausgespielt wurde.[28] In Frankreich wurden die *Betrachtungen* mehrfach kritisch rezensiert (dazu 13.2, 91 f.). Edmond Vermeil rückte in seinem Buch *Doctrinaires de la Révolution Allemande* noch 1938 Moeller van den Bruck, Thomas Mann, Hermann Graf Keyserling und Walter Rathenau in die Nähe Hitlers, Rosenbergs und Goebbels. Vermails Buch dürfte das späte Bild der *Betrachtungen* in Frankreich entscheidend mitbestimmt haben (ebd.).

[24] Ebd., S. 107.
[25] Harpprecht: Thomas Mann (Anm. 20), S. 438.
[26] Dazu Peter de Mendelssohn in seinem Kommentar zu Thomas Mann: Tagebücher 1918–1921, Frankfurt/Main: Fischer 1979, S. 811.
[27] Fritz Stern: The Politics of Cultural Despair. A Study in the Rise of the Germanic Ideology, Berkeley/Los Angeles/London: University of California Press 1974, S. 196, S. 206 f., S. 289; vgl. Harpprecht: Thomas Mann (Anm. 20), S. 438.
[28] Dazu Walter Müller-Seidel: Justizkritik im Werk Heinrich Manns. Zu einem Thema der Weimarer Republik, in: Heinrich Mann. Sein Werk in der Weimarer Republik. Zweites Internationales Symposium Lübeck 1981. Hg. von Helmut Koopmann und Peter-Paul Schneider, Frankfurt/Main: Klostermann 1983, S. 103–127, hier S. 108.

Der Komplex der »Politik«

Schon der Titel der *Betrachtungen* war Programm. Der »Politik« ist in den *Betrachtungen* ein eigenes, das längste Kapitel gewidmet. Der Politiker ist im Gegensatz zum »Ästheten« (13.1, 248) für den Verfasser der *Betrachtungen* im Fahrwasser Nietzsches »ein niedriges und korruptes Wesen, das in geistiger Sphäre eine Rolle zu spielen keineswegs geschaffen ist« (13.1, 252 f.). Besonders ausfallend sind seine Bemerkungen zum »Zivilisationspolitiker« (13.1, 317) – Bruder Heinrich ist gemeint, gegen den ja die *Betrachtungen* durchgängig gerichtet sind. Kunst und Politik, so Thomas Mann, gehören grundsätzlich verschiedenen Sphären an, und seine Definition lautet entsprechend: »Politik ist das Gegenteil von Ästhetizismus« (13.1, 243). »Ästhetizismus« ist für ihn mit positiven Namen besetzt: mit Schiller, Flaubert, Schopenhauer, Tolstoi, Strindberg. Das Phänomen des Ästhetizismus wird also personalisiert – und umgekehrt ist »Politik« für Thomas Mann am besten von der Personalisierung des »Zivilisationsliteraten« her zu charakterisieren. Für den steht der Bruder. Eng zusammen mit seiner Attacke auf alles Politische hängt die Kritik an der Demokratie als einem undeutschen Phänomen und am allgemeinen und gleichen Wahlrecht (13.1, 290) zusammen – für Thomas Mann »westliche« Phänomene, in der Nachfolge Nietzsches und dessen Diffamierung des »Zahlenblödsinn[s] und [des] Aberglauben[s] an Majoritäten« als etwas »[L]ateinisches« (13.1, 299). Das geht bis zum oft schon zitierten »Fort also mit dem landfremden und abstoßenden Schlagwort ›demokratisch‹! Nie wird der mechanisch-demokratische Staat des Westens Heimatrecht bei uns erlangen« (13.1, 304). In der Nähe findet sich ein Satz, der sich auch in einem nationalsozialistischen Parteiprogramm gut ausnehmen würde: »Der Wille eines historisch aufsteigenden Volkes ist eins mit seinem Schicksal« (13.1, 292). Die Absage an alles Politische dürfte in bürgerlichen Lesekreisen durchaus vernommen worden sein, auch jene Warnung: »Die Kunst politisiert, der Geist politisiert, die Moral politisiert, der *Begriff*, alles Denken, Fühlen, Wollen politisiert – wer möchte leben in solcher Welt?« in dem Kapitel *Von der Tugend* (13.1, 428). Unmittelbar darauf wird der allzu patriotische Heinrich von Treitschke zitiert als »ein Deutscher […], dessen Deutschtum eben es ihm unmöglich macht, den Freiheitsgedanken auch nur auf einen Augenblick im Politischen aufgehen zu lassen« (ebd.).

Schließlich: der Komplex des »Intellektuellen«

Vom »Intellektuellen« ist in den *Betrachtungen* nur sporadisch die Rede, aber an der negativen Konnotation kann kein Zweifel sein. Ein Intellektueller ist (schon zu Beginn der *Betrachtungen*), »wer geistig aufseiten der Zivilisations-Entente gegen den ›Säbel‹, gegen Deutschland ficht« (13,1, 66). Er spricht von der »intellektualistischen Zersetzung des Deutschtums« (13.1, 111). Künstlertum hat nichts mit Intellektuellem zu tun – wenn doch, dann ist es »ein falsches, halbes, intellektuelles, gewolltes und künstliches Künstlertum« (13.1, 594). Eine leichte Kehrtwendung in der Bewertung des Intellektuellen lässt allenfalls das letzte Kapitel der *Betrachtungen* erkennen, das über »Ironie und Radikalismus« geht: da wird Ironie als eine Form des intellektuellen Radikalismus definiert, und Thomas Mann versteigt sich sogar zu der Formel vom »ironische[n] Konservativismus« als »intellektualistische[m] Konservativismus« (13.1, 634). Das ist rhetorische Seiltänzerei. Das letzte Kapitel ist Ende 1917 entstanden; da deutete sich schon Gegenwind an, und Thomas Mann begann, sein Mäntelchen nach dem Winde zu drehen.

Der Kampf gegen alles Intellektuelle wird aber auch noch unter einem anderen Namen geführt: Da sind die ebenso variationsreichen wie maßlosen Attacken auf den »Zivilisationsliteraten«, und dass das eine mit dem anderen *in politicis* identisch ist, sagt der Satz: »Unser politischer Intellektueller, der Zivilisationsliterat, ist ein solcher Typus« (13.1, 417) – gemeint ist ein »geistiger Typus [...], der alle Merkmale des Jakobinertums vollkommen reproduziert« (ebd.). Der Literat war ohnehin verdächtig, weil ihn nicht das ausmachte, was den »Künstler« bestimmte; Zivilisation aber war identisch mit Frankreich, mit Demokratie, war, mit einem Wort, undeutsch, und so ist denn der Zivilisationsliterat eigentlich nur eine gesteigerte Version des Intellektuellen – mit negativem Akzent versehen. Ein Synonym für den Zivilisationsliteraten ist »Rhetor-Bourgeois«; der habe zwar Geist besessen, aber einen »von so bösartiger Hochherzigkeit«, dass er geradezu kriegsgefährlich gewesen sei (15.1, 450). Heinrich ist gemeint.

Es ist hier nicht der Ort, im einzelnen die Pirouetten zu verfolgen, die Thomas Mann rhetorisch um den Zivilisationsliteraten dreht. In unserem Zusammenhang ist bedeutsam, dass der Begriff des Intellektuellen so eindeutig negativ konnotiert ist, dass er zum Schimpfwort werden konnte – nicht nur bei den Nazis, sondern in der breiteren Öffentlichkeit; auch Curtius zog noch 1932 gegen die »nationalistischen Intellektuellen« zu Felde. Die Zuordnung des Intellektuellen zum Französischen, zur Demokratie, zum Parlamentarismus entwickelte eine gefährliche Sprengkraft bis hin zu jenem nationalistischen Universitätsroman, den Curtius erwähnt und in dem sich der Satz findet: »Der Intellekt ist eine Gefahr für die Bildung des Charakters«.[29] Das sei ein vergröberter »Niederschlag einer weitverbreiteten Lebensstimmung«. Selbst der preußische Kultusminister Becker warnte vor »einseitiger Intellektbildung«.[30]

---

[29] Curtius: Deutscher Geist (Anm. 7), S. 20.
[30] Ebd.

Da konnte der Irrationalismus wahre Feste feiern. Das Deutsche als das Romantische, dieses wiederum verstandesfern, gefühlsbetont, in der Seele beheimatet – das war korrelativ zur Kritik am Intellektuellen zu verstehen. Es waren die zwei Seiten einer Medaille.

Doch die Zeiten änderten sich, und wir wissen, wie es weiterging. Thomas Mann musste sich rechtfertigen. Schon 1920 machte er in seinem Brief an Hermann Graf Keyserling eine abrupte Kehrtwendung: das Hauptproblem sei jetzt die »Wiederverknüpfung von Geist und Seele« (15.1, 285) – von Politik keine Rede mehr. 1921 lobt er ein Buch des zum George-Kreis gehörenden Oscar Schmitz über *Das rätselhafte Deutschland*, weil dieses verkündete, in den *Betrachtungen* sei »deutsches Wesen, ohne das mindeste von seinem Gehalt aufzugeben, Europa gültig geprägt« (15.1, 421f.).[31] Da nahm ein anderer die Umkodierung der *Betrachtungen* vor, sehr zum Einverständnis Thomas Manns. In *Von deutscher Republik* von 1922 verteidigt er sich dann selbst gegen den Vorwurf eines »Gesinnungswechsel[s]« (15.1, 583) und behauptet, dass sein neuer »republikanische[r] Zuspruch« (15.1, 584) die Linie der *Betrachtungen* gradlinig und ohne Bruch ins Heutige fortsetze und mehr noch: er habe sie, die Republik, bereits 1914 »in den Herzen der Jugend« hergestellt (15.1, 585). Seine Verdrehungen sind atemberaubend: Wagners *Meistersinger*, eben noch als deutsch gerühmt, sind jetzt, »durch und durch, demokratisch« (15.1, 529), die vorher so geschmähte Republik erscheint als »Einheit von Staat und Kultur« (15.1, 532), und dann der Schluss-Ruf: »Es lebe die Republik« (15.1, 559). 1922 erteilt Thomas Mann sich selbst eine weitere Absolution seiner *Betrachtungen*: in seinem Aufsatz *Über das Problem der deutsch-französischen Beziehungen*. Der Essay von Curtius über *Deutsch-französische Kulturprobleme* lieferte Gedankenmaterial. Curtius plädierte für eine Synthese von Nationalem und Internationalem, von Deutschem und von Europäischem – das »Deutsche« sollte nicht aufgegeben werden, sondern eine Symbiose mit dem Europäischen eingehen. »Humanität« war die vage Formel für das Neue, in dem das Alte nicht untergegangen war; Humanität hatte mit Moral zu tun, nicht mehr mit Politik. 1924 heißt es in einer Antwort auf eine Rundfrage einer dänischen Zeitung: »Krieg und Revolution haben mich in der Überzeugung gefestigt, daß die Frage des Menschen nie und nimmer politisch, sondern nur seelisch-moralisch zu lösen ist« (15.1, 721). Es sieht so aus, als habe Ernst Robert Curtius in seinem Buch *Deutscher Geist in Gefahr* diese Formulierung Thomas Manns genutzt; er schrieb von Gegensätzen, »die allenfalls in geistiger, keinesfalls in politischer Auseinandersetzung zu klären sind«.[32]

---

[31] Dazu auch Harry Matter, in: Thomas Mann: Aufsätze, Reden, Essays. Hg. und mit Anmerkungen versehen von Harry Matter, Berlin/Weimar: Aufbau 1986, Bd. 3: 1919–1925, S. 770.
[32] Curtius: Deutscher Geist (Anm. 7), S. 25.

Ja, die alten Mächte waren weggewischt, vom »Schicksal« beseitigt (15.1, 525), wie Thomas Mann dunkel formulierte, und nun galt es, erneut Witterung aufzunehmen und Kurs zu halten. Plötzlich war auch die deutsche Romantik, deren Irrationalität und Gefühlsintensität in den *Betrachtungen* so stark verteidigt worden war, »eine ausgemacht intellektuelle Kunst- und Geistesschule« (15.1, 544), war Demokratie plötzlich identisch mit »Fortschritt« (15.1, 545) – Nietzsche war verdrängt. Dann ist noch die Rede von der »Metamorphose des Geistes [...] an deren Anfang die Sympathie mit dem Tode, an deren Ende der Entschluß zum Lebensdienste steht« (15.1, 558). Es ist eine Kurzformel für das, was im *Zauberberg* dann mehr oder weniger gleichzeitig verhandelt wird. Eines ist geblieben: die Attacke auf den »Bolschewismus« (15.1, 683). Das hatte er immerhin mit den Nazis gemeinsam.

Eine Kehrtwendung, der Umschwung wortreich vernebelt. Ein wildes rhetorisches Feuerwerk am Geisteshimmel; es ging wohl nicht anders, wollte man im literarischen Geschäft bleiben, und wie sehr alle diese Formulierungen an den Haaren herbeigezogen sind, kann man an der Rede von der »Mitte« erkennen, in der das Menschliche beheimatet sei. In der Mitte sei des *homo dei* Stand, heißt es später auch im *Zauberberg*. Doch »Mitte« ist eine leere Formel, steht weder für das eine noch für das andere. Das »Deutsche« war weiterhin subkutanes Thema: vom »deutschen Wesen« und vom »deutschen Volkstum« (15.1, 724), vom »Glauben an Deutschland und an die Zukunft« (15.1, 785), vom »Deutschen Volk« war auch anderswo noch die Rede (15.1, 529). 1923 meinte er in seiner Gedenkrede auf Rathenau, »daß Republik etwas wunderbar und vollendet Deutsches, ja die Vollendung deutscher Menschlichkeit bedeuten könne« (15.1, 678).

Also ein erneutes Bekenntnis zur Republik – es war nötig, denn sein Vortrag *Von deutscher Republik* von 1922 war nicht gut aufgenommen worden, das deutsche Bürgertum und die Jugend waren so kaum für einen republikanischen Staat zu gewinnen. Thomas Mann muss, wie Harry Matter das richtig gesehen hat,[33] damals wohl erkannt haben, dass die Bedrohung der Demokratie nicht zuletzt von einem romantischen Nationalismus ausging, für den auch er sich ins Zeug gelegt hatte – und deswegen wurde die Romantik hier nicht mehr mobilisiert, Goethe trat an die Stelle von Novalis. Alles im allem war das Eintreten für die Republik nach dem, was Thomas Mann in seinen *Betrachtungen* gegen die Republik ins Feld geführt hatte, aber doch wohl nur halbherzig, rhetorisch aufgebläht, oder, anders gesagt, ziemlich wirkungslos. Noch 1942 gab er zu, es sei ein Fehler gewesen, »der Demokratie einen Schimmer von Heimatlichkeit zu verleihen, indem ich sie an die deutsche Romantik anknüpfte« (XIII, 174).

---

[33] Dazu Matter: Thomas Mann (Anm. 31), S. 804.

Hatte da ein Intellektueller versagt? Ja, vielleicht, ein wenig. Thomas Mann ließ dennoch keine Gelegenheit aus, wenn es darum ging, seine *Betrachtungen* nachträglich zu rechtfertigen – oder sie zumindest auf die neuen Verhältnisse hin umzuwerten. Eine solche vorerst letzte Verteidigung findet sich in dem Aufsatz über *Kultur und Sozialismus*, 1928. Es ist fast so etwas wie ein Rückfall ins Alte: Da geht er noch einmal mit seinen Kritikern ins Gericht, erklärt, dass »die Einerleiheit von Politik und Demokratie« so etwas wie »natürliche Undeutschheit« gewesen sei, und spricht von der »natürliche[n] Fremdheit des deutschen Geistes gegen die Welt der Politik oder Demokratie« (XII, 641); »in politischer Sphäre« müsse »die republikanisch-demokratische Staatsform als land- und volksfremd, als unwahr und seelisch wirklichkeitswidrig« verworfen werden (XII, 643). Dann noch ein kleiner antisemitischer Seitenhieb:

Der deutsche Sozialismus, Erfindung eines in Westeuropa erzogenen jüdischen Gesellschaftstheoretikers, ist von deutscher Kulturfrömmigkeit immer als landfremd und volkswidrig, als Teufelei pur sang empfunden und verflucht worden: mit Fug, denn er bedeutet die Zersetzung der kulturellen und antigesellschaftlichen Volks- und Gemeinschaftsidee durch die der gesellschaftlichen Klasse. (XII, 646f.)

Das Vokabular ist entlarvend: jüdischer Gesellschaftstheoretiker, landfremd, Zersetzung der Volks- und Gemeinschaftsidee: So etwas tauchte auch anderswo vor und nach 1933 auf. Haben wir recht gehört? Ja, wir haben.

*

Die Bilanz Heinrich Manns sah anders aus. Heinrich Mann hat sehr viel stärker als sein Bruder auf die Politik in der Weimarer Republik schon früh Einfluss zu nehmen versucht. Er ging zwar mit der Republik durchaus ins Gericht, war von ihrer Entwicklung enttäuscht, vor allem 1923. Aber er sah sich durchaus in Anspruch genommen, sah auch die Intellektuellen in der Pflicht – was seine Begeisterung für Eisner erklärt,[34] aber auch jene Formel vom Intellektuellen, »der zur Gewalt greift« – so 1924. Sein Essay *Geist und Tat* war eine Aufforderung zur Politisierung des Schriftstellers; er hat an der Parole *Geist und Tat* zäh festgehalten, und das ging bis zum Formelhaften, bis zu seinem »Geist ist Tat«: Heinrich Mann fürchtete (nicht zu Unrecht), dass die Republik sich den Nazis ausliefere, wenn die Intellektuellen sich passiv verhielten,[35] und hat im-

---

[34] Dazu Hans-Jörg Knobloch: »Der Schriftsteller ist Führer jeder Demokratie«. Heinrich Mann, die Expressionisten und die Weimarer Republik, in: Ders.: Endzeitvisionen. Studien zur Literatur seit dem Beginn der Moderne, Würzburg: Königshausen & Neumann 2008, S. 55–66, hier S. 58.
[35] Ebd.

mer wieder vor der braunen Gefahr gewarnt.[36] Doch der Vorwurf, er habe mit seiner Republik-Kritik diese unterhöhlt, dürfte nicht zutreffen.

Seine Republik-Vorstellungen gehören in den größeren Kontext der Vorstellungen Heinrich Manns von einer »geistige[n] Erneuerung Deutschlands«[37] und in den seines »Glauben[s] an die Zukunft des deutschen Geistes durch seine große Vergangenheit«.[38] Das war bereits 1918 gesagt. Für demokratische Verhältnisse hatte er sich schon vor dem Ersten Weltkrieg ausgesprochen und eine republikanische Verfassung gefordert.[39] Die Radikalisierungen Anfang 1919 sah er mit Skepsis, denn da war Gewalt im Spiel, und das war nicht das, was er unter einer »civilen, humanen Republik« verstand.[40] Was Heinrich Mann schon früh störte, war ein gewisser »gefühlsmäßiger Nationalismus«, den er beobachtete – dagegen setzte er einen »Bund der Geistigen aller Völker«[41] – so bereits im März 1919. Die Mitwirkung des Geistigen sah er in Kurt Eisner möglich geworden – und damit so etwas wie das Eingreifen eines »Literaten« in die Politik.[42] Eisner war für ihn »der erste wahrhaft geistige Mensch an der Spitze eines deutschen Staates«,[43] und Heinrich Mann erkannte ihm »den ehrenvollen Namen eines Zivilisations-Literaten« zu:[44] da war das auf den Bruder gemünzte Schimpfwort Thomas Manns zu einem Ehrentitel umfunktioniert worden. Heinrich Mann war auch einer der ersten, der 1919 in *Kaiserreich und Republik* mit dem Kaiserreich ins Gericht ging. Er sah den Beginn des Niedergangs im deutschen Sieg von 1870 – damals hätten Wissende noch gelebt, die diesen Sieg als eine nationale Katastrophe begriffen. Schuldig sei aber auch das »bürgerliche[ ] Deutschland«,[45] das sich für die »Macht« missbrauchen ließ.[46] Damals kam, so Heinrich Mann, schon das »Alldeutschtum« hoch und mit ihm deren »militärische und industrielle Nutznießer«.[47] Nicht mehr Nietzsche, sondern Wagner bediente das Deutschtum »[i]n Gestalt von Zaubermännern mit Schwanenhelmen«,[48] wie Heinrich Mann sarkastisch schrieb.

---

[36] Ebd., S. 65.
[37] Heinrich Mann: Essays und Publizistik. Bd. 3: November 1918 bis 1925. Teil 1: Texte. Herausgegeben von Bernhard Veitenheimer mit Vorarbeiten von Barbara Voigt, Bielefeld: Aisthesis 2015 (= Heinrich Mann. Essays und Publizistik. Kritische Gesamtausgabe. Herausgegeben von Wolfgang Klein, Anne Flierl und Volker Riedel), S. 24.
[38] Ebd., S. 20.
[39] Dazu Veitenheimer: Anhang (Anm. 4), S. 406.
[40] Ebd., S. 407.
[41] Heinrich Mann: Essays und Publizistik. Bd. 3 (Anm. 37), S. 40.
[42] Ebd., S. 29.
[43] Ebd., S. 30.
[44] Ebd.
[45] Ebd., S. 37.
[46] Ebd., S. 39.
[47] Ebd., S. 42.
[48] Ebd., S. 46.

Die Revolution von 1918: aus der Retrospektive »schwach und von kurzem Atem«.[49] Aber da war noch mehr. 1920 schrieb er an gegen die »jetzt versuchte Judenhetze«,[50] im September 1922 warnte er vor dem Faschismus.[51] 1923 bekam sein Glaube an die Macht des Geistigen allerdings Risse; er konstatierte wie Curtius wenig später den Niedergang des »Geistig-Sittliche[n]«,[52] sah überall ein Aufkommen von Extremismen, was ihn nicht abhielt, zu fordern: »Politik ist Angelegenheit des Geistes«.[53] 1923 erschien *Europa, Reich über den Reichen*.[54] Im August 1923 dann die *Diktatur der Vernunft*, der öffentliche Brief an Stresemann als ein Appell für die »soziale Demokratie«, auch ein Kampf gegen den frühen »Hochkapitalismus« nach dem Ende des Krieges,[55] gegen die Macht der Schwerindustrie und die der Großkonzerne, die spätestens 1921, so sah Heinrich das, »die deutsche Politik maßgeblich bestimmten«.[56] Er konnte damals noch nicht ahnen, dass dieser Hochkapitalismus bald darauf den Nazis mit zur Macht verhelfen würde. 1925 und 1926 nachdrückliche Justizkritik wie im Fall des vermutlich unschuldig hingerichteten Landarbeiters Jakubowski.[57] Er war nicht der einzige, der sich gegen die Todesstrafe aussprach; »Mord bleibt Mord, auch wenn er verstaatlicht wird«, schrieb Hermann Bahr.[58] Und Heinrich: »Ich halte dafür, daß das Menschengeschlecht verantwortlich zu machen ist für Alles, was es hervorbringt. Wenn es auf seine großen Männer stolz sein möchte, soll es gefälligst auch seine Verbrecher leben lassen.«[59] Dazu Heinrich Manns wiederholte Stellungnahmen gegen die Zensur, gegen das Gesetz »gegen Schmutz und Schund«,[60] gegen die *lex Heinze*. Sein Glaube an die Demokratie war nicht zu erschüttern, 1925 machte er sogar eine kühne Prophezeiung, die sich leider nicht bewahrheiten sollte: »Voraussichtlich wird Deutschland niemals einen Diktator erleben«.[61] Das werde »eine etwas reife bürgerliche Gesellschaft« zu verhindern wissen und eine Jugend, an die er glaube.[62] Im April

---

49 Heinrich Mann: Essays und Publizistik. Bd. 3 (Anm. 37), S. 98
50 Ebd., S. 79.
51 Ebd., S. 123.
52 Ebd., S. 153.
53 Ebd., S. 155.
54 Ebd., S. 167–191.
55 Ebd., S. 213.
56 Dazu Veitenheimer: Anhang (Anm. 4), S. 411.
57 Dazu Heinrich Mann: Jakubowski, in: Heinrich Mann. Essays und Publizistik. Bd. 4: 1926 bis 1929. Teil 1: Texte. Herausgegeben von Ariane Martin (= Heinrich Mann. Essays und Publizistik. Kritische Gesamtausgabe. Herausgegeben von Wolfgang Klein, Anne Flierl und Volker Riedel), Bielefeld: Aisthesis 2018, S. 245–249.
58 Dazu Müller-Seidel: Justizkritik (Anm. 28), S. 124.
59 Ebd.
60 Ebd., S. 119.
61 Heinrich Mann: Essays und Publizistik. Bd. 3 (Anm. 37), S. 283.
62 Ebd., S. 286.

1927 dann aber ein desolates Bild in seinem Essay *Deutsche Republik*.[63] In ihr hat sich »Geisteshaß« ausgebreitet, Geisteshass als »sozialer Haß«.[64]

*

Was führte dann in die endgültige Katastrophe? Große Teile der Arbeiterschaft waren naturgemäß nicht zu erreichen gewesen für Botschaften, wie Thomas und Heinrich Mann sie verkündeten. Auch das Bürgertum, soweit es noch existierte, hat wohl kaum hingehört. Das, was unter dem »Geistigen« als Bollwerk gegen den Faschismus propagiert wurde, war nicht kommunizierbar gewesen dort, wo es politisch hätte wirken können. Unter »Humanismus« verstand jeder etwas anderes. Ohnmacht des Intellektuellen, des »Geistigen«? Vielleicht, vielleicht auch. Die Nazis haben das freilich anders gesehen und hätten Heinrich und Thomas, wären sie ihrer habhaft geworden, ihrer Gefährlichkeit wegen sofort ins KZ gesteckt. So hatten sie beide denn doch ihre Wirkung – wenn auch verspätet, und wenn auch anders als erwartet.

[63] Heinrich Mann: Essays und Publizistik. Bd. 4 (Anm. 57) S. 112–114.
[64] Ebd., S. 113.

Urte Stobbe

Der Adel am Ende – am Ende doch Adel

Zur Adelsdarstellung in Thomas Manns *Königliche Hoheit*
und Heinrich Manns *Der Untertan* in Gegenlektüren

Thomas und Heinrich Mann waren ein ungleiches Brüderpaar, auch in ihrem literarischen Werk. Selbstredend ist es keine Seltenheit, dass sich Geschwister in familiären Konstellationen unterschiedlich entwickeln, doch legen Soziologen wie Pierre Bourdieu und Andreas Reckwitz eine andere Sichtweise nah. Sie gehen, wenn auch mit unterschiedlicher Stoßrichtung, davon aus, dass die soziale Herkunft in künstlerischer und in habitueller Hinsicht eine wichtige Rolle bei der Ausbildung von Geschmacks- und Handlungspräferenzen spielt. Bourdieu hat am Beispiel der französischen Literatur und Malerei exemplarisch gezeigt, in welch hohem Maße sich z. B. die Wahl des Genres und die Ausrichtung auf ein bestimmtes Zielpublikum zumindest rückblickend aus der Herkunft des Autors bzw. Künstlers erklären lasse.[1] Reckwitz hingegen sieht bei Akteuren der sogenannten bürgerlichen Moderne, zu der er das 18. und 19. Jahrhundert zählt, eine Hybridisierung bei der Subjektkonstitution,[2] wobei Hybridisierung die »Kopplung und Kombination unterschiedlicher Codes *verschiedener* kultureller Herkunft in *einer* Ordnung des Subjekts« meint.[3] Das Bürgertum beanspruche in der Moderne, so Reckwitz, zunehmend eine kulturelle Dominanzposition gegenüber der vormodernen Adelskultur, die ihrerseits zum ›konstitutiven Außen‹ für latente Imitationsprozesse herabsinke.[4]

Vordergründig lässt sich Reckwitz' Annahme mit Blick auf die deutschsprachige Literatur bestätigen, schreiben doch im langen 19. Jahrhundert zentrale nicht-adlige Autoren über Adel – zu denken ist an Goethes *Wahlverwandtschaften* oder Stifters *Nachsommer*. Häufig wird in der Literatur der Geburts-

---

[1] Vgl. Pierre Bourdieu: Die Regeln der Kunst. Genese und Struktur des literarischen Feldes. Übersetzt v. Bernd Schwibs / Achim Russer, Frankfurt/Main: Suhrkamp 2001 (frz. 1992). Bourdieus Modell hilft zu verstehen, rückwirkend bestimmte Entwicklungen zu erklären: »Die Kenntnis des *Modells* macht verstehbar, wie es möglich ist, daß Akteure [...] sind, was sie sind, und tun, was sie tun.« Ebd., S. 431. Es impliziert jedoch keine Vorhersage des Verhaltens einzelner Akteure.

[2] Andreas Reckwitz: Das hybride Subjekt. Eine Theorie der Subjektkulturen von der bürgerlichen Moderne zur Postmoderne, 2. unveränd. Aufl., Weilerswist: Velbrück Wissenschaft 2010, S. 15.

[3] Ebd., S. 19.

[4] Vgl. ebd., S. 28 u. 74.

adel dem sogenannten Gesinnungsadel gegenübergestellt, wobei seitens der Forschung die Beharrungskräfte der Sozialformation Adel betont werden:

> Bei dem Versuch, Genese und Evolution bürgerlicher Kultur zu rekonstruieren, wurde nicht immer genügend berücksichtigt, daß der Adel nicht spurlos verschwand, sondern bis ins 20. Jahrhundert hinein ein aktives Element des Gesamtprozesses blieb, d. h. die Auseinandersetzung mit der nachdrängenden Klasse aufnahm, Widerstand leistete, sich anpaßte, politische wie gesellschaftliche Konstellationen zu seinem Vorteil ausnutzte, keinesfalls auch ausschließlich als Hemmschuh der gesellschaftlichen Entwicklungen gesehen werden sollte.[5]

Nicht länger wird vom stillschweigenden Niedergang des Adels ausgegangen, sondern hervorgehoben werden die unterschiedlichen Handlungsoptionen für die Adligen in Reaktion auf soziokulturelle Wandlungsprozesse. Dazu hat sich auch die Literatur auf vielfältige Weise in Beziehung gesetzt, wobei sich häufig Kritik an der Gegenwart und der eigenen sozialen Herkunft in die dargestellte Adelsthematik mischt.[6] Gerade nicht-adlig geborene Autoren adaptieren häufig Habitusformen, die Ähnlichkeiten mit Praktiken adliger Selbstinszenierung aufweisen – in der Diktion Reckwitz' sind das die eingangs erwähnten Hybridisierungsprozesse. Dafür lassen sich auch bei Thomas und Heinrich Mann Indizien finden. So wird die Künstlerauffassung Thomas Manns und seine Ästhetik des Herausgehobenseins mit seiner wiederholt geäußerten Neigung zum Repräsentieren in Zusammenhang gebracht.[7] Bei Heinrich Mann lassen sich Argumentationsmuster nachweisen, die als ›aristokratisch‹ im Sinne von ›Geistesadel‹ gelten können.[8]

Vor diesem Hintergrund interessiert die literarische Adelsdarstellung in Thomas Manns *Königliche Hoheit* und Heinrich Manns *Der Untertan* umso mehr, zumal diesem Aspekt seitens der Forschung vergleichsweise wenig Aufmerksamkeit gewidmet wurde.[9] Denn bisher wurde bei *Königliche Hoheit*

---

[5] Peter Uwe Hohendahl/Paul Michael Lützeler: Vorwort, in: Legitimationskrisen des deutschen Adels 1200–1900, hg. v. Peter Uwe Hohendahl, Paul Michael Lützeler, Stuttgart: Metzler 1979, S. VII–XVIII, hier S. VIII.

[6] Ludwig Fertig: Der Adel im deutschen Roman des 18. und 19. Jahrhunderts, Heidelberg: Univ. Diss. 1965, S. 165.

[7] Zur Künstlerthematik vgl. z. B. Hermann Kurzke, unter Mitarbeit v. Karsten Stefan Lorek: Thomas Mann: Epoche – Werk – Wirkung. 4., überarb. u. aktual. Aufl., München: Beck 2010, S. 41–132.

[8] Vgl. Jochen Strobel: Aristokratismus als Integrationsdiskurs der Moderne bei Heinrich Mann, in: Heinrich Mann-Jahrbuch 25, 2007, S. 67–87. Strobel spricht z. B. hinsichtlich Heinrich Manns Publizistik von einem »Aristokratismus des Geistes« (S. 73).

[9] Ausnahmen bilden Egon Schwarz: Adel und Adelskult im deutschen Roman um die Jahrhundertwende, in: Hohendahl/Lützeler: Legitimationskrisen (Anm. 5), S. 285–307; Dieter Borchmeyer: Repräsentation als ästhetische Existenz *Königliche Hoheit* und *Wilhelm Meister*. Thomas Manns Kritik der formalen Existenz, in: Recherches Germaniques, Jg. 13, 1983, Stras-

entweder der Protagonist Klaus Heinrich allegorisch als ästhetische oder formale Existenz gedeutet und mit der Künstlerproblematik im Frühwerk Thomas Manns verbunden, und/oder der Protagonist wurde zu den Außenseiterfiguren des Romans, den Stigmatisierten und Beschädigten, gezählt.[10] Bei der Forschung zum *Untertan* spielt der Adel kaum eine Rolle; einzig wird auf die Bedeutung des Kaisers für Diederich Heßling hingewiesen, versucht er diesen doch zu imitieren.[11]

Bleibt mit Blick auf die bisherige Forschung zu klären, ob und inwiefern der in beiden Romanen dargestellte Adel überhaupt als ›Adel‹ im Sinne einer real existierenden Sozialformation verstanden werden kann. In Bezug auf Heinrich Manns *Untertan* hat sich diese Frage nicht gestellt, denn der Kaiser ist der Kaiser: Wilhelm II. (1859–1941). Ebenso unstrittig ist die im Roman artikulierte Gesellschaftskritik, wobei einzig das Ausmaß satirischer Elemente unterschiedlich bewertet wird.[12] Deutlich umstrittener gestaltet sich die Einschätzung, wie die Figur der Königlichen Hoheit im gleichnamigen Roman Thomas Manns zu deuten ist. Dominant ist die Lesart in Anlehnung an Hugo von Hofmannsthals Äußerung, im Protagonisten eine Allegorie auf den Künstler zu sehen.[13] Auch wurde in diesem Zusammenhang das Repräsen-

---

bourg: Université des sciences humaines de Strasbourg, S. 105–136; Gisela Brude-Firnau: Die literarische Deutung Kaiser Wilhelms II. zwischen 1889 und 1989, Heidelberg: Winter 1997 (= Beiträge zur neueren Literaturgeschichte, Folge 3, Bd. 148).

[10] Vgl. z.B. Heinrich Detering: *Königliche Hoheit*. Thomas Manns Märchen-Roman, in: Schriften des Ortsvereins BonnKöln der Deutschen Thomas Mann-Gesellschaft, Bd. 4, hg. für den Vorstand v. Hans Büning-Pfaue, Bonn: Bernstein 2010, S. 24–28 u. S. 35–39; ders.: *Königliche Hoheit*, in: TM Hb (2015), S. 28f.; allgemein ders.: »Juden, Frauen, Litteraten«. Zu einer Denkfigur im Frühwerk Thomas Manns, Frankfurt/Main: Fischer 2005. Zu diesen Außenseiterfiguren mit Verweis auf das ›Pathos der Distanz‹ (Nietzsche) und ein asketisches Haltungsethos zuvor schon: Borchmeyer: Repräsentation als ästhetische Existenz (Anm. 9), S. 126–129. Zu den Nietzsche-Bezügen vgl. auch Friedhelm Marx: Thomas Mann und Nietzsche: Eine Auseinandersetzung in *Königliche Hoheit*, in: Deutsche Vierteljahrsschrift für Literaturwissenschaft und Geistesgeschichte, Jg. 62, 1988, Stuttgart u. a.: Metzler, S. 326–341.

[11] Streng genommen ist es die Karikatur des Kaisers, die Heßling imitiert. Vgl. Brude-Firnau: Literarische Deutung (Anm. 9), S. 90.

[12] Vgl. Hans Wißkirchen: Heinrich Mann *Der Untertan*: Epochenroman oder Satire, in: Heinrich Mann-Jahrbuch 11, 1993, S. 53–72; Helmut Scheuer: Heinrich Mann *Der Untertan*, in: Romane des 20. Jahrhunderts. Interpretationen, Stuttgart: Reclam 1993, Bd. 1, S. 7–54; Ralf Siebert: Heinrich Mann: *Im Schlaraffenland, Professor Unrat, Der Untertan*: Studien zur Theorie des Satirischen und zur satirischen Kommunikation im 20. Jahrhundert, Siegen: Böschen 1999; Peter Stein: Heinrich Mann, Stuttgart u. a.: Metzler 2002, S. 68–72; Andrea Bartl: Heinrich Manns Roman *Der Untertan* als Satire auf das Kaiserreich, in: *Der Untertan* de Heinrich Mann, Tours: Presses Univ. u. a. 2009, S. 25–46; Sandro Holzheimer: Das fruchtbarste Problem: Denkfiguren der Macht in Heinrich Manns Kaiserreich-Trilogie: *Der Untertan, Die Armen, Der Kopf*, Würzburg: Königshausen & Neumann 2014.

[13] Vgl. Michael Neumann: Thomas Mann. Romane, Berlin: Schmidt 2001, S. 51; Hans Wysling: »Königliche Hoheit«, in: TM Hb (2001), S. 385–396, hier S. 393.

tieren bzw. die formale Existenz der Hauptfigur zum Anlass genommen, die intertextuellen Verweise zwischen *Königliche Hoheit* und Goethes *Wilhelm Meister* herauszustellen. Dies ist umso plausibler, als sich ähnliche Grundmuster in beiden Romanen finden, wie die Vorstellung, dass sich der Adel dem ›realen Leben‹ mit seinen konkreten (wirtschaftlichen) Problemen widmen müsse, um zu ›leben‹.[14]

Stützen können sich diese Lesarten auf Thomas Manns eigene Äußerungen, die darauf zielen, das Leben eines Fürsten in ein Näheverhältnis zu dem eines Schriftstellers zu rücken. So bekennt Thomas Mann: »Man führt, möchte ich sagen, ein symbolisches, ein repräsentatives Dasein, ähnlich einem Fürsten.« (21, 251) Auch legt er gewissermaßen selbst die Fährte, in dem Roman ein Gegenstück zu *Tonio Kröger* zu sehen. (Vgl. 4.2, 19) Anderslautende Aussagen geben indes Hinweise darauf, dass es ihm auch bei *Königliche Hoheit* um den breiten Publikumsgeschmack zu tun war, wenn er gegenüber Hermann Hesse äußert:

Oft glaube ich, daß das, was Sie »Antreibereien des Publikums« nennen, ein Ergebnis meines langen leidenschaftlich-kritischen Enthusiasmus für die Kunst Richard Wagners ist – diese ebenso exklusive wie demagogische Kunst, die mein Ideal, meine Bedürfnisse vielleicht auf immer beeinflußt, um nicht zu sagen, korrumpiert hat. Nietzsche spricht einmal von Wagners »wechselnder Optik«: bald in Hinsicht auf die gröbsten Bedürfnisse, bald in Hinsicht auf die raffiniertesten. [...] *Mich verlangt auch nach den Dummen.* (Br III, 457)

Ein derartiges Bekenntnis, als Autor auch das breite Publikum erreichen zu wollen, steht in Spannung zu der Wertsetzung Thomas Manns als kanonisierter Autor, der sich eher am anderen Ende der Erfolgsskala zu orientieren habe: der Anerkennung durch Kenner und Experten.[15] Statt diese Präferenz Thomas Manns als autorspezifische Positionierungsstrategie zu erkennen bzw. anzuerkennen,[16] wird entweder, wie oben aufgeführt, eine allegorische Bedeutungsebene angenommen, oder es wird Ironie unterstellt.[17] Andere sprechen von dem Roman als einem »Dokument der Akzeptanzeinbuße von Repräsentation in

---

[14] So die Kernthese von Borchmeyer: Repräsentation als ästhetische Existenz (Anm. 9).

[15] Carlos Spoerhase: Eine »königliche Hoheit«: Das Wertniveau ›Thomas Mann‹, in: Apokrypher Avantgardismus. Thomas Mann und die Klassische Moderne. Hg. v. Stefan Börnchen / Claudia Liebrand, München: Fink 2008, S. 139–160.

[16] Ergänzend dazu widmet sich den textinternen Positionierungsstrategien Thomas Manns (im Sinne Bourdieus): Tim Lörke: Überbietungsästhetik. Zu Thomas Manns Marketing, in: Literaturkritik.de, 2009 (Zugriff am 22.11.2018).

[17] Vgl. z.B. Walter Hinck: Frischzellenkur für die Monarchie. Der Schmelz der Ironie. Thomas Manns *Königliche Hoheit* (1909), in: Ders.: Romanchronik des 20. Jahrhundert, Köln: du Mont 2006, S. 38–45.

der Moderne«,[18] oder es wird gänzlich auf das Wort ›Adel‹ verzichtet und stattdessen nur von semantischen Räumen des ›Oben‹ und ›Unten‹ gesprochen.[19]

Diesen Lesarten steht eine Deutung gegenüber, die in der Figurengestaltung
Klaus Heinrichs Bezüge zu Kaiser Wilhelm sieht, denn die ähnliche körperli-
che Einschränkung Klaus Heinrichs lasse ihn als »Allegorie wilhelminischer
Repräsentanz« begreifen.[20] Gegen eine solche, durchaus naheliegende Lesart
sind verschiedene Argumente angeführt worden, wie z. B. dass der in *Königliche Hoheit* dargestellte Adel nach Gründung des Kaiserreichs 1871 in der
Form nicht mehr existierte, und dass auch schon der ›echte‹ zeitgenössische
Adel auf die ›Fehler‹ in der Adelsdarstellung des Romans hingewiesen habe.[21]
Die Frage nach dem Adelsbild und den damit verbundenen kulturellen Implikationen, Handlungsmustern und Figurenkonstellationen in beiden Romanen
bleibt davon indes unberührt. Auch fehlt bislang eine plausible Erklärung, wie
es überhaupt dazu kam, dass Thomas und Heinrich Mann fast gleichzeitig den
Adel ins literarische Visier nahmen.

1. Die Brüder Mann und ihre Beschäftigung mit dem Adel als literatursoziologischer Glücksfall

Sich mit dem Adelsbild in *Königliche Hoheit* und dem *Untertan* zu beschäftigen, bietet sich allein deshalb an, weil schon die jeweiligen Titel eine Beschäftigung mit der Adelsthematik nahelegen. Beide Romane sind zu einer Zeit
entstanden, als es den Adel als Stand und die Monarchie als Regierungsform
noch gab. Als die beiden Werke erschienen – *Königliche Hoheit* im Jahr 1909
und *Der Untertan* bereits fünf Jahre später im Jahr 1914 (bzw. in Buchform
1918) – gab es bereits eine lange öffentliche Diskussion über die Zukunft und
Zukunftsfähigkeit des Adels. Schon seit dem späten 18. Jahrhundert wurde
wiederholt von adligen wie nicht-adligen Akteuren in verschiedenen Bereichen, mit unterschiedlicher Stoßrichtung und in immer wieder neuen Wellen

---

[18] Jochen Strobel: Entzauberung der Nation. Die Repräsentation Deutschlands im Werk Thomas Manns, Dresden: Thelem 2000, S. 42.

[19] Christoph Hamann: Normale deutsche Monster. Zu Thomas Manns *Königliche Hoheit*, in:
Thomas Mann. Neue kulturwissenschaftliche Lektüren, hg. v. Stefan Börnchen / Georg Mein /
Gary Schmidt, München u. a.: Fink 2012, S. 33–52. An der Analyse ist der Bezug auf Jürgen Links
Versuch über den Normalismus (2006) fruchtbar und die gleichwertige Berücksichtigung des
Films *Königliche Hoheit* (1953).

[20] Vgl. Brude-Firnau: Literarische Deutung (Anm. 9), S. 63–76, Zitat S. 65. Dass Thomas Mann
stets geleugnet hat, dass es ihm in *Königliche Hoheit* um den realen Adel geht, kann auch als
Schutzbehauptung gewertet werden, sich nicht der Majestätsbeleidigung verdächtig zu machen.
Vgl. ebd., S. 66 f.

[21] Vgl. z. B. Wysling: Königliche Hoheit (Anm. 13), S. 393.

darüber diskutiert, welche Rolle der Adel gegenwärtig und künftig spielen soll und wer (oder was) gegebenenfalls an seine Stelle treten möge. Die historische Adelsforschung hat diese Debatten schon gut aufgearbeitet;[22] allein seitens der Literaturwissenschaft fehlen noch weitgehend Studien, die sich der Rolle der Literatur bei der Entstehung, Modifikation und Multiplikation bestimmter Adelsbilder widmen.

Während des langen 19. Jahrhunderts lassen sich zwei komplementäre Entwicklungen im gesellschaftlich-kulturellen Leben wie im politischen Bereich beobachten: Zum einen gab es einen medial befeuerten Adelskult, der seinen Ausdruck darin fand, dass Herrscherbildnisse in großer Stückzahl produziert und verbreitet wurden, dass die öffentlichen Auftritte des Herrscherhauses zu großen öffentlichen Ereignissen wurden und dass in den zahlreichen Zeitschriften umfassend über den Adel berichtet wurde. Auch gelang es im realen Leben zahlreichen Adeligen, »oben zu bleiben«.[23] Zudem kam es spätestens um 1900 in Mode, sich als Geistesadel oder als Dandy zu inszenieren. Gleichzeitig gab es immer lauter werdende Stimmen der Adelskritik.[24] Dass es 1918 zu einer Revolution kommen sollte, an deren Ende u. a. die Abschaffung des Adels in seiner bisherigen Form stand, konnten die Brüder Mann nicht wissen, wohl aber angesichts der erstarkenden Arbeiterbewegung und der sich zuspitzenden sozialen Konflikte erahnen.

Aus literatursoziologischer Perspektive liegt bei den Brüdern Mann ein Glücksfall vor, denn zentrale Parameter sind nahezu identisch: 1.) die gleiche soziale Herkunft der Verfasser aus einer angesehenen Kaufmannsfamilie der Hansestadt Lübeck, 2.) wählen beide mit der Romanform die gleiche Textgattung und sind *Königliche Hoheit* und *Der Untertan* ähnlich umfangreich, 3.) eine zeitlich nah beieinanderliegende Entstehung und Veröffentlichung sowie 4.) gemessen an den Verkaufszahlen und Neuauflagen ein ähnlich großer Erfolg beim Publikum,[25] und 5.) lebten beide Verfasser zu dieser Zeit weit-

---

[22] Aus Platzgründen kann an dieser Stelle kein Forschungsüberblick gegeben werden. Verwiesen sei auf meine demnächst erscheinende Habil.-Schrift: Adel (in) der Literatur. Semantiken des ›Adligen‹ bei Eichendorff, Droste und Fontane. Hannover: Wehrhahn 2019 [im Druck], Kap. 1 u. 2.

[23] Rudolf Braun: Konzeptionelle Bemerkungen zum Obenbleiben: Adel im 19. Jahrhundert, in: Europäischer Adel 1750–1950, hg. v. Hans-Ulrich Wehler, Göttingen: Vandenhoeck & Ruprecht 1990, S. 87–95.

[24] Zu den verschiedenen Positionen seit dem späten 18. Jahrhundert, die in verschiedenen Wellen der Beschäftigung mit dem Adel wiederholt im langen 19. Jahrhundert diskutiert wurden, vgl. Dieter Langewiesche: Bürgerliche Adelskritik zwischen Aufklärung und Reichsgründung in Enzyklopädien und Lexika, in: Adel und Bürgertum in Deutschland 1770–1848, hg. v. Elisabeth Fehrenbach, unter Mitarbeit v. Elisabeth Müller-Luckner, München: Oldenbourg 1994, S. 11–28.

[25] *Königliche Hoheit* gilt gemessen an den Verkaufszahlen als Thomas Manns mit Abstand erfolgreichster Roman. Bereits Ende des Jahres 1909 war die neunte Auflage erschienen, 1910

gehend in Deutschland und hatten folglich die gleichen Möglichkeiten, der zunehmenden gesellschaftlichen und politischen Radikalisierungen, auch hinsichtlich der Adelsfrage, gewahr zu werden. Stärker formuliert: Es war zu dieser Zeit kaum möglich, über Adel zu schreiben, ohne sich nicht der Diskussionen um den Adel bewusst zu sein.

Da, um mit Bourdieu zu sprechen, das literarische und das politische Feld in Wechselwirkung zueinanderstehen und zu beiden Seiten hin als durchlässig zu denken sind, stellt z.B. auch eine Nicht-Thematisierung der Adelskritik eine Art der Positionierung dar. Literatur entsteht nicht in einem hermetisch abgeschlossenen Raum, sondern das, was in anderen Bereichen diskutiert wird, kann in vielfältiger Weise auch in der Literatur adaptiert, variiert, modifiziert und reflektiert werden. Für Werke der sogenannten Höhenkammliteratur scheint es ein Garant für eine Kanonisierung zu sein, wenn sie auf vielfältige Weise Diskurse ihrer Zeit ästhetisch fruchtbar machen, da dies Generationen von Literaturwissenschaftlern die Möglichkeit gibt, immer wieder Neues, noch nicht Gesehenes zu entdecken. Da es sich bei den Brüdern Mann um zentrale Autoren der deutschsprachigen Literatur handelt, lässt erwarten, dass ihre Romane ein differenziertes Adelsbild bereithalten. Doch ist das so?

2. Gegenlektüren

Aus adelszentrierter Perspektive betrachtet, handelt Thomas Manns *Königliche Hoheit* von einem fiktiven Adelsgeschlecht in einem ebenso fiktiven Städtchen namens Grimmburg. Benannt ist die Kleinstadt nach der gleichnamigen Burg, die zugleich den Stammsitz des regierenden Herzoghauses bildet, das dort seit 15 Generationen ansässig ist. Der Titel erklärt sich dadurch, dass gemäß den Anredekonventionen innerhalb des Adels nur die Kinder und Geschwister von Königen, wie auch die Kinder bzw. vor allem die Thronfolger in einzelnen Großherzogtümern mit ›Königliche Hoheit‹ angeredet werden; diese Anrede ist ein Privileg, das einzig ihnen gebührt.[26] Im Mittelpunkt des Romans steht der junge Großherzog Klaus Heinrich, der, ähnlich wie Kaiser Wilhelm II., von Geburt an körperlich mit einem wachstumsgeschwächten Arm versehr ist.

---

folgten fünfzehn weitere und 1911 kamen fünf weitere hinzu. 1918, als der *Untertan* in Buchform erschien, war die 64. Auflage gedruckt. *Der Untertan* erschien innerhalb von sechs Wochen in siebter Auflage mit verkauften 100.000 Exemplaren.

[26] ›Königliche Hoheit‹ ist zudem die Anrede für die Kronprinzen von Preußen während des Wilhelminischen Kaiserreichs zwischen 1871 und 1918. Im Roman wird erläutert, dass als der Vater, Großherzog Johann Albrecht noch lebte, der Großherzog die ›Königliche Hoheit‹ war, während Klaus Heinrich und Ditlinde die Anrede ›Großherzogliche Hoheit‹ zukommt. Mit dem Tod des Vaters wird im Großherzogtum der älteste Sohn zur neuen ›Königlichen Hoheit‹.

Als sich sein älterer Bruder Albrecht II. krankheitsbedingt nicht mehr seinen Aufgaben als Thronfolger gewachsen fühlt, muss der jüngere die Repräsentationspflichten des älteren als sein Stellvertreter übernehmen. Der Roman handelt davon, wie er sich mit der ihm zugewiesenen Aufgabe arrangiert, wozu auch der Erhalt und die Konsolidierung des finanziell stark angeschlagenen Adelshauses gehören. Klaus Heinrich löst dieses ›Problem‹, indem er am Ende des Romans mit Imma Spoelmann die Tochter eines überaus vermögenden amerikanischen Millionärs heiratet.

In Heinrich Manns *Untertan* heiratet der Protagonist zwar ebenfalls gegen Ende des Romans, doch stammt Diederich Heßling nicht aus dem Adel. Auch wenn die Handlung weitgehend in der fiktiven Kleinstadt Netzig spielt, ist die Hauptfigur als typischer Untertan im wilhelminischen Deutschland gezeichnet. Während seines Studium in Berlin wird er Mitglied in einer schlagenden Burschenschaft,[27] nach dem Tod seines Vaters kehrt er in seine Heimatstadt zurück, um dort die väterliche Papierfabrik weiterzuführen und durch die Gründung einer »Partei des Kaisers« Kommunalpolitik zu betreiben. Er macht sich für die Errichtung eines Kaiser-Wilhelm-Denkmals stark und geht als Arbeitgeber rigoros gegen seine Belegschaft vor, sobald sie sich in seinen Augen einer Mitgliedschaft in der Sozialdemokratie verdächtig macht.[28] Als Student ist er zum Zeugen von Arbeiteraufständen geworden; Anzeichen dafür möchte er seitdem im Keim ersticken. Er glaubt stets im Sinne des Kaisers zu handeln, auch wenn er selbst nicht zum Soldaten taugt und sich vorzeitig unter fadenscheinigen Erklärungen ausmustern lässt, danach aber stets das Soldatische als Kerntugend des Mannes hervorkehrt – eine der vielen bitterbösen Pointen des Romans.

Liest man beide Romane hinsichtlich der Adelsdarstellung gegeneinander, zeigen sich ähnliche Handlungsmuster und Figurenkonstellationen, die in beiden Romanen textintern unterschiedlich bewertet werden: 1) Hochzeiten zwischen Adel und Bürgertum, 2) Hochzeiten innerhalb des Adels und 3) Herrscher- und Adelsverehrung.

1) Hochzeiten zwischen Adel und Bürgertum. Das zentrale Handlungselement in *Königliche Hoheit* ist die Hochzeit zwischen altem Adel und großbürgerlichem Geldadel. Zwar gibt es anfangs einige Hürden, die zu überwinden sind, doch wendet sich am Ende alles auf geradezu märchenhaft-überzeichnete

---

[27] Vgl. Sebastian Zilles: Die Schule der Männlichkeit – männerbündische Strukturen in Heinrich Manns Romanen *Die kleine Stadt* (1909) und *Der Untertan* (1914/18), in: Heinrich Mann-Jahrbuch 30, 2012, S. 49–64; zu Männlichkeitskonstruktionen insgesamt vgl. Thomas Wortmann/Sebastian Zilles (Hg.): Homme fragile. Männlichkeitsentwürfe in den Texten von Heinrich und Thomas Mann, Würzburg: Königshausen & Neumann 2016.

[28] Vgl. Michaela Maria Müller: Die Sozialdemokratie in Heinrich Manns Roman *Der Untertan*, in: Heinrich Mann-Jahrbuch 25, 2007, S. 151–168.

Weise zum Besten.[29] Nicht ohne Grund hat Thomas Mann das Ende seines Romans als lustspielhaft bezeichnet,[30] ist doch für Lustspiele das kaum für möglich gehaltene Happy End typisch. Geradezu kitschig wirkt es, wenn sich am Schluss die Weissagung zu bewahrheiten scheint, dass einmal einer mit *einer* Hand kommen werde, der dem Land zu Wohlstand verhelfen werde – frei nach dem Motto: Die Schwächsten (weil körperlich Versehrten) werden die stärksten sein. Ebenso kitschverdächtig wirkt es, wenn der stets nach Moder duftende Rosenstock in den Schlossvorhof der Eremitage versetzt wird, in der festen Hoffnung, dass er nun zu duften beginnen werde.[31] Im *Untertan* indes zerschlagen sich die Hoffnungen Heßlings, seine Schwester Emmi mit Leutnant von Brietzen zu vermählen. Am Ende kann er sich glücklich schätzen, wenn sie vom ansässigen Adel zum Tee eingeladen wird.

2) Hochzeiten innerhalb des Adels. Klaus Heinrichs nicht erbberechtigte Schwester, Ditlinde, heiratet einen mediatisierten Adligen, d. h. einen Adligen, der zwar noch seinen Adelstitel führen darf, aber im Zuge des Staatsbildungsprozesses seiner Privilegien und Rechte enthoben worden ist. Da sie aus einem regierenden Herrscherhaus stammt, heiratet sie folglich aus adliger Perspektive sozial nach unten, doch wird diese Deklassierung durch sein enormes Vermögen ausgeglichen, das beiden ein sorgenfreies Leben in Luxus ermöglicht. Im *Untertan* indes gibt es eine dichtende Gräfin, die mit der Wahl des einfachen Landadligen von Wulckow ebenfalls innerhalb des Adels nach unten geheiratet hat. Dass ihre Ehe nicht glücklich ist, lässt ihr selbst verfasstes Theaterstück erkennen, das in Netzig aufgeführt wird. Während der Aufführung gesteht sie Heßling in einem schwachen Moment, dass die Darstellung unglücklicher Eheschließungen autobiografische Elemente enthalte.[32] Kurz gesagt: Im *Untertan*

---

[29] Zu den intertextuellen Verweisen auf Märchen vgl. z. B. Jürgen H. Petersen: Die Märchenmotive und ihre Behandlung in Thomas Manns Roman *Königliche Hoheit*, in: Sprachkunst. Beiträge zur Literaturwissenschaft, Jg. 4, 1973, Wien: Verlag der Österreichischen Akademie der Wissenschaften, S. 216–230; Jürgen Manthey: Prinz im Reich der Schneekönigin. Thomas Manns *Königliche Hoheit*, in: Merkur. Deutsche Zeitschrift für europäisches Denken, Jg. 50, H. 6, 1996, Stuttgart: Klett Cotta, S. 480–490.

[30] Vgl. Wysling: Königliche Hoheit (Anm. 13), S. 393.

[31] Zur Interpretation des Rosenstocks vgl. Joachim Rickes: Der sonderbare Rosenstock. Eine werkzentrierte Untersuchung zu Thomas Manns Roman *Königliche Hoheit*, Frankfurt/Main u. a.: Lang 1998.

[32] Die Figur einer schreibenden Gräfin ist geradezu ein Topos des 19. Jahrhunderts, denn die Zahl der schreibenden adligen Frauen ist im Verhältnis zum tatsächlichen Anteil des Adels an der Gesamtbevölkerung immens: Er sank im Laufe des 19. Jahrhunderts auf unter 0,5 Prozent. Vgl. Monika Wienfort: Der Adel in der Moderne, Göttingen: Vandenhoeck & Ruprecht 2006, S. 9; dies.: Adlige Handlungsspielräume und neue Adelstypen in der »klassischen Moderne« (1880–1930), in: Geschichte und Gesellschaft, Jg. 33, 2007, Göttingen: Vandenhoeck & Ruprecht, S. 416–438, hier S. 420. Zur Vielzahl adliger Schriftstellerinnen bereits zu Beginn des 19. Jahrhun-

gibt es keine märchenhafte Verbindung zwischen Menschen, weder zwischen Adel und Bürgertum noch innerhalb des Adels.

3) Herrscher- und Adelsverehrung. Im Roman *Königliche Hoheit* wird mehrfach von der unverbrüchlichen Verehrung des Herrscherhauses erzählt. Wo immer sich Klaus Heinrich zeigt, wird er bejubelt, denn er wird als einer von ihnen betrachtet. Ihm schlägt, so erklärt es die Erzählinstanz, vor allem deshalb so viel Sympathie entgegen, weil er sich stets von klein auf darum bemüht, den Menschen Freude zu bereiten. Auch die Adligen am Hof, allen voran Herr von Knobelsdorff, handeln so, wie es für das Herrscherhaus das Beste ist, und auch Klaus Heinrichs Lehrer, Doktor Überbein, bemüht sich nach Kräften, seinem Schützling die Ausfüllung seines »hohen Berufs« verständlich und dadurch leichter zu machen.[33]

Ganz anders gestaltet sich die Herrscherverehrung im *Untertan*. Heßlings Wille, dem Kaiser nahe zu sein und ihm nach Möglichkeit Auge in Auge zu begegnen, lässt ihn wiederholt als geradezu komische Figur hervortreten: Das eine Mal in Berlin landet er im Matsch, das andere Mal in Rom wird er zur Witzfigur der Lokalpresse, weil er ein angebliches Attentat verhindert zu haben glaubt. Diese Begegnungen sind jeweils wie in einer Art Klimax ans Ende eines Kapitels gesetzt und bilden beißende Pointen auf Heßlings Untertanengebaren.[34] Anders als Heßling, der all sein Handeln als Dienstherr, Lokalpolitiker und Ehemann in den Dienst des Kaisers zu stellen glaubt, kümmert sich der übrige Adel im Roman vor allem um seine eigenen Interessen und wird als hochgradig machtorientiert dargestellt. Otto von Wulckow, der als Regierungspräsident in Netzig das höchste politische Amt innehat, nutzt seine Kontakte als Regierungspräsident vor allem dazu, Grundstücksverkäufe und lokalpolitische Veränderungen stets so zu lenken, dass sie entweder ihm oder seinen Verwandten nutzen, wie etwa dem Rittergutsbesitzer von Quitzin, seinem Vetter. Am Ende wird der adelsverehrende Heßling zum Opfer einer Intrige, bei der er von einem Mittelsmann Wulckows zum Verkauf seines Grundstücks gezwungen wird. Zugespitzt formuliert: Auch im *Untertan* gelangt Herrscher- und Adelsverehrung zur Darstellung, doch kommt es zu keiner

---

derts vgl. die Aufstellung in: Carl Wilhelm Otto August von Schindel: Die deutschen Schriftstellerinnen des neunzehnten Jahrhunderts, Leipzig: Brockhaus 1823–25.

[33] Dass Überbein Positionen vertritt, die sich als Aristokratismen bezeichnen lassen, spricht einerseits für die Hybridisierungsprozesse des bürgerlichen Subjekts in der Literatur, andererseits für die zunehmende semantische Offenheit der Begriffe ›Adel‹ und ›Aristokratie‹ um 1900. Zu Aristokratismen um 1900 vgl. Eckart Conze / Wencke Meteling / Jörg Schuster / Jochen Strobel (Hg.): Aristokratismus und Moderne. Adel als politisches und kulturelles Konzept 1890–1945, Köln u. a.: Böhlau 2013.

[34] Zu den Kapitelenden unter Berücksichtigung der Begegnungen zwischen Kaiser und Untertan vgl. Wolfgang Emmerich: Heinrich Mann: »Der Untertan«, München: Fink 1980, S. 88–95.

Annäherung zwischen Adel und Bürgertum, sondern es gelangen vielmehr die damit verbundenen Risiken in den Blick.[35]

Es ließen sich noch Analysen zur Wortverwendung und den semantischen Verschiebungen im Wortfeld ›Adel‹ (z. B. bei ›edel‹ und ›aristokratisch‹) in beiden Romanen anfügen, ebenso wie sich nach der literarischen Darstellung der adligen Nebenfiguren als Vertretern der *Décadence* fragen ließe. Auch könnte stärker berücksichtigt werden, auf welcher Quellenbasis das jeweilige Adelsbild entstanden ist.[36] Nicht infrage gestellt werden soll, dass in *Königliche Hoheit* Thomas Manns kurz zuvor geschlossene Ehe mit Katia Pringsheim eine Rolle gespielt haben mag.[37] Doch auch ohne die Berücksichtigung dieser Aspekte kann man zu dem Befund gelangen, dass der Adel in *Königliche Hoheit* bis auf ganz wenige Gegenfiguren, wie z. B. die adligen Schulkameraden auf Schloss Fasanerie, überaus positiv dargestellt wird, während das Adelsbild im *Untertan* dem diametral entgegensteht. Der Adel in *Königliche Hoheit* ist zwar zunächst finanziell am Ende, doch findet sich am Ende ein Weg, um bestehen zu können und mehr noch: gestärkt daraus hervorzugehen, hat doch das Großherzogtum durch die Vermählung der jungen königlichen Hoheit mit Imma Spoelmann zusätzlich an Popularität gewonnen. Umgekehrt verhält es sich im *Untertan*: Hier wird der Adel eigentlich schon hinlänglich bedroht durch Arbeiteraufstände in Berlin und sich ankündigende Proteste in der Provinz, doch noch immer sitzt der lokale Adel fest im Sattel und zieht die Fäden der Macht.

Beide Romane enthalten typische Handlungselemente, wie sie häufig im Zusammenhang mit Adel in der Erzählliteratur begegnen, doch werden sie jeweils anders literarisch gestaltet. In *Königliche Hoheit* wird auf fast kritiklose Weise die Perspektive eines kleinen krisengeschüttelten regierenden Adelshauses eingenommen, während der *Untertan* mit Diederich Heßling auf das kleinstädtische Bürgertum fokussiert, das auf fragwürdige Weise sozial und politisch nach mehr Einfluss strebt. Während die Erzählinstanz in *Königliche Hoheit* stets darum bemüht ist, Sympathien für den jungen Großherzog Klaus Heinrich und sein Leiden an der Lieblosigkeit seiner Mutter und der Anstrengung des

---

[35] Zur Erniedrigung des Protagonisten vgl. Ralf Peter Anders / Britta Dittmann: Heinrich Manns Roman *Der Untertan* und »das Sinken der Menschenwürde unter jedes bekannte Maß« am Beispiel des politischen Delikts der Majestätsbeleidigung, in: Heinrich Mann-Jahrbuch 30, 2012, S. 147–172.

[36] Vgl. z. B. Holger Rudloff / Helmut Liche: »Nicht wahr, Sie beneiden mich um die Gräfin?« Zur Gräfin Löwenjoul in Thomas Manns *Königliche Hoheit* auf dem Hintergrund zeitgenössischer Materialien, in: Wirkendes Wort. Deutsche Sprache und Literatur in Forschung und Lehre, Jg. 56, H. 1, 2006, Trier: Wissenschaftlicher Verlag, S. 1–14.

[37] Vgl. z. B. Todd Kontje: Der verheiratete Künstler und die ›Judenfrage‹. *Wälsungenblut* und *Königliche Hoheit* als symbolische Autobiographie, in: Die Erfindung des Schriftstellers Thomas Mann, hg. v. Michael Ansel / Hans-Edwin Friedrich / Gerhard Lauer, Berlin u. a.: de Gruyter 2009, S. 387–410.

öffentlichen Sich-Zeigens zu erwecken,[38] dominiert im *Untertan* die ungefilterte Wiedergabe von Heßlings Gedanken und Verhaltensweisen beispielsweise gegenüber Frauen[39] und jüdischen Mitbürgern im Modus des *Showing*, bei dem die Erzählinstanz weitgehend hinter das Geschehen zurücktritt. Wie ist nun dieser Befund zu erklären? Literatursoziologische Modelle tragen wie gesagt in diesem Fall wenig zur Klärung bei, denn die gleiche soziale Herkunft bietet keinen Anhaltspunkt, um die unterschiedlichen Präferenzen der Brüder Mann hinsichtlich der Stellung des Adels zu erklären.

Zwei Erklärungsansätze bieten sich an: Zum einen ist denkbar und möglich, dass über die unterschiedliche Behandlung der Adelsthematik in beiden Romanen etwas ausgehandelt wird, was außerhalb des Adels angesiedelt ist: das Bruderverhältnis zwischen Thomas und Heinrich Mann. Helmut Koopmann hat in seiner verdienstvollen Doppelstudie zu den Brüdern Mann das spannungsreiche Verhältnis beider Schriftsteller zueinander untersucht und auf ihr Werk bezogen.[40] Vor diesem Hintergrund bietet es sich an, den *Untertan* als Antwort auf den Roman des Bruders Thomas zu lesen. Schon die Wahl der Romantitel legt das nahe, ist doch eine ›königliche Hoheit‹ nicht ohne ›Untertanen‹ denkbar, das eine die Kehrseite des anderen. Thomas Mann hatte schon mit den *Buddenbrooks* (1901) großen Ruhm erlangt, mit *Königliche Hoheit* war ihm ein riesiger Publikumserfolg gelungen. Die Verkaufszahlen waren immens und dürften auch damit zu erklären sein, dass im wilhelminischen Deutschland Adel als Thema offenbar geeignet war, um großes Interesse seitens des Lesepublikums zu wecken. Der Bruder Heinrich Mann scheint darauf mit einem Roman zu antworten, der mit allem, was *Königliche Hoheit* an verklärten und verklärenden Adelsvorstellungen enthält, aufräumt. Die Erzählinstanz lässt keine Gelegenheit aus, die niederen Beweggründe des Adels und der Untertanen bloßzulegen. Die große zeitliche Nähe der Entstehung und Veröffentlichung beider Romane lässt es als nicht ganz unwahrscheinlich erscheinen, dass die schonungslose Zeitdiagnose im *Untertan* zumindest *auch* von persönlichen Affekten gegenüber dem Bruder (mit-)getragen ist; dies umso mehr, als Thomas Mann in seinem Roman teilweise wörtlich aus einem Brief

---

[38] Zur internen Fokalisierung sowie der gezielten Nähe zwischen Erzählinstanz und Hauptfigur (ersichtlich an den Du-Ansprachen und der Wahl der ersten Person Plural) vgl. Yahya Elsaghe: *Königliche Hoheit* als Familienroman, in: Thomas Mann. Freiburger Literaturpsychologische Gespräche, hg. v. Ortrud Gutjahr (= Jahrbuch für Literatur und Psychoanalyse, Bd. 31), Würzburg: Königshausen & Neumann 2012, S. 45–79, hier S. 47f.

[39] Vgl. Ingrid Haag: Wie es eine Untertanenseele mit der Liebe hält. Zu Heinrich Manns *Der Untertan*, in: Visages de la modernité. Hommage à Maurice Godé, hg. v. Michel Grunewald, Bern u. a.: Lang 2011, S. 111–126.

[40] Helmut Koopmann: Thomas Mann – Heinrich Mann. Die ungleichen Brüder, München: Beck 2005.

Heinrichs an ihn zitiert hat und der ältere Bruder im Roman abdanken muss.[41] Sollte Heinrich Mann dies als Botschaft an ihn verstanden haben, könnte der *Untertan* als seine literarische Antwort darauf gelesen werden.

Diese Lesart erklärt indes noch nicht, warum Thomas und Heinrich Mann überhaupt Adelsfragen thematisieren – und warum im positiven wie negativen Sinn auf so polarisierende Weise. Vergleicht man die Adelsdarstellung in beiden Romanen etwa mit dem 1898 erschienenen *Der Stechlin* von Fontane, sticht umso mehr hervor, wie wenig ausgewogen und um Synthesen und Differenzierungen bemüht beide Romane daherkommen. Was Fontane noch im Rahmen eines einzigen Romans an konträren Positionen überaus differenziert gegeneinander setzt,[42] fällt bei den Brüdern Mann gewissermaßen in zwei Romane auseinander: Der eine verherrlicht, der andere verdammt den Adel. Pointiert gesprochen macht der eine aus dem Adel eine rosarote Märchenwelt, der andere zeigt die hässliche Fratze des Untertanengeistes. Auch wenn die folgende Sichtweise etwas aus der Mode gekommen ist, wofür es auch gute Gründe gibt, wäre dennoch der Vorschlag, die Zeitumstände wieder stärker in Anschlag zu bringen, unter denen beide Romane entstanden sind. Offenkundig hat sich in den ersten zwei Jahrzehnten des 20. Jahrhunderts die politische Stimmung derart radikalisiert, war die Frage nach der Zukunft und Zukunftsfähigkeit des Adels so stark politisch aufgeladen, dass kein Platz für Differenzierungen blieb – ein typisches Krisenphänomen. Vor diesem Hintergrund sind beide Romane als Ausdruck einer überaus aufgeheizten öffentlichen Debatte über den Fortbestand des Adels als Adel zu werten.

3. Fazit

Für den Adel waren die ersten zwei Jahrzehnte des 20. Jahrhunderts eine Art Schwellenzeit, in der noch völlig unklar war, was aus ihm als sozialer Formation politisch werden sollte. Und doch zeugen beide Romane, *Königliche Hoheit* und *Der Untertan*, zumindest indirekt von der enormen Strahlkraft, die nach wie vor vom Adel ausging; sie überträgt sich gewissermaßen auf die Literatur und deren Rezeption, denn anders sind die hohen Verkaufszahlen *beider* Romane nicht zu erklären. Gleichzeitig lassen beide Romane erkennen, dass der Bruderzwist zwischen Heinrich und Thomas Mann auch literarisch über das Adelsthema ausgetragen wurde. Aus ihrer sozialen Herkunft allein lässt sich nicht ableiten, warum sie sich literarisch und politisch so unterschiedlich zum Adel positionierten. Die Gegenlektüren zeigen vielmehr, dass die zu-

---

41 Ebd., S. 12 u. S. 218–231.
42 Vgl. Stobbe: Adel (in) der Literatur (Anm. 22), Kap. 5.

nehmende Zuspitzung der öffentlichen Debatten auch vor der Literatur nicht haltmachte. Selbst innerhalb einer Familie hinterließ das Spannungsfeld der Zeit seine Spuren, zeugt doch der starke Kontrast zwischen den literarischen Adelsbildern Heinrich und Thomas Manns von der Virulenz und Brisanz des Adelsthemas im Vorfeld der 1918er Revolution.

Stanley Corngold

Thomas Mann im Lichte unserer Erfahrung.
Zum amerikanischen Exil

Zweite Thomas Mann Lecture der ETH Zürich[1]

An Bord der SS. Washington, am 13. September 1939, schrieb Thomas Mann in sein Tagebuch: »Es wird gut sein, die unabsehbare Entwicklung des Krieges, seine Wechselfälle u. Schrecken in meiner Princetoner library verfolgen u. abwarten zu können.« (Tb, 13. 9. 1939) Sechs Monate später, in Princeton, am 24. März 1940, erklärte Mann: »Princeton langweilt mich.« (Tb, 24. 3. 1940) Am 1. Mai 1940, in Princeton, notierte er knapp – aber mit Ausdruck: »Blütenschönheit. Magnolien.« (Tb, 1. 5. 1940) In Kalifornien, ein Jahr später, am 1. Juni 1941, in einem Brief an seinen Freund, den Historiker Erich von Kahler, schrieb Mann: »Diese meine Lieblingsjahreszeit ist ja schön auch hier, aber wie es in Küsnacht war und sogar in Princeton, das war mir doch lieber.« (BrEvK, 44) In der Reihe dieser kurzen Epiphanien ist ein ziemlich vollkommenes Bild von Thomas Mann in Princeton enthalten – ein Gezeitenwandel von Wohlbehagen und Monotonie.

Fast drei Jahre seines amerikanischen Exils, vom 28. September 1938 bis zum 18. März 1941, wohnte Thomas Mann mit seiner Familie in einem schönen, geräumigen Haus im Georgianischen Stil in der Stockton Street Nr. 65 in Princeton, New Jersey. Im Frühjahr 1938, nachdem er von der Schweiz aus in New York angekommen war, reiste er quer durch das Land und hielt antifaschistische Vorträge, hauptsächlich *Vom kommenden Sieg der Demokratie*. Im Mai dieses Jahres 1938 schrieb er einen langen Brief an Erich von Kahler, in dem er seine neuen Aussichten darlegte:

Meine Reise von Ost nach West [...] hat mir [...] gezeigt, wieviel Vertrauen, Sympathie, Freundschaft mir hier entgegenkommt. [...] Für den Herbst bin ich im Begriff, mit Princeton über eine Art von Ehren-Professur abzuschließen, die mich nicht allzu sehr belasten und mir eine Lebensgrundlage bieten wird. [...] Der Sitz hat den Vorzug der Ländlichkeit bei sehr leichter Verbindung mit New York. (Ebd., 16)

Am 28. September hielt er sich also in seiner schönen Princeton-Villa auf und war bereit, schon im folgenden Monat an der Universität eine Vorlesung über Goethes *Faust* zu halten. Seine Wahl von Princeton, einer kleinen, kultivierten

[1] Gehalten am 21. November 2018 in der Semper-Aula der ETH Zürich.

Universitätsstadt mit dichtem Baumbestand, bestätigte seine Vorliebe, wie er
von Kahler im Juni 1939 schrieb – nun von einem Strandkorb in einem hol-
ländischen Seebad aus: »Ich habe die Verbindung des Elementaren mit dem
Komfortablen immer zu schätzen gewußt.«

Seine Freude an Princeton ist ersichtlich aus einem Plädoyer an von Kahler,
das von Kahler nach Princeton bringen sollte:

Das Glücklichste [...] war Ihr sich festigender Entschluß, herüber zu kommen. Thun
Sie das! Was wollen Sie noch drüben? Und wie hübsch wäre es, hier in Nachbarschaft
zu leben. Unser Haus [...] ist sehr komfortabel und ein Fortschritt gegen alle früheren.
Ich lege Wert darauf, immer die Treppe hinauf zu fallen. Die Menschen sind wohlmei-
nend durch und durch, von unerschütterlicher Zutraulichkeit [...] Die Landschaft ist
parkartig, zum Spazieren wohl geeignet, mit erstaunlich schönen Bäumen, die jetzt,
im Indian summer, in den prachtvollsten Farben glühen. (Ebd., 18)

Mann war wohl bereit, seinen Reisen Einhalt zu gebieten und – in vorherseh-
barer guter Laune – sich niederzulassen.

Die sofortige Eingewöhnung in Princeton erwies sich aber als unmöglich. Von den Nachrichten über das berüchtigte Münchner Abkommen, das
am Tag nach seiner Ankunft, am 29. September 1938 abgeschlossen wurde,
war er »[a]ngewidert, beschämt und deprimiert«. (Tb, 30. 9. 1938) »Der ganze
›Friede‹«, schrieb er, »[ist] gewiß eine gemeine Lüge – und dafür die ungeheure Stärkung Deutschlands, der zermalmende Schlag gegen die demokratische Idee.« Seine Depression »erregt[e]« sogar eine »Furcht vor dem neuen
Leben«. (Tb, 2. 10. 1938)

Auf keinen Fall will er sich von der europäischen Krise abwenden, nur um
künstlerisch tätig sein zu können. Die Krise wird von Deutschland erzwun-
gen – seinem einst so geliebten Land, in dem er die denkbar tiefsten Wurzeln
hat. Aber er kann und will nicht mit derselben Intensität auf jede Untat von
außerhalb reagieren. Er war vor allem der Autor großer Romane und in das
Schreiben von zwei weiteren – *Lotte in Weimar* und *Joseph und seine Brüder* – vertieft und begierig, beide Projekte zu vollenden und in ihrer deutschen Schrift »sein Deutschtum zu bewahren.« »Die nächsten Kapitel [von
Joseph dem Ernährer] müssen in Princeton rasch fortschreiten«, schrieb er,
und betonte dabei die apollinische Seite seiner Schreibsucht: »Die Welt-Aben-
teuer, die kommen werden, dürfen ihre Ruhe u. Heiterkeit nicht stören.« (Tb,
27. 11. 1940) An einer anderen Tagebuch-Stelle hören wir von der eher dionysi-
schen Seite dieser Sucht: »Excitation. Wann wird diese vertrackte, lästig-lebens-
und kunstzugehörige Dämonie erlöschen? Wahrscheinlich bis zum Letzten
nicht.« (Tb, 29. 12. 1940) Ein unvermeidliches Ergebnis dessen war, dass der
Ausdruck seiner Empörung über die nationalsozialistischen Schrecken selektiv sein musste; und nicht jeder Besucher war mit dieser Triage zufrieden.

Seine gedämpfte Antwort auf das Ereignis, das man verwerflicherweise als »Kristallnacht« bezeichnet, weil er es für eine nur vorübergehende Verirrung in der großen Geschichte von Germanität halten wollte – diese Antwort also, bestürzte einen Gelehrten, Professor Sol Liptzin, der gerade deshalb zu ihm gekommen war, um durch Manns Reaktion ermutigt zu werden. Andererseits aber registriert sein Tagebuch desselben Tages eindeutig seine Bestürzung (Tb, 11. 11. 1938); und so könnte die Enttäuschung seines Besuchers auf Manns Vorsichtigkeit und Patrizier-Anstand zurückgeführt werden. Gleichwohl sollte hier erwähnt werden, dass bei einem anderen Anlass, in der Rundfunkansprache mit dem Titel *Die Gefahren, die der Demokratie drohen*, Mann mit einem überzeugenden wütenden Hohn den Antisemitismus als solchen anprangerte und in dieser Ansprache, schon am 3. März 1940, die nationalsozialistische Vernichtung des jüdischen Volkes in Osteuropa beim Namen nannte. (Tb, 8. 3. 1940)

So begierig Mann auch war, an *Lotte* weiter zu arbeiten – und doch durch seine »Honorarprofessur« in Princeton verpflichtet, wichtige Vorlesungen für die Universität zu schreiben und *preceptorials* für die »boys« zu halten – forderte ihn sein *insistent* moralischer Sinn auf, sich trotz seiner angeblichen Erschöpfung immer wieder gegen die Schrecken in Europa auszusprechen. Am Samstag, den 19. November 1938, beendete er sein Tagebuch mit dem Eintrag »Schlechter Appetit, Neigung zu Übelkeit.« (Seine Hypochondrie, wie der scharfsinnige Biograf Donald Prater bemerkte, half ihm sein langes, produktives Leben zu führen.) Mann fährt jedoch in einem energischeren Ton fort: »Aber festere seelische Verfassung heute, ernst und gewillt, im Namen der moralischen Welt eine große Sprache zu reden und einen Schlag gegen das Geziefer zu führen.« (Tb, 19. 11. 1938) Es war nie seine Absicht gewesen, das zu praktizieren, was der Psychoanalytiker Jacques Lacan »une politique de l'autruiche« nennt (französisch: »Strauß« = »autruche«; »Österreich« = »L'Autriche«). Das Wortspiel ist aktuell. In seinem Brief an von Kahler vom 26. Mai 1938 registriert Mann

[den schweren] Choc der Untat an Österreich [...]; die Parallele mit 1933 drängte sich auf, man hatte den Eindruck einer »Machtergreifung« in kontinentalem Stil und das Gefühl des Abgeschnittenseins, wie damals. Das mag sich als übertrieben erweisen oder verfrüht. Trotzdem können wir unseren Beschluß und den Akt unserer »Einwanderung« nicht bereuen: zuviel, in Europa und hier, spricht dafür, daß wir unter möglichster Wahrung des Kontaktes mit dem alten Erdteil, unseren Wohnsitz wenigstens für eine Zeit in dieses Land verlegen. (BrEvK, 15 f.)

Mann erwähnt daraufhin den herzlichen Empfang, den sein Buch *Joseph in Ägypten* in den USA erhielt – er hatte die ersten drei Bände der Tetralogie fertiggestellt und würde den vierten in Princeton beginnen – und vor allem die erwähnte Freundschaft, die er bei seiner Reise durch die USA erlebte. »Freund-schaft« ist ein Schlüsselwort in seinem moralischen Vokabular; es ist überall auf den Seiten seiner Fiktion und Polemik reichlich vorhanden; es könnte das höchste Gut sein. Er schrieb: »Wenn ich einen Wunsch für den Nachruhm mei-nes Werkes habe, so ist es der, man möge davon sagen, daß es lebensfreundlich ist, obwohl es vom Tode weiß.« Es ist eine rührende Ironie in dieser Aussage. Freundschaft war nicht Manns Stärke, schrieb die geistreiche Mann-Biografin Janet Flanner: »Seine wenigen Freunde [sind] weniger zahlreich als die Mit-glieder seiner eigenen großen Familie.« Mann hatte *einen* sehr guten Freund in Princeton – Erich von Kahler. Eine genaue Auslegung seiner Tagebücher deutet daraufhin, dass die weitverbreitete Legende, Einstein sei ein »guter Freund«, nur Wunschdenken ist. Peter de Mendelssohn, der Herausgeber von Manns Tagebüchern, hat *le mot juste* gefunden: Ihre Beziehung war »freundnach-barlich[ ]« (Tb 1937–1939, Anmerkungen S. 701). [Ich habe gehört, dass dieses deutsche Wort nur in der Schweiz verständlich ist]. Wenn Mann von »[n]eue[n] Liebesfreuden und Lebensanhänglichkeiten« spricht, denkt er prinzipiell nicht an neue menschliche Verbindungen, sondern an »de[n] zarte[n] Pudel« mit dem seltsamen Namen *Gueulard* [= Großmaul; auch Vielfraß] »und de[n] in Aus-sicht stehende[n] erstklassige[n] Musikapparat.« (Tb, 28. 10. 1939; Tb, 1. 11. 1939). Der Pudel, nun mit Namen Niko miniaturisiert und verdeutscht, wird zeitwei-lig die zentrale Figur in Manns Tagebüchern (Tb, 30. 10. 1939): Wenn der Pudel »verwildert u. verwirrt,« entlaufen war, war Mann verwüstet (Tb, 17. 11. 1939); und wenn Niko, obwohl »in verschmutztem Zustande,« zurück kam, war sein Herr nahezu verzückt. (Tb, 18. 11. 1939)

Ein zartes Drama entfaltet sich: Wird der Pudel morgens in das Arbeitszim-mer von Mann eingelassen? So wie der Pudel in *Faust*, wenn der ehemalige Professor in seinem Arbeitszimmer das Neue Testament übersetzt und dann als Mephistopheles entlarvt wird? Freilich, am Nachmittag von Nikos An-kunft – ein »[s]tummes, scheues, edles Tier« (Tb, 28. 10. 1939) – darf der Pudel zu Manns Füßen sitzen, während er arbeitet, aber nur weil das Werk von se-kundärer Art ist und Mann sich Notizen macht für seine Princeton-Vorlesung über Goethes *Werther*. Und so begleitet hier Manns Pudel den anderen Stell-vertreter des jungen Goethe – nicht Faust, sondern Werther – aber er knurrt nicht, und er wird nicht als Höllenhund enttarnt. Bald wird der Pudel sogar während der heiligen Morgenstunden ins Arbeitszimmer eingelassen, obwohl Mann noch an seiner *Werther*-Vorlesung und noch nicht an seiner neuen indi-schen Novelle *Die vertauschten Köpfe* arbeitet. (Tb, 28. 10. 1939)

Damals hatten *Die vertauschten Köpfe* und »ihre wunderlichen Möglich-keiten« ihn sehr beschäftigt. Am 28. Januar 1940 schrieb Mann aus der Penn Station in New York, mit Hinweis auf die Novelle:

Erstmalige Annäherung an die französisch-surrealistische Sphäre (Cocteau), zu der ich mich längst hingezogen fühlte. Eine Lektüre wie »Eheglück« [von Tolstoi] ermutigt in ihrem realistischen und moralischen Ernst natürlich nicht dazu. Gefühl für die Kluft zwischen dieser gesund-seriösen Sphäre und einer Ausgelassenheit und Phantastik, die sehr viel leidender als jener Naturalismus. Der Versuch ist weiterzuführen. (Tb, 28. 1. 1940)

Nun, es könnte eine heikle Entscheidung für Mann sein, die Wirkung des immerhin *französischen* Pudels – *Gueulard* – auf diese neue Form des phantasievollen Schreibens zu erlauben, oder könnte gerade seine skurrile Art als Inspiration fungieren? Aber Mann musste letztendlich die Erfahrung machen »Rann nie der Strom [auch] der treuen Tierliebe sanft«;[2] und so haben wir auch einen gestörten Autor, der über ein »Zerwürfnis mit dem Pudel wegen seiner Unfolgsamkeit« klagt. Darauf kommt Mann zu sich und legt seinen »Beschluß, mich nicht mehr darum zu kümmern« nieder. (Tb, 6. 1. 1940) [Er meldet andererseits in dem nun bekannten Kontext der Lebensanhänglichkeiten auch »Kummer über den Musik-Apparat u. seine übertriebene Baß-Resonanz«. (Tb, 30. 11. 1939)] Aber Mann wird sich doch kümmern, wenn der Pudel Anzeichen von Krankheit zeigt. Und er wird wieder leiden, wenn Niko von Erwin Panowskys »bösem Pudel« angefallen wird. (Tb, 7. 1. 1940) In diesen Tagebüchern ist eine ganz einnehmende Kurzgeschichte begraben, die gut »Herr Mann und Hund« heißen dürfte.

In Princeton sehnte sich Mann nach Ordnung und Abgeschiedenheit, den Bedingungen seiner fortwährenden literarischen Produktion, aber das waren unzeitgemäße Wünsche. Seine Zeit in Princeton ist mit täglichen innerlichen und äußerlichen Veränderungen und Abwandlungen aufgeladen. Europa ist in Konvulsionen, ein Produkt von Hitlers territorialen Aggressionen, die Mann täglich registriert. Am 8. Oktober 1938, nur eine Woche nach der erwünschten Eingewöhnung, notierte er »[die] schauerlichen Nachrichten von der Auslieferung der deutschen Emigranten in Prag an Deutschland. [...] Verwirrt, zerstreut, deprimiert und angewidert von dem Ablauf in Europa, besorgt um Amerika, müde.« (Tb, 8. 10. 1938) Er musste besonders beunruhigt sein von diesen Nachrichten, durch Sympathie – durch Identifikation – sowohl als deutscher Emigrant und auch als tschechischer Bürger. Er rief Einstein an, der einst in Prag gelebt und unterrichtet hatte und jetzt in Princeton in der Mercer Street Nr. 112 wohnte, nur ein paar Straßen entfernt. Ausweislich seiner Tagebücher nahm Mann Einsteins Eingeständnis zur Kenntnis, dass dieser »noch nie in seinem Leben so unglücklich war.« (Tb, 2. 10. 1938)

---

[2] William Shakespeare: Ein Sommernachtstraum, http://gutenberg.spiegel.de/buch/ein-sommernachtstraum-2169/2 (Zugriff am 11. 3. 2019).

Wir werden, wenn wir Manns Lebenstage in Princeton verfolgen, tief beeindruckt sein, wie Gefühle von Trauer und Sympathie sich in Taten umsetzen. Trotz Beschwerden über schlechte Gesundheit und ständige Hilferufe von Anderen konnte er sich auf außerordentliche Energiereserven und Hingabe für die gute Sache verlassen. Die »gute Sache« erforderte zwei verschiedene Arten von Hilfe: eine praktische, moralische, mit dem Ziel, demokratische Ideale der Freundschaft und Gerechtigkeit gegen die Barbarei der Zeit zu stützen; die andere Art, in seinen eigenen Worten (laut Ernst Polgar), mit seinem Schreiben »den Fleck abzuwaschen, der den deutschen Geist besudelt hatte«.

Und so schrieb er kurz nach seinem Telefongespräch mit Einstein eine präzise und herzliche Bitte an den amerikanischen Außenminister Cordell Hull, um dessen Intervention in einer tragischen Situation zu erlangen, die Angst und Sorge mit sich brachte. Mann bittet um Hilfe für die deutschen emigrierten Intellektuellen in der Tschechoslowakei, deren Leben jetzt in Gefahr sind und die Mitglieder der Thomas-Mann-Gesellschaft in Prag um Hilfe gebeten haben. Es gab ein qualvolles bürokratisches Hindernis, das die sichere Überfahrt der Emigranten in die USA verhinderte. Manns Brief lautet: »Der amerikanische Konsul in Prag handelt [...] gewiß nur pflichtgemäß, wenn er von den Betroffenen Geburtsurkunden und Leumundszeugnisse aus Deutschland verlangt«, – und wohl mit Ironie – »die aber unter den gegebenen Umständen [nämlich die Machtübernahme durch die Nationalsozialisten] absolut nicht zu beschaffen sind.« (Br II, 60)

Es mag wohl angemessen sein, in diesem Kontext ständiger Krisen, die aus Manns tiefem Selbst nach einer nie zur Ruhe kommenden Antwort verlangen, einen Passus aus Erich von Kahlers berühmten Werk über den Charakter des Deutschen »in der Geschichte Europas« zu zitieren – eine lang andauernde Arbeit, welche Mann immer zutiefst gebilligt hat. »Bei der Deutschheit«, schrieb von Kahler,

handelt es sich um eine immer noch fließende, nicht bei sich angelangte, um eine erst in der Werdensbewegung begriffene Art, die also, wenn sie als organisches Gebilde erfaßt werden sollte, aus geschichtlichen Bedingungen ausgegraben und in imaginäre Möglichkeiten hinaus ergänzt werden muß. (BrEvK, 4)

Dieses dynamische Volkstum ist nicht in Wesenszügen, sondern nur in Werdenszügen darzustellen. Ich werde gleich zu diesen »imaginären Möglichkeiten« – nämlich zu *der Literatur* – zurückkehren, aber vorerst dieses Supplement:

Ich hatte es ursprünglich vor, die Anspielung des Titels meiner Rede, nämlich »Thomas Mann im Lichte unserer Erfahrung« – mit Verlaub – auf Manns illustren Aufsatz über *Nietzsches Philosophie im Lichte unserer Erfahrung* zu erklären. Durch diese Assoziation möchte ich erstens die Tatsache ehren, dass Manns Essay zuerst als eine Rede, die allererste Nachkriegsrede, die er in Europa gehalten hatte, am 3. Juni 1947 aus dem PEN-Club in Zürich durch das ganze Land gesendet wurde. Zweitens die Tatsache, dass Manns Essay mit ständig wechselnden Gefühlen und Urteilen durchsetzt ist: Denn Nietzsche ist »nicht nur der größte Philosoph des ausgehenden 19. Jahrhunderts«, er ist – laut Mann – zugleich der Verfechter faschistischer Werte, Ausgeburt des großen, von Nietzsche gepriesenen außermoralischen Lebens. »Wir [aber],« so Mann, »sind nicht mehr Ästheten genug, uns vor dem Bekenntnis zum Guten zu fürchten, uns so trivialer Begriffe und Leitbilder zu schämen, wie Wahrheit, Freiheit, Gerechtigkeit.«[3] Diese Grundprinzipien eines demokratischen Staates könnte nur die moralische Zähmung des Lebens ins Leben rufen. Hier ein bitterer Tagebuch-Eintrag am Ostersonntag, den 9. April 1939: »Verhöhnung Englands als ›Hüter der Moral‹ durch die deutsche Presse. Moral-Verachtung als Halbbildung.« (Tb, 9.4.1939)

In diesem Sinne korrespondiert der von von Kahler beschriebene unvollkommene, im Fluss befindliche Charakter des Deutschen mit dem Gezeiten-Wandel der Gefühle in Thomas Manns Nietzsche-Studium und, so möchte man meinen, mit Manns Werdegang selber.

Wenn Mann am Ende seiner Rede Nietzsches anfängliches Hochhalten des rohen Lebens ablehnt, kritisiert er implizit dabei eine skrupellose Politik, die aus Manifestationen des nackten Willens besteht. Ist es laut Mann nun zu naiv, ihr mit dem Ruf nach Anstand, Gerechtigkeit, Güte entgegen zu wirken?

Am 10. November 1938 konnten wir in der *New York Times* die Schlagzeilen lesen [ich übersetze]: »Münchener Pakt hat den Faschismus gerettet, sagt Mann;« »Bedauert die Einschränkung der Wahrheit«; »Kontrastiert die Atmosphäre seines Heimatlandes mit USA, seinem adoptierten Land«.

In dem Artikel heißt es: Die Zerstückelung der Tschechoslowakei sei ein Drama, »in dem europäische Staatsmänner, die sich immer noch Demokraten nennen, bewusst und absichtlich den Faschismus vor seinem herannahenden Untergang retten wollten«, sagte gestern vor *einigen Tausenden* Thomas Mann, Nobelpreisträger und Exilant aus Deutschland, in dem er ausdrückt, was es für ihn bedeutet, in einem Land zu leben, »in dem Denken und Ausdruck frei sind.«

»Ich bin davon überzeugt, dass die Atmosphäre der Wahrheit für die geistige Lunge des Menschen gesünder und seiner moralischen Blutstruktur nährender als eine Atmosphäre der Lüge ist«, sagte der deutsche Autor, der kürzlich hier eingewandert ist und jetzt eine Vortragsreihe an der Princeton Universität hält. [...]

---

[3] Thomas Mann: Nietzsches Philosophie im Lichte unserer Erfahrung, hg. von David Marc Hoffmann, Basel: Schwabe 2005, S. 388.

»Das Land muss gesund sein, in dem man frei und offen über seine Mängel sprechen darf. Ein Land, das seine Öffentlichkeit vor dieser Wahrheit schützt, mag für den Augenblick erfolgreich sein, aber unser gesundes Urteilsvermögen sagt uns, dass sein öffentliches Leben krankhaft und unnatürlich ist,« sagte Doktor Mann.

Indem er eine Parallele zwischen dem Leben in Amerika und dem Leben in Europa zog, fand er heraus, dass der grundlegende Unterschied »genau der Unterschied zwischen der Anerkennung und der Unterdrückung der Wahrheit« sei. [...] Das Schicksal Europas hätte gerettet werden können, wäre die französische und britische Presse »gewillt und in der Lage gewesen, ihre Aufgabe, das Volk aufzuklären, zu erfüllen«.

[Er schließt mit den Worten]: »In einer trostlosen und moralisch führerlosen Welt möge Amerika die starke und unerschütterliche Beschützerin des Guten und des Gottähnlichen im Menschen sein, und möge sie dies tun, indem sie Gewalt und die Lüge verachtet.«

Manns polemisches Erbe lebt weiter. Vor einigen Monaten, am 14. Dezember 2017, etwa achtzig Jahre später, lesen wir einen kurzen Essay von David Brooks, einem angesehenen politischen Kommentator der *New York Times*, mit dem Titel »Die Ehre der Demokratie«. Darin bedauert Brooks die Degradierung von Demokratien, besonders in den USA und versucht, das Bewusstsein ihrer Werte zu wiederbeleben, indem er erste Prinzipien zitiert.

»Ich beginne [schreibt er] mit Thomas Manns ›Der kommende Sieg der Demokratie‹, der die große Wahrheit der Demokratie betont – nämlich, den unendlichen Wert einzelner Männer und Frauen.«

»Demokratie ist, laut Mann, das einzige System, das auf der Achtung vor dem unendlichen Wert jedes einzelnen Mannes und jeder einzelnen Frau aufbaut, auf dem moralischen Streben jedes Menschen nach Freiheit, Gerechtigkeit und Wahrheit. Es wäre ein großer Fehler, Demokratie als prozedurales oder politisches System oder als Prinzip der Mehrheitsregel zu betrachten und zu lehren.«

»Es ist [so Thomas Mann] ein ›geistiger und moralischer Besitz‹. Es sind nicht nur Regeln; es ist eine Art zu leben. Es ermutigt jeden, das Beste aus seinen Fähigkeiten herauszuholen – es ist eine moralische Verantwortung, dies zu tun. Es ermutigt den Künstler, Schönheit zu suchen, den Nachbarn Gemeinschaft, den Psychologen Wahrnehmung, den Wissenschaftler Wahrheit.« [So weit Brooks].

Eine Demokratie, die als erstes Prinzip »den Künstler dazu ermutigen soll, Schönheit zu suchen«, muss ihm dies erlauben und ihn vor Schaden während seiner »Suche« schützen. Immer wieder suchte Mann eine solche Stabilität für seine Arbeit in dem sozusagen elliptischen Wirbel von Ereignissen, in denen er selbst als ein axialer Punkt fungiert. Die Vorstellung, dass die deutsche

Persönlichkeit (immer?) einem radikalen Wandel unterworfen wäre, war ihm kaum fremd.

Wir erinnern uns an diese »Werdenszüge«, die im fantasievollen Schreiben realisiert werden könnten und damit dem stetigen Fluss von Möglichkeiten eine prekäre Stabilität verleihen. Mit einer gewissen schmerzhaften historischen Ironie bereitet Mann von Kahler eine Lektion in Standhaftigkeit:

[D]urch Zauber, mein Schreibtisch in meiner hiesigen library Stück für Stück genau so dasteht wie in Küsnacht und schon im Herzogpark, so bin ich entschlossen, mein Leben und Treiben mit größter Beharrlichkeit genau fortzusetzen wie eh und je, unalteriert von Ereignissen, die mich schädigen, aber nicht beirren und demütigen können. Der Weg, den die »Geschichte« eingeschlagen, war dermaßen schmutzig, ein solcher Äserweg der Lüge und Niedrigkeit, daß kein Mensch sich der Weigerung zu schämen braucht, ihn mitzugehen, selbst wenn er zu Zielen führen sollte, zu denen man andere Wege befürwortete. (BrEvK, 17f.)

Er hätte sich wohl einen Zuwachs an Anständigkeit zwischen den Nationen vorgestellt, als Folge der Erfahrung ihres gemeinsamen Widerstands.

Nachdem Mann das entscheidende siebte Kapitel seines Goethe-Romans *Lotte in Weimar* in Princeton Ende 1938 begonnen hatte, gelang es ihm, es am 24. Juli 1939 in dem bereits erwähnten Strandkorb in Noordwijk, Holland, zu »beenden«. Wochen später aber, Anfang September, in Schweden, als er das wichtige Kapitel 7 »steif« fand, hat er damit begonnen, es wieder neu zu schreiben. Der entscheidende Refrain bleibt: Goethe »murmelt« die Phrase, die Mann an den Dekan der Universität Bonn geschrieben hatte, sowie an Einstein: »Das aber ists, dass ich zum Repräsentanten geboren und garnicht zum Märtyrer«.

Solche Interpolationen entgingen dem erfreuten kritischen Auge seines Freundes Erich von Kahler nicht, der an Mann über die Beziehungen schrieb, die er wahrgenommen hatte: »Es waren [meine] Betrachtungen über die Spiegelung Ihres eigenen in dem Goetheschen Wesen, über die Verstecke und unterirdischen Gänge, die Sie darin für höchst persönliche Aussprachen listenreich gefunden haben.« (Ebd., 24) Diese Identifikation hat nicht ohne Manns Erkenntnis stattgefunden. In seinem Tagebuch-Eintrag am 2. Dezember 1938 notierte er »das immer öftere Wiederkehren der Verbindung meines Namens mit dem Goethes und wie mein Identifikationsspiel sich in den Geistern durchsetzt.« (Tb, 2.12.1938)

Aber noch auffallender waren die Sätze, die das erfreute, aber fehlgeleitete kritische Auge von Sir Hartley Shawcross, britischer Chefankläger bei den Nürnberger Kriegsverbrecherprozessen, wahrgenommen hatte. Diese Widerspiegelung von Goethe und Mann würde einige Jahre später welthistorische Ausmaße annehmen, als Shawcross 1945 in seinem Schlussplädoyer wichtige

Zeilen aus *Lotte in Weimar* zitierte, in der Überzeugung, er zitiere Goethe. In der Tat waren es Worte, die Mann im Winter 1938 in Princeton in den Mund seines fiktiven Goethe gelegt hatte. Es waren in der Tat scharfe, provokative Worte und die deutschen sogenannten Konservativen leisteten erbitterten Widerstand. Shawcross's Rede – also Manns! – verdient es, zitiert zu werden.

Vor vielen Jahren sagte Goethe vom deutschen Volk, daß eines Tages sein Schicksal es ereilen würde: »Das Schicksal wird sie schlagen, weil sie sich selbst verrieten und nicht sein wollten, was sie sind. Daß sie den Reiz der Wahrheit nicht kennen, ist zu beklagen, daß ihnen Dunst und Rauch [statt Rausch im Text] und berserkerisches Unmaß so teuer ist, ist widerwärtig. Daß sie sich jedem verrückten [statt verzückten] Schurken gläubig hingeben, der ihr Niedrigstes aufruft, sie in ihren Lastern bestärkt und sie lehrt, Nationalität als Isolierung und Roheit zu begreifen, ist miserabel.« Mit welch prophetischer Stimme hat er gesprochen – denn dies hier sind die wahnwitzigen Schurken, die genau diese Dinge ausgeführt haben.[4]

Shawcross folgerte und meinte, *andere* Worte von Goethe sollten zur Tat werden,

nicht allein [...] für das deutsche Volk, sondern für die gesamte Menschheit. [...] welt-empfangend und welt-beschenkend, die Herzen offen jeder fruchtbaren Bewunderung, groß durch Verstand und Liebe, durch Mittlertum und Geist – so sollten sie sein, das ist ihre Bestimmung.[5]

Es dauerte aber nicht lange, bis scharfsinnige Journalisten in Großbritannien entdeckt hatten, dass Shawcross nicht Goethe, sondern Thomas Manns Pastiche von Goethe zitiert hatte, worauf Mann einen besorgten Brief des britischen Botschafters in Washington, Lord Inverchapel, erhielt, der ihn fragte,

ob Sie diese Worte in Goethes Mund gesteckt haben oder ob sie ein Zitat aus dessen Werken sind. Wenn Sie ein konkretes Zitat darstellen, würde ich mich sehr freuen, wenn Sie mir mitteilen könnten, in welchem Werk sie erscheinen. (Tb, 1946–1948, Anmerkungen, S. 415)

Mann antwortete dem Gesandten: »Es stimmt, die zitierten Worte erscheinen nicht wörtlich in Goethes Schriften oder Gesprächen; aber sie wurden streng in seinem Geist erdacht und formuliert, und obwohl er sie nie gesprochen hat, hätte er es vielleicht auch getan.« »Doch verbürgte ich mich dafür«, fügte Mann hinzu – in der *Entstehung des Doktor Faustus* – »daß, wenn Goethe nicht wirklich gesagt habe, was der Ankläger ihm in den Mund gelegt, er es doch

---

[4] Der Prozeß gegen die Hauptkriegsverbrecher vor dem Internationalen Militär-Gerichtshof, Nürnberg 1948, Bd. 19, S. 592, in: Stephan Braese (Hg.): Rechenschaften. Juristischer und literarischer Diskurs in der Auseinandersetzung mit den NS-Massenverbrechen, Göttingen: Wallstein 2004, S. 8.

[5] Ebd., S. 593.

sehr wohl hätte sagen können, und in einem höheren Sinn habe Sir Hartley also doch *richtig* zitiert.«

Es gibt eine doppelte Ironie in dieser von Mann genannten »komischen Verwirrung«, die aber gar nicht so komisch ist. Wir kommen auf Princeton im Jahre 1938 und von Kahlers Beobachtung zurück, in der Mann in *Lotte in Weimar* Goethe in mannigfacher Weise mit Merkmalen seiner eigenen Persönlichkeit bekleidet. Es ist ebenso wahr, dass Goethes Hauptanliegen und persönliche Eigenschaften Mann zu einer Art höheren Mimikry angeregt haben, gerade in der Frage, wie einer die Worte eines anderen zu verstehen habe. In Kapitel 3 von *Lotte* verspottet Dr. Riemer, Goethes Faktotum, im Verlauf einer langen (und langatmigen) Unterhaltung mit Lotte die Vorstellung, seine Tätigkeit als Goethes Sekretär könne als die eines bloßen vulgäreren Kopisten angesehen werden. »Durch lange Jahre [habe ich] einen großen Teil seiner Korrespondenz nicht etwa nur diktatweise, sondern ganz selbstständig für ihn, oder richtiger gesagt: *als er selbst* geführt [...] – an seiner Statt und in seinem Namen und Geiste [...]«

Trotz aller literaturtheoretischen Rechtfertigungen: Sir Hartley Shawcross's Zitat eines unechten Dokumentes, *quasi* einer Fälschung, war in Nürnberg horrend *mal à propos* bei einem Verfahren, das Nationalsozialisten verurteilen sollte nur mit der Wucht von bewiesenen Tatsachen und legitimen Dokumenten. Shawcross' Vermutung, seine Worte wären wortwörtlich Goethes, verursachte einen Skandal. Fiktive Worte waren bei den Nürnberger Prozessen fehl am Platz.

Während seiner drei Jahre in Princeton war Mann oft von zu Hause weg und hielt Vorlesungen in New York oder weit entfernten Staaten (Iowa, Texas). Hin und wieder zeigte er ernsthafte Besorgnis über die Fruchtbarkeit der vielen Reisen, die er hauptsächlich aus moralischer und politischer Verantwortung unternahm, sowie über die Zeit, die er auf das Schreiben der *Vertauschten Köpfe* verwendete.

Immer, zwischen den Qualen und Belastungen durch die gesellschaftl[iche] Unvermeidlichkeit, vermischen sich die jetzt schwer pessimistischen u. ungläubigen Gedanken an den Ausgang des politischen Prozesses mit der Frage nach dem Gelingen des Schlußteiles persönlichen Lebens, dem Problem der Stimmung u. Spannkraft für die Vollendung des Joseph nach der ziemlich überflüssigen Novellen-Digression. Reisen wie diese auch ein Problem: sehr zeitraubend, doch vielleicht notwendig, dem Einerlei zu entkommen. (Tb, 27.2.1940)

»Dem Einerlei«?! Aber er hat doch sein literarisches Werk vor sich, sein intensiv fantasievolles Schreiben, jeden Morgen, ausnahmslos. Das war schon immer seine Praxis, und es ist fast immer lohnend – gleichwohl im Tun und in der

Resonanz, die es hat. Nach dem Mittagessen, das gewöhnlich in ausgezeich-
neter Gesellschaft stattfand, konnte Mann die unzähligen Briefe und Aufsätze
über sein Werk und seine Persönlichkeit lesen, die bis auf wenige Ausnahmen
auf höchstem Niveau lobend waren. Seine vielen öffentlichen Auftritte sind,
zumindest seiner Meinung nach, sehr erfolgreich; und es gibt den endlosen
Strom von herausragenden Besuchern, Familie und einheimischen Freunden,
um ihn bei jeder einzelnen Mahlzeit und beim Tee zu unterhalten. Zusätzlich
zu dieser beständigen Ermutigung und Anerkennung hat er die Gesellschaft
des Pudels, um die Finsternis zu erleuchten – Niko, nach dem Mann, wenn er
reist, sich sehnt und »von dem ich sogar nachts träumte« (Tb, 27. 2. 1940) – ein
Traum, den er mehr als einmal träumt.

Ist diese angebliche Monotonie ein Beweis von Manns faustischem, also un-
ersättlichem Charakter; oder ist sie ein Beweis des Grundcharakters von jedermann, wie Walter Kaufmann ihn als »ontological privation«, auf Deutsch
etwa »Mangel am Sein«, bezeichnet?

Wir wissen, dass Mann zweimal im Weißen Haus mit »dem Präsidenten
und Frau Roosevelt« zum Abendessen eingeladen war. Mann, der eine sehr
lebhafte Beziehung zu gutem Essen und Trinken hatte, bemerkte, dass das
Abendessen selbst »very ordinary« war. Auf diese Weise kann der Patrizier
in seinen Tagebüchern plötzlich sehr menschlich wirken, *un homme* (sogar
ein bisschen mehr als) *moyen sensuel*, besonders wenn er ein anderes Abendessen mit Saul C. Colin erwähnt, einem lebhaften Filmregisseur, in einem
»koscheren Restaurant am Broadway mit vorzüglicher Küche« und mit dem
er dann einen »sehr komische[n] Film der Marx brothers« gesehen hatte [was
für ein herrlicher Bildersatz!] (Tb, 27. 9. 1938); oder wenn er beschreibt, wie
er ein »[u]ngewöhnlich saftiges u. schmackhaftes Hammelgericht mit Bier in
Krügen« bei einem Abendessen in einem New Yorker Restaurant verspeiste
[höchstwahrscheinlich ein Privatissimum im Lincoln Room in Keans Chop-
house]. (Tb, 25. 1. 1939) Weiter gibt es Mittagessen mit dem »Rabbi« in De-
troit »im russischen Restaurant. Kohlsuppe, Pastetchen und geröstet. Ham-
melfleisch [wahrscheinlich Lamm]« und abends ein »Ommelette Confiture«.
(Tb, 12. 3. 1939) Und doch blieb Mann für immer schlank, eine Wirkung, die
zweifellos seinen asketischen Gewohnheiten *und* dem ständigen Rauchen von
Zigaretten und Zigarren zuzusprechen war.

Ein Tagebucheintrag vom Ende des Jahres 1939 skizziert kurz die Art und
Weise, wie Mann seinerseits Gäste in seinem Haus empfängt. Am 11. Oktober notiert er: »Dr. *Lothar* aus New York zur Besprechung seines ›Princeton-
Theatre‹-Plans. Unterstützung zugesagt.« (Tb, 11. 10. 1939) Glücklicherweise
haben wir die Memoiren von diesem Ernst Lothar, dem emigrierten österreichischen Romanschriftsteller und Theaterregisseur, die von seinem Besuch
bei Mann erzählen:

Er empfing mich, obschon ich mich nicht angekündigt hatte, ohne Zögern, trat in dem hellen Haus mit ausgestreckten Händen mir entgegen und machte aus dem von mir beabsichtigten Viertelstundenbesuch eine Halbtagsvisite, die Lunch und Nachmittagstee einschloß und, seiner Inanspruchnahme ungeachtet, eine väterliche-brüderliche Beteiligung an meinem Schicksal zeigte, dem gemeinsamen Schicksal der aus dem deutschen Geist Ausgestoßenen, meinte er. [...]
  In dem vielstündigen Gespräch [...] blieb meine momentane Bedrängnis im Vordergrund. Zwei Dinge aber, sagt Thomas Mann, dünkten ihn für einen emigrierten Schriftsteller unzulässig, ja verächtlich; die Sprache zu wechseln wie ein abgetragenes Kleidungsstück und in einer unangemessenen, daher angemaßten zu schreiben. Und: nicht mehr zu schreiben. Wir hätten – er, ich, alle, denen das Deutsche gegeben worden sei, um es zu schreiben – weiterzuschreiben, da bestehe keine Wahl. Auch wir seien kriegsverpflichtet und dies, er nannte es so, sei unser Kriegsdienst; auch wir hätten den Kampf gegen Hitler zu führen – mit der Waffe des deutschen Wortes, das keineswegs polemisch sein müsse, sondern als Festhalten des zu Erhaltenden. Er kam dem Einwand, den ich nicht machte, zuvor: solcher Kampf werde einem Nobelpreisträger unvergleichlich bequemer als anderen, doch von dem Abwehrdienst, das war das Wort, das er gebrauchte, gebe es keine Befreiung – »non datur«, zitierte er wie seinerzeit mein Vater die Lateiner [was heißt: *tertium non datur*: Sie haben keine Wahl!]. Man habe sich, jeder von uns, einzuhämmern – schulmeisterhaft, mit der Lehrfreudigkeit, derenthalben wir ihn den »Praeceptor Germaniae« nannten, ließ er es vernehmen –, daß die geistige Desertion unverzeihlicher als die leibliche sei. »Non datur! Non datur!« wiederholte er streng. Entlaufen, nachdem man entlaufen war? Jämmerlich! Ob er zurückkehren werde, wisse er nicht; doch jenen dem deutschen Geist angetanen Schimpf, das wisse er, werde er abwaschen helfen. Das müsse auch ich. Weshalb, er warf es dann so hin, habe ich, da ich mich ja auch dem Theater verschrieben habe, nicht den Mut, in New York deutsch spielen zu lassen – besser noch: österreichisch, wozu ich die Kompetenz besäße? Ein Anfang müsse gemacht werden, ich möge ihn machen. [...] Als ich am Abend zurückkam [nach New York] beschlossen Adrienne [meine Frau] und ich, ein österreichisches Theater zu gründen.[6]

In Manns Tagebuch steht eine Bemerkung seines Sohnes Klaus, die lautet: »[D]ie Emigranten gleichen einer Nation, die mich [Thomas Mann] als ihren Gesandten betrachtet.« (Tb, 14. 7. 1940) Der Bericht von Lothars Besuch erhärtet diese Aussage, indem er Mann als eine Leit- und Inspirationsfigur darstellt, nicht nur für Lothar, sondern auch für die meisten deutschen Exilanten in Amerika – und auch für uns! Und so, mit einer ähnlich heiteren Hoffnung auf eine kreative Antwort von uns auf den »dem *demokratischen* Geist angetanen Schimpf von heute« danke ich Ihnen für Ihre Aufmerksamkeit.

---

[6] Ernst Lothar: Das Wunder des Überlebens. Erinnerungen und Ergebnisse, Hamburg/Wien: Zsolnay 1960, S. 158 f.

Holger Rudloff und Helmut Liche

Von »moralischer Wucht und aufwandloser Plastizität«

Ausgewählte Werke Thomas Manns im Lichte von Iwan Bunins
Novelle *Der Herr aus San Francisco* in der Übersetzung von
Käthe Rosenberg (1922)

Thomas Manns Beziehung zum ersten russischen Nobelpreisträger für Literatur, zu Iwan Bunin (1870–1953), ist eine Forschungslücke.[1] Unsere Annäherung ist in drei Teile gegliedert. Teil 1 stellt biografische Bezüge zwischen Thomas Mann und Iwan Bunin dar. Die Teile 2 und 3 fragen nach intertextuellen Korrespondenzen zwischen literarischen Werken. Im Mittelpunkt steht Bunins bekannteste Novelle *Der Herr aus San Francisco*. Sie erscheint 1915 in russischer Sprache. Thomas Mann liest die Novelle spätestens im Jahr 1922 in der Übersetzung von Käthe Rosenberg, einer Cousine seiner Ehefrau Katia.[2] Teil 2 vergleicht Bunins Novelle mit ausgewählten Texten Thomas Manns, die *vor* dem Jahr 1922, also vor der deutschen Erstveröffentlichung des *Herrn aus San Francisco* erschienen sind, mit dem *Tod in Venedig*, mit *Tonio Kröger* und mit den *Buddenbrooks*. In Teil 3 geht es um den Roman *Der Zauberberg*, veröffentlicht im Oktober 1924. Seine Entstehung, besonders die zweite Arbeitsphase von 1919–1924 (vgl. 5.2, 24 ff) fällt in den Zeitraum *vor*, *neben* und *nach* der Rezeption von Bunins Novelle. Lassen sich literarische Wechselwirkungen zwischen dem *Zauberberg* und dem *Herrn aus San Francisco* ausweisen?

---

[1] Querverweise liefern z.B. Alois Hofmann: Thomas Mann und die Welt der russischen Literatur. Ein Betrag zur literaturwissenschaftlichen Komparatistik, Berlin: Akademie 1967, S. 110, 346; Alexej Baskakov: Thomas Mann und Iwan Schmeljow. Interpretation einer Bekanntschaft, TM Jb 13, 2000, S. 133–145, hier S. 134 ff; Jürgen Lehmann: Russische Literatur in Deutschland: Ihre Rezeption durch deutschsprachige Schriftsteller und Kritiker vom 18. Jahrhundert bis zur Gegenwart, Stuttgart: Metzler 2015, S. 46, 53, 56 passim. Ausschließlich biografisch ausgerichtet ist: Roger John Keys: Ivan Bunin and Thomas Mann, in: Forum for Modern Language Studies 36, University of St. Andrews: Oxford University Press 2000, S. 357–365. Eine komparatistische Minimalskizze liefert Edmond Jaloux: Esprit des Livres (Le sacrement de l'amour par Ivan Bunin, La Mort à Venice par Thomas Mann), in: Nouvelles littéraires, Paris 125, N° 166.

[2] In Deutschland verzeichnet man bis heute vier Übersetzungen. Vgl. dazu Aschot Isaakjan: Personenbezeichnungen in Bunins *Gospodin iz San Francisko* und ihre deutschen Übersetzungen, in: Michaela Böhmig / Peter Thiergen (Hg.): Ivan A. Bunins Gospodin iz San-Francisko. Text – Kontext – Interpretation (1915–2015) [= Bausteine zur slavischen Philologie und Kulturgeschichte. Slavistische Forschungen, Bd. 84], Köln / Weimar / Wien: Böhlau 2016, S. 283–299.

1. Thomas Mann und Iwan Bunin: Eine biografische Annäherung

In einem Brief vom 13. Januar 1931 fragt Thomas Mann bei Frederik Böök an, ob Nobelpreisträgern ein Vorschlagsrecht für einen Kandidaten zukomme. Der Literaturwissenschaftler Frederik Böök (1883–1961) ist seit 1922 Mitglied der Schwedischen Akademie.[3] Thomas Mann lobt Iwan Bunin als »Autor[ ] des ›Herrn aus San Francisco‹ und mehrerer anderer sehr schöner Werke«. (23.1, 517) Zudem habe er von »in Paris und auch in Deutschland lebende[n] Russen« wiederholt gehört, »es bestehe in Stockholm die Absicht oder doch die Neigung, den Preis im Jahre 31 einem Russen und zwar einem emigrierten Russen zuzuerkennen, und man habe dabei auch schon Bunin ins Auge gefasst.« (Ebd.)

Thomas Mann hält Bunin bereits 1930 für einen möglichen Preisträger. Leo Schestow richtet aus dem Pariser Exil an ihn die Bitte, Bunin als nächsten Kandidaten ins Spiel zu bringen. Am ehesten, so Thomas Manns Antwort, komme Sigmund Freud die Auszeichnung zu. Zudem verdiene von den Russen Iwan Schmeljow den Preis genauso gut wie Bunin.[4]

Von Respekt ist im Jahr 1930 noch einmal die Rede. Bunin schickt Thomas Mann zu Weihnachten eine italienische Übersetzung von *Arsenievs Leben*. Der Beschenkte erwidert das mit einer italienischen Ausgabe des *Tod in Venedig*.[5]

Am 22. Januar 1933 unterbreitet Thomas Mann Frederik Böök einen weiteren Vorschlag. Hermann Hesse solle den Preis bekommen, um die Wahl von Hermann Stehr (1864–1940) zu verhindern. Das ist mitnichten ein Rückzug vom früheren Wunschkandidaten Bunin. Es ist ein strategischer Versuch, Hesse, den Menschen »von der höheren dichterischen Liebenswürdigkeit«[6] gegen einen Autor des nationalistischen Lagers durchzusetzen. Als Iwan Bunin den Nobelpreis 1933 empfängt, begrüßt Thomas Mann die Entscheidung der Schwedischen Akademie nachhaltig. Am 4. Februar 1934 schreibt er an Böök: »Die Auszeichnung Iwan Bunins mit dem Nobel-Preis war mir eine reine Genugtuung. Ich fand die Wahl vortrefflich.«[7]

Worauf basiert Thomas Manns Wertschätzung des Werkes von Iwan Bunin? Im zitierten Brief an Böök vom 13. Januar 1931 ist von Bunins Erzählung *Der*

---

[3] Frederik Böök hielt den *Zauberberg* für nicht übersetzbar und plädierte dafür, den Nobelpreis für Thomas Mann (1929) mit der Qualität der *Buddenbrooks* zu begründen.

[4] Vgl. Alexej Baskakov: Ströme von Kraft. Thomas Mann und Tolstoi, Köln/Weimar/Wien: Böhlau 2014. S. 153. Baskakov verweist auf einen in den Regesten und Registern nicht erwähnten Brief Thomas Manns an Schestow, vgl. ebd., S. 255.

[5] Baskakov: Thomas Mann und Iwan Schmeljow (Anm. 1), S. 134.

[6] Thomas Manns Brief vom 22.1.1933 ist abgedruckt in: George C. Schoolfield: Thomas Mann und Frederik Böök, in: Klaus W. Jonas (Hg.): Deutsche Weltliteratur. Von Goethe bis Ingeborg Bachmann: Festgabe für J. Alan Pfeffer, Tübingen: Niemeyer 1972; S. 158–188, hier S. 173.

[7] Ebd., S. 176.

Herr aus San Francisco und von anderen »sehr schöne[n] Werke[n]« die Rede.
Eine inhaltliche Begründung bleibt ausgespart. Ähnlich unbestimmt fällt ein
vorheriges Urteil aus. Am 24. Januar 1926 kommt es in der Pariser Wohnung
von Iwan Schestow zu einer Begegnung zwischen Thomas Mann und Iwan
Bunin. Die *Pariser Rechenschaft* verbindet ihn mit dem »Meister des ›Herrn
aus San Francisco‹«, einer Erzählung, »die an moralischer Wucht und auf-
wandloser Plastizität einigen stärksten Dingen von Tolstoi, dem ›Polikuschka‹,
dem ›Tod des Iwan Iljitsch‹, an die Seite zu stellen ist. Die Geschichte ist nun
wohl in alle Sprachen übersetzt.« (15.1, 1172) Was rechtfertigt den Vergleich mit
Tolstois Werken? Bunins stilistische Meisterschaft wird in höchsten Tönen
gepriesen, belegt wird sie nicht. Ungedeckte Schecks wie »moralische Wucht«
und »aufwandlose Plastizität« ersetzen eine ästhetisch tragfähige Analyse.
Der Vergleich mit Tolstois Erzählungen bleibt bloße Versicherung. Ähnlich
indifferent hatte Thomas Mann bereits vier Jahre früher, 1922, dem Jahr der
ersten Übersetzung der Erzählung *Der Herr aus San Francisco* auf Bunin verwiesen. In einer Notiz vom 21.11.1922, der Einleitung zur *Bildergalerie zur
russischen Literatur*, herausgegeben von Alexander Eliasberg im Münchener
Orchis Verlag, ebenso abgedruckt in der *Prager Presse* vom 3.12.1922 unter
der Überschrift *Russische Dichtergalerie* (vgl. 15.2, 377), nennt er Bunin neben
anderen russischen zeitgenössischen Schriftstellern. Hier fragt er, »welch ein
banger Stolz ihnen die Brust beklemmen mag, sich diesen Ahnen angereiht zu
sehen.« (15.1, 580) Mit den Ahnen sind u.a. Gogol und Dostojewski gemeint.
Wie in der *Pariser Rechenschaft* beschwört Thomas Mann die russische literarische Tradition, um Bunin darin zu verorten. Unübersehbar ist das Lob für
Bunins literarische Leistung. Allein den Beweis bleibt er schuldig. Auch spätere
Eintragungen im *Tagebuch* vermerken nachhaltiges Interesse für Bunin (Tb,
8.1.1934 und Tb, 16.5.1935), geben aber keine Begründungen an.

Ungeklärt bleibt, warum Thomas Mann die Erzählung *Der Herr aus San Francisco* so sehr bewundert. Ist es möglich, Thomas Manns Beifallsbekundungen
als Ausdruck literarischer Verwandtschaft zu werten? Und: Könnte Thomas
Mann in Bunins Erzählung Spuren seiner eigenen Themen- und Motivwahl
wiedererkannt haben?

2. Bunins Novelle und das Frühwerk Thomas Manns

2.1 Bunins Novelle und *Der Tod in Venedig*

Spätestens nach der Drucklegung liest Thomas Mann die erste deutsche Übersetzung des *Herr[n] aus San Francisco.* Die *Neue Rundschau* veröffentlicht die Erzählung in Band I des Jahrgangs 1922.[8] Im selben Jahr erscheint eine Novellensammlung von Iwan Bunin mit der Titelerzählung *Der Herr aus San Francisco.*[9] Sowohl die *Neue Rundschau* als auch die Buchausgabe erscheinen bei S. Fischer, Berlin. Nicht unerheblich ist die Übersetzung. Unter dem Text der Novelle in der *Neuen Rundschau* wird vermerkt: »Berechtigte Übertragung aus dem Russischen von Käthe Rosenberg.«[10] In der Anthologie findet man in der Titelei den Hinweis: »Übersetzung von Käthe Rosenberg«. (SF, 6)
    Zwischen Käthe Rosenberg und Thomas Manns Frau Katia besteht ein Verwandtschaftsverhältnis. Wie aus Peter de Mendelssohns Biografie hervorgeht, ist sie eine Cousine Katia Manns.[11] Beide Frauen gelten als »gute Freundinnen«.[12] Sie treffen sich »oft«[13] in München. Rosenberg gilt als »vorzügliche Übersetzerin«[14] russischer Schriftsteller, dazu gehören neben Bunin auch Schmeljow, Remisow u. a. Thomas Mann lernt die Familie Rosenberg, die »ein gehegtes, vorzügliches Leben« (21, 323) führt, im August 1905 kennen. Beim Tode der Schwester Carla (1910) kommen »Katja's [!] Mutter und Cousine auf einen Tag zu Besuch«[15] nach Bad Tölz. Die Verbindung zwischen den Manns und den Rosenbergs reißt nicht ab. Als die Manns im August 1921 »einer sehr dringenden Einladung von Verwandten« (BrGr, 215) folgend nach Sylt fahren, werden sie von »Katja's [!] Cousinen empfangen.«[16] (Tb, 17.9. 1921) Hier liest Thomas Mann aus »G.[oethe] u. T.[olstoi]« (ebd.) vor, ein Vortrag, den er am 4.9. 1921 erstmals öffentlich in Lübeck hält. (ebd.) Die mit einem »nicht unbeträchtliche[n] literarische[n] Talent«[17] versehene Käthe Rosenberg, von Thomas

---

[8] Der Herr aus San Francisco. Novelle von I. A. Bunin, in: Die Neue Rundschau. Berlin und Leipzig: 1922, S. 24–47.
    [9] Der Herr aus San Francisco. Novellen von Iwan Bunin. Übersetzung von Käthe Rosenberg, Berlin: S. Fischer 1922, nachfolgend zitiert als SF mit Seitenangabe.
    [10] Vgl. Bunin: San Francisco in: Neue Rundschau (Anm. 8), S. 47.
    [11] Peter de Mendelssohn: Der Zauberer. Das Leben des deutschen Schriftstellers Thomas Mann. Erster Teil 1875–1918. Frankfurt/Main: S. Fischer 1975, S. 551.
    [12] Ebd.
    [13] Ebd.
    [14] Ebd.
    [15] Thomas Mann–Heinrich Mann: Briefwechsel 1900–1949, hg. v. Hans Wysling, Frankfurt/Main: Fischer Tb 1995, S. 152.
    [16] Gemeint sind die Schwestern Käthe Rosenberg und Ilse Dernburg. (Tb 1918–1921, Anmerkungen S. 815)
    [17] de Mendelssohn: Zauberer (Anm. 11), S. 551.

Mann als eine »[g]ute Person« (Tb, 30.6.1936) bezeichnet, verfolgt sein Werk mit großer Anteilnahme, was jener durchaus würdigt. (Tb, 9.4.1934) In allen Tagebuchbänden Thomas Manns ist die Cousine Katias zu finden. Aus dem Briefwechsel der Familie Mann geht ebenfalls hervor, dass sie für Katia, Erika, Klaus und Michael Mann jahrzehntelang eine bedeutsame Rolle einnimmt. Mitunter wird sie mit dem Kosenamen »Kecke« oder »Keke« benannt.[18]

Käthe Rosenbergs Kontakte mit dem Hause Mann legen es nahe, dass man dort über ihre Übersetzungen spricht. Immerhin liest ihr der Hausherr in Privataudienz über *Goethe und Tolstoi* vor. Das geschieht im August 1921, fünf Monate vor der Veröffentlichung des Textes Bunins in der *Neuen Rundschau*. Der Übersetzerin können typologische Analogien zwischen dem *Herr[n] aus Francisco* und dem *Tod in Venedig* kaum entgangen sein. Ein erster Blick auf Bunins Erzählung mag das verdeutlichen. Hier reist eine Erzählfigur auf einem Luxusdampfer von Amerika nach Europa. Von Neapel aus wechselt er nach Capri. Dort bricht er in einem Luxushotel zusammen. Seine sterblichen Überreste werden in die Neue Welt zurückgebracht. Unschwer erkennt man, wie Thomas Manns italienischer Sehnsuchtsort Venedig, der für Aschenbach zum Todesort wird, sich bei Bunin in Capri verwandelt. Strukturelle Übereinstimmungen ergeben sich durch das Reise- und das dominante Todesmotiv.

Auf Parallelen zwischen dem *Tod in Venedig* und Bunins Erzählung macht Horst Bienek im Jahr 1975 aufmerksam. Im *Nachwort* zur russisch-deutschen Ausgabe des *Herr[n] aus San Francisco* fragt er, warum Thomas Mann die »thematische Verwandtschaft«[19] seiner Novelle mit Bunins Text unerwähnt lässt. Zu den »auffälligen, zahlreichen Parallelen«[20] rechnet er, dass in beiden Erzählungen die Helden aus ihrem alten Leben ausbrechen um neue Sinneseindrücke zu suchen. Aschenbach reist zunächst auf die Insel Pula, um sich von dort wegen widrigen Wetters nach Venedig einzuschiffen. Auch Bunins Held veranlasst eine anhaltende Schlechtwetterlage, den Urlaubsort zu wechseln. Von Neapel setzt er auf die Insel Capri über. Vor seinem Tod erschrickt ihn ein junger Mann, der ihm bereits vorher im Traum erschienen war. Unschwer erkennt man jenen jünglingshaft geschminkten Gecken wieder, der Aschenbach in träumerischer Entfremdung auftaucht und ihm eine Todesahnung vermittelt. Schließlich: »Der Amerikaner stirbt im Leseraum, die Zeitung in der Hand – und Aschenbach erblickt in der Hotelhalle, die Zeitung in der Hand, zum ersten Male Tadzio, der nicht nur vom Wortklang her Synonym für sei-

---

[18] Vgl. Die Briefe der Manns. Ein Familienporträt, hg. v. Tilmann Lahme, Holger Pils und Kerstin Klein. Frankfurt/Main: Fischer 2016, S. 89, 91, 127, 165, 210, 322, 324, 346, 348, 492.

[19] Horst Bienek: Nachwort, in: Iwan Bunin: Der Herr aus San Francisco. Russisch/Deutsch – Übersetzung von Kay Borowsky, Stuttgart: Reclam 1975, S. 77.

[20] Ebd.

nen späteren Tod ist [...].«²¹ Beide Novellen kennzeichnet ein vergleichbares Kompositionsmuster: Anreise und Ankunft der Hauptfiguren am Zielort mit zahlreichen Todesanspielungen, sodann folgt Würdeverlust und Todesschicksal. Bienek betont die Vorläufigkeit seiner Überlegungen. Es sei »einer eigenen Studie wert«²², die Venedig- mit der San Francisco-Novelle zu vergleichen.

Eine derartige noch ausstehende Studie hätte Thomas Manns Erzählverfahren zu berücksichtigen, das er seit dem Tod in Venedig herausbildet, um es Bunins Erzählung gegenüberzustellen. Gemeint ist das Erzählen auf mehreren Ebenen, auf der Ebene des Realgeschehens in Raum und Zeit und auf der Ebene eines »mythischen« Typus.²³ Es vereint mehrere Bedeutungen zu einem Komplex. Aschenbachs Begnung mit dem fremden Wanderer am Münchener Friedhof ist gleichzeitig ein Zusammentreffen mit einer Hermes-Dionysosgestalt. So verschmilzt die Figur mit einem Bedeutungskomplex aus der Antike. Auch der Herr aus San Francisco wird von seinem Erzähler mit antiken Mustern verbunden. Seine individuelle Lebensgeschichte korrespondiert mit historischen Ereignissen im Tiberiuspalast auf Capri. Der römische Tyrann »lebte vor zweitausend Jahren« und erscheint als ein Mensch, der durch seine »grausamen und schmutzigen Taten [...] die Macht über Millionen von Menschen errafft hatte«. In der »Sinnlosigkeit dieser Machtfülle« fürchtet er, »es könne ihn jemand aus dem Hinterhalt erschlagen«. (SF, 48) Der amerikanische Unternehmer der erzählten Gegenwart gewinnt seinen Mehrwert auf ähnliche Weise. Auch er tritt als Sklaventreiber auf. Durch »die Chinesen, die er sich zu Tausenden zur Arbeit verschrieb«, (SF, 9) gelangt er zu schwindelerregendem Wohlstand. Er erlebt die Sinnlosigkeit seiner Existenz in Palästen, bis ihn der Tod ereilt. In seinem Fall sind es Paläste der Moderne, die Luxusliner und Luxushotels.

Thomas Mann dürfte diese Strukturen in Bunins Erzählung wohlwollend zur Kenntnis genommen haben, bestätigen sie ihn ja in seinem literarischen Verfahren, von der individuellen Geschichte zur Menschheitsgeschichte fortzuschreiten, um den Privatfall mit antiken Mustern zu erhellen. Zusätzlich wird er Schopenhauers Ideenlehre wiedererkannt haben. Hinter dem Einzelnem ist das Urbild verborgen. Hinter dem Individuellen steht ein Grundmuster, die Individuen durchleben die ewige Idee der Gattung in Raum und Zeit.

Iwan Bunin hat eine schöpferische Aneignung der Venedig-Novelle stets verneint. Er habe die 1915 in russischer Übersetzung vorliegende Schrift Thomas Manns zwar namentlich gekannt, sie aber erst nach Niederschrift seiner

---

²¹ Ebd., S. 79.
²² Ebd., S. 78.
²³ Vgl. Manfred Dierks: Traumzeit und Verdichtung. Der Einfluß der Psychoanalyse auf Thomas Manns Erzählweise, in: Eckhardt Heftrich / Helmut Koopmann (Hg.): Thomas Mann und seine Quellen. Festschrift für Hans Wysling, Frankfurt/Main: Klostermann 1991, S. 111–137.

Erzählung gelesen. Seine ursprüngliche Titelidee lautet »Der Tod in Capri«.[24]
Das lässt anderes vermuten als die Selbstauskunft des Schriftstellers.

2.2 Bunins Novelle, *Tonio Kröger* und *Buddenbrooks*

Gleich zu Erzählbeginn erscheint der Herr aus San Francisco als ein wesensmä-
ßiger Nachfolger von Tonio Kröger. Beide verlassen ihre Heimat in Richtung
Italien als Vergnügungsreisende. Wie Kröger der »in großen Städten und im
Süden« (2.1, 264) in »Abenteuer des Fleisches« und der »Wollust« gerät, (ebd.)
interessiert den Amerikaner »die Liebe junger Neapolitanerinnen« (SF, 10)
und er ergötzt sich »an den berüchtigten Stätten verfeinerten Lasters«. (SF, 27)
Beide sind von ihrem angestammten Recht überzeugt, Bequemlichkeit redlich
verdient zu haben. Über Tonio liest man:

Er fuhr mit Komfort (denn er pflegte zu sagen, daß jemand, der es innerlich so viel
schwerer hat, als andere Leute, gerechten Anspruch auf ein wenig äußeres Behagen
habe), [...]. (2.1, 283)

Über Bunins Helden heißt es:

Er war fest überzeugt davon, daß er ein volles Recht auf Erholung, auf Vergnügen, auf
eine lange und bequeme Reise und auf was nicht sonst noch alles habe. (SF, 9)

Beide Figuren leiten ihren Anspruch auf Luxus u. a. aus ihrem unermüdlichen
Arbeitseinsatz her. Kröger zeichnet ein »zäh ausharrender und ehrsüchtiger
Fleiß« (2.1, 265) aus, der Herr »arbeitete rastlos, ohne die Hände ruhen zu lassen«. (SF, 9) Freigestellt von den Mühen des Alltags leben sie in den Tag hinein.
Bunins Held ist ein unbekümmerter Bürger. Kröger hingegen ist ein »Bürger
auf Irrwegen«, (2.1, 281) der mit Hilfe der Kunst zur Selbstfindung und Überwindung der Dekadenz gelangt.
    Neben *Tonio Kröger* fallen Bezüge zu den *Buddenbrooks* auf. Bunins *Herr
aus San Francisco* teilt mit den *Buddenbrooks* die Motivbereiche der Krankheit, des Todes, der Maskerade und der Metaphysik des Meeres. Hinzu kommt
das Stilmittel der Ironie. Bei Thomas Mann leitet die Namensgebung einer
Figur ironische Repliken ein. Bendix Grünlich, Tony Buddenbrooks erster
Ehemann, spiegelt durch seinen von Benedikt abgeleiteten Namen ein christli-
ches Herkommen und Verhalten vor. Allein die religiösen Ideale, die er vorgibt

---

[24] Peter Thiergen: Tödliches Capri-Syndrom. Einführende Interpretation zu Bunins *Gospodin*, in: Böhmig/Thiergen: Text – Kontext – Interpretation (Anm. 2), S. 11–39, hier S. 14.

zu vertreten, halten einer Überprüfung nicht stand. Der vermeintlich »Gesegnete«[25] spielt Tonys Eltern die Rolle eines christlichen Kaufmanns vor, bis er als Mitgiftjäger auffliegt. Bendix als Kurzform von Benedikt steht in der Tradition des heiligen Benedictus von Nursia (5./6. Jahrhundert), dem Vater des abendländischen Mönchstums.[26] Auch der Herr aus San Francisco knüpft semantisch an die Überlieferung von Klosterbrüdern an. Zwar bleibt er von Erzählbeginn an namenlos, »an seinen Namen erinnerte sich sowohl in Neapel als auch auf Capri niemand«. (SF, 9) Doch der Titel der Erzählung und die Stadt San Francisco verweisen auf den Heiligen Franziskus, auf Franz von Assisi (12./13. Jahrhundert), den Stifter der Franziskaner-Bewegung.[27] Als Bettelmönche mit dem Tugendideal von Armut, Demut, Abstinenz und Keuschheit verkörpern die Franziskaner das Gegenmodell zu Bunins Protagonisten, der Reichtum, Alkohol und Promiskuität genießt. Die Mönche hüllen sich in eine Kutte, der Amerikaner trägt »Smoking und vollendet schöne Wäsche«. (SF, 14) Um einen abschließenden Vergleich anzuführen: »Franziskus soll nackt in seiner Zelle gestorben sein, der ›Herr‹ aus San Francisco fährt in Gala- und Ballmontur in die Grube.«[28] Wie im Falle von Bendix Grünlich wird der Widerstreit zwischen Ideal und Wirklichkeit ironisch ausgetragen. Sowohl der norddeutsche Benedikt als auch der amerikanische Benedikt fahren mit dem aufgerufenen mönchischen Vorbild Schlitten.

Grünlichs Skrupellosigkeit illustriert die Machenschaften des Handelskapitals, wie sie in ähnlicher Weise die Kaufmannsfamilie der Buddenbrooks praktiziert. Jean Buddenbrook wählt seinen Schwiegersohn nach rein rechnerischem Kalkül aus, ohne die Gefühle seiner Tochter zu berücksichtigen. Individuelles Glück oder eine Liebesehe sind nicht vorgesehen. Wer liebt, verdirbt die Geschäfte. Den Patriarchen aus San Francisco interessieren etwaige Liebesvorstellungen seiner Tochter ebenso wenig. Ökonomische Interessen dominieren die Suche nach einem geeigneten Schwiegersohn. Er hofft auf »glückliche Begegnungen« mit reichen Reisebekanntschaften: »Da sitzt man manches Mal an einem Tisch oder betrachtet Fresken Seite an Seite mit einem Milliardär.« (SF, 10)

Weitere Übereinstimmungen findet man bei der Charakterisierung von Hauptfiguren und der Motivstruktur, z.B. wenn sich der alternde Thomas Buddenbrook ebenso wie der Herr aus San Francisco abmüht, Gebrechlichkeiten durch ein akkurates Erscheinungsbild auszugleichen. Bunins Held ka-

---

[25] Eintragung: Benedikt, in: Günther Drosdowski: Duden. Lexikon der Vornamen. Herkunft, Bedeutung und Gebrauch von mehreren tausend Vornamen, 2. Aufl., Mannheim/Wien/Zürich: Duden 1974, S. 44.

[26] Ebd.

[27] Vgl. Thiergen: Capri-Syndrom (Anm. 24), S. 29.

[28] Ebd.

schiert seinen körperlichen Abbau durch elegante Garderobe: »Der Smoking und vollendet schöne Wäsche verjüngten den Herrn aus San Francisco ungemein.« Obwohl er »unebenmäßig gebaut« ist, erscheint er »doch fest zusammengefügt, tadellos gebürstet und gebügelt«. (SF, 14) Das bedarf kosmetischer Anstrengungen vor dem Spiegel. Nach dem Rasieren und Waschen »feuchtete und bürstete er, vorm Spiegel stehend, die Überreste seiner dichten perlgrauen Haare fest um den dunkelgelblichen Schädel herum mit silbergefaßten Bürsten an«, um dann »ein cremefarbenes Seidentrikot«, »schwarzseidene Strümpfe und Ballschuhe«, »seidene[ ] Hosenträger[ ]«, »schwarze[ ] Beinkleider und das schneeweiße Hemd« (SF, 35 f.) feinster Marke anzulegen. Satirisch beobachtet der Erzähler die mühevollen Torturen des Zurechtmachens. Der Herr hat sich mit Hemd und Kragen »abzuquälen«, während seine Augen »vor Anstrengung glänzten« und er »ganz blau im Gesicht« erschöpft vor dem »großen Wandspiegel« (ebd.) sitzt.

Auch Thomas Buddenbrook bietet gesteigerte Energie auf, um seinen Alterungsprozess durch Garderobenrituale und Toilettenmaskeraden zu verbergen. In seinem »Ankleide-Kabinet[ ]« hängen »die Jackets, smokings, Gehröcke, Fräcke für alle Jahreszeiten und in allen Gradabstufungen der gesellschaftlichen Feierlichkeit [...] während auf mehreren Stühlen die Beinkleider, sorgfältig in die Falten gelegt, aufgestapelt waren.« Ein in die Jahre gekommener Mann plagt sich vorm Spiegel. Er agiert vor einem »gewaltigen Spiegelaufsatz, dessen Platte mit Kämmen, Bürsten und Präparaten für die Pflege des Haupthaares und Bartes bedeckt war«. (1.1, 676) Die Dekorationen sind äußere Anzeichen eines tiefergehenden Konflikts: Sowohl der amerikanische als auch der norddeutsche Kaufmann wissen, dass ihre Lebenskräfte schwinden. Deshalb setzen sie alles daran, ihr Scheinleben durch immer größere Anstrengungen zu behaupten. Beide sind nur noch Schauspieler in der Rolle des vitalen Bürgers. Und beide ahnen bis zur Gewissheit, wie sehr sie die selbstquälerischen Zurschaustellungen überfordern. »›O, das ist schrecklich!‹« (SF, 36) kommentiert der Herr seine Lage, um dann »voll Überzeugung« zu wiederholen: »›Das ist schrecklich!‹« (SF, 37) Ebenso überfallen Thomas Buddenbrook »Müdigkeit und Überdruß«, wenn er feststellt, dass »die Haltung seines Körpers« (1.1, 678) schwindet.

Zur Gestaltung der Verfallsszenarien gehören die kranken Zähne der Protagonisten. Sie symbolisieren schwindende Vitalität. Vom neunjährigen Thomas wird erzählt, seine Zähne seien »nicht besonders schön, sondern klein und gelblich« (1.1, 18), mit sechzehn sind sie »ziemlich mangelhaft[ ]«. (1.1, 82) Der Achtundvierzigjährige stirbt nach der »Extraktion« (1.1, 747) eines Backenzahns. Der »Herr« aus San Francisco kommt zu Tode, nachdem er sich kurz zuvor »einige falsche Zähne zurechtgesetzt hatte«. (SF, 35) Schließlich erfolgt der jeweilige Todessturz in analoger Wortwahl bis hin zur Konkordanz.

Über Thomas Buddenbrooks Kollaps liest man: »Er vollführte eine halbe Dre-
hung und schlug mit ausgestreckten Armen *vornüber* auf das nasse Pflaster.«
(1.1, 749; eigene Hervorhebung) Käthe Rosenberg übersetzt den Zusammenbruch von Bunins Helden wie folgt: »Er stürzte *vornüber*, rang nach Luft und
begann wild zu röcheln; sein Unterkiefer fiel herab, der ganze Mund blinkte
hell vom Gold der Plomben, [...]«. (SF, 39; eigene Hervorhebung) Es ist nicht
ausgeschlossen, dass die Übersetzerin dabei den Todesfall des Thomas Buddenbrook vor ihrem geistigen Auge hatte.

Das Hotel auf Capri, in dem der »Herr« stirbt, ist der Luxusherberge *Quisisana* nachempfunden. Das *Quisisana* motiviert ihn zur Niederschrift der Novelle, als er erfährt, dass hier ein reicher Amerikaner gestorben war.[29] Thomas
Mann dürfte bei seiner Lektüre das Hotel leicht erkannt haben, selbst wenn
Bunin es nicht namentlich nennt. In den *Buddenbrooks* verkehrt Christian in
einem Etablissement gleichen Namens, das vor den Toren seiner Heimatstadt
liegt. Es handelt sich um eine

[...] kleine, grünbewachsene und behaglich ausgestattete Villa [...], die von einer noch
jungen und außerordentlich hübschen Dame unbestimmter Herkunft ganz allein bewohnt ward. Über der Haustür prangte in zierlich vergoldeten Buchstaben das Wort:
»*Quisisana*«. (1.1, 487)

Auch die Stadt Neapel und ihr geografisches Umfeld spielen in Thomas Manns
Leben und Werk eine Rolle. Im November 1896 fährt er zum zweiten Mal nach
Italien und hält sich in Neapel auf; ob die Erzählung *Enttäuschung* hier oder
in Rom verfasst wird, bleibt offen, der Kommentar vermutet, »die Erzählung
wurde unter dem unmittelbaren Eindruck der Lagunenstadt in Neapel geschrieben, oder vielleicht in Rom«. (2.2, 40) In den *Buddenbrooks* berichtet
der Poet Jacques Hoffstede von seiner Italienreise und vom »Vesuv«. (1.1, 34)
    An Italien schließt eine weitere Stelle der *Buddenbrooks* an, die bei Bunin
modifiziert wiederzufinden ist. Durch die norddeutsche Handelsstadt ziehen
alljährlich vor dem Weihnachtsfest italienische Drehorgelspieler. Auf Bunins
Capri spielen zur selben Jahreszeit italienische Dudelsackpfeifer auf. Vier Mal
zitiert Thomas Manns Roman besagte Musiker herbei. Als die Familie das Fest
feiert, schwenkt der Blick auf die Stadt: »Aber draußen, auf dem hartgefrore-
nen Schnee der Straßen musizierten die italienischen Drehorgelmänner, und
vom Marktplatz scholl der Trubel des Weihnachtsmarktes herüber.« (1.1, 98 f;
vgl. 582, 583, 595) Die »Familie aus San Francisco« spitzt die Ohren, »um die
abruzzischen Dudelsackpfeifer zu hören, die einen ganzen Monat lang vor
Weihnachten durch die Insel wandern [...]«. (SF, 25)

---

[29] Vgl. Michaela Böhmig: Capri als Insel des Todes oder Toteninsel: ein Oxymoron, in: Böh-
mig/Thiergen: Text – Kontext – Interpretation (Anm. 2), S. 101–122, hier S. 109.

Zusammenfassend ergibt sich, dass Käthes Rosenbergs Bunin-Übersetzung zahlreiche intertextuelle Anknüpfungspunkte mit Frühwerken Thomas
Manns anbietet. Sie betreffen formale und inhaltliche Übereinstimmungen
oder Konkordanzen.

3. Bunins Novelle und »Der Zauberberg«: Das Schiff, der Tod und die Apokalypse

Wie verhält es sich mit möglichen Korrespondenzen zwischen Bunins Novelle
und dem Roman *Der Zauberberg*? Als Thomas Mann die Novelle 1922 liest,
befindet er sich mitten in der zweiten Arbeitsphase an dem großen Roman
(1919–1924). Da er den *Zauberberg* im Oktober 1924 abschließt, könnte ihn
seine Faszination für Bunins Text zwei Jahre und zehn Monate lang begleitet
haben.

Die Geschichten des Herrn aus San Francisco und des Hans Castorp verraten erste Gemeinsamkeiten, wenn man sie auf ihre Erzählfabeln reduziert:
Bei Bunin reist ein Herr auf dem Luxusliner »Atlantida« aus seiner Heimatstadt San Francisco nach Italien. Aus der ursprünglich geplanten Reisezeit, »auf
volle zwei Jahre«, (SF, 9) werden wenige Wochen, da er in einem Luxushotel
auf Capri einem Infarkt erliegt. Sein Leichnam wird in einem Sarg auf demselben Schiff, mit dem er hergekommen ist, nach Amerika zurückverfrachtet.

In Thomas Manns Roman reist »ein einfacher junger Mensch« per Bahn und
»zu Schiff« aus seiner Heimatstadt Hamburg in die Schweiz. Aus der geplanten
Reisezeit (»für drei Wochen«) werden sieben Jahre. Nach dem Aufenthalt im
Luxussanatorium auf dem Zauberberg gerät er aufs Schlachtfeld des Ersten
Weltkriegs und wird als verschollen erklärt. (5.1, 11)

Neben der Veränderung des Reiseaufenthalts (beim »Herrn« wird er ver-
kürzt, bei Castorp verlängert) überlappen sich die Topoi »Schiff« und »Tod«.
Die Helden beider Erzählungen steuern auf einem Schiff ihr Reiseziel an. Auf
den Aufenthalt in ihren Luxuswohnstätten folgt der Tod; der Tod in Capri
bzw. der Tod auf dem Schlachtfeld.

Bunins Text ist mit einem Motto überschrieben, unter dem in Klammern das
Wort »Apokalypse« steht; es lautet: »Wehe dir, Babylon, starke Stadt!« (SF, 9)
Wie verhält sich dieser Vorspruch zum Werkgehalt und zu den Topoi »Tod« und
»Schiff«? Und sollte es stichhaltig sein, dass eine literarische Verwandtschaft
zum *Zauberberg* besteht, dann ist zu untersuchen, ob auch dort das »Schiff«
und der »Tod« im Zeichen einer Apokalypse gestaltet werden. Auf dem Hintergrund dieser kontextuellen Hypothese geht es erstens um das Schiff und
die Apokalypse, um zweitens das Themenfeld des Todes in verschiedenen Erscheinungsformen abzustecken.

3.1 Das Schiff und die Apokalypse

Schiffe und Schifffahrt symbolisieren seit Homers *Odyssee* Lebensreisen zwischen Aufbruch, Scheitern oder Rückkehr.[30] Die Reise des Hans Castorp wird bereits im *Ersten Kapitel* mit der Seefahrt verbunden.[31] Sein Weg führt ihn »hinunter zum Gestade des Schwäbischen Meeres und zu Schiff über seine springenden Wellen hin, dahin über Schlünde, die früher für unergründlich galten.« (5.1, 11) Castorps Fahrt über den Bodensee wird zur Hadesfahrt. Wie Odysseus kreuzt er übers Meer ins Totenreich, sprich ins Sanatorium, das in Analogie zur Unterwelt steht.[32] Im Hades fließt der Fluss Lethe. Der griechischen Mythologie zufolge vergessen die Seelen, die daraus trinken, ihr vergangenes Leben. In diesen Fluss taucht Castorp gleich zu Erzählbeginn ein. »Zeit« und »Fernluft« wirken auf ihn als Synonym, als »Lethe«. (5.1, 12) Auffällig teilt er sein Schicksal mit Bunins Figur, von der im ersten Satz heißt, dass sich »niemand«, weder in Capri noch in Neapel, an in ihn »erinnerte«. (SF, 9)

Das Sanatorium »Berghof« und das »Schiff »Atlantida« bieten einen komfortablen Aufenthalt. Der Tagesablauf in den Nobelschuppen folgt einem übereinstimmenden Schnittmuster. Zwischen Liegekuren, gymnastischen Übungen, musikalischen Darbietungen oder Tanzvergnügen wandeln die Gäste in eleganten Garderoben umher. Morgens, mittags, nachmittags und abends genießen sie opulente Tafelfreuden. Doch der Müßiggang ist vom morgendlichen Aufstehen bis zur Nachtruhe durch einen verordneten Zeitplan reglementiert. Vom Bordleben auf dem Dampfer liest man: »Und das Leben floß auf ihm *nach allerhöchster Vorschrift* dahin: man stand früh auf, bei Trompetenstößen, die schrill durch die Gänge schon um jene Dämmerstunde ertönten [...].« (SF, 12; eigene Hervorhebung) Wie sehr alles auf dem Zauberberg genauer Disziplin unterliegt, lernt Hans Castorp von seinem Vetter Joachim Ziemßen. Über die Liegekuren und deren verbindlichen Zeitplan berichtet jener: »Ja, das ist *Vorschrift*. Von acht bis zehn.« (5.1, 21; eigene Hervorhebung) Die »Liegekur« hat grundsätzlich »nach Pflicht, Vernunft und Vorschrift« (5.1, 230) abzulaufen. Von »Kunst und *Vorschrift*« ist bei der »Handhabung der beiden Decken« die Rede. (5.1, 226; eigene Hervorhebung). Von »Vorschrift« (5.1, 228) ist auch die Sitzordnung bei den Mahlzeiten bestimmt; ebenso regelt eine »Vorschrift« (5.1, 356) Dauer und Länge des »Morgenspaziergang[s]« (ebd.).

Berichtet Joachim Ziemßen von der Regel, die Liegekur zwei Stunden lang, zwischen acht und zehn Uhr abzuhalten, so folgt der Herr aus San Francisco

---

[30] Vgl. Artikel: Schiff, in: Günter Butzer / Joachim Jacob (Hg.): Metzler Lexikon literarischer Symbole, Stuttgart / Weimar: Metzler 2008, S. 319–321.

[31] Vgl. Holger Rudloff: Ocean Steamships, Hansa, Titanic. Die drei Ozeandampfer in Thomas Mann Roman *Der Zauberberg*. TM Jb 18, 2005, S. 243–264.

[32] Vgl. 5.2, 129 und die dort angegebene Forschungslage.

alltäglich nach seinem zweiten Frühstück einem analogen Procedere: »[...] die folgenden zwei Stunden waren der Ruhe gewidmet«. (SF, 13) Zur Erholung »standen dicht auf allen Decks Liegestühle, auf denen die Reisenden, in ihre Plaids gehüllt, lagen«. (Ebd.) Entsprechend sieht man Hans Castorp in seiner Loge, in der »ein Liegestuhl« aufgeschlagen ist und in der er »sein schönes, weiches, dunkelrot und grün gewürfeltes Plaid« (5.1, 104) herbeiholt.

Auf der »Atlantida« geben Trompeten das Signal zu den Mahlzeiten, zum ersten und zweiten Frühstück, zu Zwischenmahlzeiten oder zum Abendessen. Früh morgens ertönen die »Trompetenstöße[ ]« (SF, 12), abends »um sieben kündeten Trompetensignale das Diner von neun Gängen an«. (SF, 13) Im Hotel in Neapel tönt »das volle, mächtige Dröhnen des Gongs durch alle Stockwerke hindurch,« (SF, 23) um den Gästen die Essenszeit zu verkünden, zum ersten und zweiten Frühstück, zum Tee oder zum Diner. Auf dem Zauberberg hört man durchgängig das »Tönen des Gongs«, (5.1, 260) um die Essenszeiten zu diktieren. Der »erschütternde Gong« (5.1, 655) ruft zum Mittagessen, zum täglichen »sechsgängige[n] Berghof-Diner« oder zum sonntäglichen »Gala-, Lust- und Parademahl« (5.1, 289) und regelt »eine Tagesordnung, die sich mit so milder Selbstverständlichkeit aufdrängte«. (5.1, 656) Doch welchen künstlerischen Zweck verfolgen jene despotischen Ruf- und Wecksignale, jene Trompetenstöße und Gongs, jene Anweisungen zur geregelten Lebensführung? Durch die Ineinssetzung der Gegensätze zwischen ausschweifendem Lebensstil und Beschränkung durch Vorschriften steigern sowohl Bunin als auch Thomas Mann die Atmosphäre ins Groteske. Dem sinnentleerten Alltag in der Überflussgesellschaft der Fünf-Sterne-Unterkünfte soll im Geschehensrythmus von Anordnungen und ritualisierten Terminen ein neuer Sinn verliehen werden. Alles erscheint maßgeschneidert für ein Publikum, das kein Maß kennt.

Das *Sechste Kapitel* des *Zauberbergs* beginnt mit dem Abschnitt *Veränderungen*. Hier liest sich ein Textausschnitt wie eine Reminiszenz an Bunins Erzählung. Das Leben im Sanatorium wird mit einer Kreuzfahrt auf einem Vergnügungsdampfer verglichen. Thomas Mann beginnt dieses Kapitel am 15. 10. 1921, am 1. 12. 1921 steht »die Fertigstellung des Abschnitts *Veränderungen* bevor. Mit diesem Tag endet allerdings auch der erhaltene Komplex der frühen Tagebücher. Die weitere Rekonstruktion ist auf spärlichere Quellen angewiesen.« (5.2, 39) Gesichert ist, dass das *Sechste Kapitel* im Dezember 1923 abgeschlossen wird. Besagter Zeitraum der Niederschrift fällt mit der Rezeption von Bunins *San Francisco*-Novelle zusammen.

Der italienische Humanist Ludovico Settembrini erkundigt sich bei Hans Castorp und seinem Vetter, ob sie jemals zur See gefahren seien: »Haben Sie je eine Schiffsreise gemacht, Tenente, oder Sie, Ingenieur?« (5.1, 537) Mit der Frage an den Ingenieur Castorp und den Tenente (italienisch: Oberleutnant) Ziemßen entwickelt sich zunächst ein Gespräch, das die Bequemlichkeiten einer Schiffsreise mehrfach unterstreicht. Die Rede ist »vom Komfort auf dem Ozean-Steamer«, von »diesem vollendeten Komfort«, von »Luxus an Bord« und schließlich von »Luxus und Komfort«. (5.1, 538) Unschwer erkennt man in dieser Auflistung den Berghof wieder, der im Laufe der Erzählung ausdrücklich als »Luxusheilstätte« (5.1, 953) mit »Luxushotelküche« (5.1, 289) beschrieben ist. Allein die Leichtigkeit des Seins besitzt einen Beigeschmack. Der Prozess der Zivilisation birgt Risiken und Nebenwirkungen, sowohl an Land als auch auf See. Settembrini gibt zu bedenken, dass

das Leben auf so einem großen Dampfer, bei leerem Horizont seit Wochen, in salziger Wüstenei, unter Umständen, deren vollkommene Bequemlichkeit ihre Ungeheuerlichkeit nur oberflächlich vergessen läßt, während in den tieferen Gegenden des Gemütes das Bewußtsein davon als ein geheimes Grauen leise fortnagt. (5.1, 537 f.)

Hans Castorp stimmt eifrig zu und unterstreicht die gefährlichen Begleiterscheinungen einer Seereise, denn »nur oberflächlich, ganz wie Herr Settembrini es so plastisch gesagt habe, lasse der Komfort auf dem Ozean-Steamer die Umstände und ihre Gewagtheit vergessen [...].« (5.1, 538)

Besagtes Nebeneinander von »Bequemlichkeit«, »Ungeheuerlichkeit«, und »Grauen«, von »Komfort« und »Gewagtheit« herrscht übereinstimmend auf dem Ozeandampfer »Atlantida« mit seinen »warmen und üppigen Luxuskajüten«. (SF, 54) Das Schiff »glich einem teuersten europäischen Hotel mit allen Bequemlichkeiten, mit einer Nachtbar, mit römischen und russischen Bädern, mit eigener Zeitung.« (SF, 12) Doch bei allen Wellness- und Fitnessangeboten lauern ständig Gefahren durch die Naturgewalten, denn »der Ozean, der hinter den Schiffwänden wogte, war unheimlich, furchtbar«. (SF, 13) Seine »Wogenberge« rauschten »dumpf wie Chöre einer Totenmesse.« (SF, 52) Wie reagieren nun die Passagiere auf den möglichen Einbruch der vernichtenden Mächte in ihr geordnetes Luxusleben? Der Erzähler hält fest, dass sie die Gefahren des Ozeans ignorieren:

[...] man dachte seiner nicht, im festem Vertrauen auf die Gewalt, die der rothaarige Kapitän über ihn besaß; dieser [...] erschien, in seiner Uniform mit den breiten goldenen Tressen einem riesigen Götzen ähnlich, nur selten aus seinen geheimnisvollen Räumen unter Menschen. (SF, 13 f)

In blinder Zuversicht unterwerfen sich die Vergnügungsreisenden der charismatischen Autorität des Kapitäns. Sie glauben an seine »Gewalt«, den technischen Fortschritt und die Naturkatastrophen zu regulieren. Der mit »den goldenen Tressen« Ausstaffierte ist einem »riesigen Götzen ähnlich«. Man huldigt einem Totem, denn »... der Riesenkapitän erschien in Paradeuniform auf seiner Kommandobrücke und winkte wie ein gnädiger heidnischer Gott den Passagieren grüßend zu«. (SF, 20) Buchstäblich tanzen die Touristen des zwanzigsten Jahrhunderts wie die Israeliten des *Alten Testaments* um das Goldene Kalb.

Zu den Bibelbezügen der Novelle gehört das vorangestellte Motto: »Wehe dir, Babylon, starke Stadt!« (SF, 9) Darunter wird in Klammern auf die Apokalypse hingewiesen. Schlägt man den Urtext auf, folgt die Ankündigung einer Gerichtsbarkeit: »Auf Eine Stunde ist dein Gericht gekommen.«[33] Mit der Stadt Babylon ist ein Bündel von Untergangsszenarien samt Strafenkatalogen aufgerufen.

Auch im *Zauberberg* hinterlässt Babylon markante Spuren. Während Settembrini die Vor- und Nachteile der schwimmenden Luxushotels abhandelt, deklamiert Castorp einen Satz aus Heinrich Heines Ballade *Belsazar*: »Ich bin der König von Babylon!« (5.1, 538) Der König kündigt dem Jehova-Gott die Gefolgschaft auf, um die Alleinherrschaft für sich zu beanspruchen: »Jehova! Dir künd ich auf ewig Hohn – / Ich bin der König von Babylon!«[34]

Heinrich Heines Gedicht greift auf das Buch *Daniel* im *Alten Testament* zurück. Belsazar hält ein Zechgelage ab und huldigt den alten Götzen: »Und da sie so soffen, lobeten sie die güldenen, silbernen, ehernen, eisernen, hölzernen und steinernen Götter.«[35]

Dieser Zusammenhang rückt den *Zauberberg* noch näher an Bunins Text heran. Heines *Belsazar* folgt der biblischen Überlieferung vom Götzendienst des Königs. Die *San Francisco*-Novelle benennt mit der ehrfurchterregenden Kapitänsfigur einen Götzen, dem die Passagiere zu Füßen liegen. Gleichzeitig kommt durch die Vorkommnisse an Belsazars Hof das Wort »Menetekel« ins Spiel. Im Buch *Daniel* erscheint nach der Anbetung der Götzen eine Geisterschrift an der Wand des Königssaals: »Mene, mene, tekel, upharsin.«[36] Als Weissagung nimmt sie die bevorstehende Ermordung Belsazars voraus. Im aktuellen Sprachgebrauch bedeutet das aus der aramäischen Sprache stammende Substantiv »Menetekel« ein »unheildrohendes Zeichen« bzw. einen »ernsten Warnruf« für »düstere Prophezeiungen«.[37]

Sowohl Bunin als auch Thomas Mann spielen auf eine Katastrophe an, die bis heute als Menetekel gehandelt wird: Der Untergang der *Titanic* am 15. April

---

[33] Offenb. Johannes 18,10, zitiert nach: Die Bibel. Oder Die ganze Heilige Schrift Alten und Neuen Testaments. Nach der deutschen Übersetzung Martin Luthers, Hildburghausen: Bibliogr. Inst. 1840.

[34] Heinrich Heine: Werke und Briefe in zehn Bänden. Hg. v. Hans Kaufmann, Bd. 1, Berlin und Weimar: Aufbau 1972, S. 52.

[35] Daniel 5,25 (Anm. 33).

[36] Ebd.

[37] Vgl. Eintragung: Menetekel, in: Duden. Fremdwörterbuch, 3. Aufl., Mannheim/Wien/Zürich: Duden 1974, S. 456.

1912. Wie dezidiert beide Erzähler damit vertraut sind, belegen zwei ausgewählte Beispiele. Zeugenaussagen zufolge spielte das Bordorchester der *Titanic* bis zum letzten Moment. Das legendäre Orchesterspiel bei allerhöchster Gefahr wiederholt sich an Bord der »Atlantida«, als das Schiff in einen Sturm gerät:

An Backbord heulte alle Augenblicke höllenfinster die Sirene auf und kreischte voll rasender Bosheit, aber nur wenige der Speisenden hörten auf die Sirene – sie wurde übertönt durch die Klänge eines herrlichen Streichorchesters, das trefflich und unermüdlich in dem riesigen, doppelt erleuchteten Saale spielte [...]. (SF,14)

Settembrini, der die *Titanic* ebenso wenig beim Namen nennt wie Bunins Erzähler, tituliert das Schiff als »Luxusarche« und berichtet, dass »die Luxusarche scheitert und senkrecht in die Tiefe geht«. (5.1, 539) Wie sehr er dabei die historische Schiffskatastrophe im Auge hat, belegt ein Vergleich mit der nautischen Fachliteratur, die protokolliert: »02.15 Uhr. Die Titanic steht jetzt fast senkrecht auf dem Bug und beginnt schneller zu sinken.«[38]

Bei der Vielzahl der aufgezeigten Parallelen dürfen die Unterschiede nicht übersehen werden. Settembrini sieht im Versinken des Riesenschiffs nicht unbedingt ein Menetekel für den Niedergang der menschlichen Zivilisation. Er insistiert auf der Dialektik des technischen und humanen Fortschritts. Im Ausruf des Königs von Babylon erkennt er eine Absage an göttliche Autorität, die »höchste Menschlichkeit« und »die respektable Leidenschaft der Welterprobung« (5.1, 539) für sich beansprucht. Für den italienischen Philosophen ist das Aufbegehren der Vernunft »gegen die dunklen Gewalten« emanzipatorisch, selbst wenn das den Zorn und Neid der Götter hervorruft. Stellvertretend benennt er Prometheus: »[...] seine Qual am skythischen Felsen gilt uns als heiligstes Martyrium.« Der Untergang der »Luxusarche«, sprich: der *Titanic*, ist »ein Untergang in Ehren«, heraufbeschworen durch »die Rache neidischer Götter« (ebd.) gegenüber den menschlichen Experimenten der Naturbeherrschung.

Bunins Anspielungen auf die *Titanic* versinnbildlichen hingegen menschliche Hybris. Zügellose Lebensführung und Götzendienst besiegeln das Schicksal seiner Erzählfigur.

---

[38] Arnold Kludas: Die großen Passagierschiffe der Welt. Eine Dokumentation, Bd. 1: 1858–1912. Oldenburg/Hamburg: Stalling 1972, S. 180.

3.2 Der Tod und die Apokalypse

Die Todesthematik gehört zu den kontextuellen Gemeinsamkeiten zwischen dem *Zauberberg* und dem *Herrn aus San Francisco*. Der Tod lauert überall und ständig: Im Bergsanatorium, auf dem Ozeandampfer und auf Capri. Die Erscheinungsformen des Todes lassen sich unter vier Aspekten diskutieren. Erstens zeigt sich der Tod als groteske Inszenierung. Zweitens sorgt die virulente Todespräsenz für seine Verdrängung. Drittens liefert der Tod Hinweise auf die erzählte Zeitgeschichte. Viertens wird die Tradition des Totentanzes aufgerufen.

Tod und Groteske

Zuweilen lädt der Tod zu unkontrollierbarem Lachen und Grimassenschneiden ein. Kurz nach Castorps Ankunft auf dem Zauberberg berichtet sein Vetter über die Entsorgung der Leichen im Schneewinter:

Am allerhöchsten liegt das Sanatorium Schatzalp [...]. Die müssen im Winter ihre Leichen per Bobschlitten *herunterbefördern*, weil dann die Wege nicht fahrbar sind. (5.1, 20; eigene Hervorhebung)

Castorps Reaktion bestätigt den schwarzen Humor des erzählten Geschehens:

Und plötzlich geriet er ins Lachen, in ein heftiges, unbezwingliches Lachen, das seine Brust erschütterte und sein vom kühlen Wind etwas steifes Gesicht zu einer leise schmerzenden Grimasse verzog. (ebd.)

Zutiefst erheitert vom grotesken Leichenspektakel auf den Bobschlitten drängt Castorp seinen Vetter, die Geschichte erneut zum Besten zu geben:

Das von den Leichen, die man die Bob-Bahn hinuntersandte, mußte er wiederholen und noch einmal ausdrücklich versichern, daß es auf Wahrheit beruhe. (5.1, 28)

Schließlich träumt Castorp von der Schlittenfahrt der Toten:

Aber sobald er eingeschlafen war, begann er zu träumen und träumte fast unaufhörlich bis zum anderen Morgen. Hauptsächlich sah er Joachim Ziemßen in sonderbar verrenkter Lage auf einem Bobschlitten eine *schräge Bahn hinabfahren*. (5.1, 33; eigene Hervorhebung)

Der Abtransport der Leichen verrät Affinitäten zu Bunins Erzählung. Der Leichnam des Amerikaners wird in einer »Sodawasserkiste« (SF, 46) fortgeschafft, weil kein Sarg zur Verfügung steht. Die Überführung der Kiste mit einem Pferdewagen erinnert an Thomas Manns skurrile Talfahrten mit den Bobschlitten:

In Kürze wurde sie sehr schwer, und drückte arg gegen die Knie des jüngeren Portiers, der sie eilig auf einem Einspänner die weiße Landstraße *hinabbeförderte*, die sich in Schleifen an den *steilen Abhängen* Capris entlang, zwischen steinernen Mauern und Weinbergen, immer tiefer und tiefer, hinunter bis zum Meere wand. (SF, 46; eigene Hervorhebungen)

Aus der »schräge[n] Bahn« in den Schweizer Alpen sind die »steilen Abhänge[ ] Capris« geworden, die es »immer tiefer und tiefer« abwärts geht. Beachtung verdient die Wahl der Verben. In dem im Juni 1919 abgeschlossenen *Ersten Kapitel* des *Zauberbergs* (vgl. 5.2, 29) muss man die Leichen »per Bobschlitten *herunterbefördern*«. Die Bunin-Übersetzung Käthe Rosenbergs modifiziert das transitive Verb. Hier heißt es, dass man die Kiste mit dem Leichnam »die weiße Landstraße *hinabbeförderte*«.

Tod und Verdrängung

Obwohl – und weil – der Tod zum Leben gehört, wird er verdrängt. Man verheimlicht ihn bis zum Dementi. Schnell und unauffällig wird die Leiche des amerikanischen Gastes ins entlegenste Hotelzimmer mit der Nr. 43 abgeschoben. Sie stört den Vergnügungstrubel. Um sie dem Augenschein der Gäste zu entziehen, soll sie im Morgengrauen verschwinden:

Bei Tagesanbruch, als es hinter dem Fenster von Nummer 43 zu dämmern [...] begann, [...] brachte man auf Zimmer Nummer 43 eine lange ehemalige Sodawasserkiste. (SF, 45 f; eigene Hervorhebung)

Auch auf dem Zauberberg vertuscht man den Tod vor den Patienten. Hinter den Kulissen werden die Särge aus der Klinik geschmuggelt. Über derartige Nacht- und Nebelaktionen berichtet Joachim Ziemßen:

Wenn neben dir jemand stirbt, das merkst du gar nicht. Und der Sarg wird *in aller Frühe* gebracht, wenn du noch schläfst, und abgeholt wird der Betreffende auch nur zu solchen Zeiten, zum Beispiel während des Essens. (5.1, 83; eigene Hervorhebung)

Selbst der Zeitpunkt der Leichenentsorgung stimmt überein. Was auf Capri bei »Tagesanbruch« geschieht, findet im Bergsanatorium »in aller Frühe« statt. Jedes *memento mori* ist unerwünscht.

Dem Zahlenzauberer Thomas Mann wird das Zimmer mit der Nr. 43 aufgefallen sein. Hans Castorps berühmte Zimmernummer auf dem Zauberberg lautet 34. Die Quersumme der Zahlen drei und vier ergibt die Schöpfungs- und Märchenzahl sieben. Im *Yale Manuskript*[39] bewohnt Castorp noch ein Zim-

---

[39] James F. White: The Yale Zauberberg-Manuscript. Rejected Sheets Once Part of Thomas Mann's Novel. With a Preface by Joseph Warner Angell, Bern/München: Francke, 1980, C 25.

mer mit der Nummer 43. Das entspricht dem Todeszimmer von Bunins Helden. Der Kommentar vermerkt, es lasse sich »nicht eindeutig feststellen« (5.2, 133), warum der Autor die Zimmernummer ändert. Noch die Ausgabe letzter Hand enthält eine bei der Korrektur übersehene Textstelle, die Castorp mit der Zimmernummer 43 verbindet. (5.1, 253) Aufgrund der Entstehungszeit des *Ersten Kapitels* des *Zauberbergs* und seiner Textvariationen kommt es nicht in Frage, die Veränderungen auf die Lektüre von Käthes Rosenbergs Übersetzung zurückzuführen. Festzuhalten bleibt Thomas Mann und Bunins Vorliebe für anspielungsreiche Zahlensymbolik.[40]

Tod und erzählte Zeitgeschichte

Der Tod sendet Vorboten. Sowohl dem Tod des Herrn aus San Francisco als auch dem wahrscheinlichen Tod des Hans Castorp gehen aktuelle Kriegsmeldungen voraus. Bevor Bunins Held im Lesesaal des Hotels kollabiert, liest er in einem »Zeitungsblatt [...] einige Zeilen über den niemals endenden Balkankrieg«. (SF, 39) Und bevor Hans Castorp in den Krieg zieht, dringen »in den Tagen der ersten Mobilisationen, der ersten Kriegserklärung«, Nachrichten aus dem Flachland ein:

Die wüsten Zeitungen drangen nun unmittelbar aus der Tiefe zu seiner Balkonloge empor, durchzuckten das Haus, erfüllten mit ihrem die Brust beklemmenden Schwefelgeruch den Speisesaal und selbst die Zimmer der Schweren und Moribunden. (5.1, 1078)

Beide Werke sind als Zeitprosa lesbar, als Zeitroman oder als Zeiterzählung. Der Bezug des *Zauberbergs* zum Ersten Weltkrieg ist evident. Bunins 1915 erschienene Erzählung thematisiert die im selben Jahr stattfindende Offensive der Mittelmächte gegen Serbien.

Totentanz

An Bord der »Atlantida« feiern die Passagiere ausgelassene Bälle. Während der Hinfahrt ertönen Walzer- und Tangoklänge, alles strahlt »Wärme und Freude«

---

[40] Bei seiner Ankunft auf dem Zauberberg bezieht Hans Castorp das Zimmer Nr. 34 in dem eine »Amerikanerin« starb. (5.1, 23) Bunins Amerikaner bezieht »dieselben Gemächer«, die »Prinz Reuß XVII« bewohnte. (SF, 32) Die Zahl XVII ist eine symbolische Anspielung auf das Lebensende. Auf römischen Grabmälern findet man neben Namen und Daten der Verstorbenen oft die Inschrift VIXI, die anagrammatisch umgestellt zur Buchstabenzahl XVII wird. VIXI kommt von lat. vivere: Ich habe gelebt. Durch Umgruppierung erscheint diese symbolische Akzentuierung als Todesanzeige. Noch heute meiden italienische Hotels die Zimmernummer 17, da sie als »Unglückszahl« gilt. (Walter Gerlach: Das neue Lexikon des Aberglaubens, Frankfurt/Main: Eichborn 1998, S. 237.)

(SF, 16) aus. Gleichzeitig erschüttert ein »Schneesturm« das Schiff, eine Sirene
ertönt »in tödlichem Jammer« (SF, 15), im Unterdeck lodern »die riesenhaf-
ten Heizkessel« und verschlingen »mit ihren glühenden Rachen Berge von
Steinkohlen«, und in direkter Anspielung auf Dantes Inferno liest man vom
»neunten Kreise« im »glühenden Schoß der Hölle«. (SF, 16) Auch die Rückfahrt
gleicht einem Tanz auf dem Vulkan. In den »hellen Sälen« ist »wie gewöhnlich,
reichbesuchter Ball«. (SF, 52) Abends strömt alles »Licht und Freude« (SF, 54)
aus. In der Tiefe, im »Bauch der ›Atlantida‹« (SF, 53) zischen die Feueröfen der
Maschinen, die »höllischen Heizkessel[ ]« der »Hexenküche«. (ebd.) Wieder
fegt ein »rasende[r] Schneesturm« über den Ozean und türmt »Wogenberge«
auf, die »dumpf wie Chöre einer Totenmesse rauschten.« (SF, 52) Die Atmosphäre der »Totenmesse« entspricht der Fracht des Dampfers. Im »schwarzen
Kielraum des Schiffes« liegt der Leichnam des Amerikaners »in einem verpich-
ten Sarg«, den man, wie in Luxushotels und Luxussanatorien üblich, auch hier
»weislich vor den Lebenden [verbarg]«. (SF, 51) Der Tanz auf der »Atlantida«
reiht sich in die Tradition des Totentanzes[41] ein.

Mit dem Stichwort Totentanz tauchen die mittelalterlichen Bilderfolgen mit
dem tanzenden Sensenmann auf. Auch im *Zauberberg* ist davon die Rede.
Der vorletzte Abschnitt des *Fünfte[n] Kapitel[s]* trägt die Überschrift *Totentanz*. Hier besuchen Castorp und Ziemßen das »Bioskop-Theater« von Davos.
(5.1, 479) Der Erzähler fasst den Film wie folgt zusammen:

Es war eine aufgeregte Liebes- und Mordgeschichte, die sie sahen, stumm sich ab-
haspelnd am Hofe eines orientalischen Despoten, gejagte Vorgänge voll Pracht und
Nacktheit, voll Herrscherbrunst und religiöser Wut der Unterwürfigkeit, voll Grau-
samkeit, Begierde, tödlicher Lust und von verweilender Anschaulichkeit, wenn es die
Muskulatur von Henkersarmen zu besichtigen galt, – kurz, hergestellt aus sympathe-
tischer Vertrautheit mit den geheimen Wünschen der zuschauenden internationalen
Zivilisation. (5.1, 480)

Die »geheimen Wünsche« des Publikums bieten ein Psychogramm der geistigen Situation der Zeit. Man lechzt nach Nacktheit, Unterwürfigkeit, Grau-
samkeit, Begierde und tödlicher Lust. Die sexuell konnotierten Filmszenen
betonen sadistische und masochistische Varianten. Unter der dünnen Ober-
fläche der Zivilisation brodeln Trivialitäten und Perversionen. Die Zuschauer
genießen eine Illusionsvorstellung, die »neurotischen Erlebnishunger, voyeu-
ristische Schaulust, unstillbare Sensationsgier und unterhaltungssüchtigen
Nervenkitzel ausmacht.«[42]

---

41 Vgl. Thiergen: Capri-Syndrom (Anm. 24), S. 22 ff.
42 Christoph Schmidt: »Gejagte Vorgänge voll Pracht und Nacktheit«. Eine unbekannte kine-

Die Erregungsgemeinschaft im Lichtspieltheater von Davos findet ihr Pendant im Bordpublikum der »Atlantida«. Geheime Gelüste nach Voyeurismus und Exhibitionismus werden medial. Ein angeheuertes Liebespaar spielt dem Bordpublikum die Wonnen und Leiden des Frisch-Verliebt-Seins vor. Auf der Hinfahrt verfolgen »alle Blicke voll Neugier« dieses »elegante[ ] Liebespaar, [...] das sein Glück nicht verbarg: ›er‹ tanzte nur mit ihr, sang – und zwar mit großem Können – nur wenn ›sie‹ begleitete«. Ihr »bezaubernd« wirkendes Verliebtsein gleicht einer modernen Life-Show der Gefühle, bei der »einzig der Kapitän wußte, daß diese beiden vom Lloyd angestellt waren, um für gutes Geld Liebespaar zu spielen, und schon lange, bald auf diesem, bald auf jenem Schiff herumschwammen.« (SF, 17) Das simulierte Gehabe des Tanzpaares basiert auf der vereinbarten Geheimhaltung. Was das Publikum für authentische Hingabe von Jungverliebten hält, ist von Anfang an eine inszenierte Romanze für Schaulustige. Auf der Rückfahrt bekommt die gaffende Menge weit Deutlicheres geboten. Das »biegsam bezahlte Liebespaar« (SF, 54) führt laszive Körperspiele vor. Es »wand sich wieder, schmerzvoll einander meidend, bisweilen aufzuckend sich zusammenfindend«. (ebd.) Zur Reizsteigerung dient die weibliche Koketterie ebenso wie die männliche Maskerade:

[...] das sündig-sittsame, liebliche junge Mädchen mit den gesenkten Wimpern und der unschuldigen Frisur und der hochgewachsene junge Mann, bleich von Puder, mit schwarzen, gleichsam angeklebten Haaren, in eleganten Lackschuhen, in engem Frack mit langen Schößen [...]. (SF, 54)

Das »junge Mädchen« und der »junge Mann« posieren wie ein *tableau vivant*. Als Ikonen befriedigen sie masochistische Phantasmen. Die Reederei bezahlt das Liebespaar dafür, »sich zu den Klängen der schamlos-wehmütigen Musik in seiner geheuchelten seligen Liebesqual zu winden«. (ebd.)[43]
Thomas Mann wird in dem erotischen Tanzduo und den Schaulustigen wahrscheinlich die »geheimen Wünsche« seines Kinopublikums aus dem Abschnitt *Totentanz* wiedererkannt haben. Geht man davon aus, dass er diesen Abschnitt am 16. März 1921 abschließt (vgl. 5.2, 37) und er Bunins Erzählung Anfang 1922 liest, dann bewundert er einen Gleichgesinnten. Zudem gehören

---

matographische Quelle zu Thomas Manns Roman »Der Zauberberg«, in: Wirkendes Wort Jg. 38, H 1, Trier: Wissenschaftlicher Verlag 1988, S. 1–5, hier S. 4.
    [43] Bunins Liebespaar, das als Abziehbild seiner selbst auftritt, antizipiert Gesichtspunkte der »Dialektik der Aufklärung«. Das Kapitel »Kulturindustrie« analysiert die Identitätsferne von »Serienprodukten des Sexuellen«: »Der Filmstar, in den man sich verlieben soll, ist in seiner Ubiquität von vornherein seine eigene Kopie.« (Max Horkheimer/Theodor W. Adorno: Dialektik der Aufklärung. Philosophische Fragmente, 25. Aufl., Frankfurt/Main: Fischer 1973, S. 126) – Bunins Life-Show zeigt den Triumph des Vulgären, der heute im Big Brother Container oder im Dschungelcamp ausgetragen wird.

luxuriöse und extravagante Liebespaare (Geschwisterpaare) zu seinem festen Figurenarsenal. In *Wälsungenblut* (1905) heißen sie Siegmund und Sieglind, in *Königliche Hoheit* (1909) sind es die Fürstenkinder Klaus Heinrich und Ditlinde. Später wirft Felix Krull seinen schelmischen Blick auf ein derartiges Paar.[44]

---

[44] In der späten Arbeitsphase am »Krull« (vgl. 12.2, 352 f.) treten zwei junge Menschen auf den »Balkon der Bel-Étage des großen Hotels Zum Frankfurter Hof.«(12.1, 96) Ihr Anblick fasziniert Felix nachhaltig. Sie bleiben namenlos – wie das Tanzpaar bei Bunin. Krull gesteht, dass die »Gabe des Schauens«, das »Mit-den-Augen-Verschlingen des Menschlichen« für ihn »ein-und-alles« (12.1, 95) ist.

Hans Rudolf Vaget

Thomas Mann und Gustav Mahler im Lichte neuer Quellen

Gustav von Aschenbach, der tragische Held des *Tod in Venedig*, trägt den Vornamen und die Physiognomie Gustav Mahlers und hat auch sein ungefähres Alter. Was Thomas Mann zu der Übermalung seines Alter Ego mit den Zügen des jüngst verstorbenen Komponisten bewog, ist eine offene Frage. Zwei neue Quellen erlauben uns nun, das Mann-Mahler-Verhältnis in neuem Licht zu sehen: der im Zürcher Thomas-Mann-Archiv aufbewahrte einzige Brief Mahlers an den Verfasser des *Tod in Venedig* sowie die Tagebücher Hedwig Pringsheims, Thomas Manns Schwiegermutter. Diese beiden Zeugnisse setzen uns in den Stand, die Anfänge der Mann-Mahler-Beziehung zu klären.

Auf die diskrete Verbindung mit dem berühmten Komponisten hat der Autor der Venedig-Novelle selbst aufmerksam gemacht. Er tat dies in dem *Vorwort zu einer Bildermappe* des Malers und Lithografen Wolfgang Born, der sich von Manns Novelle zu neun farbigen Lithografien hatte inspirieren lassen. Borns Illustrationen gefielen dem Autor nicht besonders; er fand sie »steif und unschön«. (Tb, 26. 5. 1920) Gleichwohl steuerte er für den Druck der Mappe ein Geleitwort bei.[1]

Darin gibt er sich erstaunt darüber, dass er eine physiognomische Ähnlichkeit der Born'schen Aschenbach-Figur mit Gustav Mahler glaubte erkennen zu können, obgleich der Illustrator von der Bedeutung des Komponisten für die Konzeption des *Tod in Venedig* nichts wissen konnte. Offenbar war ihm aber die Gelegenheit willkommen, auf den Mahler-Faktor in der Entstehung der Novelle hinzuweisen, ja diesen besonders hervorzuheben:

In die Konzeption meiner Erzählung spielte, Frühsommer 1911, die Nachricht vom Tode Gustav Mahlers hinein, dessen Bekanntschaft ich vordem in München hatte machen dürfen, und dessen verzehrend intensive Persönlichkeit den stärksten Eindruck auf mich gemacht hatte. Auf der Insel Brioni, wo ich mich zur Zeit seines Abscheidens aufhielt, verfolgte ich in der Wiener Presse die in fürstlichem Stile gehaltenen Bulletins über seine letzten Stunden, und indem sich später diese Erschütterungen mit den Eindrücken und Ideen vermischten, aus denen die Novelle hervorging, gab ich meinem orgiastischer Auflösung verfallenen Helden nicht nur den Vornamen des großen Musikers, sondern verlieh ihm auch, bei der Beschreibung seines Äußeren, die Maske Mahlers [...]. (15.1, 349; vgl. On Myself, XIII, 149)

---

[1] Vorwort zu einer Bildermappe (15.1, 348–350). Wolfgang Born: Der Tod in Venedig. Neun farbige Lithographien zu Thomas Manns Novelle, München: Bischoff Verlagsanstalt 1921. Die folgende Ausgabe enthält Borns Illustrationen: Thomas Mann. Der Tod in Venedig. Mit einem Zyklus farbiger Lithographien von Wolfgang Born und einem Brief Thomas Manns an den Künstler, hg. und mit einem Nachwort von Eberhard Hilscher, Berlin: Buchverlag Der Morgen 1990.

Offenbar hat Thomas Mann »die Maske Mahlers« nach einer Fotografie gezeichnet, denn eine solche fand sich unter den Materialien zur Venedig-Novelle.[2] Im *Tod in Venedig* wird Aschenbach wie folgt vorgestellt:

Gustav von Aschenbach war etwas unter Mittelgröße, brünett, rasiert. Sein Kopf erschien ein wenig zu groß im Verhältnis zu der fast zierlichen Gestalt. Sein rückwärts
gebürstetes Haar, am Scheitel gelichtet, an den Schläfen sehr voll und stark ergraut, um-
rahmte eine hohe, zerklüftete und gleichsam narbige Stirn. Der Bügel seiner Goldbrille
mit randlosen Gläsern schnitt in die Wurzel der gedrungenen, edel gebogenen Nase ein.
Der Mund war groß, oft schlaff, oft plötzlich schmal und gespannt; die Wangenpartie
mager und gefurcht, das wohlausgebildete Kinn weich gespalten.

In dieser Beschreibung werden Details genannt, die auf jener Fotografie nicht
zu erkennen sind, denn aus dieser Abbildung, die Mahler im Brustbildformat
von der rechten Seite zeigt, konnte Thomas Mann unmöglich ersehen, dass
Mahlers Kopf im Verhältnis zu seiner zierlichen Gestalt zu groß erschien; dass
sein Haar an den Schläfen ergraut war und dass sein Kinn die Andeutung eines
Spalts aufwies. Es ist denkbar, dass ihm weitere Fotografien vorlagen, doch
vermutlich gehen diese und andere Details auf eigene Anschauung zurück.

Seit Manns Hinweis in dem *Vorwort zu einer Bildermappe* ist die Assoziation Aschenbachs mit Mahler de facto autorisiert und der Mahler-Faktor
aus der Rezeptionsgeschichte dieses Mann'schen Schlüsselwerks nicht mehr
wegzudenken. Den schlagendsten Beleg dafür liefert die Verfilmung der Venedig-Novelle durch Luchino Visconti. In diesem Film von 1971 hat ein immer
wieder intoniertes, »sehr langsam« und getragen zu spielendes Musikstück –
das Adagietto aus Mahlers Fünfter Symphonie – eine unüberhörbare Signal-
funktion: Visconti hat Aschenbach in kühnem, doch keineswegs willkürlichem
Zugriff von der Ebene der Literatur auf die Ebene der Musik transponiert.
Konsequenterweise sind die Rückblenden auf Aschenbachs Familienleben
nicht der Biografie Thomas Manns, sondern der Biografie Gustav Mahlers entnommen.[3] In Viscontis Film ist Aschenbach folglich ein Doppelwesen: Thomas
Manns alter ego und Gustav Mahler zugleich.

Viscontis Amalgamierung Aschenbachs mit Mahler ist in der Übermalung
Aschenbachs mit den Zügen Mahlers schon bei Mann keimhaft angelegt und
kann also keineswegs als abwegig abgetan werden. Durch die Verknüpfung mit
anderen Künstler-Existenzen – dies vermutlich war das Kalkül des Autors –
erhält die Reflexion auf die eigene Situation als Schriftsteller einen Mehrwert
an Repräsentanz.[4] Denn was Thomas Mann »die Maske Mahlers« nennt, ist

---

[2] Siehe die Abbildung im Kommentar-Band zu Thomas Mann: Frühe Erzählungen (2.2, 490).
[3] Vgl. dazu Henry A. Lea: Gustav Mahler. Man on the Margin, Bonn: Bouvier 1985, S. 80.
[4] Dass der repräsentative Charakter der Aschenbach-Figur durch gezielte Anspielungen auch

zweifellos eine geistige Physiognomie, die Aschenbach und Mahler als verwandte Künstler-Existenzen ausweisen soll.

Freilich ist zu konzedieren, dass Aschenbach in weit höherem Maße Fleisch von Manns eigenem Fleisch darstellt als dass er ohne Weiteres als ein Abbild Mahlers zu erkennen wäre. Wie er selbst einräumte, könne von »einem Erkennen« Mahlers in der Novelle »gar nicht [...] die Rede sein.« (15.1, 350) Vielmehr ist die Aschenbach-Figur aus Manns bemerkenswerter Entschlossenheit zur kritischen Selbstprüfung erwachsen und somit unschwer als ein Selbstporträt zu erkennen. Aschenbach wird als der Verfasser von Werken gekennzeichnet, die nachweislich von Thomas Mann stammen. Das Aschenbach'sche Werkeverzeichnis enthält Anspielungen auf Titel, die bereits veröffentlicht waren (*Buddenbrooks*; *Fiorenza*; *Königliche Hoheit*; *Felix Krull*), sowie Titel, die einmal geplant waren, doch Aschenbach vermacht wurden (Friedrich, der Große; Maja; Der Elende; Geist und Kunst).

Desweiteren ist zu betonen, dass Mahlers Bedeutung für den Verfasser der Venedig-Novelle nicht zu vergleichen ist mit der fundamentalen Bedeutung, die Wagner für ihn hatte. Der durch die Brille Nietzsches wahrgenommene Wagner war prägend für die Vorstellung des jungen Thomas Mann von Kunst und Künstlertum. Mahler hingegen war ihm ein Zeitgenosse, der, wie er selbst, an dem Erbe Wagners zu tragen hatte und ein eindrucksvolles Beispiel einer modernen Kunst darstellt, die aus dem Schatten Wagners hervortrat.[5]

Es ist bezeichnend für die Kohärenz des Mann'schen Œuvres und für die Logik seiner Entwicklung als Erzähler, dass das Verfahren der Venedig-Novelle sich als eine Vorform des bedeutend differenzierteren Verfahrens in *Doktor Faustus* erweist, dem großen, die Mann'sche Künstlerthematik abschließenden Musik- und Deutschland-Roman. Dort trägt der fiktive, mit Charaktereigenschaften Thomas Manns ausgestattete Komponist Adrian Leverkühn unverkennbar Züge eines anderen zeitgenössischen Komponisten – Arnold Schönbergs. Diese sind jedoch in höherem Maße werkbezogen als im Falle Aschenbachs, am deutlichsten durch die »Erfindung« der Zwölftontechnik, die in Wirklichkeit Schönbergs Erfindung war. Was Leverkühn und Schönberg verbindet, ist das Streben nach musikalischer Suprematie. Es ist das dunkle

---

auf andere Zeitgenossen Thomas Manns gesteigert wurde, hat Elisabeth Galvan nachgewiesen: Aschenbachs letztes Werk. Thomas Manns *Tod in Venedig* und Gabriele d'Annunzios *Il Fuoco*, in: TM Jb 20, 2007, S. 261–285. U. a. korrespondieren die Initialen Aschenbachs mit denen des italienischen Autors.

[5] Zu Wagners Bedeutung für Mahler vgl. besonders Stephen McClatchie: Mahler's Wagner, in: Mahler im Kontext / Contexualizing Mahler, hg. im Auftrag der Gustav Mahler Gesellschaft von Erich Wolfgang Partsch und Morten Solvik. Mit einer Einleitung von Constantin Floros, Wien/Köln/Weimar: Böhlau 2011, S. 407–436; Anna Stoll Knecht: Mahler's *Parsifal*, in: The Wagner Journal, XI, 3 (2017), S. 4–26.

Herz von Leverkühns Künstlerehrgeiz, der ihn in den fatalen Pakt mit den finsteren, Genie spendenden Mächten treibt.[6]

*

Der Brief Mahlers an Thomas Mann gehört zur Nachgeschichte ihrer Begegnung in München anlässlich der denkwürdigen Uraufführung der Achten Symphonie am 12. September 1910, die sich zu Mahlers größtem Triumph gestaltet hatte.[7] Sie fand in der zum Konzertraum umfunktionierten neuen Ausstellungshalle auf der Theresienhöhe statt und war der künstlerische Höhepunkt der Veranstaltungsreihe »München 1910«. Der Konzertveranstalter Emil Gutmann verpasste Mahlers Achter zu Werbezwecken das Etikett »Symphonie der Tausend« – nicht ganz zu Unrecht, stellt man die schiere Anzahl der Mitwirkenden in Rechnung. Neben dem verstärkten Orchester und den acht Solisten schrieb Mahler zwei große Chöre vor: 500 Chorsänger, die aus Leipzig und Wien hinzugezogen wurden, dazu 350 Kinder der Münchner Zentral-Singschule.[8] Auch die in der Achten vertonten Texte, der mittelalterliche Pfingst-Hymnus *Veni creator spiritus* sowie die Schlussszene aus Goethes *Faust,* sind gewissermaßen unüberbietbar. Wie aus diesen Schlaglichtern zu ersehen, gestaltete sich die Uraufführung dieser Symphonie zu einem Großereignis, zu dem viel musikalische Prominenz aus aller Herren Ländern nach München gekommen war, darunter angeblich 1000 Musikreferenten.[9] In den Annalen des Münchner Musiklebens markiert diese Uraufführung offensichtlich ein Mega-Event, das nicht verfehlen konnte, bei einem scharfen Beobachter der Musikszene wie Thomas Mann tiefen Eindruck zu machen. Das über 3000-köpfige Publikum erhob sich, als Mahler zum Podium schritt und feierte ihn am Ende mit einer über zwanzigminütigen Ovation. Der Glanz dieses persönlichen Triumphes war jedoch keineswegs ungetrübt; er war, wie wir sehen werden, von unverhohlener Feindseligkeit aufs Schmerzlichste getrübt.

Im Anschluss an die Uraufführung fand im Hotel Vier Jahreszeiten ein festlicher Empfang mit Diner statt, zu dem auch Thomas und Katia Mann

---

[6] Dazu ausführlich Hans Rudolf Vaget: »German« Music and German Catastrophe: A Re-Reading of *Doctor Faustus,* in: A Companion to the Works of Thomas Mann, ed. Herbert Lehnert and Eva Wessel, Rochester, NY: Camden House 2004, S. 221–244.

[7] Vgl. die der Achten gewidmeten Abschnitte bei Jens Malte Fischer: Gustav Mahler. Der fremde Vertraute, Wien: Zsolnay 2003, S. 635–643, 768–771, 808–815.

[8] Ebd., S. 770f.

[9] Siehe Juliane Wandel: »Mahler und die zeitgenössische Kritik« in: Mahler Handbuch, hg. von Bernd Sponheuer und Wolfram Steinbeck, Stuttgart: Metzler/Bärenreiter 2010, S. 408–418, hier S. 413. Die ausführlichste Beschreibung jener spektakulären Uraufführung findet sich bei Henry-Louis de la Grange: Gustav Mahler. Volume 4. A New Life Cut Short (1907–1911), New York: Oxford University Press 2008, S. 939–977.

geladen waren. Es scheint, dass sich bei diesem Diner keine Gelegenheit zu einem gehaltvollen Austausch ergeben hatte, weshalb Mann zwei Tage später eine knappe Huldigung verfasste und zusammen mit einem Exemplar seines jüngst erschienenen Romans *Königliche Hoheit* an den Komponisten expedierte. (21, 463–464)

Verehrter Herr!
Wie tief ich Ihnen für die Eindrücke vom 12. September verschuldet bin, war ich am Abend im Hotel nicht fähig Ihnen zu sagen. Es Ihnen wenigstens anzudeuten, ist mir ein starkes Bedürfnis, und so bitte ich Sie, das beifolgende Buch – mein jüngstes – gütigst von mir annehmen zu wollen.
Als Gegengabe für das, was ich von Ihnen empfangen, ist es freilich schlecht geeignet und muß federleicht wiegen in der Hand des Mannes, in dem sich, wie ich zu erkennen glaube, der ernsteste und heiligste künstlerische Wille unserer Zeit verkörpert.
Ein epischer Scherz.
Vielleicht vermag er Sie ein paar müßige Stunden lang auf leidlich würdige Weise zu unterhalten.
Ihr ergebener
Thomas Mann

Zwei Aspekte dieses Schreibens verdienen besondere Beachtung. Da ist zum einen die Wendung von dem ernstesten und heiligsten künstlerischen Willen unserer Zeit. Diese Bestimmung zum Höchsten gilt auch für den vom Ehrgeiz zur Größe getriebenen Aschenbach, von dem es heißt, dass »seine ganze Entwicklung ein bewußter und trotziger, alle Hemmungen des Zweifels und der Ironie zurücklassender Aufstieg zur Würde gewesen war«, wofür ihm der persönliche Adel verliehen wurde. (2.1, 512) Zum Anderen nennt Mann sein Buchgeschenk eine »Gegengabe« für das von Mahler Empfangene. Beide Formulierungen beschwören ein Gemeinsames, sind sie doch beide, in den Worten der Venedig-Novelle, »Moralisten der Leistung, die, schmächtig von Wuchs und spröde von Mitteln, durch Willensverzückung und kluge Verwaltung sich wenigstens eine Zeitlang die Wirkung der Größe abgewinnen.« (ebd.)

Es ist anzunehmen, dass zum Zeitpunkt von Mahlers Münchener Triumph die Venedig-Novelle noch nicht in klaren Umrissen vor Manns innerem Auge stand. Ihre Konzeption nahm erst während des einwöchigen Aufenthalts in Venedig, wohin man von Brioni hinüber gewechselt war, feste Formen an. Die Tage am Lido vom 26. Mai bis 2. Juni 1911 standen noch ganz im Zeichen der Erschütterung durch Mahlers Tod am 18. Mai – eine Erschütterung, die die Konzeption der Novelle offenbar in entscheidendem Maße förderte und die im letzten Satz des *Tod in Venedig* deutlich vernehmbar nachzittert: »Und noch desselben Tages empfing eine respektvoll erschütterte Welt die Nachricht von seinem Tode.« Dies darf jedoch nicht dahin gehend missverstanden werden, dass es erst Mahlers Tod gewesen sei, der ihn die Affinität zu dem Komponisten gewahr werden ließ. Der Huldigungsbrief vom September 1910 war im Grunde Ausdruck einer Empfindung des Zueinandergehörens, dessen er sich über die Jahre schrittweise bewusst geworden war. Die Frage, worauf sich diese wachsende Überzeugung der Affinität gründete, ist der springende Punkt in jedem Versuch, die Mann-Mahler Beziehung zu erhellen. Davon wird abschließend zu handeln sein.

Bisher war nicht bekannt, ob Mahler auf Manns Huldigung reagiert hat. Man durfte allerdings davon ausgehen, dass der Autor Kunde von Mahlers Wertschätzung hatte, denn in den *Betrachtungen eines Unpolitischen* lesen wir, dass seine Erzählungen und Romane von Musikern als gute Partituren geschätzt werden. Mit auffallender Bestimmtheit fügt er hinzu: »Gustav Mahler zum Beispiel hat sie geliebt.« (13.1, 348) Wie konnte er das wissen?

Diese Frage kann nun beantwortet werden. Thomas Mann war im Besitz eines Dankschreibens, das ihm als Beweis der Wertschätzung seiner mit musikalischen Techniken spielenden Prosa vonseiten eines Berufenen sehr willkommen sein musste. Es fällt jedoch auf, dass in diesem Buch, in dem so viel von der Bedeutung der Musik für die deutsche Identität im Allgemeinen und für den eigenen Werdegang die Rede ist, sich keine weitere Erwähnung Mahlers findet. Wie die *Betrachtungen* im Ganzen, so haben Manns Auslassungen über die deutsche Musik einen stark konservativen Drall. Unter diesen ideologischen Vorzeichen rückte für ihn Hans Pfitzner in die vorderste Reihe der zeitgenössischen Musik. Pfitzner war ein emphatisch deutscher und unverhohlen antisemitischer Tonsetzer, Mahler ein jüdischer Kosmopolit. So erlebte Mann die Uraufführung von Pfitzners Künstleroper *Palestrina* am 12. Juni 1917 im Münchener Prinzregententheater als das musikalische Kapitalereignis der Kriegsjahre und schrieb eine bis heute unübertroffene Würdigung der Pfitzner'schen Oper, die in die *Betrachtungen* eingegangen ist.

Mahlers Dankschreiben ist undatiert. Nach Ausweis des Poststempels ist er am 6. November 1910 oder am Tag davor geschrieben worden. Mahler hielt sich damals zu seiner vierten Saison in New York auf, wo er am 1. Januar 1908 an der Metropolitan Opera mit *Tristan und Isolde* debütiert hatte und wo er zunächst für das deutsche Programm zuständig war.[10] Aber schon in seiner dritten New Yorker Saison stand Mahler nur noch selten am Pult der Met, denn inzwischen war der Stern Arturo Toscaninis aufgegangen, und Mahler war zum Chefdirigenten der neu organisierten New Yorker Philharmoniker ernannt worden.[11]

---

[10] Zu den Einzelheiten von Mahlers Wirken in Amerika vgl. die detaillierte Chronik bei Fischer: Gustav Mahler (Anm. 7), S. 927–934; sowie Mary H. Wagner: Gustav Mahler and the New York Philharmonic Orchestra Tour America, Lanham, MD: The Scarecrow Press 2006.

[11] Zur Rivalität Mahlers und Toscaninis an der Met vgl. Hans Rudolf Vaget: »Ohne Rat in

Brief Gustav Mahlers an Thomas Mann: Der Umschlag mit Poststempel
vom 6. November 1910.

Gustav und Alma Mahler wohnten im Herbst 1910 im Hotel Savoy, dessen
Briefpapier er sich für das Dankschreiben an Thomas Mann bediente. Bevor er
den Brief ins Kuvert steckte, schrieb er auf den oberen Rand des ersten Blatts,
über dem Briefkopf: »Ob der Brief wol in Ihre Hände gelangt?« Und auf das
Kuvert schrieb er: »Bitte nachzusenden!« Seine Sorge ist verständlich, denn er
adressierte den Brief an das »Landhaus Thomas Mann« in Bad Tölz, von wo
er Manns Sendung erhalten hatte. Offenbar vermutete er, dass sich der Autor
zu dieser Jahreszeit nicht mehr dort aufhielt. Das war in der Tat der Fall. Der
Brief wurde richtig an seine neue Adresse in der Mauerkircherstraße in Mün-
chen-Bogenhausen weitergeleitet.[12]

fremdes Land?« *Tristan und Isolde* in Amerika: Seidl, Mahler, Toscanini, in: wagnerspectrum,
1/2005, S. 164–185.
    [12] Auf der Rückseite des Kuverts steht von fremder Hand: »Nachgesandt den 16/11 Euer K.«
Es muss sich um jemand aus der Familie handeln, der nach der Rückkehr der Manns nach München das Tölzer Haus benutzen durfte – vermutlich Klaus Pringsheim.

Mein lieber Herr Mann!

Für Ihre lieben Zeilen und schöne Sendung nicht schon lange gedankt zu haben, muß ich mich wirklich schämen. Und ich könnte es auch gar nicht begreifen, da ich auf's herzlichste davon erfreut war, wenn ich nicht aus Erfahrung wüßte, daß der Beschenkte es eben schlimmer hat als der Geber. Es ist oft schwer im Momente etwas der Gabe Würdiges zu finden. Und Ihre lieben Worte forderten schon eine bedeutendere Erwiderung, als so ein flüchtiger Gruß vermag. – Auf meiner Fahrt über den Ozean erinnerte ich mich stark [an] meinen Schüler, denn da war es, wo ich Ihre mir sehr werth gewordenen Bücher nach und nach kennen lernte; und auch dies letzte hatte ich mir für die heurige Reise aufgespart. – Seien Sie nun zugleich als Poet und als Freund bedankt (das Erstere bedingt übrigens bei mir immer das Zweite) – ich weiß daß Sie mein Schweigen nicht anders gedeutet, und wenn unsere Wege sich wieder einmal kreuzen, so hoffe ich, daß wir nicht an einander so vorübereilen werden, wie schon 2 mal (zu oft für eine so kurze Reise).

Seien Sie herzlichst gegrüßt von Ihrem Sie verehrenden

Gustav Mahler[13]

Zum Unterschied von Manns formellem Huldigungsbrief ist Mahlers Schreiben in einem lockeren und herzlichen Ton gehalten. Schon aus der Anrede »Mein lieber Herr Mann« spricht mehr persönliche Wärme als aus Manns »Verehrter Herr.« Dieser Eindruck wird durch die Bezeichnung »Freund,« durch die Versicherung, dass die Verehrung wechselseitig sei sowie durch den Wunsch, sich näher kennenzulernen, »wenn unsere Wege sich wieder einmal kreuzen,« nachdrücklich unterstrichen. Der unterschiedliche Ton mag sich zum Teil aus dem Altersunterschied von fünfzehn Jahren herschreiben. Der Komponist stand 1910 auf dem Gipfel seines Ruhms zu Lebzeiten. Einen solchen Ruhmesgipfel hatte Thomas Mann zwar früh und fest ins Auge gefasst, aber noch befand er sich auf dem Weg dorthin. *Der Tod in Venedig* sollte ihn diesem hohen Ziel des Ruhms und der Repräsentanz ein großes Stück näher bringen.

Mahlers Verbindlichkeit speiste sich vermutlich aus dem Wissen, dass sein großer Verehrer in München der Schwager Klaus Pringsheims war. Dieser ist zweifellos gemeint, wenn er an eine schon existierende Beziehung zu Mann durch seinen »Schüler« erinnert. Klaus Pringsheim stand offenbar seit 1901 in Beziehung zu Mahler, den er leidenschaftlich verehrte.[14] Zu Beginn seiner Karriere als Komponist, Dirigent und Musikpädagoge war er vom März 1906

13 Mahlers Brief wurde von Frauke May-Jones (Konzert- und Opernsängerin) bei Recherchen im Thomas-Mann-Archiv entdeckt und mir freundlicherweise zur Verfügung gestellt. Zuerst veröffentlicht von Hans Rudolf Vaget: Gekreuzte Wege, in: Süddeutsche Zeitung, 24./25. 3. 2018, Feuilleton, S. 20.

14 Siehe Margarete Wagner, Mahlers Verhältnis zur zeitgenössischen Literatur, in: Mahler im Kontext/Contextualizing Mahler (Anm. 5), S. 291–335, 331.

bis zum Sommer 1907 unter Mahler Korrepetitor an der Wiener Hofoper. Über diesen jungen Kollegen hatte Mahler also seit 1906 eine Beziehung zum Hause Pringsheim. Der herzliche Ton, der aus Mahlers Brief spricht, darf jedoch nicht überbewertet werden. Es ist schlecht vorstellbar, dass ein »epischer Scherz,« wie der Autor seinen Roman bezeichnete, aus ihm einen Mann-Verehrer gemacht hätte. Mahler suggeriert zwar, dass er auf der Überfahrt nach New York zumindest einen Blick in Manns Roman geworfen habe, doch dafür enthält der Brief keine verlässlichen Indizien. So ist denn Jens Malte Fischer Recht zu geben, wenn er anmerkt: »Es ist unwahrscheinlich, daß Mahler, der sich für aktuelle Belletristik nicht interessierte, es [das Buch] je gelesen hat. Manns Empfehlung, sich damit in ein paar müßigen Stunden zu unterhalten, wird die Neugier nicht gesteigert haben, denn Mahler waren der Begriff und der Tatbestand ›müßige Stunden‹ unbekannt, und Bedürfnis nach Unterhaltung hatte er ebenfalls nie empfunden.«[15]

*

Versuchen wir nun, die vorhandenen Spuren der Mann-Mahler-Beziehung zu sichern. Hier ist als Erstes eine Verwirrung stiftende Auskunft zu korrigieren, die Katia Mann in ihren *Ungeschriebenen Memoiren* von 1974 gegeben hat. Dieses Buch nennt sich zu Recht »ungeschrieben«, denn es beruht auf Interviews, die Elisabeth Plessen mit »Frau Thomas Mann« gemacht hatte. Daraus erfahren wir: »Meine Eltern kannten Mahler, und wir kannten ihn auch.« Desweiteren erinnert sich Katia an eine Bemerkung Thomas Manns, dass er, als er die Uraufführung von Mahlers Achter erlebte, »eigentlich das erste Mal [...] das Gefühl [gehabt] habe, einem großen Mann zu begegnen.«[16] So weit, so gut.

Darüber hinaus jedoch machte Katia Mann Angaben, die sich bei näherer Prüfung als irrig erweisen. Katia erzählt, dass die Manns in München »ein ziemlich offenes Haus« führten und zahlreiche »befreundete Menschen« zu Besuch kamen darunter prominente Künstler. Sie nennt neben Hofmannsthal, Hesse, Hauptmann, Gide und Wedekind auch Gustav Mahler »und viele, viele andere.«[17] Peter de Mendelssohn hat daraufhin zu zeigen versucht, dass Mahler bei den Manns nicht, wie Katia sich fälschlich erinnerte, in der Mauerkircherstraße zu Besuch kam, wohin sie erst am 1. Oktober 1910 übersiedelten, sondern noch in der Franz-Joseph-Straße, wo sie bis dahin wohnten.[18] Katia

---

[15] Fischer: Gustav Mahler (Anm. 7), S. 813.

[16] Katia Mann: Meine ungeschriebenen Memoiren, hg. von Elisabeth Plessen und Michael Mann, Frankfurt/Main: S. Fischer 1974, S. 74–75.

[17] Ebd., S. 43.

[18] Ebd., S. 74. Vgl. Peter de Mendelssohn: Der Zauberer. Das Leben des deutschen Schriftstellers Thomas Mann. In drei Bänden, Frankfurt/Main: S. Fischer 1996, S. 1398–1399.

zufolge habe Mahler das Ehepaar Mann »zum Tee« besucht, als er »zu einem Konzert in München war.« Mendelssohn folgert daraus, dass Mahler dem künftigen Autor des *Tod in Venedig* während seines Münchner Aufenthalts im September 1910 zweimal begegnet sein muss: bei einem Teebesuch in der Franz-Joseph-Straße und bei dem festlichen Empfang und Diner im Vier Jahreszeiten.

Ein Besuch Mahlers bei den Manns kann jedoch aus Gründen der Chronologie nicht stattgefunden haben. Die Manns verbrachten in Erwartung des Umzugs in die Mauerkircherstraße einen großen Teil des Sommers und den ganzen Monat September 1910 in ihrem Landhaus in Bad Tölz, wo am 2. September eine Feier zu Alfred Pringsheims 60. Geburtstags stattfand.[19] Zu dem Mahler-Konzert und dem Empfang fuhr Mann offenbar mit dem Zug nach München und kehrte von dort nach Bad Tölz zurück. Das erklärt im Übrigen auch, dass er das Exemplar von *Königliche Hoheit* dem Komponisten auf dem Postweg zustellen ließ, statt es ihm persönlich zu überreichen, wie es sich bei einem Teebesuch geschickt hätte. Zudem ist Manns Huldigungsbrief keineswegs im Ton einer noch so mäßigen Vertrautheit gehalten, die sich bei einem Besuch in der eigenen Wohnung doch wohl ergeben hätte, sondern im Ton einer Verehrung aus respektvoller Distanz.

Es muss also eine Verwechslung vorliegen. Katia glaubte sich zu erinnern, dass Mahler bei seinem Teebesuch sich steif und formell verhalten habe, was nicht sehr wahrscheinlich klingt, wenn man bedenkt, dass er gerade in jenen Münchner Tagen sich von einer Welle der Anerkennung zumindest als Dirigent seiner eigenen Werke getragen fühlte. Was Katia schildert, passt weit eher zu Mahlers erster Visite im November 1906 im Palais Pringsheim in der Arcisstraße. Mahler war nach München gekommen, um am 8. November im Kaimsaal in einem großen Benefizkonzert seine Sechste Symphonie aufzuführen. Zu diesem Konzert war, wie Hedwig Pringsheim in ihrem Tagebuch notierte, »tout Munich« erschienen.[20] Zuvor, am 6. November, machte Mahler einen Höflichkeitsbesuch bei den Eltern seines jungen Kollegen. Darüber erfahren wir aus dem gewissenhaft geführten Tagebuch Hedwig Pringsheims das Folgende: »Beim Tee [...] Direktor Mahler, der einen ungewöhnlich gescheiten, sympathischen, originellen Eindruck macht, ein Eigener, eine Persönlichkeit.«[21] Der Eintrag fährt fort: »Abend Katja, Familienleben.« Gut möglich,

---

[19] Vgl. Gert Heine / Paul Schommer: Thomas Mann Chronik, Frankfurt/Main: Klostermann 2004, S. 56.

[20] Es handelte sich um ein »Konzert zu Gunsten des Oesterreichisch-Ungarischen Hilfsvereins und der Armen Münchens«. Mahlers Sechste füllte die erste Hälfte des Konzerts; es folgten drei Orchesterlieder Mahlers (mit Tilly Koenen), das Es-Dur Klavierkonzert von Liszt (mit Ernst von Dohnányi) sowie das *Meistersinger*-Vorspiel. Nach Hedwig Pringsheim: Tagebücher, Bd. 4: 1905–1910. Hg. und kommentiert von Cristina Herbst, Göttingen: Wallstein 2015, S. 212.

[21] Ebd. Zu Mahlers Besuch im Palais Pringsheim vgl. außerdem Henry-Louis de la Grange:

dass sich in dieser vertraulichen Plauderei zwischen Mutter und Tochter über den berühmten Besucher am Nachmittag bei Katia der Eindruck von Mahlers formellem und steifem Auftreten bildete und dieser bis ins hohe Alter im Gedächtnis haften blieb.

Die zweite persönliche Begegnung (abgesehen von der im Anschluss an die Uraufführung der Achten Symphonie), an die sich Mahler genau erinnerte, muss demnach zu einem anderen, früheren Zeitpunkt stattgefunden haben. Rekonstruieren wir also die frühen Mahler-Erlebnisse Thomas Manns. Der *Buddenbrooks*-Autor erlebte Mahlers Musik zum erstenmal am 23. Februar 1904, als er die Hauptprobe einer Aufführung der Dritten Symphonie besuchte. Die einzige Quelle für diesen Konzertbesuch ist eine Postkarte an Manns Musikerfreund Carl Ehrenberg vom Tag darauf. (Reg I, 04/10) Keineswegs zufällig kam diese erste Bekanntschaft mit Mahler'scher Musik in einer Lebensetappe zustande, in der sich seine Verbindung zum Hause Pringsheim durch seine Werbung um Katia anbahnte. Es ist anzunehmen, dass es Klaus Pringsheim war, ein angehender professioneller Musiker und zudem glühender Verehrer Mahlers, der den künftigen Ehegatten seiner Zwillingsschwester zu dem Besuch des Mahler-Konzerts animierte.

Mahlers Dritte ist ein enormes Werk in sieben, zum Teil überdimensionierten Sätzen. Dieses Werk dürfte einen Nietzscheaner wie den jungen Thomas Mann allein schon aus dem Grund interessiert haben, dass im vierten Satz eine Vertonung von Versen aus Nietzsches *Also sprach Zarathustra* vorliegt. Die Aufführung dieser Symphonie im Kaimsaal (der nachmaligen Tonhalle in der Türkenstraße) unter der Leitung Bernhard Stavenhagens war allem Anschein nach das Initialerlebnis, das sein weiteres Achthaben auf diesen herausragenden und beeindruckenden Zeitgenossen in Gang setzte.[22] Es spielte das Kaim-Orchester, so benannt nach seinem Gründer Franz Kaim. Diesem Klangkörper – den heutigen Münchner Philharmonikern – war ein bedeutendes literarisches Nachleben beschieden: im *Doktor Faustus*, einem von Manns Münchner Musikerlebnissen gesättigten Roman, firmiert dieser Klangkörper als »Zapfenstößer Orchester.«

Thomas Mann war zwar ein von der Musik besessener Schriftsteller, aber er war, obgleich er als Knabe Unterricht in Violine genossen hatte und auf dem Klavier zu phantasieren lernte, kein Musiker im engeren Sinn. Es ist somit davon auszugehen, dass seine Faszination in höherem Maße dem Dirigenten als dem Komponisten Mahler galt. Diese Vermutung verdichtet sich ange-

Gustav Mahler. Volume 3. Vienna: Triumph and Disillusion (1904–1907), Oxford: Oxford University Press 1999, S. 508.

[22] Bernhard Stavenhagen war Pianist (Schüler Franz Liszts) und Kapellmeister an der Münchner Hofoper. Siehe Henry-Louis de la Grange: Gustav Mahler. Volume 2. Vienna: The Years of Challenge (1897–1904), Oxford: Oxford University Press 1995, S. 658.

sichts des Umstands, dass die Vergegenwärtigung einer privaten oder öffentlichen Veranstaltung und somit die Beschreibung von Performanz jeder Art
ein Markenzeichen der Thomas Mann'schen Erzählkunst ist.[23] Exemplarisch
dafür stehen *Tristan, Das Wunderkind, Wälsungenblut* sowie *Mario und der
Zauberer.* Kaum vorstellbar, dass ein solcher Autor von Mahlers Gebaren als
Orchesterleiter unbeeindruck geblieben wäre. Mahler war ein Revolutionär in
der Kunst des Dirigierens.[24] Abweichend vom Usus des Konzert- und Opern-
betriebs dirigierte er auswendig. Nichts entging ihm; wie ein Dompteur hatte
er seine Augen und Ohren überall. Mahler dirigierte nicht nur mit den Armen,
wobei er die melodische Linie mit der nicht stabführenden Hand anschaulich
modellierte, sondern mit dem ganzen Körper, der in ständiger Bewegung war.
Es entstand der Eindruck eines derwischhaften musikalischen Tausendsassas,
der zum Gelingen einer Aufführung alles in die Waagschale warf. Thomas
Mann muss es zudem fasziniert haben – man denke an die Müller-Rosé Epi-
sode in *Felix Krull* –, dass der Künstler auf dem Podium im Vergleich zu seiner bürgerlichen Erscheinung wie verwandelt wirkte. Ähnlich Verblüffendes
wird auch von einem Augenzeugen berichtet. Eine berühmte Sängerin, die mit
Mahler arbeitete, Ernestine Schumann-Heink, schreibt in ihren Erinnerungen:
»Er war der liebenswerteste und freundlichste Mensch, den man sich vorstellen
kann – außer beim Dirigieren. Sobald er den Taktstock in Händen hielt, wurde
er zum Despoten.«[25]
Zu Thomas Manns nächstem Mahler-Erlebnis besitzen wir kein Zeugnis aus
erster Hand. Wie bereits erwähnt, weilte Mahler Anfang November 1906 in
München, um mit dem Kaim-Orchester seine Sechste Symphonie aufzuführen,
die sogenannte Tragische. Sehr wahrscheinlich war Thomas Mann wiederum
von seinem Schwager, der die im ersten Satz der Sechsten vorgeschriebenen
Kuhglocken bediente, zu dem Besuch einer Probe angehalten worden. Die
einzige Quelle, die die Anwesenheit Manns bei einer Probe bezeugt, ist das
Tagebuch Gerhart Hauptmanns, der sich Anfang November 1906 ebenfalls
in München aufhielt. Hauptmann hatte den Komponisten 1904 kennen und
schätzen gelernt und ließ sich die Gelegenheit, Mahler als Dirigenten seiner
eigenen Musik zu erleben, nicht entgehen. Er besuchte nicht nur das Konzert
am 8. November, sondern auch die Hauptprobe am Tag zuvor. Bei dieser Gelegenheit lernte er durch Mahler dessen Kollegen Max von Schillings kennen, den
er »eine sympathische und imponierende Erscheinung« nennt. Hauptmanns

---

[23] Vgl. dazu Hans Rudolf Vaget: Vorläufiges zu einer Typologie der Thomas Mannschen Erzählungen in ders.: Thomas Mann Kommentar zu sämtlichen Erzählungen, München: Winkler
1984, S. 42–47.
[24] Zum Folgenden vgl. das Kapitel »Der Dirigent« bei Fischer: Gustav Mahler (Anm. 7),
S. 240–251.
[25] Fischer: Gustav Mahler (Anm. 7), S. 243.

Tagebuch fährt dann fort: »Ebenso sympathisch ist Thomas Mann, den ich in der Mahler Probe wiedersah.«[26] Hauptmann hatte Thomas Mann 1903 im Haus ihres gemeinsamen Verlegers Samuel Fischer kennengelernt. Offenbar kam es jedoch bei der Mahler-Probe zu keinem persönlichen Austausch. Festzuhalten bleibt aber, dass Mann bei dieser Gelegenheit Mahler zum erstenmal ein eigenes Werk dirigieren sah.

Wie aus dem New Yorker Brief hervorgeht, wusste Mahler sehr wohl von der Anwesenheit Thomas Manns bei den Nachfeiern zweier seiner Konzerte in München. Das ist kaum verwunderlich, denn die Einladungen dazu werden nicht ohne seine Einwilligung erfolgt sein. Er gibt denn auch sehr gezielt der Hoffnung Ausdruck, dass sie bei ihrer nächsten Begegnung nicht wieder, »wie schon 2 mal,« aneinander »vorübereilen.« Von jener früheren Begegnung findet sich bei Thomas Mann keine Erwähnung. Dass sie stattgefunden hat, ist durch das Tagebuch Hedwig Pringsheims zweifelsfrei bezeugt.

Mahler war auch 1908 nach München gekommen, diesmal um seine Siebte Symphonie zu dirigieren, fünf Wochen nach ihrer Prager Uraufführung am 19. September. Das Konzert war das erste in einer neuen Serie mit »Meister-Dirigenten« und fand am 27. Oktober 1908 im Odeon-Saal statt.[27] Mahlers Siebte machte den Anfang; nach der Pause dirigierter er »Vorspiel und Liebestod« aus Wagners *Tristan und Isolde* und zum Abschluss Beethovens dritte Leonoren-Ouvertüre. Thomas Mann besuchte zusammen mit Alfred und Hedwig Pringsheim die Hauptprobe am 26. Oktober sowie am Tag darauf die Nachfeier im Hotel Vier Jahreszeiten. Dazu nun Hedwigs Tagebuch:

[...] abend ins Koncert, in dem Mahlers 7te sehr begeistert aufgenommen, er als Dirigent der Leonoren-Ouvertüre u. Tristan stürmisch gefeiert wurde. Nachher mit ihm u. seiner Schwiegermutter [Anna Schindler], [Edgar] Istel, Gutmanns [Emil und Ida], Langhoffs u. einigen andern minderen Verehrern, u. mit Tommy, im Separatzimmer in den »Jareszeiten« soupirt; nicht unbehaglich.[28]

Mahlers eigenes, seltenes Behagen ging sogar so weit, dass er nach dem Essen um eine Zigarre bat.[29] Indem Mahler sich am Ende des Abends von allen

---

[26] Gerhart Hauptmann: Tagebücher 1906–1913. Nach Vorarbeiten von Martin Machatzke herausgegeben von Peter Sprengel, Frankfurt am Main/Berlin: Propyläen 1994, S. 135. Vgl. Wagner: Verhältnis zur zeitgenössischen Literatur (Anm. 14), S. 331.

[27] Zur deutschen Erstaufführung der Siebten vgl. de la Grange: Gustav Mahler, Volume 4 (Anm. 9), S. 260–265.

[28] Pringsheim: Tagebücher, Bd. 4 (Anm. 20), S. 392–393. Bedauerlicherweise gibt dieses Tagebuch ausgerechnet für die Tage, an denen Mahler zur Uraufführung der Achten in München war, nichts her, denn nach der Geburtstagsfeier für Alfred Pringsheim am 2. September im Tölzer »Landhaus Thomas Mann« begaben sich Alfred und Hedwig Pringsheim zu einem Erholungsaufenthalt nach Madonna di Campiglio.

[29] De la Grange: Gustav Mahler, Volume 4 (Anm. 9), S. 265.

Anwesenden sehr herzlich verabschiedete, also auch von Thomas und Katia Mann, mag er sich wohl gewundert haben, warum der *Buddenbrooks*-Autor und Schwager seines »Schülers« in derart entspannter Atmosphäre kein Gespräch mit ihm suchte.

Wie ist es zu erklären, dass es trotz günstiger Umstände zu keinem persönlichen Austausch mit dem Komponisten gekommen ist? Wie wir sahen, sollte sich dasselbe 1910 nach der Uraufführung der Achten wiederholen – am selben Ort, unter den gleichen Umständen. Zum Verständnis von Thomas Manns Verhalten lohnt es sich, Mahlers eigenes Verhalten gegenüber dem von ihm vergötterten Richard Wagner in Erinnerung zu rufen. Als junger Student hatte Mahler einmal die Gelegenheit, den Meister nach einem Konzert an der Garderobe anzusprechen. Doch, wie er Alma Mahler gestand, »seine Ehrfurcht und Liebe waren so groß, daß sein Herz aussetzte.«[30] Überwältigt von verehrungsvoller Scheu, traute er sich nicht, Wagner zu belästigen. Bei den zwei Gelegenheiten, die Thomas Mann hatte, mit Mahler ins Gespräch zu kommen, hinderte ihn jedoch weniger die Scheu als vermutlich der Abscheu vor der Banalität. Er war offenbar unwillig, mit belanglosem Small Talk unter dem Niveau zu bleiben, das dem, wie er überzeugt war, ernstesten und heiligsten künstlerischen Willen der Epoche allein angemessen war. Er zog die stilvolle Geste eines ehrerbietigen Huldigungsbriefs vor, in dem er aussprechen konnte, was ihm in der lockeren Atmosphäre einer Nachfeier ungelegen erscheinen mochte.

*

Fragen wir abschließend nach den Affinitäten des Autors der Venedig-Novelle zu dem Schöpfer der »Symphonie der Tausend«. Thomas Mann erblickte in Mahler, dem Komponisten und Dirigenten, ein charakteristisch modernes Phänomen des Kulturbetriebs. Was ihn vordringlich daran faszinierte, war, wie er in dem Schreiben an Wolfgang Born bekannte, Mahlers »verzehrend intensive Persönlichkeit«, will sagen: sein Perfektionismus und hoher künstlerischer Ernst. Diesem Phänomen von modernem Künstlertum auf den Grund zu kommen, war der Ehrgeiz des Nietzsche-Adepten.

Dass er auch Mahler zu den repräsentativen Künstlern der Epoche zählte, geht aus seinen Notizen zu »Geist und Kunst« hervor, jenem Essay, von dem es in der Venedig-Novelle heißt, dass er den Vergleich mit Schillers ästhetischen Schriften nicht zu scheuen brauche. In einer dieser Notizen lesen wir:

Es fehlt in Deutschland an Psychologie, an Erkenntnis, an Reizbarkeit, *Gehässigkeit* der Erkenntnis, es fehlt an kritischer Leidenschaft ... Was *weiß* man vom modernen

---

[30] Alma Mahler-Werfel: Mein Leben, Frankfurt/Main: S. Fischer 1960, S. 35.

Künstler, seinen Geheimnissen, seinen Künsten, seinen Pfiffen, aus der Schwäche eine Tugend zu machen etc, von Strauß, Mahler, Hofmannsthal, Wedekind etc.? Es giebt ja, außer Nietzsche, noch nicht einmal eine Wagnerkritik [...] (Notb II, 182).

Wie aus diesem Notat zu ersehen, gehört das Interesse an der Psychologie des modernen Künstlers zur Auseinandersetzung mit dem Wagner-Erbe, von dem sie alle geprägt waren und an dem sie alle zu tragen hatten. Das Notat zeigt also, dass die »Maske Mahlers« keineswegs als nachträgliche Zutat zu betrachten ist. Vielmehr gehört diese Idee zu demselben Einzugsbereich ästhetischer Reflexionen, aus denen sowohl *Der Tod in Venedig* als auch der Plan zu »Geist und Kunst« hervorgegangen sind.

Der Wagner-Faktor ist nicht das einzig Verbindende. Das Bewusstsein der Affinität zu Mahler, das sich bei Mann zu bilden begann, gründet in mehreren Berührungspunkten. Beide gehören zu dem Typus des modernen Künstlers, dem der Glaube der populären Genie-Ästhetik an die *creatio ex nihilo* abhanden gekommen war und dem das Finden mehr bedeutete als das Erfinden. Diese Grunderfahrung veranlasste Thomas Mann, sich gegen den Vorwurf der Karikatur lebender Vorbilder vehement zu verteidigen und die Beseelung des Nicht-Erfundenen zur Aufgabe der Kunst zu erklären.[31] Mahler seinerseits musste sich lange Zeit wegen seiner kunstvollen Verwendung von Gebrauchsmusik wie Märschen, Fanfaren, Ländlern und Volksmusik den Vorwurf der Banalität und unzureichenden Kreativität gefallen lassen.

Ein weiteres Element, das Mahler und Mann verbindet, ist das Bewusstsein, ein großes Erbe angetreten zu haben: das Erbe der großen Symphonik beziehungsweise Epik des 19. Jahrhunderts. Diesem Erbe waren sie in Liebe und Ironie zugetan. Thomas Mann wie Gustav Mahler führten es mit Werken von höchstem Anspruch in zum Teil monumentalen Dimensionen zuende.

Schließlich empfing das Werk Mahlers nicht anders als das Werk Thomas Manns seinen stärksten und tiefsten Antrieb aus dem Bewusstsein ihres Außenseitertums. Im seelischen Haushalt des *Buddenbrooks*-Autors behauptete des gleichgeschlechtliche Begehren seiner Jugendjahre den Primat über die Norm der bürgerlichen Ehe, die sein Ehrgeiz zur Größe ihm gleichwohl einzuhalten gebot. Im *Tod in Venedig* hat dieses fundamentale Dilemma seinen prägnantesten Ausdruck gefunden. Mahler seinerseits war sich bewusst, dass seine jüdische Herkunft ihn zum Außenseiter stempelte – ein Makel, den in den Augen seiner antisemitischen Verächter keine Taufe und kein noch so großer Erfolg als Dirigent vergessen machen konnte.

Gerade auf dem Höhepunkt seiner Karriere, bei Gelegenheit der Achten Symphonie, meldeten die Mahler-Verächter sich verstärkt zu Wort. Man nahm

---

[31] Siehe die Kampfschrift von 1906: *Bilse und ich* (14.1, 95–114).

Anstoß an Mahlers Textwahl, die für einen jüdischen Komponisten als ungehörig beanstandet wurde. Um Erfolg und Akzeptanz zu erzielen, habe er mit *Veni creator spiritus* zu einer Hymne gegriffen, die gleichsam zum Urgestein des Christentums gehöre. Nicht genug damit vertonte Mahler ausgerechnet die Schlussszene, in der es am christlichsten zugeht. Dazu Paul Ehlers in der *Allgemeinen Musikzeitung:* »Je inbrünstiger Mahler zum christkatholischen Germanismus strebt, desto schärfer prägt sich sein jüdischer Charakter aus.«[32] Juliane Wandel führt die Gegnerschaft auf eine fundamentale Voreingenommenheit zurück: »Letztlich laufen die Argumentationen darauf hinaus, dass es Originalität und Authentizität bei einem Komponisten jüdischer Herkunft nicht geben könne.«[33] Es ist ein Argument, das seit Wagners Pamphlet *Das Judentum in der Musik*, also seit 1850 beziehungsweise 1868, zum eisernen Bestand der deutschen Musikkritik gehörte.

Die »Richard-Wagner-Stadt München« tat sich geradezu als Hochburg dieses Ressentiments gegen jüdische Musiker hervor, wovon in erster Linie Mahler betroffen war. Ein krasses Beispiel dafür liefert der Musikschriftsteller Rudolf Louis, der von 1905 bis 1912 in den *Münchner Neuesten Nachrichten* schrieb. Dies konnte nicht verfehlen, die Mahler-Rezeption in München nachhaltig zu prägen. In seinem erfolgreichsten Buch, *Die deutsche Musik der Gegenwart*, wird Mahler mit den Argumenten Wagners die Zugehörigkeit zur deutschen Musik abgesprochen. Mahlers Musik spreche zwar »musikalisches Deutsch,« aber »mit dem Akzent, mit dem Tonfall und vor allem auch mit der Geste des östlichen, des allzu östlichen Juden.« Diese Musik habe einen »jüdische[n] Grundcharakter,« der »den Mahlerschen Werken etwas »peinlich Unechte[s]« gebe, weshalb er sie als »grässlich abstossend« empfinde. Mit schrecklicher Spitzfindigkeit erklärt er: »Wenn Mahlers Musik jüdisch sprechen würde, wäre sie mir vielleicht unverständlich. Aber sie ist mir widerlich, weil sie jüdelt.«[34]

In Thomas Manns Reflexionen auf Mahler spielt diese feindliche Umwelt gerade in München keine Rolle, da er die gesellschaftlichen Auswirkungen der Judenfeindschaft lange Zeit nicht wahrhaben wollte. Es ist jedoch schwer vorzustellen, dass er sich der Judenfeindschaft, die dem Komponisten wie eine Klette anhaftete, nicht bewusst war. Sein Gewährsmann in Sachen Mahler hegte in dieser Hinsicht keine Illusionen. In seiner posthumen Würdigung des Verehrten nennt Klaus Pringsheim seine Heimatstadt München unum-

---

[32] Paul Ehlers, Allgemeine Musikzeitung, 7. 10. 1910. Zitiert nach Wandel: Zeitgenössische Kritik (Anm. 9), S. 414.
[33] Ebd.
[34] Rudolf Louis: Die deutsche Musik der Gegenwart, München / Leipzig: Georg Müller, zweite Auflage 1909, S. 182.

wunden »die ihm [Mahler] unfreundlichste Stadt.«[35] Sie erwies sich alsbald auch für Thomas Mann als eine höchst unfreundliche, ja feindlich gesinnte Stadt. Nach seiner republikanischen Wende von 1922 vermehrten sich die Anfeindungen, angeführt von Hans Pfitzner und seinen nationalkonservativen Freunden von den *Süddeutschen Monatsheften*.[36] Diese Anfeindungen kulminierten in dem »Protest der Richard-Wagner-Stadt München« vom April 1933, der sich als Ausschlag gebend erwies für Thomas Manns Entscheidung, nicht nach München zurückzukehren und das Exil zu wählen.[37] Hätte Gustav Mahler die Herrschaft des Nationalsozialismus noch erlebt, so wäre auch ihm das Exil nicht erspart geblieben. Der Boykott von Mahlers Musik im Dritten Reich lässt keinen Zweifel daran aufkommen.

---

[35] Klaus Pringsheim: Gustav Mahler. Zehn Jahre nach seinem Tode, in: Die Weltbühne, 1921, H. 23, S. 633–636.

[36] Vgl. Albert von Schirnding: Konflikt in München. Thomas Mann und die treudeutschen Männer der *Süddeutschen Monatshefte*, in: Thomas Mann in München III. Vortragsreihe Sommer 2005, hg. von Dirk Heißerer, München: peniope 2005, S. 261–288.

[37] Siehe das Kapitel »Nationale Exkommunikation« in Hans Rudolf Vaget: »Wehvolles Erbe«. Richard Wagner in Deutschland: Hitler, Knappertsbusch, Mann, Frankfurt/Main: S. Fischer 2017, S. 286–294.

Abbildungsnachweis

S. 24, 28, 35: Die Filmstills wurden vom Autor aus der DVD-Ausgabe Lotte in Weimar [HD remastered], ICESTORM Entertainment 2017 erzeugt und fallen unter das Zitatrecht.

S. 121: Rudolf Grossmann: Die Romanzwillinge, in: Berliner Tageblatt, Jg. 55, Nr. 66, Berlin: Mosse, 9.2.1926, 1. Beiblatt, S. (1). ZEFYS – Digitalisierungsportal der Staatsbibliothek Berlin. Trotz intensiver Bemühungen der Autorin konnte der Rechteinhaber nicht ermittelt werden.

S. 122: Anonym: Dichterbrüder, in: Bilder-Courier. Illustrierte Beilage zum Berliner Börsen-Courier, Jg. 7, Nr. 33, Berlin: Ullstein, 17.8.1930, S. (5). Digitalisierung durch die Staatsbibliothek Berlin. Trotz intensiver Bemühungen der Autorin konnte der Rechteinhaber nicht ermittelt werden.

S. 211: Brief Gustav Mahlers an Thomas Mann: Der Umschlag mit Poststempel vom 6.11.1910. Thomas-Mann-Archiv der ETH-Bibliothek Zürich.

Siglenverzeichnis

[Band arabisch, Seite]	Thomas Mann: Große kommentierte Frankfurter Ausgabe. Werke – Briefe – Tagebücher, hg. von Heinrich Detering, Eckhard Heftrich, Hermann Kurzke, Terence J. Reed, Thomas Sprecher, Hans Rudolf Vaget und Ruprecht Wimmer in Zusammenarbeit mit dem Thomas-Mann-Archiv der ETH Zürich, Frankfurt/Main: S. Fischer 2002 ff.
[Band römisch, Seite]	Thomas Mann: Gesammelte Werke in dreizehn Bänden, 2. Aufl., Frankfurt/Main: S. Fischer 1974.
Br I–III	Thomas Mann: Briefe 1889–1936, 1937–1947, 1948–1955 und Nachlese, hg. von Erika Mann, Frankfurt/Main: S. Fischer 1962–1965.
BrEvK	Thomas Mann – Erich von Kahler. Briefwechsel 1931–1955, hg. und kommentiert von Michael Assmann, Hamburg: Luchterhand 1993.
BrGr	Thomas Mann: Briefe an Otto Grautoff 1894–1901 und Ida Boy-Ed 1903–1928, hg. von Peter de Mendelssohn, Frankfurt/Main: S. Fischer 1975.
BrHM	Thomas Mann – Heinrich Mann. Briefwechsel 1900–1949, hg. von Hans Wysling, 3., erweiterte Ausg., Frankfurt/Main: S. Fischer 1995.
BrSch	Arthur Schnitzler – Thomas Mann: Briefe, hg. von Hertha Krotkoff, in: Modern Austrian Literature, Vol. 7, No. 1/2 (1974), S. 1–33.
Notb I–II	Thomas Mann: Notizbücher 1–6 und 7–14, hg. von Hans Wysling und Yvonne Schmidlin; Frankfurt/Main: S. Fischer 1991–1992.

Reg I–V

Die Briefe Thomas Manns. Regesten und Register, Bd. 1–5, hg. von Hans Bürgin und Hans-Otto Mayer, Frankfurt/Main: S. Fischer 1976–1987.

Tb, [Datum]

Thomas Mann: Tagebücher. 1918–1921, 1933–1934, 1935–1936, 1937–1939, 1940–1943, hg. von Peter de Mendelssohn, 1944–1.4.1946, 28.5.1946–31.12.1948, 1949–1950, 1951–1952, 1953–1955, hg. von Inge Jens, Frankfurt/Main: S. Fischer 1977–1995.

TMA

Thomas-Mann-Archiv der ETH-Bibliothek Zürich.

TM Hb (2001)

Thomas-Mann-Handbuch, hg. von Helmut Koopmann, 3. aktualisierte Aufl., Stuttgart: Kröner 2001.

TM Hb (2015)

Thomas-Mann-Handbuch, hg. von Andreas Blödorn und Friedhelm Marx, Stuttgart: Metzler 2015.

Thomas Mann: Werkregister

Kursive Seitenzahlen verweisen auf die Anmerkungen.

Personenregister

Kursive Seitenzahlen verweisen auf die Anmerkungen.

Die Autorinnen und Autoren

Prof. Dr. Andreas Blödorn, Westfälische Wilhelms-Universität, Germanistisches Institut, Schlossplatz 34, 48143 Münster
andreas.bloedorn@uni-muenster.de

Prof. Dr. Stanley Corngold, 51 Ridgeview Circle, Princeton, New Jersey 08540, USA
corngold@princeton.edu

Prof. Dr. Alexander Gallus, TU Chemnitz – Philosophische Fakultät, Lehrstuhl Politische Theorie und Ideengeschichte, Thüringer Weg 9, 09126 Chemnitz
alexander.gallus@phil.tu-chemnitz.de

Ira Klinkenbusch, Leuphana Universität, Universitätsallee 1, C 40.404, 21335 Lüneburg
klinkenb@leuphana.de

Prof. em. Dr. Dr. h. c. Helmut Koopmann, Neuere deutsche Literaturwissenschaft, Universität Augsburg, 86135 Ausgsburg
helmut.koopmann@philhist.uni-augsburg.de

Helmut Liche, Schwabenstr. 13, 79211 Denzlingen
helmut.liche@web.de

Dr. Tim Lörke, Freie Universität Berlin, SFB 1171: Affective Societies, Habelschwerdter Allee 45, 14195 Berlin
tim.loerke@fu-berlin.de

Prof. Dr. Ariane Martin, Johannes Gutenberg-Universität Mainz, Fachbereich 05, Deutsches Institut, 55099 Mainz.
a.martin@uni-mainz.de

PD Dr. Katrin Max, Institut für Germanistik, Universität Leipzig, Beethovenstr. 15, 04107 Leipzig
katrin.max@uni-leipzig.de

Prof. Dr. Holger Rudloff, Dannergasse 9, 79227 Schallstadt
rudloff@ph-freiburg.de

Prof. Dr. Andreas Solbach, Johannes Gutenberg-Universität Mainz, Fachbereich 05, Deutsches Institut, 55099 Mainz
solbach@uni-mainz.de

PD Dr. Urte Stobbe, Universität Vechta, Institut für Geistes- und Kulturwissenschaften, Driverstr. 22–26, 49377 Vechta; derzeit: Vertretungsprofessur für Kinder- und Jugendliteratur an der Universität Oldenburg
Urte.Stobbe@uni-vechta.de

Prof. Dr. Hans Rudolf Vaget, Smith College, Seelye Hall, Northampton, Massachusetts 01060, USA.
hvaget@smith.edu

Dr. Bernhard Veitenheimer, Motzstr. 8, 10777 Berlin
b-vth@t-online.de

Prof. Dr. Hans Wißkirchen, Kulturstiftung Hansestadt Lübeck, Schildstraße 12, 23552 Lübeck
hans.wisskirchen@luebeck.de

Auswahlbibliografie 2017–2018

zusammengestellt von Gabi Hollender

1. Primärliteratur

Mann, Thomas: Für Demokratie und Europa, gegen den Nationalsozialismus: Zitate aus Publikationen der Jahre 1917–1945, in: Heißerer, Bruder Hitler?, S. 18–63.

Mann, Thomas: Joseph und seine Brüder, herausgegeben und textkritisch durchgesehen von Jan Assmann, Dieter Borchmeyer und Stephan Stachorski, unter Mitwirkung von Peter Huber, Frankfurt/Main: S. Fischer 2018 (= Grosse kommentierte Frankfurter Ausgabe / Thomas Mann, Band 7–8) – I : Die Geschichten Jaakobs ; Der junge Joseph. – II : Joseph in Ägypten ; Joseph der Ernährer, – I 658 S. und 936 S. ; – II 1923 S. und 2091 S.

Mann, Thomas und Zweig, Stefan: Thomas Mann – Stefan Zweig: Briefwechsel, Dokumente und Schnittpunkte, herausgegeben von Katrin Bedenig und Frank Zeder, Sonderausgabe, Frankfurt/Main: Vittorio Klostermann 2018, 464 S.

2. Sekundärliteratur

Albracht, Miriam: Über das Leid sprechen: Krankheit und Tod in ausgewählten Werken Thomas Manns, in: Bechmann, Sascha (Hrsg.): Sprache und Medizin: interdisziplinäre Beiträge zur medizinischen Sprache und Kommunikation, Berlin: Frank & Timme 2017 (= Forum für Fachsprachen-Forschung, Bd. 138), S. 351–371.

Barkhoff, Jürgen: Noch einmal: Künstler und Bürger bei Thomas Mann: was verändern die Filme »Die Manns« und »Buddenbrooks«?, in: Braun, Michael (Hrsg.): Deutsche Literatur und europäische Zeitgeschichte, Tübingen: Stauffenburg 2018 (= Stauffenburg Festschriften), S. 201–216.

Barthelmes, Karl-Heinz: Thomas Mann – Fragmente zur Komödie: »Luthers Hochzeit«: ein Studienbericht, Marburg: Blaues Schloss Marburg 2018, 65 S.

Baskakov, Aleksej: »Ich bin kein Mitläufer ...«: Thomas Mann und die Sowjetunion, Wien: Böhlau 2018, 199 S.

Becker, Lorenz: Thomas und Hartmann im Dialog: »Der Erwählte« und seine mittelalterliche Vorlage aus einer romantheoretischen Perspektive, in: Dallapiazza, Mittelalterbilder in der deutschsprachigen Literatur des langen 20. Jahrhunderts, S. 99–121.

Bedenig, Katrin: Thomas-Mann-Archiv Zürich: zu den amerikanischen Beständen, in: Raulff, Thomas Mann in Amerika, S. 219–228.

Bosch, Manfred: »Haben es ganz gut getroffen ...« – Die Manns am Bodensee, Konstanz: Südverlag 2018 (= Literarisches), 143 S.

Braun, Michael: Warum sollte der Künstler ein besserer Bürger sein?: kleine Einführung in Thomas Manns frühe Novellen, in: Teinturier, Lectures des récits et nouvelles de jeunesse de Thomas Mann (1893–1912), S. 19–38.

Bröhan, Nicole: Nidden – »weit fort von Europa«, in: Bröhan, Nicole: Künstlerkolonien: ein Führer durch Deutschland, die Schweiz, Polen und Litauen, Berlin: Parthas 2017, S. 12–23.

Bub, Stefan: »Stierkampf in Bayonne« – Corrida in Lissabon: Kurt Tucholskys und Thomas Manns Stierkampfbeschreibungen als Korrektiv philosophisch-literarischer Nobilitierung (Leiris, Bataille, Montherlant), in: Arcadia: internationale Zeitschrift für literarische Kultur, Jg. 53, H. 1, S. 18–38.

Burk, Steffen: Privatheit und Öffentlichkeit in Thomas Manns »Buddenbrooks«, in: Burk, Steffen (Hrsg.): Privates Erzählen: Formen und Funktionen von Privatheit in der Literatur des 18. bis 21. Jahrhunderts, Berlin: Peter Lang 2018, S. 92–127.

Caracheo, Armando: The measurement of time: Mann and Einstein's thought experiments, in: Configurations: a journal of literature, science and technology, Jg. 25, H. 1, 2017, S. 29–55.

Costagli, Simone: Politisch verdächtig: Thomas Manns Verhältnis zur Phantastik in den 1920er Jahren, in: Mourey, Phantastik und Gesellschaftskritik im deutschen, niederländischen und nordischen Kulturraum, S. 101–114.

Crescenzi, Luca: Schneetraum: von Hans Castorps Ethik und vom Eros im »Zauberberg«, in: Valentin, Thomas Mann, S. 597–610.

Cuonz, Daniel: Bilanzen lesen, literarisch: Buchführung und Lebensführung bei Gustav Freytag, Gottfried Keller und Thomas Mann, in: Sánchez, Yvette (Hrsg.): Business-Fiktionen und Management-Inszenierungen, Berlin: Peter Lang 2018 (= Literatur – Kultur – Ökonomie, Bd. 2), S. 134–156.

Dallapiazza, Michael (Hrsg.): Mittelalterbilder in der deutschsprachigen Literatur des langen 20. Jahrhunderts: Rezeption – Transfer – Transformation, Würzburg: Königshausen & Neumann 2018 (= Rezeptionskulturen in Literatur- und Mediengeschichte, Bd. 10), 269 S.

Dall'Armi, Julia von: »Mein Gott, ich sehe!«: die Röntgendiagnostik im »Zauberberg« (1924), in: Dall'Armi, Julia von: Poetik der Spaltung: Kernenergie in der deutschen Literatur 1906–2011, Wiesbaden: J. B. Metzler 2018, S. 59–71.

Edl, Elisabeth: La (re)traduction du canon littéraire, in: Valentin, Thomas Mann, S. 547–560.

Efimova, Svetlana: Das Schriftsteller-Notizbuch als Denkmedium in der russischen und deutschen Literatur, Paderborn: Wilhelm Fink 2018 (= Zur Genealogie des Schreibens, Bd. 22), 353 S.

Efimova, Svetlana: Das Schriftsteller-Notizbuch in komparatistischer Sicht: Lev Tolstoj und Thomas Mann, Vladimir Majakovskij und Bertolt Brecht, in: Efimova, Das Schriftsteller-Notizbuch als Denkmedium in der russischen und deutschen Literatur, S. 54–61.

Efimova, Svetlana: Thomas Manns Exzerpte als Sammlung der auktorialen Vorbilder, in: Efimova, Das Schriftsteller-Notizbuch als Denkmedium in der russischen und deutschen Literatur, S. 280–287.

Efimova, Svetlana: Thomas Manns Notizbücher im Lichte narratologischer Theoriebildung, in: Zeller, Der Geist der Erzählung, S. 65–86.

Efimova, Svetlana: Vorstudie und Formel: zur Werkpolitik der frühen Erzählungen von Thomas Mann, in: Teinturier, Lectures des récits et nouvelles de jeunesse de Thomas Mann (1893–1912), S. 55–77.

Elsaghe, Yahya: »Alle Frauen sind hier größer als die Männer«: Klaus Maria Brandauers Verfilmung von »Mario und der Zauberer« vor dem Hintergrund der gendertheoretisch informierten Thomas Mann-Forschung, in: Monatshefte für deutschsprachige Literatur und Kultur, Jg. 110, H. 1, 2018, S. 28–43.

Eming, Jutta: Ein schöner Stein zum Leiden: ironisches Erzählen in Thomas Manns »Der Erwählte« und in Hartmanns von Aue »Gregorius«, in: Dallapiazza, Mittelalterbilder in der deutschsprachigen Literatur des langen 20. Jahrhunderts, S. 81–98.

Erstić, Marijana: Unter dem Stern von Niedergang und Katastrophe: die Glembays (1928) als die kroatischen »Buddenbrooks« (1901), in: Erstić, Marijana: Ein Jahrhundert der Verunsicherung: medienkomparatistische Analysen, Siegen: Universitätsverlag Siegen 2017 (= Reihe Medienwissenschaften, Bd. 12), S. 69–82.

Galitz, Robert: »A family against a dictatorship«: die Rundfunkstrategien der Familie Mann, in: Raulff, Thomas Mann in Amerika, S. 40–60.

Gelhard, Dorothee: Cassirer liest Thomas Manns »Lotte in Weimar« (1939/40) [und] Die Goethe-Vorlesungen (1940/41), in: Gelhard, Dorothee: Ernst Cassirer und die Literatur, Frankfurt/Main: Peter Lang 2017 (= Berliner Beiträge zur Literatur- und Kulturgeschichte, Bd. 21), S. 235–277.

Gerrer, Jean-Luc: Thomas Mann: devenir écrivain au tournant du siècle, Dijon: Èditions Universitaires de Dijon 2018 (= Collection Essais), 109 S.

Gersdorff, Dagmar von: Julia Mann: die Mutter von Heinrich und Thomas Mann: eine Biographie, Berlin: Insel 2018, 335 S.

Görner, Rüdiger: Thomas Manns erzählte Welt: Studien zu einem Verfahren, Stuttgart: J. B. Metzler 2018 (= Abhandlungen zur Literaturwissenschaft), 122 S.

Hay, Schelley: Metaphysical mirroring: the musical structure of society in Thomas Mann's »Doktor Faustus« and Hermann Hesse's »Das Glasperlenspiel«, in: German studies review, Jg. 41, H. 1, 2018, S. 1–17.

Heißerer, Dirk: Bruder Hitler?: Thomas Manns Entlarvung des Nationalsozialismus, München: NS-Dokumentationszentrum 2018 (= Schriftenreihe NS-Dokumentationszentrum München), 211 S.

Heißerer, Dirk: Exkurs: Der »Schutzhaftbefehl« gegen Thomas Mann (1933): Kommentar zu einem Dokument, in: Heißerer, Bruder Hitler?, S. 102–115.

Heißerer, Dirk: »Eine Fehlstelle« – Thomas Mann und das Goldene Buch der Stadt München, in: Heißerer, Bruder Hitler?, S. 198–209.

Heißerer, Dirk: »Protest« in München – Beifall in Europa: Thomas Manns Vortrag »Richard Wagner« (1933), in: Heißerer, Bruder Hitler?, S. 116–147.

Heißerer, Dirk: »Die Stimme des Wissens und loyaler Intelligenz«: Alfred Andersch und die »Politischen Dokumente« Thomas Manns (1950), in: Heißerer, Bruder Hitler?, S. 148–197.

Heißerer, Dirk: Thomas Manns Zauberberg: Einstieg, Etappen, Ausblick, Würzburg: Könighausen & Neumann 2018, 131 S.

Jaspers, Anke: Onkel Tommys Hütte: Erinnerungen Klaus Hubert Pringsheims an Pacific Palisades, in: Zeitschrift für Ideengeschichte, Jg. 12, H. 3, 2018, S. 120–127.

Kaufmann, Thomas und Keßler, Martin: Thomas Mann – das desillusionierte Luther-Bild des Exulanten, in: Kaufmann, Thomas (Hrsg.): Luther und die Deutschen: Stimmen aus fünf Jahrhunderten, Stuttgart: Reclam 2017 (= Reclam Taschenbuch, Bd. 20474), S. 237–243.

Kinderman, William: The motif of the gaze (Blick) in Thomas Mann's »Der Tod in Venedig« and Wagner's »Tristan und Isolde«, in: German studies review, Jg. 41, H. 2, 2018, Seite 315–333.

Kirchhoff, Matthias: Vorab-erzählte Nachrufe auf den »Nachruf auf den Erzähler«?: Thomas Manns »Der Erwählte« und Hartmanns von Aue »Gregorius« als Testfälle für das Fiktionalitäts-Modell von Andreas Kablitz, in: Zeller, Der Geist der Erzählung, S. 195–212.

Kleeberg, Michael: Lob der Herzenshöflichkeit, in: Hermann-Hesse-Jahrbuch, Bd. 10, 2018, S. 9–30.

Klein, Vera Annette: Streit um Thomas Mann und um Gartenzwerge: zur Literaturkritik in der frühen Bundesrepublik, in: Klein, Vera Annette: Das geteilte Urteil: die Literaturkritik und Christa Wolf, Berlin: Peter Lang 2018, S. 141–159.

Kluge, Sebastian: Delightful orgies: an invitation for a new discussion on Thomas Mann and jazz, in: Krick-Aigner, Kirsten (Hrsg.): Jazz in word: European (non-) fiction, Würzburg: Königshausen & Neumann 2018, S. 186–195.

Kohns, Oliver: Thomas Mann am Strand: Tourismus und Alltag in »Tod in Venedig«, in: Carstensen, Thorsten (Hrsg.): Das Abenteuer des Gewöhnlichen: Alltag in der deutschsprachigen Literatur der Moderne, Berlin: Erich Schmidt 2018 (= Philologische Studien und Quellen, Bd. 267), S. 149–164.

Krätzig, Pauline: Thomas Mann: »Schon immer wollte ich Sie kennenlernen, jetzt muss es sein«, in: Krätzig, Pauline: Verliebte Literaten: wie die Liebe die Literatur beflügelte: 14 Porträts von Schreibenden, Zürich: NZZ Libro 2018, S. 63–71.

Krüger, Tobias: Thomas Mann: »Meerfahrt mit Don Quijote« – Die Redlichkeit nostalgischer Verklärung, in: Krüger, Tobias: Meerfahrten: Poetik und Ethik eines Narrativs zwischen Wissenskultur und Weltverhalten, Paderborn: Wilhelm Fink 2018 (= Ethik – Text – Kultur, Bd. 14), S. 178–205.

Kurzke, Hermann: Die Konstruktion des Authentischen in der Großen kommentierten Frankfurter Ausgabe der Werke Thomas Manns, in: Kämper, Heidrun (Hrsg.): Konzepte des Authentischen, Göttingen: Wallstein 2018, S. 61–74.

Kuschel, Karl-Josef: Diagnose »Welt-Bürgerkrieg«: Thomas Manns und Hermann Hesses Gegenentwürfe zur »Vergiftung« Deutschlands durch Nationalsozialismus und Rassismus, in: Hermann-Hesse-Jahrbuch, Bd. 10, 2018, S. 49–68.

Kuschel, Karl-Josef: Martin Luther und die Dichter: Streifzüge durch die Literatur: Ludwig Uhland, Heinrich Heine, Thomas Mann, Stuttgart: Evangelischer Pfarrverein in Württemberg e.V. 2017, 23 S.

Lamping, Dieter: Der »Literatentypus«: Thomas Mann, Voltaire und andere Antipoden, in: Lamping, Dieter: Karl Jaspers als philosophischer Schriftsteller: Schreiben in weltbürgerlicher Absicht, Stuttgart: J.B. Metzler 2018, S. 88–113.

Landgraf, Diemo: Thomas Manns nihilistischer Ästhetizismus: »Tristan« und »Der Tod in Venedig«, in: Landgraf, Diemo: Ethik und Ästhetik in der dekadenten Literatur vor und nach Nietzsche, Freiburg i.Br.: Rombach 2018 (= Rombach Wissenschaften, Reihe Litterae, Bd. 233), S. 336–375.

Laplénie, Jean-François: Entre »concessions en profondeur« et »dédommagement«: Krokowski, personnage complexe et stratégique dans »La Montagne magique«, in: Valentin, Thomas Mann, S. 623–641.

Lebedeva, Yulia: Bürgerlicher Habitus und Narration im Romanwerk Thomas Manns, in: Zeller, Der Geist der Erzählung, S. 131–144.

Lemieux, Anne: Quelques exemples d'ironie dans les nouvelles de Thomas Mann avant 1912, in: Teinturier, Lectures des récits et nouvelles de jeunesse de Thomas Mann (1893–1912), S. 197–215.

Lipinski, Birte und Sonntag, Julius (Hrsg.): Herzensheimat: das Lübeck von Heinrich und Thomas Mann, Lübeck: Buddenbrookhaus, Heinrich-und-Thomas-Mann-Zentrum 2018, 190 S.

Lörke, Tim: Der dichtende Leib: Gustav von Aschenbach, »Der Tod in Venedig« und die Poetik des Körpers, in: Teinturier, Lectures des récits et nouvelles de jeunesse de Thomas Mann (1893–1912), S. 149–171.

Lörke, Tim: Zwischen Kultur und Barbarei: Genie, Wahnsinn und die deutsche Kunst in Thomas Manns »Doktor Faustus«, in: Genie und Wahnsinn, hrsg. von der Ortsvereinigung Hamburg der Goethe-Gesellschaft in Weimar e.V., Wettin-Löbejün OT Dößel (Saalekreis): Verlag Janos Stekovics 2018 (= Jahresgabe, Ortsvereinigung Hamburg der Goethe-Gesellschaft in Weimar, 2018), S. 55–77.

Löwe, Matthias: Unzuverlässigkeit bei heterodiegetischen Erzählern: Konturierung eines Konzepts an Beispielen von Thomas Mann und Goethe, in: Journal of literary theory, Jg. 12, H. 1, 2018, S. 77–92.

Lühe, Irmela von der: Jüdische Goethe-Biographik und Thomas Manns Roman »Lotte in Weimar«, in: Ludewig, Anna-Dorothea (Hrsg.): Goethe und die Juden – die Juden und Goethe: Beiträge zu einer Beziehungs- und Rezeptionsgeschichte, Berlin: De Gruyter 2018 (= Europäisch-jüdische Studien, Beiträge, Bd. 34), S. 94–108.

Lukas, Katarzyna: Thomas Manns »Der Erwählte« und das kulturelle Gedächtnis des Mittelalters, in: Lukas, Katarzyna: Fremdheit – Gedächtnis – Translation: Interpretationskategorien einer kulturorientierten Literaturwissenschaft, Berlin: Peter Lang 2018 (= Danziger Beiträge zur Germanistik, Bd. 56), S. 161–201.

Mann, Frido und Bürger, Jan: Er war kein Akademiker, er war Künstler: ein Gespräch mit dem Schriftsteller Frido Mann über seine Großeltern und ihr Leben am Pazifik, in: Raulff, Thomas Mann in Amerika, S. 13–22.

Mann, Frido: Das weiße Haus des Exils, Frankfurt/Main: S. Fischer 2018, 203 S.

Marx, Friedhelm: Betrachtungen eines Politischen: Thomas Manns Offene Briefe zur Zeit der Weimarer Republik, in: Becker, Sabina (Hrsg.): Deutschsprachige Briefdiskurse zwischen den Weltkriegen: Texte – Kontexte – Netzwerke, München: edition text + kritik 2018, S. 39–48.

Marx, Friedhelm: »Er versucht sich in französischer Konversation«: Frankreich-Bilder in Thomas Manns »Zauberberg«, in: Valentin, Thomas Mann, S. 705–717.

Max, Katrin: Literarische Heilkunst: Ansichten und Einsichten der Krankheit in Thomas Manns »Zauberberg«, in: Valentin, Thomas Mann, S. 665–689.

Mazzetti, Elisabetta: I carteggi di Lavinia Mazzucchetti con Thomas Mann, Hans Carossa e Gerhart Hauptmann: la soddisfazione »di servire la causa della libertà e bollare la barbarie« e la fuga dalla realtà, in: Antonello, Anna (Hrsg.): Lavinia Mazzucchetti: Impegno civile e mediazione culturale nell'Europa del Novecento, Rom: Germanici 2017, S. 91–116.

Mbah, Jean Bernard: Thomas und Klaus Mann: das »geheime Gesicht« des Nationalismus, in: Mbah, Jean Bernard: Deutsche Essayistik der Kriegs- und Zwischenkriegszeit (1916–1946): von der Dekonstruktion des Nationalismus zu Visionen kultureller Identität, Halle: Martin-Luther-Universität Halle-Wittenberg 2018, S. 61–69.

Meyer, Daniel: Philosophie in Thomas Manns frühen Erzählungen: am Beispiel der Erzählung »Enttäuschung«, in: Teinturier, Lectures des récits et nouvelles de jeunesse de Thomas Mann (1893–1912), S. 217–234.

Montesinos Gilbert, Toni: La fachada agrietada de Mann, in: Montesinos Gilbert, Toni: Escribir. Leer. Vivir: Goethe, Tolstói, Mann, Zweig y Kafka, Barcelona: Ediciones del Subsuelo 2017 (= Colección ensayo), S. 85–131.

Mourey, Marie-Thérèse (Hrsg.): Phantastik und Gesellschaftskritik im deutschen, niederländischen und nordischen Kulturraum, Heidelberg: Universitätsverlag Winter 2018 (= Beihefte zum Euphorion, Bd. 104), 271 S.

Nenik, Francis: Seven Palms: das Thomas-Mann-Haus in Pacific Palisades, Los Angeles, Leipzig: Spector Books 2018 (= Volte expanded, Bd. 1), 311 S.

Neuhaus, Volker: Thomas Mann – »der übrigens Luther nicht recht leiden kann« (Mann an R. Schneider, 18. 12. 1953), in: Neuhaus, Volker: Gipfelgespräche mit Martin Luther: Johann Wolfgang von Goethe, Thomas Mann, Günter Grass, Wiesbaden: Marix 2017, S. 127–188.

Neumann, Michael: Ende im großem Stumpfsinn?, in: Valentin, Thomas Mann, S. 581–595.

Nilges, Yvonne: Thomas Manns »Zauberberg« als Mikrokosmos multioptionaler Sinnstiftung, in: Sommadossi, Tomas (Hrsg.): »Polytheismus der Einbildungskraft«: Wechselspiele von Literatur und Religion von der Aufklärung bis zur Gegenwart, Würzburg: Königshausen & Neumann 2018 (= Rezeptionskulturen in Literatur- und Mediengeschichte, Bd. 11), S. 158–174.

Oberhäuser, Barbara G.: Narrative Theatralität als Spiel-Raum: Thomas Manns »Joseph«-Tetralogie auf der Bühne, Würzburg: Königshausen & Neumann 2018 (= Epistemata, Reihe Literaturwissenschaft, Bd. 888), 217 S.

Ogata, Ichiro: Vielschichtige Ironisierung der Erzählerrede in »Der Zauberberg«: eine Reaktion auf das Moderne-Bewusstsein bei Thomas Mann, in: Hitotsubashi journal of arts and sciences, Jg. 58, H. 1, S. 1–14.

Orth, Dominik: Das Rätsel der Realität: die Pluralität der narrativen Wirklichkeit in Thomas Manns »Der Kleiderschrank«, in: Zeller, Der Geist der Erzählung, S. 87–105.

Pankalos, Giannes: Die ambivalente Darstellung des Südens in den Erzählungen Thomas Manns, in: Zanasi, Giusi (Hrsg.): Das Mittelmeer im deutschsprachigen Kulturraum: Grenzen und Brücken, Tübingen: Stauffenburg 2018 (= Stauffenburg Colloquium, Bd. 88), S. 297–308.

Patzer, Andreas: Ah Virgil, Virgil! – der Speichellecker des julischen Hauses: die literarische Bedeutung des Lateinischen in Thomas Manns »Zauberberg«, in: Patzer, Andreas: Von Hesiod bis Thomas Mann: dreizehn Abhandlungen zur Literatur- und Philosophiegeschichte, Tübingen: Narr Francke Attempto 2018 (= Classica Monacensia, Bd. 53), S. 191–223.

Pieper, Vincenz: Was heißt es, eine fiktionale Erzählung zu verstehen?: Überlegungen am Beispiel von »Der Tod in Venedig«, »Der Erwählte« und »Felix Krull«, in: Zeller, Der Geist der Erzählung, S. 25–63.

Pohlmeyer, Markus: Die Huld(a) auf dem Felde oder: ein arroganter Engel, ein irrender Held und ein impliziter Esel: Gedanken, weitab vom Wege, zu Thomas Manns »Joseph und seine Brüder«, in: Pohlmeyer, Markus: Weltraum, Wildwest und allerlei wunderliche Wege, Hamburg: Igel Verlag 2017 (= Zwischen Welten verstrickt, Bd. 4), S. 81–90.

Ponzi, Mauro: Thomas Manns Endzeitgefühl am Beispiel von »Doktor Faustus«, in: Hermann-Hesse-Jahrbuch, Bd. 10, 2018, S. 31–48.

Raluca, Hergheligiu: Tempus Multiformum: literarische Inszenierungen der Zeit bei Thomas Mann und Marcel Proust, Konstanz: Hartung-Gorre Verlag 2018, 256 S.

Raulff, Ulrich und Strittmatter, Ellen (Hrsg.): Thomas Mann in Amerika, Marbach am Neckar: Deutsche Schillergesellschaft 2018 (= Marbacher Magazin, Bd. 163/164), 241 S.

Reidel-Schrewe, Ursula: »Alles ein Matsch und Schlamm«: Volumen und Entropie im »Zauberberg«, in: Zeller, Der Geist der Erzählung, S. 9–24.

Reidy, Julian: Raum und Interieurs in Thomas Manns Erzählwerk: materielle Kultur zwischen »Welthäusern« und »Urdingen«, Berlin: De Gruyter 2018 (= Hermaea, Neue Folge, Bd. 146), 310 S.

Reidy, Julian und Wagner, Moritz: »Sternenwanderschaften«: Topografien der Exilerfahrung in Franz Werfels »Stern der Ungeborenen« und Thomas Manns »Joseph und seine Brüder«, in: Zipfel, Frank (Hrsg.): Fremde Ähnlichkeiten: die »große Wanderung« als Herausforderung der Komparatistik, Stuttgart: J. B. Metzler 2017 (= Schriften zur Weltliteratur, Bd. 4), S. 140–178.

Rohls, Jan: Das Dämonische bei Paul Tillich und Thomas Mann, in: Danz, Christian (Hrsg.): Das Dämonische: kontextuelle Studien zu einer Schlüsselkategorie Paul Tillichs, Berlin: De Gruyter 2018 (= Tillich research, Bd. 15), S. 126–145.

Sasani, Samira und Sadeghi, Zahra: »Myth plus psychology« in »Death in Venice«, in: Journal of humanistic and social studies, Jg. 9, H. 1, 2018, S. 21–35.

Scheper, Benedikt S.: »Felix Krull« – Hochstapelei als Existenz, in: Scheper, Benedikt S.: Täuschende Talente: Hochstapelei in der Literatur (1890–1940), Baden-Baden: Tectum 2018, S. 274–284.

Schneider, Jens Ole: Erzählte Verfallsbiologie?: anthropologischer Determinismus und narrativer Relativismus in Thomas Manns »Buddenbrooks«, in: Zeller, Der Geist der Erzählung, S. 107–129.

Schönbächler, Martina: Gerda und ihre Schwestern: zur Herkunft und Ausprägung einer Figurenkonstellation im Frühwerk Thomas Manns (»Gefallen«, »Der kleine Herr Friedemann« und »Luischen«), in: Teinturier, Lectures des récits et nouvelles de jeunesse de Thomas Mann (1893–1912), S. 81–101.

Schomers, Walter L.: »Les trois glorieuses«: 1926, 1931, 1950: Höhepunkte der Beziehungen Thomas Manns zu Frankreich, in: Neue Rundschau, Jg. 129, H. 2, 2018, S. 258–297.

Schonfield, Ernest: Managing appearances in Thomas Mann's »Buddenbrooks«, 1901, in: Schonfield, Ernest: Business rhetoric in German novels: from »Buddenbrooks« to the global corporation, Rochester: Camden House 2018 (= Studies in German literature, linguistics, and culture), S. 20–39.

Schott, Hans-Joachim: »Unsinn! Ein schöner Unsinn!«: die narrative Struktur der Erinnerung in Thomas Manns »Zauberberg«, in: Zeller, Der Geist der Erzählung, S. 145–168.

Schreckenberger, Helga: Vortragstätigkeit der Exilschriftsteller in den USA: Ernst Toller, Thomas Mann, Klaus Mann, Erika Mann, Emil Ludwig, in: Mieder, Wolfgang (Hrsg.): Von Wien nach Vermont: Studien zur österreichischen Literatur und Kultur, Exilliteratur und Frauenliteratur, Wien: Praesens 2018, S. 231–262.

Sina, Kai: Die Lehren vom San Remo Drive: Susan Sontag trifft Thomas Mann, in: Raulff, Thomas Mann in Amerika, S. 61–70.

Solbach, Andreas: Literatur und Gewissen: Thomas Mann und Hermann Hesse im Kontext des Zivilisationsbruchs, in: Hermann-Hesse-Jahrbuch, Bd. 10, 2018, S. 69–87.

Steiger, Claudio: Impressionistische Atmosphären: Italien in Thomas Manns frühen Texten, in: Teinturier, Lectures des récits et nouvelles de jeunesse de Thomas Mann (1893–1912), S. 123–148.

Stern, Martin: Wissensdrang und Wissensangst in Thomas Manns »Doktor Faustus«, in: Wirkendes Wort: deutsche Sprache und Literatur in Forschung und Lehre, Jg. 67, H. 1, 2017, Seite 63–68.

Stoupy, Joëlle: »Contraste comique à la fascination pour la mort«: le personnage de Lodovico Settembrini dans »Der Zauberberg«, in: Valentin, Thomas Mann, S. 611–622.

Stoupy, Joëlle: Les débuts littéraires de Thomas Mann – à propos de la nouvelle »Gefallen« (1894), in: Teinturier, Lectures des récits et nouvelles de jeunesse de Thomas Mann (1893–1912), S. 39–54.

Strauss, Dieter: Wir sind Faust: Teufelspakt und Erlösung bei Goethe, Thomas Mann und Klaus Mann, Berlin: Peter Lang 2018, 134 S.

Stürmer, Franziska: Das Phantastische und die bedrohte Ordnung der Welt bei Thomas Mann, in: Mourey, Phantastik und Gesellschaftskritik im deutschen, niederländischen und nordischen Kulturraum, S. 85–100.

Teinturier, Frédéric: Eléments de réflexion quant à l'intérêt d'une étude générique des récits et nouvelles de jeunesse de Thomas Mann (1893–1912), in: Teinturier, Lectures des récits et nouvelles de jeunesse de Thomas Mann (1893–1912), S. 175–196.

Teinturier, Frédéric (Hrsg.): Lectures des récits et nouvelles de jeunesse de Thomas Mann (1893–1912), Paris: L'Harmattan 2017 (= De l'allemand), 239 S.

Vaget, Hans Rudolf: Thomas Mann und die amerikanische Literatur: eine Skizze, in: Raulff, Thomas Mann in Amerika, S. 25–39.

Valentin, Jean-Marie: »Ein joli jésuite mit einer petite tache humide«: Naphta, la soie, le sang, la mort, in: Valentin, Thomas Mann, S. 643–663.

Valentin, Jean-Marie: Maurice Betz, traducteur et médiateur, in: Valentin, Thomas Mann, S. 539–546.

Valentin, Jean-Marie: Retour à Paris, in: Valentin, Thomas Mann, S. 515–519.

Valentin, Jean-Marie (Hrsg.): Thomas Mann: »La montagne magique«, Paris: Klincksieck 2017 (= Etudes germaniques, Bd. 72e, H. 4), 211 S.

Weissenberger, Klaus: Die Gattungen der nicht-fiktionalen Kunstprosa im NS-Exil: verkannte Formen literarischer Identitätsbestätigung, Berlin: Erich Schmidt 2017 (= Philologische Studien und Quellen, Bd. 260), 570 S.

Weissenberger, Klaus: Thomas Mann, in: Weissenberger, Die Gattungen der nicht-fiktionalen Kunstprosa im NS-Exil, S. 52–59.

Weissenberger, Klaus: Thomas Mann: »Bruder Hitler« (1938), in: Weissenberger, Die Gattungen der nicht-fiktionalen Kunstprosa im NS-Exil, S. 461–465.

Weissenberger, Klaus: Thomas Mann: »Das Gesetz« (1943/4), in: Weissenberger, Die Gattungen der nicht-fiktionalen Kunstprosa im NS-Exil, S. 334–342.

Werner, Anett: Interhotel und Goethehaus – Ambivalenzen in »Lotte in Weimar« (1974/75), in: Werner, Anett: Orte der Klassik: Szenographie in Literaturverfilmungen der DEFA, Weimar: VDG 2017 (= Scenographica, Bd. 2), S. 236–252.

Werner, Meike: Thomas Mann Collections in den USA, in: Raulff, Thomas Mann in Amerika, S. 236–241.

Westphal, Bärbel: Haben Dandys Gefühle?: ein Vergleich von Texten der Jahrhundertwenden um 1900 und 2000 im Hinblick auf die Darstellung von Emotionen bei Thomas Mann, Stefan Zweig, Christian Kracht und Elke Naters, in: Grub, Frank Thomas (Hrsg.): Emotionen: Beiträge zur 12. Arbeitstagung Schwedischer Germanistinnen und Germanisten »Text im Kontext« in Visby am 15./16. April 2016, Berlin: Peter Lang 2018 (= Nordeuropäische Arbeiten zur Literatur, Sprache und Kultur, Bd. 7), S. 105–139.

Wimmer, Ruprecht: Lebensmitte und Wendepunkt: der »Zauberberg« und seine Stellung im Gesamtwerk Thomas Manns, in: Valentin, Thomas Mann, S. 521–538.

Wißkirchen, Hans: Kriegsbilder und Kriegsbriefe: Neuigkeiten zum Schluss des »Zauberberg«-Romans, in: Valentin, Thomas Mann, S. 561–580.

Wißmach, Friederike: »Erwägen wir die Möglichkeiten«: zum Problem der narrativen Sinnstiftung in den »Josephs«-Romanen und im »Doktor Faustus«, in: Zeller, Der Geist der Erzählung, S. 169–193.

Wittschier, Sturmius: Misanthropische Engel und ein neuer irdischer Seelen-
führer in den »Joseph«-Romanen von Thomas Mann, in: Wittschier, Trotzengel & Schutzteufel, S. 29–34.

Wittschier, Sturmius: Trotzengel & Schutzteufel: Begegnungen mit Engel und
Teufel in der modernen Dichtung und Kunst, Boniswil: taotime 2017, 248 S.

Wittschier, Sturmius: Wahrheitskörner in einem Teufelswahn: Einführung in
den Roman »Doktor Faustus« von Thomas Mann, in: Wittschier, Trotzengel
& Schutzteufel, S. 166–183.

Wolf, Benedikt: »Verkehrtheit« und »Vertauschbarkeit«: penetrierte Männlich-
keit als Moment des Karnevalesken in Thomas Manns »Bekenntnisse des
Hochstaplers Felix Krull«, in: Wolf, Benedikt: Penetrierte Männlichkeit:
Sexualität und Poetik in deutschsprachigen Erzähltexten der literarischen
Moderne (1905–1969), Köln: Böhlau 2018 (= Literatur – Kultur – Geschlecht,
Bd. 72), S. 158–181.

Yang, Zhizi: Thomas Mann: »Königliche Hoheit«, in: Yang, Zhizi: Märchen-
adaptionen in Romanen und Novellen von Christoph Martin Wieland zu
Thomas Mann: eine exemplarische Untersuchung, Göttingen: Universitätsverlag Göttingen 2018, S. 133–156.

Zard, Philippe: »Der Zauberberg«, un roman (déjà) démocratique?: petit essai
de géologie romanesque, in: Valentin, Thomas Mann, S. 691–703.

Zeller, Regine, Ewen, Jens und Lörke Tim (Hrsg.): Der Geist der Erzählung:
narratologische Studien zu Thomas Mann, Würzburg: Königshausen &
Neumann 2017, 213 S.

Zeller, Regine: »Identity politics« in der Wüste: Thomas Manns Erzählung
»Das Gesetz« und die Ambivalenz kollektiver Identitätspolitik, in: Sommadossi, Tomas (Hrsg.): »Polytheismus der Einbildungskraft«: Wechselspiele von Literatur und Religion von der Aufklärung bis zur Gegenwart,
Würzburg: Königshausen & Neumann 2018 (= Rezeptionskulturen in Lite-
ratur- und Mediengeschichte, Bd. 11), S. 175–192.

Zilles, Sebastian: Heinrich und Thomas Manns Burschen: zu den Studenten-
verbindungen in Heinrich Manns Roman »Der Untertan« (1914/18) und
Thomas Manns Roman »Doktor Faustus« (1947), in: Zilles, Sebastian: Die
Schulen der Männlichkeit: Männerbünde in Wissenschaft und Literatur um
1900, Köln: Böhlau 2018 (= Literatur – Kultur – Geschlecht, Bd. 71), 221–301.

Zilles, Sebastian: »Ja, es ist nicht selten ein Hundeleben!«: Männlichkeit in
Thomas Manns frühen Erzählungen, dargestellt an »Tobias Mindernickel«,
in: Teinturier, Lectures des récits et nouvelles de jeunesse de Thomas Mann
(1893–1912), S. 103–122.

Zimmermann, Rolf: Mit Nietzsche in die Republik: Thomas Mann als Wort-
geber und Kritiker der »Konservativen Revolution«, in: Kaufmann, Sebastian (Hrsg.): Nietzsche und die Konservative Revolution, Berlin: De Gruyter
2018 (= Nietzsche-Lektüren, Bd. 2), S. 246–282.

Mitteilungen der Deutschen Thomas Mann-Gesellschaft
Sitz Lübeck e.V. für 2018/19

Die Herbsttagung »Die Brüder Mann und die Revolution 1918« vom 21. bis
23. 9. 2018 stand im Zeichen einer besonderen Kooperation: Die beiden in
Lübeck beheimateten literarischen Gesellschaften, die Deutsche Thomas
Mann-Gesellschaft und die Heinrich Mann-Gesellschaft, luden gemeinsam
zur Auseinandersetzung mit dem Verhältnis der beiden Brüder ein. Zuletzt
hatten die beiden Gesellschaften 1991 zusammen zum Thema »Wechselbezie-
hungen zwischen Thomas und Heinrich Mann« getagt. Anlass für das gemeinsame Projekt: 100 Jahre Novemberrevolution und Ende des Ersten Weltkriegs.
Die acht Vorträge sind alle in diesem Band enthalten.

Erstmals wurden die Beiträge als Videos aufgezeichnet und wenige Tage
nach der Tagung über die Website der Deutschen Thomas Mann-Gesellschaft
(www.thomas-mann-gesellschaft.de) für die Öffentlichkeit zugänglich gemacht. Im Jahrbuch erscheinen sie dann in überarbeiteter Version mit wissen-
schaftlichem Apparat versehen.

Im Oktober 2018 lud die Gesellschaft gemeinsam mit dem Istituto Itali-
ano di Studi Germanici nach Rom zur Fachtagung »Räume und Figuren des
Politischen im Werk Thomas Manns. Schreiben und politisches Engagement
zwischen Europa und den USA« ein. Die zweisprachige, simultan übersetzte
deutsch-italienische Tagung zeigte, wie bereichernd die internationale Perspektive auf diesen deutschen Autor ist. Ein Tagungsband ist aktuell in der
Umsetzung.

Um die Deutsche Thomas Mann-Gesellschaft für die Zukunft zu rüsten,
hatte der Vorstand im Sommer 2018 den Prozess »Strategie 2022« angestoßen
und den Mitgliedern bei der Mitgliederversammlung im Rahmen der Herbsttagung vorgestellt. Der Vorstand kam im Februar 2019 zu einem ersten Work-
shop zusammen und wird die Mitglieder künftig regelmäßig über den Stand
der Dinge unterrichten. Die Mitglieder der Deutschen Thomas Mann-Gesellschaft sind ausdrücklich eingeladen, ihre Ideen in den Strategieprozess mit-
einzubringen.

Während der Drucklegung dieses Jahrbuchs laufen die Vorbereitungen für
die Herbsttagung 2019. Sie widmet sich dieses Mal unter dem Titel »Die Brüder Mann und der Film« dem Verhältnis Thomas und Heinrich Manns zum
Kino und dem filmischen Nachleben ihres Werkes. Vom in den 1920er Jahren
noch jungen Medium Film ging insbesondere für Thomas eine ambivalente

Faszination zwischen ersehnter Lebensnähe und verachtetem Illusionismus aus. Die drei Sektionen »Schattenbilder: Film und Kino als Herausforderung der Literatur?«, »Zwischen Tradition und Experiment: Filmische Interpretationen« und »Gender Trouble: Bilder weiblicher Erotik« bearbeiten grundlegende Frage rund um filmische Adaptationen literarischer Werke der Brüder Mann, deren Strategie der ›Bebilderung‹ und Aktualisierung.

Als Vertiefung für interessierte Leserinnen und Leser bietet die Tagung erstmals insgesamt vier »Lektüre-Workshops« an, die sich an ausgewählten Texten von Thomas Mann mit diesen Fragen auseinandersetzen.

Am Vereinssitz der Deutschen Thomas Mann-Gesellschaft, dem Buddenbrookhaus in der Mengstraße 4 in Lübeck, stehen Ende des Jahres 2019 große Veränderungen an. Für den Umbau mit Erweiterung zum NEUEN Buddenbrookhaus – geplante Neueröffnung im Jahr 2022 – schließt das Museum an diesem Standort zum 31. 12. 2019. Es wird an zwei Interimsstandorten (im Museum Behnhaus Drägerhaus mit einer Austellung zum Thema »Die Brüder Mann in Lübeck« sowie am Rathausinnenhof mit Museumsshop und Veranstaltungsraum) weiter in der Stadt präsent sein. Bei der Deutschen Thomas Mann-Gesellschaft ist die Geschäftsführerin Daniela Martin mit dem Büro in der Michael-Haukohl-Stiftung wie gewohnt erreichbar.

Mitteilungen der Thomas Mann Gesellschaft Zürich für 2019

Die Jahrestagung der Thomas Mann Gesellschaft Zürich fand am 15. Juni 2019 im Literaturhaus Zürich statt und widmete sich dem *Zauberberg*. Unter dem Titel »Die große Gereiztheit – Zeitdiagnose im *Zauberberg*« beleuchtete die Tagung Thomas Manns Roman sowohl aus literaturwissenschaftlicher Perspektive, als auch im aktuellen Kontext einer Theaterinszenierung.

Der Zauberberg hat schon bei seinem Erscheinen überrascht. Man konnte in ihm einerseits »ein furchtbares Buch«[1] sehen und andererseits der Überzeugung sein, Thomas Mann werde dafür schon bald den Nobelpreis gewinnen.[2] Als der Autor 1929 dann tatsächlich den Literaturnobelpreis erhielt, wurde ihm dieser aber nur für *Buddenbrooks* verliehen, quasi unter Ausschluss des 1924 erschienenen *Zauberberg*. In der amerikanischen Presse allerdings lautete eine Meldung zur Nobelpreisverleihung: »›The Magic Mountain‹ […] is an answer to those who have asked for something radically new in fiction«.[3]

Das damals »radikal Neue« in Form und Inhalt setzt uns auch heute zum »radikal Neuen« unserer Zeit in Beziehung. *Der Zauberberg* als Werk der Zeit- und Epochenwende stand denn auch im Zentrum des Vortrags von Claudio Steiger: »›Leben und Bewusstsein tief zerklüftende Wende und Grenze‹. Der *Zauberberg* als Epochenroman«. Parallel dazu gab die Dramaturgin des Zürcher Schauspielhauses, Viola Hasselberg, im Gespräch mit Ursula Amrein Auskunft über Darstellungsprozesse und Werkadaption der zeitgleich gezeigten Inszenierung am Schauspielhaus Zürich: »›Die große Gereiztheit‹ nach Motiven des *Zauberbergs*« in der Regie von Karin Henkel.

Im geschäftlichen Teil der Jahresversammlung wurde darauf hingewiesen, dass aufgrund altersbedingter Austritte die Mitgliederzahlen in den letzten Jahren deutlich zurückgegangen sind und die Vereinsaktivitäten nicht mehr durch die Mitgliederbeiträge gedeckt werden konnten. Deshalb stellte der Quästor, Niklaus Haller, ein Gesuch um Überbrückungsinvestition bei der Georg und Bertha Schwyzer-Winiker Stiftung. Diese bewilligte 30.000 CHF

---

[1] Marcel Lepper: Der furchtbare Zauberberg. Autor und Kritiker im Dialog. Aus dem Briefwechsel zwischen Thomas Mann und Bernhard Diebold, in: Frankfurter Allgemeine Zeitung, 15. 5. 2019.

[2] The Growing Fame of Thomas Mann, in: The New York Herald Tribune Books, Books Abroad, ed. by Williman A. Drake, February 1, 1925, p. V 7.

[3] Another German Nobel Prize Man, in: The Literary Digest for December 7, 1929 [New York], p. 21.

für Maßnahmen zur Erhöhung der Mitgliederzahl und zur Senkung der administrativen Kosten. Die Präsidentin dankte der Georg und Bertha Schwyzer-Winiker Stiftung mit Nachdruck für die großzügige Unterstützung zur Förderung neuer Initiativen. Tatsächlich konnten die administrativen Kosten bereits in der zweiten Jahreshälfte 2018 durch Vereinheitlichung und Überführung in das Verwaltungssystem Clubdesk gesenkt werden. Für diese Professionalisierung wurde die neue Sekretärin der Thomas Mann Gesellschaft Zürich, Gabi Hollender, verdankt. Ausserdem konnte Anfang 2019 ein neuer Flyer der Thomas Mann Gesellschaft Zürich realisiert werden, dessen Neugestaltung 2018 Ursula Amrein begleitet hatte.

Die großen Verdienste von Susanne Bernasconi-Aeppli, die seit 1995 voller Sachverstand, Weitsicht und Tatkraft im Vorstand tätig war und nun von ihrem Ehrenamt als Aktuarin zurücktrat, wurden von der Präsidentin nachdrücklich gewürdigt und verdankt. Die Erneuerungswahlen bestätigten die übrigen Vorstandsmitglieder. Einstimmig neu in den Vorstand gewählt wurde der Feuilleton-Redaktor der Neuen Zürcher Zeitung und Spezialist für Thomas Mann in Zürich, Thomas Ribi.

Leben, Werk und Wirkung – Interessante Handbücher für Ihre Bibliothek

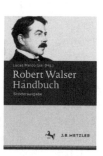

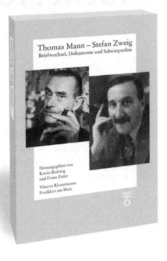

**Thomas Mann – Stefan Zweig:
Briefwechsel, Dokumente
und Schnittpunkte**
Kartonierte Sonderausgabe
Hrsg. von Katrin Bedenig
und Franz Zeder
2018. 464 Seiten. Kt 39,80 €
ISBN 978-3-465-04373-7

Es gehört zu den Merkwürdigkeiten der Thomas Mann- und
Stefan Zweig-Forschung, dass eine der letzten Lücken im weitgespannten Korrespondenznetz der beiden Autoren den gegen-
seitigen Briefwechsel betrifft. Dieses Versäumnis wird mit der
Edition dieses Bandes nachgeholt. Die Bedeutung des Briefwech-
sels liegt dabei vor allem in seinem dokumentarischen Wert für
die Jahre des Exils. Darüber hinaus gibt er Einblick in das komplexe und widersprüchliche Verhältnis zwischen Thomas Mann
und Stefan Zweig. Die Ausgabe bringt erstmals alle gegenwärtig
bekannten Schriftstücke aus der Korrespondenz in neuer Tran-
skription. Der Briefwechsel wird durch einen umfangreichen
Anhang ergänzt, der Dokumente und Texte zusammenführt,
die für den Briefwechsel und die chronologische Darstellung von
Bedeutung sind.

»Meticulous edition.« *Times Literary Supplement*

»Der meisterhaft edierte und kommentierte Briefwechsel zeugt
eindrucksvoll von den Irrungen und Wirrungen einer der tra-
gischsten Epochen der Geschichte.« *Neue Zürcher Zeitung*

VITTORIO KLOSTERMANN